**Langenscheidt
Vocabulário básico e avançado**

Espanhol

Langenscheidt

martins fontes
selo martins

© 2019 Martins Editora Livraria Ltda., São Paulo, para a presente edição.
© 2015 Langenscheidt GmbH & Co. KG, München
Esta obra foi originalmente publicada em alemão sob o título
Langenscheidt Grund- und Aufbauwortschatz: Spanisch por Langenscheidt.

Publisher	*Evandro Mendonça Martins Fontes*
Coordenação editorial	*Vanessa Faleck*
Produção editorial	*Carolina Cordeiro Lopes*
Capa e diagramação	*Renata Milan*
Tradução	*Saulo Krieger*
Preparação	*Lucas Torrisi*
Revisão	*Renata Sangeon*
	Amanda Zampieri
	Bárbara Parente
	Júlia Ciasca Brandão
Revisão técnica	*Sandra Dolinski*

1ª edição outubro de 2019 | **Fonte** Helvetica Neue, Trade Gothic LT
Papel Offset 75 g/m² | **Impressão e acabamento** Bartira

Dados Internacionais de Catalogação na Publicação (CIP)
Angelica Ilacqua CRB-8/7057

Vocabulário básico e avançado Langenscheidt : espanhol / tradução de Saulo Krieger. – São Paulo : Martins Fontes – selo Martins, 2019.
480 p.

ISBN: 978-85-8063-382-5

Título original: Langenscheidt Grund- und Aufbauwortschatz Spanisch

Língua espanhola – Vocabulário 2. Língua espanhola – Estudo e ensino
3. Língua espanhola – Conversação e frases – Português I. Krieger, Saulo

19-1417 CDD 468.2469

Índice para catálogo sistemático:
1. Língua espanhola – Conversação e frases – Português

Todos os direitos desta edição reservados à
Martins Editora Livraria Ltda.
Av. Doutor Arnaldo, 2076
01255-000 São Paulo/SP Brasil
Tel: (11) 3116 0000
info@emartinsfontes.com.br
www.emartinsfontes.com.br

Prefácio

O *Vocabulário básico e avançado – Espanhol* destina-se tanto a iniciantes quanto a estudantes avançados. As palavras e expressões trazidas aqui contemplam os níveis A1 até B2. Para saber se um termo pertence ao vocabulário básico ou ao avançado, deve-se atentar para a coloração do fundo da página, que pode ser amarela ou branca.

O vocabulário é selecionado segundo frequência e atualidade. Ele se divide tematicamente ao longo de 21 **capítulos**. No interior de um capítulo, as palavras são agrupadas segundo campos temáticos, de modo que conceitos com o mesmo radical podem ser aprendidos em conjunto.

Para cada **palavra-chave**, você vai encontrar como exemplo ao menos um enunciado, que ilustrará seu uso correto. Em caso de significados diferentes de um mesmo termo, serão apresentados mais exemplos. A exceção são as palavras cujo significado possa ser nitidamente depreendido pela tradução, como no caso de alimentos, animais ou plantas. Esses conceitos são arrolados em listas temáticas de palavras.

Na seção **Dicas**, uma série de dicas informa o uso e a diferença entre palavras que facilmente podem ser confundidas ou sobre importantes detalhes culturais. Além disso, você poderá encontrar notas para a formação de palavras.

Um **registro** para cada direção linguística faz que uma palavra possa ser encontrada rapidamente.

Funciona de modo muito simples:

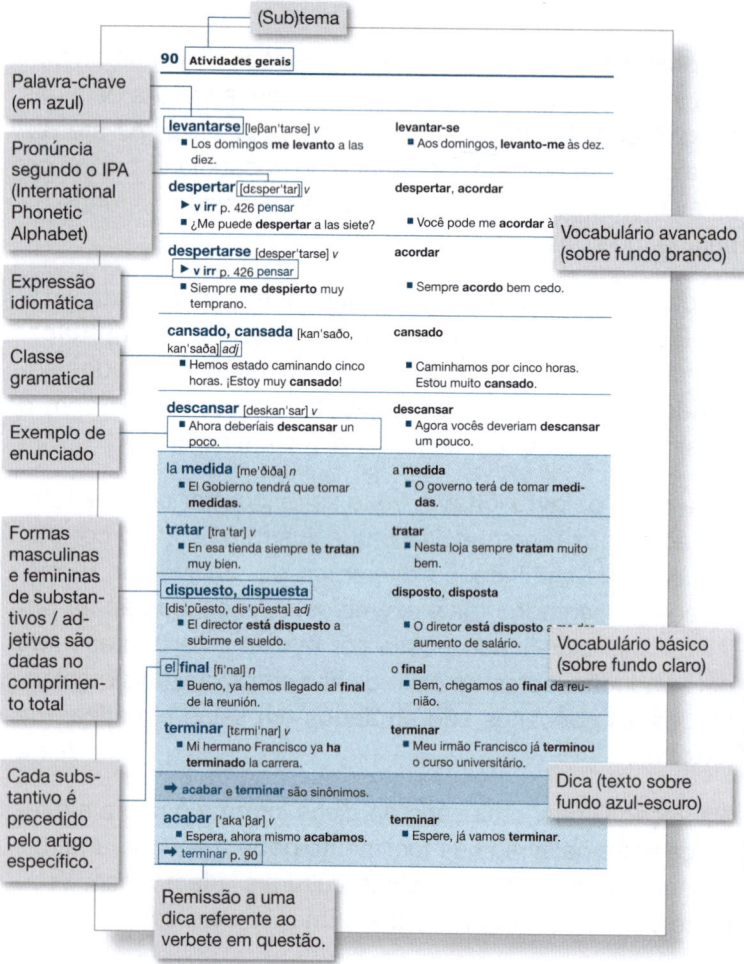

- **(Sub)tema**
- **Palavra-chave (em azul)**
- **Pronúncia segundo o IPA (International Phonetic Alphabet)**
- **Expressão idiomática**
- **Classe gramatical**
- **Exemplo de enunciado**
- **Formas masculinas e femininas de substantivos / adjetivos são dadas no comprimento total**
- **Cada substantivo é precedido pelo artigo específico.**
- **Remissão a uma dica referente ao verbete em questão.**
- **Vocabulário avançado (sobre fundo branco)**
- **Vocabulário básico (sobre fundo claro)**
- **Dica (texto sobre fundo azul-escuro)**

90 Atividades gerais

levantarse [leβan'tarse] v — levantar-se
- Los domingos **me levanto** a las diez.
- Aos domingos, **levanto-me** às dez.

despertar [despɛr'tar] v — despertar, acordar
▶ v irr p. 426 pensar
- ¿Me puede **despertar** a las siete?
- Você pode me **acordar** à...

despertarse [desper'tarse] v — acordar
▶ v irr p. 426 pensar
- Siempre **me despierto** muy temprano.
- Sempre **acordo** bem cedo.

cansado, cansada [kan'saðo, kan'saða] adj — cansado
- Hemos estado caminando cinco horas. ¡Estoy muy **cansado**!
- Caminhamos por cinco horas. Estou muito **cansado**.

descansar [deskan'sar] v — descansar
- Ahora deberíais **descansar** un poco.
- Agora vocês deveriam **descansar** um pouco.

la medida [me'ðiða] n — a medida
- El Gobierno tendrá que tomar **medidas**.
- O governo terá de tomar **medidas**.

tratar [tra'tar] v — tratar
- En esa tienda siempre te **tratan** muy bien.
- Nesta loja sempre **tratam** muito bem.

dispuesto, dispuesta [dis'pwesto, dis'pwesta] adj — disposto, disposta
- El director **está dispuesto** a subirme el sueldo.
- O diretor **está disposto** a... aumento de salário.

el final [fi'nal] n — o final
- Bueno, ya hemos llegado al **final** de la reunión.
- Bem, chegamos ao **final** da reunião.

terminar [tɛrmi'nar] v — terminar
- Mi hermano Francisco ya **ha terminado** la carrera.
- Meu irmão Francisco já **terminou** o curso universitário.

➡ acabar e terminar são sinónimos.

acabar [aka'βar] v — terminar
- Espera, ahora mismo **acabamos**.
- Espere, já vamos **terminar**.
➡ terminar p. 90

Abreviações gramaticais

adj	adjetivo
adv	advérbio
art	artigo
conj	conjunção
f	feminino
interj	interjeição
inv	invariável
irr	irregular
loc	locução
m	masculino
m/f	masculino e feminino
n	substantivo
neut	neutro
num	número
part	particípio
pl	plural
prep	prep
pron	pronome
sg	singular
v	verbo

Outras abreviações

abrev.	abreviação
col.	coloquial
cort.	forma de cortesia
fig.	sentido figurado, metafórico
ext.	por extenso
refl.	reflexivo
rec.	recíproco
alg.	alguém
ac.	alguma coisa, algo

Sumário

Indicações de pronúncia e fonética _____ 12

Personalidade _____ 17
Informações pessoais _____ 17
Traços de personalidade _____ 21
Aparência _____ 27
    Características físicas _____ 27
    Vestuário e calçados _____ 30
    Acessórios _____ 37
Vínculos sociais _____ 38
    Família _____ 38
    Parceria e casamento _____ 42
    Amizade e outros contatos sociais _____ 47
Ciclo da vida _____ 51

Percepções, comunicação e atividades _____ 55
Pensar e sentir _____ 55
    Pensamentos _____ 55
    Sentimentos _____ 59
    Impressões dos sentidos _____ 65
Situações da fala _____ 67
    Conversas _____ 67
    Perguntar, pedir e responder _____ 69
    Ordens e proibições _____ 73
    Discussão e acordo _____ 76
    Resolver conflitos _____ 79
    Saudações e despedidas _____ 82
    Expressões frequentes _____ 83
Ações e comportamentos _____ 86
    Atividades gerais _____ 86
    Esforços e intenções _____ 93
    Auxílios, obrigações e confiança _____ 96
    Posses, dar e receber _____ 98

Saúde e cuidados corporais — 101
- Partes e órgãos do corpo — 101
- Doenças e comprometimentos físicos — 103
- Exames médicos e hospital — 110
- Pedidos de socorro — 114
- Cuidados corporais — 117

Formação — 120
- Aprendizado — 120
- Linguagem — 128
- Escola, universidade e formação — 131
- Disciplinas escolares e universitárias — 137

Profissão — 139
- Vida profissional — 139
- Profissões — 144
- Cotidiano e material de escritório — 150
- Candidatura à vaga de emprego, colocação e demissão — 153
- Condições de trabalho — 156

Interesses culturais — 160
- Leitura — 160
- Música — 163
- Arte — 166
- Teatro e cinema — 168

Lazer e tempo livre — 172
- Festas — 172
- Feriados — 176
- Saídas e diversão — 177
- Esportes — 179
- Hobbies — 188
- Fazer compras — 194
  - Escolher e pagar — 194
  - Lojas — 200

Alimentação — 203
- Conceitos gerais — 203
- Pães, doces e cereais — 200

Frutas e verduras _____ 212
Carne, peixe e derivados do leite _____ 213
Temperos, ervas e outros ingredientes _____ 216
Doces, salgados e guloseimas _____ 217
Bebidas _____ 218

Restaurantes e cafés _____ 220
Estabelecimentos _____ 220
Pratos e aperitivos _____ 221
Servir-se, fazer um pedido e pagar _____ 223

Moradia _____ 228
Casas e habitações _____ 228
Quartos e cômodos _____ 232
Instalações _____ 235
    Mobiliário _____ 235
    Assuntos do lar _____ 239

Turismo e transporte _____ 247
Viagens _____ 247
Pernoites _____ 251
Atrações turísticas _____ 254
Locais _____ 257
Meios de transporte público _____ 261
    Transporte público de curta distância _____ 261
    Transporte ferroviário _____ 264
    Transporte aéreo e navegação _____ 267
Transporte individual _____ 270

Natureza e meio ambiente _____ 278
Animais e plantas _____ 278
Paisagens _____ 280
Pontos cardeais _____ 284
Universo _____ 285
Meio ambiente, tempo e clima _____ 288

Meios de comunicação e mídia _____ 293
Correio _____ 293
Mídia impressa e radiodifusão _____ 295

Telefone, celular e internet ... 299
Computador e multimídia ... 303

Economia, técnica e pesquisa ... 308
Indústria, comércio e prestação de serviços ... 308
Dinheiro, bancos e mercados financeiros ... 311
Agricultura ... 315
Técnica, energia e pesquisa ... 318
Recursos naturais e matérias-primas ... 323

Sociedade e Estado ... 328
História ... 328
Sociedade ... 331
Religião e moral ... 334
Política ... 338
Defesa e segurança ... 343
Instituições e administração de Estado ... 346
Direito e jurisprudência ... 348

Tempo ... 354
Transcurso do ano ... 354
Meses do ano ... 355
Dias da semana ... 356
Períodos do dia ... 356
Horas do dia ... 358
Outros conceitos de tempo ... 359
    Passado, presente e futuro ... 359
    Duração e frequência ... 362
    Antes e depois ... 365
    Transcurso do tempo ... 367

Espaço ... 370
Conceitos espaciais ... 370
Movimento, velocidade e repouso ... 377
Ir e vir ... 379

Cores e formas ... 382
Cores ... 382
Formas ... 383

Números e unidades de medidas — 385
Números inteiros — 385
Números ordinais — 389
Pesos e medidas — 392
Conceitos de quantidade — 393

Classificação – conceitos gerais — 398
Diferença e divisão — 398
Causa e efeito — 401
Modo — 403

Termos estruturais — 407
Artigo — 407
Pronomes — 407
    Pronomes pessoais — 407
    Pronomes possessivos — 412
    Pronomes demonstrativos — 413
    Pronomes relativos — 414
    Pronomes interrogativos — 415
    Pronomes indefinidos — 415
Preposições — 416
Conjunções — 418

Anexo — 420
Verbos auxiliares e modais — 420
Verbos irregulares — 421
Países, línguas e povos — 429

Índice remissivo — 436

Indicações de pronúncia e fonética

Fonética

A transcrição fonética de uma palavra é apresentada entre colchetes imediatamente após o verbete, como em **señor** [seˈɲɔr]. Para apresentar os sinais fonéticos, o quadro abaixo mostra um exemplo em espanhol juntamente com exemplos que expliquem a pronúncia. Na transcrição, a sílaba tônica é indicada por um anteposto.
São utilizados os seguintes símbolos fonéticos:

Vogais e ditongos

Símbolo fonético	Exemplo	Transcrição fonética	Pronúncia
[a]	amable	[aˈma βle]	amarelo
[ɛ]	personalidade	[pɛrsonaliˈðað]	pena
[e]	señor, nombre	[seˈɲɔr], [ˈnɔmbre]	aproximadamente como e em elegante; mais fechado do que e em penedo
[i]	feliz, animo	[feˈliθ], [aˈnimo]	aproximadamente como i em apito; mais breve que o i em país
[ɔ]	banãdor, corto	[baɲaˈðor], [ˈkɔrto]	porco, calor
[o]	moreno	[moˈreno]	aproximadamente como em copeira
[u]	educado, blusa	[eðuˈkaðo], [ˈblusa]	aproximadamente como u em humor, recluso

Indicações de pronúncia e fonética **13**

[ĭ]	bailarín, aceite, familia, nieto, viejo, matrimonio, ejercicios, viudo, hoy	[baĭla'rin], [a'θeĭ te], [fa'milĭa], ['nĭeto], ['bĭexo], [matri'monĭo], [εχεr'θiθĭos], ['bĭuðo], [ɔĭ]	**i** átono nos ditongos **ai, ei, ia, ie, io, iu, oi** em bailarina, peito, família, Marieta, piolho, viúvo, boi
[ŭ]	euro, vuelo	['eŭro], ['bŭelo]	**u** átono nos ditongos **ui, eu** e **eu** em euro, Rui, dueto

Consoantes

A pronúncia

Sinal	Exemplo	Fonética	Pronúncia
[b]	buenos días, nombre, vehículo, invierno	['bŭenoz 'ðias], ['nɔmbre], [be'ikulo], [im'bĭerno]	**b**ota, **b**arril, **b**eleza, ca**b**ide
[β]	abuelo	[a'βŭelo]	sem correspondente no português; seria um **b** suave, entre vogais, como em ca**b**eça.
[k]	calle, recordar	['kaλe], [rrekɔr'ðar]	**c**abelo, es**c**ola
[θ]	sincero, conocido, feliz, marzo	[sin'θero], [kono'θiðo], [fe'liθ], ['marθo]	sem correspondente em português: é pronunciado como o inglês **th** em think. Esses sons aparecem exclusivamente na Espanha. Na América Latina em seu lugar se pronuncia um **s**.
[tʃ]	chaqueta, noche	[tʃa'keta], ['notʃe]	aproximadamente como **tch**au
[d]	decir, incendio	[de'θir], [in'θendĭo]	**d**ente, **d**oce

Indicações de pronúncia e fonética

[ð]	estudiar	[estu'ðĭar]	equivale a um **d** suave, muito semelhante ao inglês **th** em o**th**er,
[(ð)]	felicidad	[feliθi'ða(ð)]	equivale a um **d** suave [ð] ou mudo.
[f]	final, teléfono	[fi'nal], [te'lefono]	**f**inal, tele**f**one
[g]	guardia, lengua	['gŭarðĭa], ['leŋgŭa]	**g**uitarra, **g**uarda
[ɣ]	regalo, pago, agua	[rrɛ'ɣalo], ['paɣo], ['aɣŭa]	sem correspondente em português: som de voz friccionado, atua como um **g** suave e gutural.
[x]	agencia, girar, regional, viajar, garaje, espejo	[a'xenθĭa], [xi'rar], [rrɛxĭo'nal], [bĭa'xar], [ga'raxe], [es'pɛxo]	som de **r** "aspirado", semelhante a **r**ua e **r**ato. Assemelha-se também ao **h** do inglês **h**ouse.
[j]	hierro, ayer	['jɛrro], [a'jɛr]	sa**i**a, cã**e**s
[l]	lado, final	['laðo], [fi'nal]	**l**enço, **l**ouco
[ʎ]	llegar, calle	[ʎe'ɣar], ['kaʎe]	sem correspondente em português: semelhante ao **lh** em fa**lh**a e ao italiano **gl** em Pu**gl**ia; na maior parte das regiões da Espanha e da América Latina é pronunciado como um **y**.
[m]	moda, camisa	['moða], [ka'misa]	**m**oda, **m**anga
[n]	nieto, tener	['nĭeto], [te'nɛr]	**n**adar, **n**egócio
[ɲ]	mañana, montaña	[ma'ɲana], [mon'taɲa]	champa**nh**e, ma**nh**ã
[ŋ]	banco, cinco	['baŋko], ['θiŋko]	u**n**ha, i**n**glês, ci**n**co
[p]	plaza, empleo	['plaθa], [em'pleo]	**p**apel, **p**raça

[r]	trabajo, tren, viajero	[tra'βaxo], ['tren], [bïa'xero]	equivale ao som de **rr** em português: ca**rr**o, to**rr**e, **r**ato
[rr]	regalo, cerrado, correr	[rrɛ'ɣalo], [θɛ'rraðo], [kɔ'rrɛr]	também semelhante ao **rr**, contudo seu som é pronunciado como um enrolado mais intenso
[s]	sitio, pescado	['sitĭo], [pes'kaðo]	pa**ss**e, pa**ç**o
[z]	isla, turismo	['izla], [tu'rizmo]	ca**s**calho, e**s**curo
[t]	tortilla, visitar	[tɔr'tiλa], [bisi'tar]	**t**abaco, **t**orno

No espanhol, o **h** mudo se encontra, por exemplo, em **hermano** [ɛr'mano], **hotel** [o'tɛl].

Sílaba tônica

Em espanhol, quando as palavras terminam em vogal (-a, -e, -i, -o, -u) ou em -n ou -s, a sílaba tônica só poderá ser a penúltima: **nombre** ['nɔmbre], **bueno** ['bũeno], **hablan** ['aβlan], **padres** ['paðres].
Terão ênfase na última sílaba as palavras que terminarem numa consoante (exceção: -n ou -s): **nacional** [naθĭo'nal]; **ordenar** [ɔrðe'nar].
No caso de pronúncia diferente destas acima, um acento incidirá na sílaba tônica.

Acentuação

Em espanhol, o acento assume diferentes funções:
- como indicação para uma tonicidade que se desvie da regra: **máquina** ['makina], **café** [ka'fe], **país** [pa'is], **pantalón** [panta'lɔn], **número** ['numero];

- usado para diferenciar o significado ou categoria gramatical em palavras unissílabas: **si** [si], **sí** [si];
- palavras interrogativas recebem acento: **cuándo** ['kũando]; **cómo** ['komo]; **quién** ['kĭen].

Pontuação

Em espanhol, emprega-se um sinal de interrogação e de exclamação no início e no final de uma sentença ou de parte dela:

¡Hola, ya estoy aquí! ¿En qué calle vives?

Personalidade

Dados pessoais

el **hombre** ['ɔmbre] *n*
- Este **hombre** es un conocido actor.

o **homem**
- Este **homem** é um ator conhecido.

➡ **hombre** significa tanto **homem** quanto **ser humano**. Para evitar equívocos, pode-se usar **hombre** e também **persona**; portanto, por exemplo: **Eres buena persona. – Você é uma boa pessoa.** **Ser humano** é usado quando se faz referência à espécie humana: **El ser humano posee un cerebro bien desarrollado. – O ser humano possui um cérebro bem desenvolvido.**

la **mujer** [mu'xɛr] *n*
- ¿Quién es esta **mujer**?

a **mulher**
- Quem é esta **mulher**?

el **señor** [se'ɲor] *n*
- Es un **señor** bastante alto y rubio.
- Le presento al **señor** Schmidt.

o **senhor**
- É um **senhor** bastante alto e loiro.
- Eu lhe apresento o **senhor** Schmidt.

➡ **señor** e **señora** são usados também com artigo: **¿Está la señora Gómez? – A senhora Gómez está?** Na forma de tratamento, o artigo desaparece: **¡Muchas gracias, señor García!**

la **señora** [se'ɲora] *n*
- Buenos días, ¿la **señora** Ana Pérez, por favor?
- A estas horas el café está siempre lleno de **señoras** tomando el desayuno.

a **senhora**
- Bom dia, a **senhora** Ana Pérez, por favor?
- A esta hora a cafeteria está sempre cheia de **senhoras** tomando o café da manhã.

➡ **señor** p. 17

don, doña ['dɔn], ['doɲa] *n*
- ¡Hombre, **don** Francisco! ¿Usted por aquí?
- Mi profesora es **doña** Isabel.

senhor, senhora
- Mas **senhor** Francisco! O senhor por aqui?
- Minha professora é a **dona** Isabel.

➡ No dia a dia, **don** e **doña** são empregados com prenomes: **don** Luis. Trata-se de um tratamento bastante respeitoso.

Dados pessoais

la **señorita** [seɲoˈrita] n ▪ ¡**Señorita** Laura García, acuda a la caja dos!	a **senhorita** ▪ **Senhorita** Laura García, apresente-se ao caixa dois!
el **bebé** [beˈβe] n ▪ ¿Has visto el **bebé**? ¡Qué rico!	o **bebê** ▪ Você já viu o **bebê**? Que fofo!
el **niño** [ˈniɲo] n ▪ De **niño** me gustaba jugar en la arena. ▪ El **niño** ya tiene doce años.	a criança, o **menino**, o garoto ▪ Quando criança, eu gostava de brincar na areia. ▪ O **menino** já tem 12 anos.

➡ Criança pode ser traduzido por **niño** e **niña**, quando se tem em mente a idade: **Todavía es una niña.** – Ela é ainda uma criança.

la **niña** [ˈniɲa] n ▪ ¿Es niño o **niña**? ➡ niño p. 18	a criança, a **menina**, a garota ▪ É menino ou **menina**?
el **chico** [ˈtʃiko] n ▪ A este **chico** le conocí en una fiesta.	o **garoto** ▪ Conheci este **garoto** em uma festa.

➡ **chico** e **chica** se referem a garotos e garotas mais velhos, e também quando a intenção é fazer referência a homem (jovem) e mulher (jovem). Mesmo uma pessoa na faixa dos 10 anos pode ser referida como **chica**, quando se tem a impressão de que, à sua maneira, ela é jovial.

la **chica** [ˈtʃika] n ▪ En clase hay más **chicas** que chicos. ➡ chico p. 18	a **garota** ▪ Na classe há mais **garotas** do que garotos.
llamar [ʎaˈmar] v ▪ ¿Ya sabéis cómo vais a **llamar** al niño?	**chamar** ▪ Já sabe como vai **chamar** a criança?
llamarse [ʎaˈmarse] v ▪ Por cierto, ¿cómo **te llamas**?	**chamar-se** ▪ Como você **se chama**, afinal?
el **nombre** [ˈnɔmbre] n ▪ No recuerdo el **nombre** de este actor.	o **nome** ▪ Não lembro o **nome** desse ator.
el **apellido** [apeˈʎiðo] n ▪ A ver, dime tus **apellidos**.	o **sobrenome** ▪ Então, diga-me seus **sobrenomes**.

Dados pessoais 19

➡ Espanhóis têm sempre dois sobrenomes. Normalmente o primeiro é o sobrenome do pai, e em segundo lugar vem o da mãe. O filho do señor Calvo García e da señora Villa Pérez chama-se señor Calvo Villa.

el **nombre (de pila)** [ˈnɔmbre (ðe ˈpila)] n
- ¿Lara es tu apellido o tu **nombre de pila**?

o **nome (prenome)**
- Lara é seu sobrenome ou **prenome**?

el **sexo** [ˈse(γ)so] n
- ¿Cuál es el **sexo** del bebé?

o **sexo**
- Qual é o **sexo** do bebê?

casado, casada [kaˈsaðo], [kaˈsaða] adj
- Luis está **casado** y tiene dos hijos.

casado
- Luis é **casado** e tem dois filhos.

➡ **casado** pode ser empregado com os verbos ser ou estar. Se se tiver em mente apenas a condição familiar, diz-se **es casado**. Quando se tem em vista o estado civil ou se quer dizer que alguém é casado, usa-se **estar**.

divorciado, divorciada [diβorˈθiaðo], [diβorˈθiaða] adj
- Sus padres están **divorciados**.
➡ casado p. 19

divorciado, divorciada
- Seus pais estão **divorciados**.

viudo, viuda [ˈbiuðo], [ˈbiuða] adj
- Pepe es **viudo** desde hace tres años.
➡ casado p. 19

viúvo, viúva
- Pepe está **viúvo** há três anos.

ser de [sɛr ðe] v
▶ v irr p. 428 ser
- Mi profesora de inglés **es de** Canadá.

ser de
- Minha professora de inglês **é do** Canadá.

la **dirección** [dire(γ)ˈθion] n
- En este sobre pones la **dirección**.

o **endereço**
- Neste campo você escreve o **endereço**.

➡ A desinência do plural de substantivos terminados em **-ión** é **-iones**.

la **calle** [ˈkaʎe] n
- ¿En qué **calle** vives?

a **rua**
- Em qual **rua** você mora?

Dados pessoais

el **número** (de la calle) ['numero ðe la 'kaʎe] *n* ■ La tienda está en le calle Ortega **número** 12.	o **número** (da casa) ■ A loja fica na Calle Ortega **número** 12.
el **código postal** ['koðiɣo pɔs'tal] *n* ■ Ahora no me acuerdo del **código postal**.	o **código postal** ■ Agora não consigo me lembrar do **código postal**.
el **número de teléfono** ['numero ðe te'lefono] *n* ■ ¿Me das tu **número de teléfono**?	o **número de telefone** ■ Você me passa seu **número de telefone**?
el **estado civil** [es'taðo θi'βil] *n* ■ Aquí pones tu **estado civil**.	o **estado civil** ■ Aqui você escreve seu **estado civil**.
soltero, soltera [sɔl'tero], [sɔl'tera] *adj* ■ Mario no está casado, es **soltero**. ➡ casado p. 19	**solteiro, solteira** ■ Mario não é casado, é **solteiro**.
separado, separada [sepa'raðo], [sepa'raða] *adj* ■ Creo que mi vecina está **separada**.	**separado, separada** ■ Acho que minha vizinha está **separada**.
el **lugar de residencia** [lu'ɣar ðe rrɛsi'ðenθĭa] *n* ■ Mi **lugar de residencia** es Barcelona.	o **lugar de residência** ■ Meu **lugar de residência** é Barcelona.
el **domicilio** [domi'θilĭo] *n* ■ Es francés, pero con **domicilio** en España.	o **domicílio** ■ É francês, mas com **domicílio** na Espanha.
mayor de edad [ma'jɔr ðe e'ða(ð)] *adj* ■ Ya tengo dieciocho años, ya soy **mayor de edad**.	**maior de idade** ■ Já tenho dezoito anos, já sou **maior de idade**.
menor de edad [me'nɔr ðe e'ða(ð)] *adj* ■ No podéis votar, todavía sois **menores de edad**.	**menor de idade** ■ Vocês não podem votar, ainda são **menores de idade**.

la **nacionalidad** [naθĭonali'ða(ð)] *n* ■ Vivo en España, pero soy de **nacionalidad** alemana.	a **nacionalidade** ■ Moro na Espanha, mas sou de **nacionalidade** alemã.
el **ciudadano**, la **ciudadana** [θĭuða'ðano], [θĭuða'ðana] *n* ■ No son todos **ciudadanos** españoles los que viven en España.	o **cidadão**, a **cidadã** ■ Não são todos **cidadãos** espanhóis os que vivem na Espanha.
el **apodo** [a'poðo] *n* ■ Este torero tiene un **apodo**, le llaman "el Litri".	a **alcunha**, o **epíteto**, o **apelido** ■ Este toureiro tem um **apelido**, chamam-no "o Litri".

➡ Um sinônimo de **apodo** é el **mote** ['mote].

Características pessoais

bueno, buena ['bŭeno, 'bŭena] *adj* ■ En le fondo es **buena** persona. ■ ¡Qué **bueno** eres conmigo! ■ Álvaro, tienes que ser **bueno**.	**bom, boa** ■ No fundo é uma **boa** pessoa. ■ Como você é **bom** comigo! ■ Álvaro, você tem de ser **bom**.
majo, maja ['maxo, 'maxa] *adj* ■ ¡Qué **maja** es esta chica!	**amável, simpático, legal** ■ Como é **legal** essa garota!
simpático, simpática [sim'patiko, sim'patika] *adj* ■ El profesor ha sido muy **simpático** conmigo.	**simpático, simpática** ■ O professor foi muito **simpático** comigo.

➡ Os adjetivos que se relacionam com caráter normalmente são usados com **ser**: **Es tranquilo. – Ele é calmo.** Mas quando se trata de humores momentâneos ou de um comportamento em determinada situação, usa-se **estar**, por exemplo: **Estoy tranquilo (antes del examen). – Estou calmo (antes do exame).**

| **antipático, antipática** [anti'patiko, anti'patika] *adj*
 ■ ¡Qué hombre más **antipático**!
 ➡ simpático p. 21 | **antipático, antipática**

 ■ Que homem mais **antipático**! |

Características pessoais

caer bien [ka'ɛr 'βi̯en] *loc*
▶ **v irr** p. 422 caer
- Me **caes bien**.

ter simpatia por
- **Tenho simpatia por** você.

cariñoso, cariñosa [kari'ɲoso, kari'ɲosa] *adj*
- Me encontré con gente muy **cariñosa**.

carinhoso, carinhosa, afetuoso, afetuosa
- Encontrei-me com pessoas muito **afetuosas**.

amable [a'maβle] *adj*
- ¡Muchas gracias! ¡Muy **amable**!

amável
- Muito obrigado! Muito **amável**!

➡ Adjetivos terminados em **-e** são tanto masculinos quanto femininos.

educado, educada [eðu'kaðo, eðu'kaða] *adj*
- El personal del hotel es muy **educado**, amable y servicial.

educado, educada
- O pessoal do hotel é muito **educado**, amável e prestativo.

maleducado, maleducada [maleðu'kaðo] *adj*
- Niño, no seas **maleducado** y dale la mano al señor.

mal-educado, mal-educada
- Menino, não seja **mal-educado** e dê a mão ao senhor.

➡ Certos adjetivos, como maleducado, podem ser empregados também como substantivos: **Es un maleducado. – É um mal-educado.** Outro exemplo é mentiroso – mentiroso, que costuma ser usado com artigo: **Es un mentiroso. – É um mentiroso.** Inversamente, há também substantivos que podem ser empregados como adjetivos, por exemplo, amigo – amigo: **Matías es muy amigo mío. – Matías é muito amigo meu.**

alegre [a'leɣre] *adj*
- Andrès, te veo muy **alegre**.

➡ simpático p. 21

alegre
- Andrès, você está muito **alegre**.

serio, seria ['serĭo, 'serĭa] *adj*
- Estás muy **seria**. ¿Qué te pasa?

➡ simpático p. 21

sério, séria
- Você está muito **séria**. O que está acontecendo?

tranquilo, tranquila [traŋ'kilo, traŋ'kila] *adj*
- **Tranquila**, María, no hay problema.

➡ simpático p. 21

calmo, calma, tranquilo, tranquila
- Fique **calma**, Maria, não há problema.

Características pessoais

listo, lista ['listo, 'lista] *adj*
- Es un chico **listo**, se ve en seguida.

esperto, esperta, sagaz, inteligente
- É um garoto **inteligente**, logo se vê.

➡ Alguns adjetivos mudam de sentido se empregados com **ser** ou **estar**: **ser listo** – ser esperto, sagaz, inteligente *vs.* **estar listo** – estar pronto; **ser rico** – ser rico *vs.* **estar rico** – estar gostoso; **ser atento** – ser atento (no sentido de ser atencioso, cortês) *vs.* **estar atento** – estar atento (no sentido de prestar atenção).

tonto, tonta ['tɔnto, 'tɔnta] *adj*
- No seas **tonto**, aprovecha esta oportunidad.

tonto, tonta
- Não seja **tonto**, aproveite esta oportunidade.

➡ **tonto** em espanhol não é tão pejorativo. Já com os termos **estúpido**, **bobo**, **imbecil** é preciso ter mais cuidado, pois são usados também como xingamentos. **¿Eres bobo, o qué?** – **Você é bobo ou o quê?**

la estupidez [estupi'ðeθ] *n*
- La **estupidez** humana se puede encontrar en todas partes.

a estupidez
- A **estupidez** humana pode ser encontrada em toda parte.

➡ **tontería** é a burrice de atos que se cometem: **¡No hagas tonterías!** – Não faça besteiras! A propriedade característica é **ignorancia**: **Su ignorancia es grande** – Sua ignorância é grande. **Estupidez** cobre ambos os domínios: **Ha sido una estupidez.** – Foi uma estupidez. E: **Su estupidez me asusta.** – Sua estupidez me assusta.

estúpido, estúpida [es'tupiðo, es'tupiða] *adj*
- Lo siento, pero creo que es un tío **estúpido**.

estúpido, estúpida
- Me desculpe, mas acho que você é um cara **estúpido**.

loco, loca ['loko, 'loka] *adj*
- ¡Madre mía, este chico está **loco**!

louco, louca
- Minha nossa, este menino está **louco**!

razonable [rraθo'naβle] *adj*
- Sé **razonable** y piénsatelo bien.

razoável
- Seja **razoável** e pense bem.

la sinceridad [sinθeri'ða(ð)] *n*
- Hemos hablado con total **sinceridad**.

a sinceridade
- Falamos com total **sinceridade**.

sincero, sincera [sin'θero, sin'θera] *adj*
- Para ser **sincero**: no lo sabía.
- Voy a ser **sincero** con usted.

sincero, sincera
- Para ser **sincero**, não sabia.
- Serei **sincero** com o senhor.

abierto, abierta [a'βi̯erto, a'βi̯erta] *adj*
- Eva conoce a mucha gente porque es una chica muy **abierta**.

aberto, aberta
- Eva conhece muita gente porque é uma garota muito **aberta**.

generoso, generosa [xene'roso, xene'rosa] *adj*
- ¡Qué **generoso** eres! Siempre nos invitas al café.
➡ simpático p. 21

generoso, generosa
- Como você é **generoso**! Sempre nos convida para um café.

sensible [sen'siβle] *adj*
- Mejor no le hables de eso, es muy **sensible**.
➡ simpático p. 21

sensível, vulnerável
- Melhor que não lhe fale disso, é muito **sensível**.

nervioso, nerviosa [nɛr'βi̯oso, nɛr'βi̯osa] *adj*
- Siempre me pongo **nerviosa** antes de un examen.

nervoso, nervosa
- Sempre fico **nervosa** antes de uma prova.

la personalidad [pɛrsonali'ða(ð)] *n*
- A mí me gusta la gente con **personalidad**.

a **personalidade**
- Gosto de gente com **personalidade**.

el carácter [ka'raktɛr] *n*
- Descríbeme el **carácter** de tu amigo.

o **caráter**
- Descreva-me o **caráter** de seu amigo.

➡ A desinência de plural de substantivos e adjetivos que terminem em consoantes é **-es**.

el ánimo ['animo] *n*
- ¡**Ánimo**! No queda nada.

a coragem
- **Coragem**! Não falta muito.

atento, atenta [a'tento, a'tenta] *adj*
- Pocas veces he visto un camarero tan **atento**.
➡ listo p. 23

atencioso, atenciosa
- Poucas vezes vi um garçom tão **atencioso**.

servicial [sɛrβi'θi̯al] *adj*
- Pregúntale a Javier, es muy **servicial**.

prestativo
- Pergunte a Javier, ele é muito **prestativo**.

vivo, viva ['biβo, 'biβa] *adj*
- Una chica muy **viva**, tu amiga Carmen.

vivaz, animado, animada
- Sua amiga Carmen é uma garota muito **animada**.

Características pessoais

trabajador, trabajadora [traβaxa'ðor, traβaxa'ðora] *adj* ■ La conozco como una alumna muy **trabajadora**.	**aplicado, aplicada** ■ Eu a tenho por uma aluna muito **aplicada**.
vago, vaga ['bayo, 'baya] *adj* ■ Es un poco **vago**, pero trae buenas notas. ➡ simpático p. 21	**preguiçoso, preguiçosa** ■ Ele é um pouco **preguiçoso**, mas consegue boas notas.
tímido, tímida ['timiðo, 'timiða] *adj* ■ Soy un poco **tímida**. ➡ simpático p. 21	**tímido, tímida** ■ Sou um pouco **tímida**.
cobarde [ko'βarðe] *adj* ■ ¡No seas **cobarde**! Que no te van a comer.	**covarde** ■ Não seja **covarde**! Eles não vão devorá-lo.
el valor [ba'lor] *n* ■ Se va solo en tren. Este niño tiene mucho **valor**.	**o valor** ■ Ele viaja sozinho de trem. Este garoto tem muito **valor**.
valiente [ba'li̯ente] *adj* ■ He sido muy **valiente** en el dentista.	**valente, corajoso** ■ Eu fui muito **valente** no dentista.
el mentiroso, la mentirosa [menti'roso, menti'rosa] *n* ■ No le creas, es un **mentiroso**. ➡ maleducado p. 22	**o mentiroso** ■ Não acredite nele, é um **mentiroso**.
el sentido común [sen'tiðo ko'mun] *n* ■ Estos problemas se resuelven con un poco de **sentido común**.	**o bom senso** ■ Esses problemas podem ser resolvidos com um pouco de **bom senso**.
estar acostumbrado a, estar acostumbrada a [es'tar akɔstum'braðo a, es'tar akɔstum'braða a] *loc* ■ No **estoy acostumbrada a** levantarme a las seis.	**estar acostumado, acostumada/ habituado, habituada a** ■ Não **estou acostumada a** levantar às seis.
rico, rica ['rriko, 'rrika] *adj* ■ Laura tiene un niño muy **rico**.	**bonitinho, bonitinha, fofo, fofa** ■ Laura tem um filho muito **bonitinho**.

Características pessoais

la **paciencia** [pa'θĭenθĭa] *n* ■ ¡Ten **paciencia**!	a **paciência** ■ Tenha **paciência**!
paciente [pa'θĭente] *adj* ■ Me cuesta ser **paciente** con este alumno.	**paciente** ■ É difícil para mim ser **paciente** com esse aluno!
prudente [pru'ðente] *adj* ■ No te preocupes, soy muy **prudente** conduciendo.	**prudente, cuidadoso** ■ Não se preocupe, sou muito **cuidadoso** no volante.
imprudente [impru'ðente] *adj* ■ ¡No seas **imprudente**! ¡Ponte el casco!	**imprudente** ■ Não seja **imprudente**! Ponha o capacete!
tacaño, tacaña [ta'kaɲo, ta'kaɲa] *adj* ■ No ha pagado ni una sola vez. ¡Qué **tacaño**!	**sovina, mesquinho, mesquinha** ■ Ele não pagou uma única vez. Que **sovina**!
el **humor** [u'mɔr] *n* ■ Hoy estoy de buen **humor**.	o **humor** ■ Hoje estou de bom **humor**.
el **sentido del humor** [sen'tiðo ðɛl u'mɔr] *n* ■ Me gusta Alberto con su **sentido del humor**.	o **senso de humor** ■ Gosto de Alberto com seu **senso de humor**.
tener curiosidad por [te'nɛr kurĭosi'ða(ð) pɔr] *loc* ▶ v irr p. 428 tener ■ **Tengo curiosidad por** conocer a tu prima.	**ter curiosidade em** ■ **Tenho curiosidade em** conhecer sua prima.
culto, culta ['kulto, 'kulta] *adj* ■ Es una señora mayor muy **culta** que lee mucho.	**culto, culta** ■ É uma senhora idosa muito **culta**, que lê muito.
inculto, inculta [iŋ'kulto, iŋ'kulta] *adj* ■ ¿Por qué dices que soy **inculto**?	**inculto, inculta** ■ Por que você diz que sou **inculto**?
la **pasión** [pa'sĭon] *n* ■ Su gran **pasión** son los caballos.	a **paixão** ■ Sua grande **paixão** são os cavalos.

apasionado, apasionada [apasĭoˈnaðo, apasĭoˈnaða] *adj* ▪ David es un **apasionado** cocinero.	apaixonado, apaixonada ▪ David é um cozinheiro **apaixonado**.
modesto, modesta [moˈðesto, moˈðesta] *adj* ▪ Tampoco hay que ser demasiado **modesto**.	modesto, modesta ▪ Não se deve ser **modesto** demais.
exigente [e(ɣ)siˈxente] *adj* ▪ Si no eres muy **exigente**, puedes ir a una pensión.	exigente ▪ Se você não for muito **exigente**, pode ficar numa pensão.
el **orgullo** [ɔrˈɣuʎo] *n* ▪ Jugar en este equipo le llena de **orgullo**.	o orgulho ▪ Jogar nesse time o enche de **orgulho**.
orgulloso, orgullosa [ɔrˈɣuʎoso, ɔrˈɣuʎosa] *adj* ▪ Com estas notas puedes estar **orgulloso** de tí.	orgulhoso, orgulhosa ▪ Com estas notas você pode ficar **orgulhoso** de si.
sociable [soˈθĭaβle] *adj* ▪ Es importante que los niños sean **sociables**.	sociável ▪ É importante que as crianças sejam **sociáveis**.
casero, casera [kaˈsero, kaˈsera] *adj* ▪ Somos muy **caseros**, no salimos mucho.	caseiro, caseira ▪ Somos muito **caseiros**, não saímos muito.

Aparência

Características físicas

la **cara** [ˈkara] *n* ▪ ¡Qué **cara** más simpática! ▪ Al jefe siempre le pone buena **cara**.	o rosto, a cara ▪ Que **rosto** mais simpático! ▪ Na frente do chefe, ela sempre faz uma **cara** simpática.
el **pelo** [ˈpelo] *n* ▪ Hoy tienes el **pelo** muy bonito.	o cabelo ▪ Hoje você está com o **cabelo** muito bonito.

Características físicas

guapo, guapa ['gŭapo, 'gŭapa] *adj*
- ¡Qué niños más **guapos** tienes!
- Tu novio es muy **guapo**.
➡ **simpático** p. 21

bonito, bonita, belo, bela
- Que crianças **bonitas** você tem!
- Seu noivo é muito **bonito**.

➡ **guapo** é empregado para pessoas, incluindo homens, enquanto **bonito**, **belo** servem para coisas. **Feo** é usado para pessoas e coisas.

feo, fea ['feo, 'fea] *adj*
- No es **feo**, pero le falta algo.
➡ **guapo** p. 28

feio
- Ele não é **feio**, mas lhe falta alguma coisa.

alto, alta ['alto, 'alta] *adj*
- Jorge es **alto** y delgado como su padre.

alto, alta
- Jorge é **alto** e esguio como seu pai.

bajo, baja ['baxo, 'baxa] *adj*
- En cambio, Eduardo es más bien **bajo**.

baixo, baixa
- Eduardo, ao contrário, é **baixo**.

fuerte ['fŭɛrte] *adj*
- ¿No te acuerdas? Es un chico **fuerte** de pelo castaño.

forte
- Você não se lembra? É um garoto **forte** de cabelos castanhos.

gordo, gorda ['gɔrðo, 'gɔrða] *adj*
- No te encuentro nada **gorda**.

gordo, gorda
- Não a acho nada **gorda**.

delgado, delgada [dɛl'ɣaðo, dɛl'ɣaða] *adj*
- Ahora estoy más **delgado** que hace un año.

magro, magra, esbelto, esbelta
- Agora estou mais **magro** do que há um ano.

como ['komo] *conj*
- María es **como** su madre.

como
- María é **como** a mãe dela.

el peinado [pɛi'naðo] *n*
- Muy bonito, tu nuevo **peinado**.

o penteado
- Muito bonito seu **penteado** novo.

peinar [pɛi'nar] *v*
- Cortar y **peinar**, ¡por favor!

pentear
- Cortar e **pentear**, por favor!

rubio, rubia ['rruβĭo, 'rruβĭa] *adj*
- Todos sus hermanos son **rubios**.

loiro, loira
- Todos os seus irmãos são **loiros**.

tener le pelo negro [te'nɛr ɛl 'pelo 'neɣro] *loc*
- Mi novio **tiene el pelo negro**.

ter cabelo preto

- Meu namorado **tem cabelo preto**.

Características físicas 29

tener el pelo castaño [te'nɛr ɛl 'pelo kas'taɲo] *loc*
- En cambio, mi hermana **tiene pelo castaño** y los ojos azules.

ter cabelo castanho
- Já minha irmã **tem cabelos castanhos** e olhos azuis.

pelirrojo, pelirroja [peli'rrɔxo, peli'rrɔxa] *adj*
- Uno de los niños es **pelirrojo**.

ruivo, ruiva
- Uma das crianças é **ruiva**.

la cana ['kana] *n*
- Esta mañana me he encontrado una **cana**.

o cabelo grisalho
- Hoje pela manhã achei um fio de cabelo grisalho.

tener el pelo canoso [te'nɛr ɛl 'pelo ka'noso] *loc*
- Pronto **tendrás el pelo canoso**.

ser/ter cabelo grisalho
- Logo você **terá cabelo grisalho**.

tener aspecto de [te'nɛr as'pɛkto ðe] *loc*
- **Tiene aspecto de** artista.

parecer, estar com aspecto
- **Parece** um **artista**.

tener buen aspecto [te'nɛr 'βuen as'pɛkto] *loc*
- Hoy **tienes buen aspecto**.

estar com bom aspecto/boa aparência
- Hoje você **está com boa aparência**.

el tipo ['tipo] *n*
- Marina es deportista y tiene buen **tipo**.

a forma
- Marina é esportista e está em boa **forma**.

la belleza [be'λeθa] *n*
- En la revista hay diez páginas sobre **belleza**.

a beleza
- Na revista há dez páginas sobre **beleza**.

menudo, menuda [me'nuðo, me'nuða] *adj*
- ¿Ves aquella mujer **menuda** al lado de José?

baixinho, baixinha
- Você está vendo aquela mulher **baixinha** perto de José?

elegante [ele'ɣante] *adj*
- Teresa está siempre muy **elegante**.

elegante
- Teresa está sempre muito **elegante**.

parecerse [pare'θɛrse] v ▶ v irr p. 423 conocer ▪ **Nos parecemos** mucho. ▪ ¿**Te pareces** más a tu padre o a tu madre?	**parecer-se** ▪ Nós **nos parecemos** muito. ▪ Você **se parece** mais com seu pai ou com sua mãe?
engordar [eŋɡoɾ'ðaɾ] v ▪ En Navidad es fácil **engordar**.	**engordar** ▪ No Natal é fácil **engordar**.
adelgazar [aðɛlɣa'θaɾ] v ▪ Estoy a dieta y ya **he adelgazado** dos kilos.	**emagrecer** ▪ Estou de dieta e já **emagreci** dois quilos.
la **calva** ['kalβa] n ▪ Ya sabes, este actor que tiene una **calva**.	a **calvície**, a **careca** ▪ Sabe, aquele ator que tem uma **careca**.
la **barba** ['barβa] n ▪ Es una foto de mi padre cuando llevaba **barba**.	a **barba** ▪ É uma foto de meu pai quando usava **barba**.
➡ O conceito de **usar** ou **ter barba** é expresso em espanhol sem o emprego de artigo: **llevar barba**. Isso faz lembrar de construções igualmente sem artigo, como ¿**Tienes coche?** – Você tem carro?	
moreno, morena [mo'reno, mo'rena] adj ▪ En mi familia somos todos bastante **morenos**.	**moreno, morena** ▪ Na minha família somos todos bem **morenos**.
de piel clara [de 'pĭɛl 'klaɾa] loc ▪ Belén es **de piel** muy **clara**.	**ter a pele clara** ▪ Belén **tem a pele** bem **clara**.
tener un aspecto descuidado [te'nɛɾ un as'pɛkto ðeskuĭ'ðaðo] loc ▪ Últimamente Antonio **tiene un aspecto descuidado**.	**estar com um aspecto descuidado, ter uma aparência desleixada** ▪ Ultimamente, Antonio **está com uma aparência desleixada**.

Vestuário e calçados

la **ropa** ['rrɔ'pa] n ▪ ¡No lleves mucha **ropa**!	a **roupa** ▪ Não leve muita **roupa**!
la **moda** ['moða] n ▪ No me gusta, pero es la **moda**.	a **moda** ▪ Não gosto, mas está na **moda**.

Vestuário e calçados

vestirse [bes'tirse] *v*
▶ v irr p. 426 pedir
- **Vístete** rápido, que llegamos tarde.

vestir-se
- **Vista-se** rápido, ou vamos chegar tarde.

ponerse [po'nɛrse] *v*
▶ v irr p. 427 poner
- ¿Qué **me pongo**?

usar, vestir
- O que **visto**?

cambiarse [kam'bĭarse] *v*
- Antes del concierto voy a **cambiarme**.

trocar-se
- Antes do concerto, vou **me trocar**.

quitarse [ki'tarse] *v*
- ¿No **te quitas** el abrigo?

tirar
- Você não vai **tirar** o casaco?

desnudarse [deznu'ðarse] *v*
- No hace falta que **te desnudes**.

despir-se
- Não é preciso que você **se dispa**.

llevar [ʎe'βar] *v*
- Dolores siempre **lleva** ropa cara.

usar, vestir, trajar
- Dolores sempre **usa** roupas caras.

llevar puesto, llevar puesta [ʎe'βar 'pŭesto, ʎe'βar 'pŭesta] *loc*
- **Llevo puesto** el nuevo jersey.

vestir, usar, trajar
- Estou **vestindo** o novo pulôver.

probarse [pro'βarse] *v*
- ¿Puedo **probarme** este vestido?

provar
- Posso **provar** este vestido?

valer [ba'lɛr] *v*
▶ v irr p. 428 valer
- Este pantalón no te **vale**, es demasiado ancho.

servir, ajustar-se
- Essas calças não lhe **servem**, são muito largas.

el abrigo [a'βriɣo] *n*
- Para este invierno me compro un **abrigo** nuevo.

o casaco
- Para este inverno, vou comprar um **casaco** novo.

la chaqueta [tʃa'keta] *n*
- ¡Ponte una **chaqueta**, hace frío!

a jaqueta
- Ponha uma **jaqueta**, está frio!

el pantalón [panta'lɔn] *n*
- Cuando viajo me llevo dos **pantalones**.

as calças
- Quando viajo, levo duas **calças**.

Vestuário e calçados

> **pantalón** significa **calças**, mas, assim como em português, em espanhol a designação dessa peça do vestuário é empregada tanto no singular quanto no plural: Llevas unos pantalones muy bonitos. – Você tem calças muito bonitas.

el vaquero ES, **los jeans** AL [ba'kero, jins] *n, n pl*
- ¿Te han costado caros estos **vaqueros**?
- Los **jeans** van bien con botas altas.

➡ **pantalón** p. 31

o **jeans**
- Esse **jeans** custou caro?
- **Jeans** fica bem com botas de cano alto.

> Na Espanha, **o jeans** também é chamado de **el tejano** [te'xano].

la camiseta [kami'seta] *n*
- Tengo el armario lleno de **camisetas**.

a **camiseta**
- Tenho um armário cheio de **camisetas**.

el jersey ES, **el pulóver** AL [ŭer'sɛĭ, pu'loβer] *n*
- Hace frio, tienes que ponerte un **jersey**.
- Me puse el **pulóver** negro.

o **pulôver**, o **blusão**
- Está frio, você tem de vestir um **pulôver**.
- Vesti o **blusão** preto.

el vestido [bes'tiðo] *n*
- Todavía no sé qué **vestido** llevar en la boda.

o **vestido**
- Ainda não sei qual **vestido** usar no casamento.

la falda, ES, **la pollera** AL ['falda, po'ʎera] *n*
- Este año se llevan las **faldas** largas.
- Las dos llevan **polleras** grises muy cortas.

a **saia**
- Este ano estão usando **saias** longas.
- As duas vestem **saias** cinzas bem curtas.

el traje ['traxe] *n*
- Hoy Carlos va de **traje** y corbata.

o **terno**
- Hoje Carlos está vestindo **terno** e gravata.

el pantalón corto [panta'lon 'kɔrto] *n*
- Los **pantalones cortos** los llevo solo en vacaciones.

➡ **pantalón** p. 31

os **shorts**
- Uso **shorts** apenas nas férias.

Vestuário e calçados 33

---

la **blusa** ['blusa] *n*
- Busco una **blusa** de flores.

a **blusa**
- Estou procurando uma **blusa** florida.

---

la **camisa** [ka'misa] *n*
- Se ha puesto una **camisa** blanca.

a **camisa**
- Ele vestiu uma **camisa** branca.

---

el **calcetín** [kalθe'tin] *n*
- ¿Dónde metes los **calcetines**?

as **meias**
- Onde você pôs as **meias**?

---

el **zapato** [θa'pato] *n*
- Estos **zapatos** me quedan pequeños.

o **sapato**
- Estes **sapatos** são pequenos para mim.

---

el **pijama** [pi'xama] *n*
- ¿Dónde está mi **pijama**?

o **pijama**
- Onde está meu **pijama**?

---

el **camisón** [kami'sɔn] *n*
- No hay nada como un **camisón** calentito.

a **camisola**
- Não há nada como uma **camisola** quente.

---

las **bragas** ['braɣas] *n pl*
- Me gustan mucho las **bragas** de esta marca.
➡ pantalón p. 31

a **calcinha**
- Gosto muito das **calcinhas** desta marca.

---

los **calzoncillos** [kalθon'θiλos] *n pl*
- Estos **calzoncillos** se venden en paquetes de tres.
➡ pantalón p. 31

a **cueca**
- Estas **cuecas** são vendidas em embalagens com três.

---

el **traje de baño** ['traxe ðe 'baɲo] *n*
- ¡No se olvide el **traje de baño**!
- Este **traje de baño** es del año pasado.

o **traje de banho**
- Não se esqueça do **traje de banho**!
- Este **traje de banho** é do ano passado.

➡ Traje da baño e **bañador** [baɲa'ðor] são sinônimos.

---

el **biquini** [bi'kini] *n*
- En la playa prefiero llevar **biquini**.

o **biquíni**
- Na praia prefiro usar **biquíni**.

---

bonito, bonita [bo'nito, bo'nita] *adj*
- No encuentro zapatos **bonitos**.
➡ guapo p. 28

bonito
- Não encontro sapatos **bonitos**.

lindo, linda ['lindo, 'linda] *adj* ■ ¡Qué vestido más **lindo**!	**lindo, linda** ■ Que vestido mais **lindo**!
estrecho, estrecha [es'tretʃo, es'tretʃa] *adj* ■ Estos pantalones me quedan **estrechos**.	**apertado, apertada** ■ Estas calças ficam muito **apertadas** em mim.
ancho, ancha ['antʃo, 'antʃa] *adj* ■ ¿No te parece demasiado **ancho** este jersey?	**largo, larga** ■ Você não acha esse pulôver **largo** demais?

➡ **ancho** também pode significar "demais", sem necessitar de "demasiado". Por exemplo: **Te queda ancho.** – Fica grande em você. **Amplio**, ao contrário, é empregado quando a largura de uma peça do vestuário é considerada algo positivo.

corto, corta ['kɔrto, 'kɔrta] *adj* ■ ¡Vaya, las mangas son demasiado **cortas**!	**curto, curta** ■ Ah, as mangas são muito **curtas**!
largo, larga ['larɣo, 'larɣa] *adj* ■ Todas llevan traje **largo**.	**comprido, comprida, longo, longa** ■ Todas estão usando vestido **longo**.
la **talla** ['taʎa] *n* ■ Uso la **talla** 42.	o **tamanho** ■ Uso tamanho 42.
el **número (de pie)** ['numero ðe 'pie] *n* ■ ¿Qué **número** usa usted? ➡ **talla** p. 34	o **número (de calçado)** ■ Que **número** o senhor/a senhora usa?
la **ropa de caballero** ['rrɔpa ðe kaβa'ʎero] *n* ■ No sé si en esa tienda también venden **ropa de caballero**.	a **roupa masculina** ■ Não sei se nessa loja também vendem **roupa masculina**.
la **ropa de señora** ['rrɔpa ðe se'ɲora] *n* ■ La **ropa de señora** está en la primera planta.	a **roupa feminina** ■ **Roupa feminina** fica no primeiro piso.

Vestuário e calçados

el **sujetador** ES, el **corpiño** AL [suxeta'ðor, kɔr'piɲo] *n* ■ Me he comprado un **sujetador** super bonito. ■ No sé qué **corpiño** elegir.	o **sutiã** ■ Comprei um **sutiã** superbonito. ■ Não sei qual **sutiã** escolher.
la **camiseta interior** [kami'seta inte'rjor] *n* ■ Nunca lleva **camiseta interior**.	a **camiseta** ■ Nunca usa **camiseta**.
la **media** ['meðia] *n* ■ Para jugar al fútbol se llevan **medias**.	a **meia** ■ Para jogar futebol usam-se **meias**.
las **medias** ['meðias] *n pl* ■ Con esta falda debes llevar **medias** negras.	a **meia-calça** ■ Com essa saia você tem de usar **meias-calças** pretas.
los **pantys** ['pantis] *n pl* ■ Por favor, ¿me pude enseñar **pantys** muy finos?	a **meia-calça** ■ Por favor, você poderia me mostrar **meias-calças** bem finas?
la **sudadera** [suða'ðera] *n* ■ ¡Qué pena! La **sudadera** ya te queda pequeña.	o **moletom** ■ Que pena! O **moletom** já está pequeno em você.
la **americana** ES, el **saco** AL [ameri'kana, 'sako] *n* ■ Llevar **americana** siempre resulta ellegante. ■ No se necesita llevar **saco**.	a **jaqueta** ■ Vestir **jaqueta** é sempre muito elegante. ■ Não precisa levar **jaqueta**.
a **cazadora** [kaθa'ðora] *n* ■ ¿Esta **cazadora** es de algodón?	a **jaqueta** ■ Esta **jaqueta** é de algodão?
la **chaqueta impermeable** [tʃa'keta impɛrme'aβle] *n* ■ Llévate una **chaqueta impermeable**, por si acaso.	a **jaqueta impermeável** ■ Leve uma **jaqueta impermeável**, nunca se sabe.
la **zapatilla de deporte** [θapa'tiʎa ðe ðe'pɔrte] *n* ■ ¿De qué marca son tus nuevas **zapatillas de deporte**?	o **tênis** ■ De que marca é seu **tênis** novo?
la **bota** ['bota] *n* ■ Estas **botas** son comodísimas.	a **bota** ■ Estas **botas** são muito confortáveis.

la **sandalia** [san'dalĩa] *n* ■ Todavía me pongo las **sandalias** del verano pasado.	a **sandália** ■ Ainda uso as **sandálias** do verão passado.
quedar bien [ke'ðar 'βĩen] *loc* ■ Te **queda bien** esta falda.	**ficar bem** ■ Essa saia **fica bem** em você.
ir con [ir 'kɔn] *v* ▶ v irr p. 425 ir ■ No, esta corbata no **va con** la camisa.	**combinar com** ■ Não, esta gravata não **combina com** a camisa.
a la moda [a la 'moða] *loc* ■ Siempre visten **a la moda**.	**na moda** ■ Estão sempre vestidos **na moda**.
pasado de moda, pasada de moda [pa'saðo ðe 'moða, pa'saða ðe 'moða] *loc* ■ Llevar sombrero está **pasado de moda**.	**fora de moda** ■ Usar chapéu está **fora de moda**.
la **manga** ['maŋga] *n* ■ Mira, aquí tienes camisetas de **manga** larga.	a **manga** ■ Veja, aqui estão as camisetas de **manga** longa.
el **bolsillo** [bɔl'siʎo] *n* ■ Si hace frío, meto las manos en los **bolsillos**.	o **bolso** ■ Se está frio, boto as mãos nos **bolsos**.
el **cuello** ['kŭeʎo] *n* ■ Este tipo de **cuello** ya no se lleva.	a **gola** ■ Esse tipo de **gola** não se usa mais.
el **botón** [bo'tɔn] *n* ■ Aquí falta un **botón**.	o **botão** ■ Aqui falta um **botão**.
la **cremallera** ES, el **cierre zipper** AL [krema'ʎera, 'sĩerre 'sipɛr] *n* ■ ¿Qué le pasa a la **cremallera**? ■ Quiero un pantalón con **cierre zipper**.	o **zíper** ■ O que há com o **zíper**? ■ Quero uma calça com **zíper**.
el **dibujo** [di'βuxo] *n* ■ Aquí tenemos una manta con un **dibujo** muy original.	o **desenho** ■ Aqui temos um cobertor com um **desenho** muito original.

de un solo color [de un 'solo ko'lɔr] *loc* ■ Busco una camiseta **de un solo color**.	**de uma cor só** ■ Estou procurando uma camiseta **de uma cor só**.
de rayas [dɛ 'rrajas] *loc* ■ El pijama es **de rayas**.	**listrado, de listras** ■ O pijama é **de listras**.
de cuadros [dɛ 'kũaðrɔs] *loc* ■ José Manuel es el de la camisa **de cuadros**.	**xadrez, quadriculado, axadrezado** ■ José Manuel é o de camisa **xadrez**.
desnudo, desnuda [dez'nuðo, dez'nuða] *adj* ■ La pintó **desnuda**.	**nu, nua** ■ Ele a pintou **nua**.
vestido, vestida [bes'tiðo, bes'tiða] *part* ■ Espera, todavía no estoy **vestido**.	**vestido, vestida** ■ Espere, ainda não estou **vestido**.

Acessórios

el **bolso** ['bɔlso] *n*	o **bolso**
el **monedero** [mone'ðero] *n*	o **porta-moedas**
la **cartera** [kar'tera] *n*	a **carteira**
el **sombrero** [sɔm'brero] *n*	o **chapéu**
el **gorro** ['gɔrro] *n*	o **gorro**, a **touca**
la **gorra** ['gɔrra] *n*	o **boné**
la **corbata** [kɔr'βata] *n*	a **gravata**
el **guante** ['g̃uante] *n*	a **luva**
el **pañuelo** [pa'ɲuelo] *n*	o **lenço**
el **paraguas** [pa'rayũas] *n*	o **guarda-chuva**, a **sombrinha**
las **gafas**, ES, las **lentes** AL ['gafas, 'lentes] *n pl* ➡ pantalón p. 31	os **óculos**

las **gafas de sol** ['gafas ðe 'sɔl] *n pl*	os **óculos de sol**
el **reloj (de pulsera)** [rrɛlɔx (ðe pul'sera)] *n*	o **relógio (de pulso)**
el **anillo** [a'niʎo] *n*	o **anel**
la **bufanda** [bu'fanda] *n*	o **cachecol**
el **cinturón** [θiNtu'rɔn] *n*	a **cinta**, o **cinto**
la **joya** ['xoja] *n*	a **joia**
la **bisutería** [bisute'ria] *n*	a **bijuteria**
el **pendiente** [pen'dïente] *n*	o **brinco**
el **collar** [ko'ʎar] *n*	o **colar**
la **pulsera** [pul'sera] *n*	a **pulseira**
la **lentilla** [len'tiʎa] *n*	as **lentes de contato**
el **pasador** [pasa'ðor] *n*	o **prendedor (de cabelo)**

Relações sociais

Família

la **familia** [fa'milïa] *n* ■ La **familia** es muy importante para él.	a **família** ■ A **família** é muito importante para ele.
los **padres** ['paðres] *n pl* ■ No me llevo mal con mis **padres**.	os **pais** ■ Eu me dou bem com meus **pais**.

➡ los **padres**, plural de padre, significa não apenas o plural de pai, mas também **pai e mãe** tomados em conjunto; los **abuelos**, plural de abuelo, inclui **avôs** (do sexo masculino) e **avós** (do sexo feminino). O mesmo vale para os plurais a seguir: hermanos – irmãos, hijos – filhos, tíos – tio e tia, primos – primos e primas, sobrinos – sobrinhos e sobrinhas, suegros – sogros, cuñados – cunhados e cunhadas.

el **padre** ['paðre] *n* ■ Mi **padre** me enseñó a esquiar. ➡ padres p. 38	o **pai** ■ Meu **pai** me ensinou a esquiar.
la **madre** ['maðre] *n* ■ Esta mañana he ido de compras con mi **madre**.	a **mãe** ■ Esta manhã fui fazer compras com minha **mãe**.
papá [pa'pa] *n* ■ **Papá**, ¿me puedes llevar al entrenamiento?	**papai** ■ **Papai**, você pode me levar ao treino?
mamá [ma'ma] *n* ■ **Mamá**, necesito dinero para le bus.	**mamãe** ■ **Mamãe**, preciso de dinheiro para o ônibus.
los **hijos** ['ixɔs] *n pl* ■ ¿Tienes **hijos**? ➡ niño p. 18 ➡ padres p. 38	os **filhos** ■ Você tem **filhos**?
el **hijo**, la **hija** ['ixo, 'ixa] *n* ■ Mi **hijo** me ayuda mucho en casa. ■ Mi **hija** quiere ser medica. ➡ niño p. 18 ➡ padres p. 38	o **filho**, a **filha** ■ Meu **filho** me ajuda muito em casa. ■ Minha **filha** quer ser médica.
los **hermanos** [ɛr'manɔs] *n pl* ■ ¿Cuántos **hermanos** sois? ➡ padres p. 38	os **irmãos** ■ Vocês são em quantos **irmãos**?
el **hermano**, la **hermana** [ɛr'mano, ɛr'mana] *n* ■ Tengo un **hermano** mayor. ■ Mi **hermana** es más pequeña que yo. ➡ padres p. 38	o **irmão**, a **irmã** ■ Tenho um **irmão** mais velho. ■ Minha **irmã** é mais nova que eu.
el **tío**, la **tía** ['tio, 'tia] *n* ■ Antes siempre pasábamos las vacaciones en casa de mi **tío**. ■ La **tía** Marta es hermana de mi madre. ➡ padres p. 38	o **tio**, a **tia** ■ Antes sempre passávamos as férias na casa de meu **tio**. ■ A **tia** Marta é irmã de minha mãe.

Família

el primo, la prima ['primo, 'prima] n
- Éste es mi **primo** Manuel.
- A mi **prima** Teresita la veo muy a menudo.
→ padres p. 38

o **primo**, a **prima**
- Este é meu **primo** Manuel.
- Vejo minha **prima** Teresita com muita frequência.

el abuelo, la abuela [a'βuelo, a'βuela] n
- Mi **abuelo** lee el periódico a fondo.
- Mi **abuela** cocina fenomenal.
→ padres p. 38

o **avô**, a **avó**
- Meu **avô** lê o jornal atenciosamente.
- Minha **avó** cozinha de modo fantástico.

yayo, yaya ['jajo, 'jaja] n
- ¡Llévale las gafas al **yayo**!
- Hoy vamos a ver a la **yaya**.

vovô, vovó
- Leve os óculos ao **vovô**!
- Hoje vamos ver a **vovó**.

el nieto, la nieta ['nieto, 'nieta] n
- Mi abuela enseña las fotos de sus **nietos** a todo el mundo.
→ padres p. 38

o **neto**, a **neta**
- Minha avó mostra as fotos dos **netos** a todo mundo.

el suegro, la suegra ['sueyro, 'sueyra] n
- Con mi **suegro** me llevo muy bien.
- Mi **suegra** me ayuda mucho con los niños.
→ padres p. 38

o **sogro**, a **sogra**
- Eu me dou muito bem com meu **sogro**.
- Minha **sogra** me ajuda muito com as crianças.

el sobrino, la sobrina [so'βrino, so'βrina] n
- Le encanta hacerle regalos a su **sobrino**.
- Mi **sobrina** estudia Derecho.
→ padres p. 38

o **sobrinho**, a **sobrinha**
- Ele gosta de presentear o **sobrinho**.
- Minha **sobrinha** estuda Direito.

el cuñado, la cuñada [ku'ɲaðo, ku'ɲaða] n
- Cuando viene su **cuñada** no paran de hablar.
→ padres p. 38

o **cunhado**, a **cunhada**
- Quando vem a **cunhada**, não param de falar.

el/la familiar [fami'ljar] n m/f
- Al entierro asistieron **familiares** y amigos.

o/a **parente**
- No enterro estiveram presentes **parentes** e amigos.

Família

→ **pariente** pode ser usado em qualquer contexto, enquanto **familiar** é mais formal.

el/la pariente [pa'ri̯ente] *n m/f* ■ Este señor canoso debe ser **pariente** de la novia. → familiar p. 40	**o/a parente** ■ Esse senhor grisalho deve ser **parente** da noiva.
político, política [po'litiko, po'litika] *adj* ■ Esta chica es prima mía. Bueno, en realidad prima **política**.	**por afinidade** ■ Essa garota é uma prima minha. Bem, na verdade, é uma prima **por afinidade**.
convivir [kɔmbi'βir] *v* ■ No siempre es fácil **convivir** con la familia.	**conviver** ■ Nem sempre é fácil **conviver** com a família.
cuidar de [kŭi'ðar ðe] *v* ■ A veces Blanca tiene que **cuidar de** su hermano pequeño.	**cuidar de** ■ Às vezes Blanca tem de **cuidar de** seu irmão pequeno.
criar [kri'ar] *v* ■ A Roberto le **criaron** sus abuelos.	**criar** ■ Roberto **foi criado** pelos avós.
la familia numerosa [fa'milĭa nume'rosa] *n* ■ En España, con tres hijos se es **familia numerosa**.	**a família numerosa** ■ Na Espanha, com três filhos se tem **família numerosa**.
el gemelo, la gemela [xe'melo, xe'mela] *n* ■ Mario e Pablo son **gemelos**.	**o gêmeo** ■ Mario e Pablo são gêmeos.

→ Mesmo na linguagem cotidiana diferencia-se entre **gêmeos bivitelinos**, **mellizos**, e **gêmeos univitelinos**, **gemelos**.

el mellizo, la melliza [me'ʎiθo, me'ʎiθa] *n* ■ Ayer me encontré con las **mellizas**. → gemelo p. 41	**o gêmeo, a gêmea** ■ Ontem me encontrei com as **gêmeas**.
el antepasado, la antepasada [antepa'saðo, antepa'saða] *n* ■ Mis **antepasados** eran de los Países Bajos.	**o antepassado, a antepassada, o ancestral** ■ Meus **antepassados** eram dos Países Baixos.

Parceria e casamento

el **hijo adoptivo**, la **hija adoptiva** [ˈixo aðɔpˈtiβo, ˈixa aðɔpˈtiβa] *n* ■ Tienen dos hijos proprios y un **hijo adoptivo**.	o **filho adotivo**, a **filha adotiva** ■ Eles têm dois filhos biológicos e um **filho adotivo**.
adoptar [aðɔpˈtar] *v* ■ Quieren **adoptar** un segundo niño.	**adotar** ■ Querem **adotar** um segundo filho.

Parceria e casamento

el **amor** [aˈmɔr] *n* ■ Lo nuestro fue **amor** a primera vista.	o **amor** ■ Nosso **amor** foi à primeira vista.
amar [aˈmar] *v* ■ ¿La **amarás** todos los días de tu vida?	**amar** ■ Você a **amará** todos os dias de sua vida?
querer [keˈrɛr] *v* ▶ v irr p. 427 querer ■ Te **quiero**.	**gostar, amar** ■ **Amo** você.
el **beso** [ˈbeso] *n* ■ ¡Un **beso** muy fuerte!	o **beijo** ■ Um grande **beijo**!
besar [beˈsar] *v* ■ No sé si me atrevo a **besarla**.	**beijar** ■ Não sei se me atrevo a **beijá**-la.
besarse [beˈsarse] *v* ■ Álvaro y Beatriz **se están besando** todo el día.	**beijar-se** ■ Álvaro e Beatriz **se beijam** o dia inteiro.
la **pareja** [paˈrɛxa] *n* ■ Inés y Fernando hacen buena **pareja**. ■ Busco la **pareja** ideal.	o **casal**, o **parceiro** ■ Inés e Fernando fazem um belo **casal**. ■ Procuro pelo **parceiro** ideal.
la **relación de pareja** [rrɛlaˈθi̯on de paˈrɛxa] *n* ■ Son más que amigos; tienen una **relación de pareja**.	a **relação conjugal** ■ São mais do que amigos; têm uma **relação conjugal**.

el **novio** ['noβĭo] *n*
- ¿Tiene **novio**?
- El **novio** es de una conocida familia.
➡ padres p. 38

o **namorado**, o **noivo**
- Ela tem **namorado**?
- O **noivo** é de uma família conhecida.

la **novia** ['noβĭa] *n*
- ¿Ves la **novia**? Está preciosa.

a **namorada**, a **noiva**
- Viu a **noiva**? Está maravilhosa.

la **boda** ['boða] *n*
- Estamos invitados a la **boda** de mi prima.

o **casamento**
- Estamos convidados para o **casamento** da minha prima.

casarse [ka'sarse] *v*
- Hoy Andrea **se casa** con su novio de toda la vida.

casar(-se)
- Hoje Andrea **se casa** com seu noivo de toda a vida.

el **matrimonio** [matri'monĭo] *n*
- Los nuevos vecinos son un **matrimonio** sin hijos.
- El número de **matrimonios** ha bajado.

o **matrimônio**, o **casamento**
- Os novos vizinhos têm um **casamento** sem filhos.
- O número de **matrimônios** baixou.

➡ Um casamento é **um matrimonio**. Mas quando for referido no contexto oficial, e também de papel passado, diz-se ou escreve-se **los señores García-Revilla**. Com isso, **García** é o primeiro sobrenome do homem e **Revilla**, o primeiro sobrenome da mulher.

el **marido** ES [ma'riðo] *n*
- Clara y su **marido** están de viaje.

o **marido**
- Clara e seu **marido** estão viajando.

➡ No espanhol europeu, na linguagem cotidiana usa-se **marido** e **mujer**, e também no casamento religioso se diz: **Os declaro marido e mujer. – Eu os declaro marido e mulher.** Os termos **esposo** e **esposa** soam mais formais e afetados. Já na América Latina, ao contrário, **esposo** e **esposa** são os termos preferidos no uso cotidiano, e **mi mujer – minha mulher** chega mesmo a ser evitado.

la **mujer** ES [mu'xɛr] *n*
- Mi **mujer** trabaja como profesora.
➡ marido p. 43

a **mulher**, a **esposa**
- Minha **mulher** trabalha como professora.

el **esposo**, la **esposa** [es'poso, es'posa] *n*
- Lo hablaré con mi **esposa**.
➡ marido p. 43

o **esposo**, a **esposa**
- Vou falar com minha **esposa**.

fiel [fiɛl] *adj*
- ¿Por qué no voy a ser **fiel** a mi novio?

fiel
- Por que eu não seria fiel ao meu noivo?

infiel [im'fiɛl] *adj*
- No creo que Juan haya sido **infiel** a su mujer.

infiel
- Não creio que Juan tenha sido **infiel** à sua mulher.

el sexo ['se(γ)so] *n*
- ¡Hablemos de **sexo**!

o sexo
- Falemos de **sexo**!

➡ para **dormir juntos** também se pode dizer **hacer el amor** [a'θɛr ɛl a'mɔr].

acostarse [akɔs'tarse] *v*
- ¿Te **has acostado** con él?

dormir (com alguém)
- Você **dormiu** com ele?

tener relaciones (sexuales) [te'nɛr rrɛla'θiones (sey'sŭales)] *loc*
- ¿Usted **ha tenido relaciones** últimamente?

ter relações (sexuais)
- **Tem tido relações sexuais** ultimamente?

el homosexual [omose(γ)'sŭal] *n*
- La nueva generación de **homosexuales** ha crecido más libre.

o homossexual
- A nova geração de **homossexuais** cresceu mais livre.

➡ Os termos **homosexual, gay** e **lesbiana** podem ser empregados tanto como adjetivos quanto como substantivos, por exemplo: **es gay** – ele é gay e **los gays** – os homossexuais. O casamento entre pessoas do mesmo sexo, **el matrimonio entre personas del mismo sexo**, é reconhecido na Espanha desde 2005.

gay [gɛi̯] *adj*
- Desde los trece años, Alberto sabe que es **gay**.
➡ homosexual p. 44

gay
- Desde os 13 anos, Alberto sabe que é **gay**.

lesbiana [lez'βĭana] *adj*
- Silvia y Rocío son **lesbianas** y viven juntas desde hace un par de años.
➡ homosexual p. 44

lésbica
- Silvia e Rocío são **lésbicas** e vivem juntas há alguns anos.

el odio ['oðĭo] *n*
- Se diría que siente **odio** hacia todo el mundo.

o ódio
- Poder-se-ia dizer que sente **ódio** por todo mundo.

Parceria e casamento

odiar [o'ðĭar] v ■ No le **odio**, pero me parece antipático.	**odiar** ■ Não o **odeio**, mas o acho antipático.
enamorado, enamorada [enamo'raðo, enamo'raða] adj ■ Creo que estás **enamorada** de Carlos.	**apaixonado** ■ Acho que está **apaixonada** por Carlos.
enamorarse de [enamo'rarse ðe] v ■ Catalina **se ha enamorada** de ti.	**apaixonar-se por** ■ Catalina **se apaixonou por** você.
el abrazo [a'βraθo] n ■ Recuerdo tus largos **abrazos**.	**o abraço** ■ Eu me lembro de seus demorados **abraços**.
abrazar [aβra'θar] v ■ Quiero **abrazarte** y besarte.	**abraçar** ■ Quero **abraçar** e beijar você.
estar prometido, estar prometida [es'tar prome'tiðo, es'tar prome'tiða] loc ■ Por lo visto **están prometidos**.	**estar comprometido** ■ Ao que parece, **estão comprometidos**.
la ceremonia [θere'monĭa] n ■ La **ceremonia** se celebrará ne la Iglesia de San Martín.	**a cerimônia** ■ A **cerimônia** será celebrada na Igreja de San Martín.
el cariño [ka'riɲo] n ■ La tengo mucho **cariño**. ■ **Cariño**, ¿me ayudas con la cremallera?	**o carinho, o afeto** ■ Tenho muito **carinho** por você. ■ **Amor**, você me ajuda com o zíper?

➡ **Cariño**, usado como vocativo, equivale em português a **querido/querida, amor, meu bem** etc.

cariñoso, cariñosa [ka'riɲoso, ka'riɲosa] adj ■ Jorge es muy **cariñoso**, por eso me gusta.	**carinhoso, carinhosa** ■ Jorge é muito **carinhoso**, por isso gosto dele.
celoso, celosa [θe'loso, θe'losa] adj ■ Menos mal que mi novio no es **celoso**.	**ciumento, ciumenta** ■ Ainda bem que meu namorado não é **ciumento**.

➡ simpático p. 21

Parceria e casamento

el **compañero (sentimental)**, la **compañera (sentimental)** [kompa'ɲero (sentimen'tal), kompa'ɲera (sentimen'tal)] *n* ■ Desde hace poco, mi padre tiene una **compañera sentimental**.	o **companheiro**, a **companheira** ■ Há pouco tempo, meu pai tem uma **companheira**.
la **separación** [separa'θion] *n* ■ Después de la **separación** Marta empezó una nueva vida.	a **separação** ■ Depois da **separação**, Marta começou uma nova vida.
separarse de [sepa'rarse ðe] *v* ■ Celia **se** quiere **separar** de su marido.	**separar-se de** ■ Celia quer **se separar** do marido.
el **divorcio** [di'βorθĭo] *n* ■ Un **divorcio** no es tan complicado como antes.	o **divórcio** ■ Um **divórcio** não é tão complicado como antes.
divorciarse [diβor'θĭarse] *v* ■ ¿Has oído? Daniel y Sara **se divorcian**.	**divorciar-se** ■ Você ouviu? Daniel e Sara **estão se divorciando**.
el **ex marido** [e(ɣ)s ma'riðo] *n* ■ La relación con mi **ex marido** es buena.	o **ex-marido** ■ A relação com meu **ex-marido** é boa.

➡ Formam-se diversas palavras com a partícula **ex**, por exemplo, **ex marido** – **ex-marido** ou **ex mujer** – **ex-mulher**. Como em português, pode-se também dizer de forma abreviada: **mi ex** – **meu/minha ex**.

el **padre soltero**, la **madre soltera** ['paðre sol'tero, 'maðre sol'tera] *n* ■ Hoy en día hay más **madres** y **padres solteros** que hace veinte años.	o **pai solteiro**, a **mãe solteira** ■ Hoje em dia há mais **mães** e **pais solteiros** do que há vinte anos.
la **familia monoparental** [fa'milĭa monoparen'tal] *n* ■ Se eres **familia monoparental**, el Estado te paga más dinero.	a **família monoparental** ■ Se for de **família monoparental**, o Estado paga mais.

Amizade e outros contatos sociais

el **amigo**, la **amiga** [a'miɣo, a'miɣa] *n* ■ José Luis es **amigo** mío.	o **amigo**, a **amiga** ■ José Luis é meu **amigo**.

➡ Em espanhol, chamam-se **amigos** também pessoas com as quais se tem um contato superficial.

ser amigo (de), ser amiga (de) ['sɛr a'miɣo ðe, 'sɛr a'miɣa ðe] *loc* ■ **Somos amigos** desde la infancia. ➡ amigo p. 47	**ser amigo de** ■ **Somos amigos** desde a infância.
entenderse [enten'dɛrse] *v* ▶ v irr p. 426 perder ■ Con mi hermana **me entiendo** fenomenal.	**entender-se bem, dar-se bem** ■ Com minha irmã **me entendo** muitíssimo **bem**.
la **gente** ['xente] *n* ■ Con este tiempo tan bueno hay mucha **gente** en la calle.	a **gente**, as **pessoas** ■ Com esse tempo tão bom há muita **gente** na rua.
personal [pɛrso'nal] *adj* ■ Se trata de un asunto **personal**.	**pessoal** ■ Trata-se de um assunto **pessoal**.
uno ['uno] *pron* ■ **Uno** debería cuidar sus amistades.	**a gente, se** ■ **Deve-se** cuidar de suas amizades.

➡ Também a construção reflexiva encontra em espanhol um bom correspondente: **Esto se hace así. – Isto se faz assim.** Além disso há a construção impessoal na terceira pessoa do plural: **Te han engañado. – Enganaram você.**

común [ko'mun] *adj* ■ Es un amigo **común**.	**(em) comum** ■ É um amigo **em comum**.
juntos ['xuntos] *adj* ■ ¡Venga, Ana, lo hacemos **juntas**!	**juntos** ■ Venha, Ana, faremos isso **juntas**!
el **conocido**, la **conocida** [kono'θiðo, kono'θiða] *n* ■ Un **conocido** mío ha ganado en la lotería. ➡ amigo p. 47	o **conhecido**, a **conhecida** ■ Um **conhecido** meu ganhou na loteria.

Amizade e outros contatos sociais

el vecino, la vecina [beˈθino, beˈθina] *n* ■ ¿Los oyes? El **vecino** de arriba está tocando el piano.	o **vizinho**, a **vizinha** ■ Está ouvindo? O **vizinho** de cima está tocando piano.
el tío [ˈtio] *n* ■ Juan es un **tío** majo.	o **cara** ■ Juan é um **cara** legal.

➡ **tío** é uma designação amplamente disseminada, na linguagem coloquial, para pessoas do sexo masculino. Mas atenção: a palavra soa um pouco vulgar. Emprega-se também o sinônimo **tipo**.

encontrarse con [eŋkɔnˈtrarse kɔn] *v* ■ Ayer **me encontré** con tu hermano en el café Paris.	**encontrar-se com** ■ Ontem **me encontrei** com seu irmão no café Paris.
quedar con [keˈðar kɔn] *v* ■ **He quedado con** Andrea a las ocho en su casa.	**marcar com** ■ **Marquei com** Andrea às oito na casa dela.

➡ Além de **marcar** (encontro, reunião), **quedar** também pode significar **encontrar-se**: He quedado con unos amigos. – Eu me encontrei com alguns amigos. Para **reunião** profissional, diz-se na maioria das vezes **la reunión**; o verbo correspondente é **reunirse**: Nos reunimos mañana. – Reunimo-nos amanhã. Também se ouve, por exemplo: La señora directora está reunida. – A senhora diretora está em reunião.

acompañar [akɔmpaˈɲar] *v* ■ Te **acompaño** a la estación.	**acompanhar** ■ **Acompanho** você até a estação.
el invitado, la invitada [imbiˈtaðo, imbiˈtaða] *n* ■ Mañana tenemos **invitados**.	o **convidado** ■ Amanhã temos **convidados**.
invitar [imbiˈtar] *v* ■ Te **invito** a un helado.	**convidar** ■ Eu o **convido** para um sorvete.
ir a ver [ir a βɛr] *loc* ■ Deberíamos **ir a ver** a tu tía.	**visitar** ■ Deveríamos **visitar** sua tia.
pasarse [paˈsarse] *v* ■ **Pásate** cuando quieras.	**passar, vir** ■ **Venha** quando quiser.
el contacto [kɔnˈtakto] *n* ■ Seguiremos en **contacto**.	o **contato** ■ Continuaremos em **contato**.

Amizade e outros contatos sociais

ponerse en contacto con [poˈnɛrse eŋ kɔnˈtakto kɔn] *loc*
- ▶ v irr p. 427 poner
- Para cualquier duda, **póngase en contacto** con nosotros.

entrar em contato com
- Em caso de qualquer dúvida, entre **em contato** conosco.

estar con gente [esˈtar kɔn ˈxente] *loc*
- ▶ v irr p. 425 estar
- A Luis le encanta **estar con gente**.

estar com pessoas
- Luis adora **estar com pessoas**.

el **círculo de amigos** [ˈθirkulo ðe aˈmiɣos] *n*
- Tengo un **círculo de amigos** bastante grande.

o **círculo de amigos**
- Tenho um **círculo de amigos** bastante grande.

la **amistad** [amisˈta(ð)] *n*
- Con Elena y Ernesto tenemos buena **amistad**.
- Estas vacaciones he hecho muchas **amistades**.
➡ amigo p. 47

a **amizade**
- Com Elena e Ernesto temos uma boa **amizade**.
- Nestas férias fiz muitas **amizades**.

amistoso, amistosa [amisˈtoso, amisˈtosa] *adj*
- La relación con mis compañeros es **amistosa**.

amigável, amistoso, amistosa
- A relação com meus colegas é **amistosa**.

el **encuentro** [eŋˈkŭentro] *n*
- Esta año hay un **encuentro** internacional de jóvenes artistas.

o **encontro**
- Este ano tem um **encontro** nacional de jovens artistas.

la **reunión** [rreŭˈnĭon] *n*
- Esta semana hemos tenido cuatro **reuniones**.
➡ quedar con p. 48

a **reunião**
- Esta semana tivemos quatro **reuniões**.

reunirse [rreŭˈnirse] *v*
- Entonces **nos reunimos** otra vez la semana que viene.
➡ quedar con p. 48

reunir-se
- Então **nos reuniremos** outra vez na semana que vem.

la **asamblea** [asamˈblea] *n*
- Los estudiantes quieren convocar una **asamblea**.

a **assembleia**
- Os estudantes querem convocar uma **assembleia**.

Amizade e outros contatos sociais

convocar [kɔmboˈkar] v
- Han **convocado** una reunión para mañana.

convocar
- **Convocaram** uma reunião para amanhã.

participar en [partiθiˈpar en] v
- ¿Quieres **participar en** nuestro grupo de teatro?

participar de
- Você quer **participar de** nosso grupo de teatro?

➡ O sinônimo de **participar en** é asistir a [asisˈtir a].

unirse a [uˈnirse a] v
- Nos vamos de excursión. ¿Te quieres **unir a** nosotros?

juntar-se, unir-se, ir com
- Vamos fazer uma excursão. Quer **se juntar a** nós?

aprovechar [aproβeˈtʃar] v
- Tengo la impresión de que se **aprovecha** de mí.

aproveitar
- Tenho a impressão de que **se aproveita** de mim.

la **asociación** [assoθïaˈθïon] n
- Le ha elegido presidente de la **asociación**.

a **associação**
- Ele foi eleito presidente da **associação**.

el **miembro** [ˈmïembro] n
- Paula es **miembro** de la asociación deportiva desde hace cuatro años.

o **membro**
- Paula é **membro** da associação desportiva há quatro anos.

Las **opiniones** [opiˈnïones] n pl
- Mis amigos tienen más o menos las mismas **opiniones** políticas que yo.

as **opiniões**
- Meus amigos têm mais ou menos as mesmas **opiniões** políticas que eu.

la **comunidad** [komuniˈða(ð)] n
- Me gusta vivir en **comunidad** con mis amigos.

a **comunidade**
- Gosto de viver em **comunidade** com meus amigos.

algo en común [ˈalyo eŋ koˈmun] loc
- Me parece que tú y yo tenemos **algo en común**: nos gustan las novelas de Chirbes.

algo em comum
- Parece que eu e você temos **algo em comum**: gostamos dos romances de Chirbes.

el **entorno** [enˈtɔrno] n
- El **entorno** social puede influir en la salud de la persona.

o **ambiente**, o **entorno**
- O **ambiente** social pode influir na saúde da pessoa.

Ciclo da vida

el **hombre** [ˈɔmbre] *n*
- Todos los **hombres** son iguales.
➡ hombre p. 17

o **homem**
- Todos os **homens** são iguais.

humano, humana [uˈmano, uˈmana] *adj*
- Equivocarse es muy **humano**.

humano
- Errar é muito **humano**.

la **vida** [ˈbiða] *n*
- Así es la **vida**.

a **vida**
- Assim é a **vida**.

vivo, viva [ˈbiβo, ˈbiβa] *adj*
- Creen que está **vivo** todavía.

vivo, viva
- Acreditam que ele ainda está **vivo**.

vivir [biˈβir] *v*
- Hoy en día, los hombres **viven** más tiempo que hace cien años.

viver
- Hoje em dia, as pessoas **vivem** mais do que há cem anos.

el **nacimiento** [naθiˈmjento] *n*
- En España ha bajado el número de **nacimientos**.

o **nascimento**
- Na Espanha diminuiu o número de **nascimentos**.

nacer [naˈθɛr] *v*
▶ v irr p. 423 conocer
- Algunos niños **nacen** demasiado pronto.

nascer
- Alguns bebês **nascem** cedo demais.

el **parto** [ˈparto] *n*
- Fue un **parto** rápido y fácil.

o **parto**
- Foi um **parto** rápido e fácil.

la **infancia** [imˈfanθja] *n*
- La abuela siempre me cuenta historias de su **infancia**.

a **infância**
- Minha avó sempre me conta histórias de sua **infância**.

la **juventud** [xuβenˈtu(ð)] *n*
- Este libro describe la **juventud** de la pintora.

a **juventude**
- Este livro descreve a **juventude** da pintora.

el/la **joven** [ver orig.] *n m/f*
- Al concierto asistieron sobre todo **jóvenes**.

o/a **jovem**
- No concerto estavam sobretudo **jovens**.

joven ['xoβen] *adj*
- Mis padres son bastante **jóvenes** todavía.

jovem
- Meus pais são ainda bastante **jovens**.

el adulto, la adulta [a'ðulto, a'ðulta] *n*
- Ofrecemos cursos de baile para jóvenes y **adultos**.

o adulto, a adulta
- Oferecemos cursos de dança para jovens e **adultos**.

adulto, adulta [a'ðulto, a'ðulta] *adj*
- Ernesto ya es muy **adulto**.

adulto, adulta
- Ernesto já está bem **adulto**.

la vejez [bɛ'xeθ] *n*
- En la **vejez** es importante hacer algo de deporte.

a velhice
- Na **velhice** é importante praticar algum esporte.

viejo, vieja ['bĭexo, 'bĭexa] *adj*
- No quiero ser **viejo**.

velho, velha
- Não quero ficar **velho**.

➡ Um sinônimo para **viejo** é **mayor** [ma'jɔr].

tener ... años [te'nɛr 'aɲɔs] *loc*
- **Tenía** veinte **años** cuando empecé a estudiar español.

ter ... anos (de idade)
- Eu **tinha** vinte **anos** quando comecei a estudar espanhol.

la edad [e'ða(ð)] *n*
- La **edad** de los alumnos está entre los 15 y 19 años.

a idade
- A **idade** dos alunos está entre os 15 e os 19 anos.

crecer [kre'θɛr] *v*
▶ v irr p. 423 conocer
- ¡Cuánto **has crecido**!

crescer
- Como você **cresceu**!

la muerte ['mŭɛrte] *n*
- La **muerte** de mi tío me dejó muy triste.

a morte
- A **morte** de meu tio me deixou muito triste.

muerto, muerta ['mŭɛrto, 'mŭɛrta] *adj*
- Este hombre está **muerto** desde hace dos horas.

morto, morta
- Esse homem está **morto** há duas horas.

morir(se) [mo'rir(se)] *v*
▶ v irr p. 424 dormir
- Hace ya mucho que **murió** mi abuelo.

morrer
- Faz muito tempo que meu avô **morreu**.

➡ Um sinônimo de **morir** é **fallecer** [faʎe'θɛr].

Ciclo da vida

---

el **funeral** [fune'ral] *n*
- El **funeral** se celebra mañana a la una.

o **funeral**
- O **funeral** será realizado amanhã à uma.

---

el **entierro** [en'tiɛrro] *n*
- No puedo ir al **entierro**, mandaré flores.

o **enterro**
- Não posso ir ao **enterro**, mandarei flores.

---

enterrar [entɛ'rrar] *n*
- Le van a **enterrar** mañana.

enterrar
- Vão **enterrá**-lo amanhã.

---

la **tumba** ['tumba] *n*
- La **tumba** del poeta está en México.

o **túmulo**
- O **túmulo** do poeta fica no México.

---

el **luto** ['luto] *n*
- La familia Álvarez está de **luto** por la muerte de Diego.

o **luto**
- A família Álvarez está de **luto** pela morte de Diego.

---

el **viudo**, la **viuda** ['bĩuðo, 'bĩuða] *n*
- La **viuda** va vestida de negro.

o **viúvo**, a **viúva**
- A **viúva** está vestida de preto.

---

el **embarazo** [emba'raθo] *n*
- ¿Qué tal llevas el **embarazo**?

a **gravidez**
- Como vai a **gravidez**?

---

quedarse embarazada [ke'ðarse embara'θaða] *loc*
- Todavía no tengo ganas de **quedarme embarazada**.

engravidar, ficar grávida
- Não tenho mais vontade de **engravidar**.

---

criarse [kri'arse] *v*
- Nací en Argentina, pero **me crié** en España.

criar(-se)
- Nasci na Argentina, mas **me criei** na Espanha.

---

la **adolescencia** [aðoles'θenθia] *n*
- Durante la **adolescencia** suele haber conflictos con los padres.

a **adolescência**
- Durante a **adolescência** normalmente há conflito com os pais.

---

juvenil [xuβe'nil] *adj*
- Con este peinado tienes un aspecto muy **juvenil**.

jovial, juvenil
- Com esse penteado você fica com um aspecto muito **jovial**.

---

la **generación** [xenera'θĩon] *n*
- Nuestra **generación** ya ha crecido con Internet.

a **geração**
- Nossa **geração** já cresceu com a internet.

Ciclo da vida

la **crisis de los cuarenta** ['krisis ðe lɔs kũa'renta] *n*
- Mi padre está en plena **crisis de los cuarenta**.

a **crise de meia-idade**
- Meu pai está em plena **crise de meia-idade**.

la **tercera edad** [tɛr'θera e'ða(ð)] *n*
- En la universidad hay cursos para la **tercera edad**.

a **terceira idade**
- Na universidade há cursos para a **terceira idade**.

mortal [mɔr'tal] *adj*
- El número de accidentes de tráfico **mortales** ha bajado.

mortal
- O número de acidentes de trânsito **mortais** diminuiu.

incinerar [inθine'rar] *v*
- La han **incinerado**.

cremar
- Ele foi **cremado**.

dar el pésame ['dar ɛl 'pesame] *loc*
▶ **v irr** p. 424 dar
- Le **dí el pésame**.

dar os pêsames

- Eu lhe **dei os pêsames**.

¡Mi más sincero pésame! [mi 'mas sin'θero 'pesame] *loc*

- **Meus mais sinceros pêsames!**

el **cadáver** [ka'ðaβɛr] *n*
- La policía ha encontrado un **cadáver** en el rio.

o **cadáver**
- A polícia encontrou um **cadáver** no rio.

heredar [ere'ðar] *v*
- Este anillo lo **heredé** de mi abuela.

herdar
- Eu **herdei** este anel de minha avó.

el **testamento** [testa'mento] *n*
- Ha muerto sin hacer **testamento**.

o **testamento**
- Morreu sem fazer **testamento**.

Percepções, comunicação e atividades

Pensar e sentir

Pensamentos

la idea [i'ðea] *n*
- Me parece buena **idea**.

a **ideia**
- Parece-me uma boa **ideia**.

pensar [pen'sar] *v*
- ▶ v irr p. 426 pensar
- ¿En qué **estás pensando**?

pensar
- Em que você **está pensando**?

→ Dependendo do contexto, **pensar** pode ser traduzido também por **opinar**.

reflexionar [rrɛfle(g)sĭo'nar] *v*
- Necesito tiempo para **reflexionar**.

refletir, ponderar
- Preciso de tempo para **refletir**.

el recuerdo [rrɛ'kŭɛrðo] *n*
- Tengo muchos **recuerdos** de mi infancia.

a **lembrança**, a **recordação**
- Tenho muitas **lembranças** de minha infância.

recordar [rrɛkor'ðar] *v*
- ▶ v irr p. 423 contar
- Perdona, pero no **recuerdo** tu nombre.
- **Recuerda** que tienes que echar gasolina.

lembrar(-se), recordar(-se)
- Desculpe, mas não **me lembro** de seu nome.
- **Lembre-se de** que você precisa abastecer.

acordarse de [akor'ðarse ðe] *v*
- ▶ v irr p. 423 contar
- ¿**Te acuerdas de** nuestras primeras vacaciones?

lembrar-se, recordar(-se)
- Você **se lembra de** nossas primeiras férias?

olvidar [ɔlβi'ðar] *v*
- **He olvidado** lo que quería comprar.

esquecer(-se)
- **Esqueci** o que queria comprar.

→ Em espanhol também ocorre a regência **olvidarse de**.

parecer [pare'θɛr] v

▶ v irr p. 423 conocer
- Este ejercicio **parece** realmente difícil.

parecer

- Este exercício **parece** realmente difícil.

creer [kre'ɛr] v

▶ v irr p. 424 creer
- Si, yo también lo **creo**.

crer, acreditar

- Sim, eu também **acredito**.

suponer [supo'nɛr] v

▶ v irr p. 427 poner
- **Supongo** que ya estás bien.

supor

- **Suponho** que você já esteja bem.

probable [pro'βaβle] adj

- Es poco **probable** que el equipo gane la Liga.

provável

- É pouco **provável** que a equipe ganhe a Liga.

probablemente [proβaβle'mente] adj

- **Probablemente** nos veremos en el curso de francés.

provavelmente

- **Provavelmente** nos veremos no curso de francês.

posible [po'siβle] adj

- Es **posible** que nos vayamos a vivir a Montevideo.

possível

- É **possível** que nos mudemos para Montevidéu.

imposible [impo'siβle] adj

- Es **imposible** terminar este trabajo antes del lunes.

impossível

- É **impossível** terminar este trabalho antes de segunda-feira.

quizá(s) [ki'θa(s)] adv

- **Quizá** nieve mañana.

talvez, quem sabe, é possível

- É **possível** que neve amanhã.

➡ **quizá(s)**, **talvez** e **a lo mejor** são sinônimos, mas em registros linguísticos diferentes. **A lo mejor** é mais coloquial. **Quizá(s)** é a forma mais neutra e se adapta à maioria das situações.

preguntarse [preɣun'tarse] v

- A veces me **pregunto** si hago bien.

perguntar-se

- Às vezes me **pergunto** se estou fazendo o certo.

notar [no'tar] v

- Si **notas** un cambio, me lo dices.

notar

- Se você **notar** alguma mudança, fale-me.

➡ **notar** significa também **darse cuenta de** ['darse 'kŭenta ðe] ou **fijarse en** [fi'xarse en] n.

Pensamentos

fijarse en [fiˈxarse en] *v*
- ¿**Te has fijado en** el peinado de esos chicos?

notar, perceber, ver
- Você **notou** o penteado desses garotos?

la impresión [impreˈsi̯on] *n*
- La ciudad me ha causado muy buena **impresión**.

a **impressão**
- A cidade me causou muito boa **impressão**.

la esperanza [espeˈranθa] *n*
- Todavía hay **esperanza** de que se salven los empleos.

a esperança
- Ainda há **esperanças** de que os postos de trabalho sejam salvos.

esperar [espeˈrar] *v*
- **Espero** que nos volvamos a ver pronto.

esperar
- **Espero** que voltemos a nos ver em breve.

esperar(se) [espeˈrar(se)] *v*
- ¿Qué (**te**) **habías esperado**?

esperar
- O que você **esperava**?

reconocer [rrɛkonoˈθɛr] *v*
▶ *v irr* p. 423 conocer
- Mira, el perro me **reconoce**.

reconhecer

- Veja, o cachorro me **reconhece**.

la apariencia [apaˈri̯enθi̯a] *n*
- Su amabilidad es solo **apariencia**.

a aparência
- Sua amabilidade é apenas aparência.

considerar [konsiðeˈrar] *v*

- Yo en su lugar **consideraría** también esta otra posibilidad.

considerar, levar em consideração, pensar em

- Eu, em seu lugar, **consideraria** também essa outra possibilidade.

considerar (como) [konsiðeˈrar (ˈkomo)] *v*
- Siempre le **he considerado (como)** una persona inteligente.

considerar, tomar por

- Eu sempre o **considerei** uma pessoa inteligente.

tener en cuenta [teˈnɛr eŋ ˈku̯enta] *loc*
▶ *v irr* p. 428 tener
- Hay que **tener en cuenta** muchos factores.

levar em conta

- Há que se **levar em conta** muitos fatores.

contar con [konˈtar ˈkon] *v*
▶ *v irr* p. 423 contar
- Para este año, la empresa **cuenta con** beneficios.

contar com, esperar

- Para este ano, a empresa **conta com** lucros.

prever [pre'βɛr] v
▶ v irr p. 429 ver
- Es difícil **prever** las consecuencias.

prever
- É difícil **prever** as consequências.

asombrar [asɔm'brar] v
- Me **asombra** que haya tanta gente en la calle.

surpreender, assustar, impressionar
- Me **impressiona** que haja tanta gente na rua.

llamar la atención a alg. [ʎa'mar la aten'θĭɔn a] loc
- **Le llamó la atención** que todos hablaran a la vez.

Chamar a atenção de alg.
- **Chamou-lhe a atenção** todos falarem ao mesmo tempo.

la **imaginación** [imaxina'θĭɔn] n
- Para hacer un buen regalo hace falta **imaginación**.

a **imaginação**
- Para um bom presente é preciso **imaginação**.

imaginarse [imaxi'narse] v
- De verdad, no **me** lo puedo **imaginar**.

imaginar(-se)
- Isso eu realmente não consigo **imaginar**.

la **conciencia** [kɔn'θĭeθĭa] n
- Hay que cambiar la **conciencia** de los ciudadanos.

a **consciência**
- É preciso mudar a **consciência** dos cidadãos.

el **sentido** [sen'tiðo] n
- No tiene **sentido** arreglar la lavadora.

o **sentido**
- Não faz **sentido** consertar a máquina de lavar.

la **tontería** [tɔnte'ria] n
- Sería una **tontería** comprar un coche más grande.

o **absurdo**, a **besteira**, a **insensatez**
- Seria uma **insensatez** comprar um carro maior.

➡ estupidez p. 23

Sentimentos

la sensación [sensa'θĭɔn] *n*
- Tengo la **sensación** de que no va a venir.

a **sensação**
- Tenho a **sensação** de que ele não vem.

el placer [pla'θer] *n*
- ¡Ha sido un **placer** conocerte!

o **prazer**
- Foi um **prazer** conhecê-lo!

la alegría [ale'ɣria] *n*
- ¡Qué **alegría** volver a verte!
- Por carnaval hay mucha **alegría** en las calles de Colonia.

a **alegria**
- Que **alegria** voltar a vê-lo!
- No carnaval há muita **alegria** nas ruas de Colônia.

alegrarse de [ale'ɣrarse ðe] *v*
- **Me alegro** mucho de que hayas vuelto.

alegrar-se (com)
- Muito **me alegra** que tenhas voltado.

encantado, encantada [eŋkan'taðo, eŋkan'taða] *adj*
- **Encantado** de conocerla, señora Martínez.

encantado, encantada
- **Encantado** em conhecê-la, senhora Martínez.

agradable [aɣra'ðaβle] *adj*
- Hoy hace una temperatura muy **agradable**.

agradável
- Hoje está fazendo uma temperatura muito **agradável**.

desagradable [desaɣra'ðaβle] *adj*
- Fue una experiencia muy **desagradable**.

desagradável
- Foi uma experiência bastante **desagradável**.

la felicidad [feliθi'ða(ð)] *n*
- Allí encontró la **felicidad**.

a **felicidade**
- Ali encontrou a **felicidade**.

feliz [fe'liθ] *adj*; *pl* **felices** [fe'liθes]
- Ingrid vive en México y es **feliz** allí.

feliz
- Ingrid vive no México e é **feliz** lá.

infeliz [imfe'liθ] *adj*; *pl* **infelices** [imfe'liθes]
- Si esta situación te hace **infeliz**, ¡cámbiala!

infeliz
- Se essa situação o deixa **infeliz**, mude-a!

contento, contenta [kɔn'tento, kɔn'tenta] *adj*
- Todo ha ido bien, estoy **contentísima**.

contente, feliz
- Tudo está indo bem, estou **contentíssima**.

Sentimentos

satisfecho, satisfecha
[satis'fetʃo, satis'fetʃa] *adj*
- No estoy muy **satisfecha** con el examen que he hecho.

satisfeito, satisfeita
- Não estou muito **satisfeita** com a prova que fiz.

la sonrisa [sɔn'rrisa] *n*
- Carmen tiene una **sonrisa** encantadora.

o sorriso
- Carmen tem um **sorriso** encantador.

sonreír [sɔnrrɛ'ir] *v*
▶ v irr p. 427 reír
- ¡**Sonríe**!, la cosa no es tan difícil.

sorrir
- **Sorria**, a coisa não é tão difícil.

la risa ['rrisa] *n*
- Desde aquí se oyen las **risas** de los niños.

o riso, a risada
- Daqui se ouvem as **risadas** das crianças.

reír(se) [rrɛ'ir(se)] *v*
▶ v irr p. 427 reír
- Estuvimos **riéndonos** durante un buen rato.

rir(-se)
- Ficamos **rindo** durante algum tempo.

gustar [yus'tar] *v*
- Me **gusta** mucho este jugador de fútbol.
- ¿Te **gusta** nadar?

gostar
- **Gosto** muito desse jogador de futebol.
- Você **gosta** de nadar?

favorito, favorita [faβo'rito, faβo'rita] *adj*
- En esta película actúa mi actriz **favorita**.

favorito
- Neste filme atua a minha atriz **favorita**.

➡ Um sinônimo de uso mais frequente é **preferido**.

no soportar [no sopɔr'tar] *v*
- **No soporto** a este profesor.

não suportar
- **Não suporto** esse professor.

la sorpresa [sɔr'presa] *n*
- Tengo una **sorpresa** para ti.

a surpresa
- Tenho uma **surpresa** para você.

sorprender [sɔrpren'dɛr] *v*
- Me **ha sorprendido** mucho esta decisión.

surpreender
- Essa decisão me **surpreendeu** muito.

el miedo ['mĩeðo] *n*
- ¡Venga! ¡Sin **miedo**!

o medo
- Venha! Sem **medo**!

Sentimentos

tener miedo a [te'nɛr 'mi̯eðo a] *loc*
- ▶ v irr p. 428 tener
- ¿Tienes miedo a los ratones?

tenho medo de
- Você tem medo de ratos?

estar preocupado, estar preocupada [es'tar preoku'paðo, es'tar preoku'paða] *loc*
- ▶ v irr p. 425 estar
- Estoy muy preocupado, porque Verónica no ha vuelto todavía.

estar preocupado/preocupada
- Estou muito preocupado porque Verônica ainda não voltou.

la **tristeza** [tris'teθa] *n*
- Siento mucha tristeza al pensar que te vas.

a **tristeza**
- Sinto muita tristeza ao pensar que você está indo embora.

triste [tris'te] *adj*
- No estés triste, mañana compramos un balón nuevo.

triste
- Não fique triste, amanhã compramos uma bola nova.

solo, sola ['solo, 'sola] *adj*
- Pocas veces me he sentido tan solo como ahora.

só, sozinho, sozinha
- Poucas vezes me senti tão só quanto agora.

➡ Solo também tem função de advérbio e significa **somente, apenas**.

horrible [o'rriβle] *adj*
- Me parece un cuadro horrible.

horrível
- Acho esse quadro horrível.

terrible [tɛ'rriβle] *adj*
- Es terrible lo que pasa en ese país.

terrível
- É terrível o que se passa nesse país.

la **admiración** [aðmira'θi̯on] *n*
- Siento mucha admiración por este escritor.

a **admiração**
- Sinto muita admiração por este escritor.

admirar [aðmi'rar] *v*
- Daniel admira mucho a su primo mayor.

admirar
- Daniel admira muito seu primo mais velho.

el **entusiasmo** [entu'si̯azmo] *n*
- Marcos ha empezado la carrera con mucho entusiasmo.

o **entusiasmo**
- Marcos começou a carreira com muito entusiasmo.

Sentimentos

entusiasmado, entusiasmada [entusĭaz'maðo, entusĭaz'maða] *adj* ■ Estamos **entusiasmados** con el nuevo coche.	entusiasmado, entusiasmada ■ Estamos **entusiasmados** com o novo carro.
ansioso, ansiosa [an'sĭoso, an'sĭosa] *adj* ■ Estoy **ansioso** por saber cómo acaba el libro.	ansioso, ansiosa ■ Estou **ansioso** para saber como termina o livro.
excitado, excitada [e(γ)sθi'taðo, e(γ)sθi'taða] *adj* ■ El pobre está tan **excitado** que no podrá dormir.	animado(a), excitado(a), empolgado(a), ansioso(a) ■ O coitado está tão **ansioso** que nem vai conseguir dormir.
excitante [e(γ)sθi'tante] *adj* ■ Me parece muy **excitante** viajar a un país oriental.	excitante ■ Parece-me muito **excitante** viajar a um país oriental.
agresivo, agresiva [aγre'siβo, aγre'siβa] *adj* ■ Tiene una forma de conducir muy **agresiva**.	agressivo, agressiva ■ Tem uma forma de guiar muito **agressiva**.
el **aburrimiento** [aβurri'mĭento] *n* ■ Se quedó dormido de puro **aburrimiento**.	tédio, chateação ■ Caiu no sono por puro **tédio**.
aburrido, aburrida [aβu'rriðo, aβu'rriða] *adj* ■ ¡Qué fiesta más **aburrida**!	chato, chata ■ Que festa mais **chata**!
aburrirse [aβu'rrirse] *v* ■ Si **te aburres**, puedes ver la tele.	entendiar-se ■ Se **ficar entediado**, pode assistir à televisão.
la **decepción** [deθεβ'θĭon] *n* ■ Ha sido una gran **decepción**.	a decepção ■ Foi uma grande **decepção**.
decepcionar [deθεβθĭo'nar] *v* ■ Esta película me **ha decepcionado** un poco.	decepcionar ■ Esse filme me **decepcionou** um pouco.
agradecido, agradecida [aγraðe'θiðo, aγraðe'θiða] *adj* ■ Te estoy muy **agradecido** por todo lo que has hecho por mí.	agradecido, agradecida ■ Eu lhe sou muito **agradecido** por tudo o que tem feito por mim.

Sentimentos

asombroso, asombrosa [asɔm'broso, asɔm'brosa] *adj* ■ Es **asombroso** que hayas aprendido tan rápido el idioma.	espantoso, espantosa, assombroso, assombrosa ■ É **assombroso** que tenha aprendido tão rápido o idioma.
el **susto** ['susto] *n* ■ ¡Vaya **susto** que me habéis dado!	o susto ■ Puxa, que **susto** que você me deu!
asustarse [asus'tarse] *v* ■ Me **asusté** mucho.	assustar-se ■ Eu **me assustei** muito.
la **compasión** [kɔmpa'sĭɔn] *n* ■ Ten un poco de **compasión** con él.	a compaixão ■ Tenha um pouco de **compaixão** por ele.

➡ Frequentemente se emprega o substantivo piedad como sinônimo de compasión.

dar pena [dar 'pena] *loc* ▶ *v irr* p. 424 dar ■ Me **daba pena** verla tan triste.	dar pena, sentir pena, sentir muito ■ **Sentia pena** em vê-la tão triste.
lamentar [lamen'tar] *v* ■ **Lamento** no habértelo dicho antes.	lamentar ■ **Lamento** não lhe ter dito antes.
desgraciadamente [dezɣraθĭaða'mente] *adv* ■ **Desgraciadamente** no puedo hacer nada por ti.	infelizmente ■ **Infelizmente** não posso fazer nada por você.

➡ O antônimo deste termo é afortunadamente – felizmente.

raro, rara ['rraro, 'rrara] *adj* ■ ¡Qué cosa más **rara**!	impressionante, notável ■ Que coisa mais **impressionante**!
extraño, extraña [e(ɣ)s'traɲo, e(ɣ)s'traɲa] *adj* ■ ¡Qué **extraño** que Belén no haya venido hoy!	estranho, estranha ■ Que **estranho** que Belén não tenha vindo hoje!
la **vergüenza** [bɛr'ɣũenθa] *n* ■ Se puso rojo de **vergüenza**. ■ Es una **vergüenza** que no hayan devuelto el dinero.	a vergonha ■ Ficou vermelho de **vergonha**. ■ É uma **vergonha** que não tenham devolvido o dinheiro.
¡Qué vergüenza! [ke bɛr'ɣũenθa] *loc*	Que vergonha!

avergonzarse de [aβɛɾɣɔnˈθarse ðe] v
▶ v irr p. 423 contar
■ No **se avergüenza de** su acento.

envergonhar-se

■ Não **se envergonha** de seu sotaque.

el asco [ˈasko] n
■ Me dan **asco** las serpientes.

o asco, o nojo
■ Tenho **nojo** de cobras.

la duda [ˈduða] n
■ Tengo mis **dudas**.

a dúvida
■ Tenho minhas **dúvidas**.

dudar de [duˈðar ðe] v
■ **Dudo de** que haya dicho la verdad.

duvidar(de)
■ **Duvido** que tenha dito a verdade.

➡ Pode-se também empregar a locução **poner en duda** [poˈnɛɾ en ˈduða].

añorar [aɲoˈɾar] v
■ Te **añoro** muchísimo.

ter saudade de
■ **Tenho** muita **saudade de** você.

la nostalgia [nɔsˈtalxĭa] n
■ ¿No sientes **nostalgia** de tu país?

a nostalgia, a saudade
■ Você não sente **saudade** de seu país?

echar de menos [eˈtʃar ðe ˈmenɔs] loc
■ Querido Carlos, te **echo** mucho **de menos**.

sentir falta de

■ Querido Carlos, **sinto** muita **falta de** você.

emocionar [emoθĭoˈnar] v
■ La noticia la **ha emocionado** mucho.

emocionar
■ A notícia a **emocionou** muito.

conmover [kɔnmoˈβeɾ] v
▶ v irr p. 426 oler
■ Todos **estábamos** muy **conmovidos** por esta historia.

comover

■ **Estávamos** todos muito **comovidos** com esta história.

envidiar [embiˈðĭar] v
■ ¡Qué mala suerte ha tenido el pobre! No le **envidio**.

invejar
■ Que má sorte teve o coitado! Não o **invejo**.

las preocupaciones [preokupaˈθĭones] n pl
■ Últimamente Sofía tiene muchas **preocupaciones**.

as preocupações

■ Ultimamente Sofía está com muitas **preocupações**.

el **dolor** [do'lor] *n* ■ Me imagino el **dolor** que sentiste.	a **dor** ■ Imagino a **dor** que você sentiu.
llorar [ʎo'rar] *v* ■ No **llores**, hija mía.	**chorar** ■ Não **chore**, minha filha.
la **lágrima** ['laɣrima] *n* ■ Se le saltaron las **lágrimas**.	a **lágrima** ■ As **lágrimas** lhe escorreram dos olhos.
desesperado, desesperada [desespe'raðo, desespe'raða] *adj* ■ Me temo que estamos en una situación **desesperada**.	**desesperado, desesperada** ■ Receio que estejamos numa situação **desesperada**.
el **destino** [des'tino] *n* ■ Amarte es mi **destino**.	o **destino** ■ Amar você é meu **destino**.
siniestro, siniestra [si'niestro, si'niestra] *adj* ■ Esta calle me parece un poco **siniestra**. Mejor cogemos otra.	**sinistro, sinistra** ■ Essa rua me parece um pouco **sinistra**. Melhor pegarmos outra.

Impressões dos sentidos

ver [bɛr] *v* ▶ **v irr** p. 429 ver ■ ¿No **ves** el pájaro aquel?	**ver** ■ **Não está vendo** aquele pássaro ali?
la **mirada** [mi'raða] *n* ■ Me lanzó una **mirada** profunda.	o **olhar** ■ Lançou-me um **olhar** profundo.
mirar [mi'rar] *v* ■ ¡**Mírame**! ■ ¿Por qué no **miras** en el diccionario?	**olhar, ver** ■ **Olhe** para mim! ■ Por que você não **olha** no dicionário?
el **ruido** ['rruiðo] *n* ■ ¿Qué **ruido** es éste?	o **ruído**, o **barulho** ■ Que **ruído** é esse?
oír [o'ir] *v* ▶ **v irr** p. 426 oír ■ Yo no **oigo** nada.	**ouvir** ■ Eu não **ouço** nada.

Impressões dos sentidos

sentir [sen'tir] *v*
- ▶ **v irr** p. 428 sentir
- ¿**Sientes** la arena bajo tus pies?

sentir
- Você **sente** a areia sob seus pés?

Tocar [to'kar] *v*
- No **toques** le cuadro, solo míralo.

tocar
- Não **toque** no quadro, apenas o olhe.

el perfume [pɛr'fume] *n*
- Me encanta el **perfume** de las rosas.

o perfume
- Gosto do **perfume** das rosas.

➡ **perfume** e **aroma** são sinônimos.

el olor [o'lor] *n*
- ¿No notas el **olor** a humo?

o cheiro, o odor
- Você não sente o **cheiro** de fumo?

oler [o'lɛr] *v*
- ▶ **v irr** p. 426 oler
- ¿No **hueles** que se está quemando la leche?

sentir (cheiro)
- Você não **sente** que o leite está queimando?

oler a [o'lɛr a] *v*
- ▶ **v irr** p. 426 oler
- Este jabón **huele a** claveles.

cheirar a
- Este sabonete **cheira a** cravos.

oler mal [o'lɛr mal] *loc*
- ▶ **v irr** p. 426 oler
- ¡Aquí **huele** muy **mal**!

cheirar mal, feder
- Aqui está **cheirando** muito mal!

el sentido [sen'tiðo] *n*
- Utiliza tus cinco **sentidos**.

o sentido
- Use seus cinco **sentidos**.

observar [ɔbsɛr'βar] *v*
- **Estamos observando** los pájaros.

observar
- **Estamos observando** os pássaros.

contemplar [kɔntem'plar] *v*
- Es un cuadro que podría **contemplar** horas y horas.

contemplar
- É um quadro que poderia **contemplar** durante horas.

echar un vistazo [e'tʃar um bis'taθo] *loc*
- ¿Podrías **echar un vistazo** al ordenador? Algo va mal.

dar uma olhada
- Você poderia **dar uma olhada** no computador? Algo está errado.

el **jaleo** ES [xa'leo] *n*
- No te puedes imaginar el **jaleo** que hay aquí los fines de semana.

o **barulho**
- Você não pode imaginar o **barulho** que há aqui nos finais de semana.

➡ **jaleo** é empregado praticamente apenas na Espanha. Na América Latina, empregam-se, entre outros, os termos **barulo**, **alboroto** ou **escándalo**.

Situações da fala

Conversas

la **conversación** [kɔmbɛrsa'θĭon] *n*
- He tenido una larga **conversación** con él sobre este tema.

a **conversa**, a **conversação**
- Tive uma longa **conversa** com ele sobre esse tema.

el **discurso** [dis'kurso] *n*
- Me gustó el **discurso** que dio nuestro presidente.

o **discurso**
- O **discurso** de nosso presidente me agradou.

hablar [a'βlar] *v*
- No **hablemos** más sobre este asunto.

falar
- Não **falemos** mais sobre este assunto.

decir [de'θir] *v*
▶ *v irr* p. 424 decir
- Puedes **decir** tranquilamente lo que piensas.

dizer
- Pode **dizer** tranquilamente o que pensa.

➡ Pode-se empregar também o verbo **comentar** [komen'tar].

contar [kɔn'tar] *v*
▶ *v irr* p. 423 contar
- Me tienes que **contar** lo que pasó el otro día.

contar
- Você tem de me **contar** o que se passou no outro dia.

llamar [ʎa'mar] *v*
- **Llama** a tu hermano, que vamos a comer.

chamar
- **Chame** seu irmão, que vamos comer.

el **silencio** [si'lenθĭo] *n*
- ¡**Silencio**, niños! El abuelo está durmiendo.
- Nadie se atrevía a romper el **silencio**.

o **silêncio**
- **Silêncio**, crianças! O vô está dormindo.
- Ninguém se atrevia a quebrar o **silêncio**.

tranquilamente [traŋkila'mente] *adv*
- Este fin de semana puedo terminar el trabajo **tranquilamente**.

tranquilamente
- Neste fim de semana posso terminar o trabalho **tranquilamente**.

callado, callada [ka'ʎaðo, ka'ʎaða] *adj*
- Hoy estás muy **callado**. ¿Te pasa algo?

calado, calada
- Hoje você está muito **calado**. Aconteceu alguma coisa?

la **explicación** [e(ɣ)splika'θïɔn] *n*
- Sé que te debo una **explicación**.

a **explicação**
- Sei que lhe devo uma **explicação**.

explicar [e(ɣ)spli'kar] *v*
- ¿Me puedes **explicar** cómo se hace?

explicar
- Você pode me **explicar** como se faz?

el **aviso** [a'βiso] *n*
- Hoy ha llegado el **aviso** de Correos de que puedo recoger el paquete.

o aviso
- Hoje chegou o **aviso** dos Correios de que posso apanhar a encomenda.

avisar [a'βisar] *v*
- **Avísame** cuando llegues.

avisar
- **Avise**-me quando chegar.

la **comunicación** [komunika'θïɔn] *n*
- Es una **comunicación** del seguro.
- La **comunicación** entre los compañeros es buena.

o **comunicado**, a **comunicação**
- É um **comunicado** da seguradora.
- A **comunicação** entre os companheiros é boa.

comunicar [komuni'kar] *v*
- Debo **comunicarles** que no puedo aceptar el premio.

comunicar
- Tenho de lhes **comunicar** que não posso aceitar o prêmio.

enterarse de [ente'rarse ðe] *v*
- Ya **me he enterado** a través de José de que te vas al extranjero.

ficar sabendo, inteirar-se
- **Fiquei sabendo** por José que você vai para o exterior.

la **observación** [ɔβsɛrβa'θïɔn] *n*
- Si puedo hacer una **observación** al respecto...

a **observação**
- Se posso fazer uma **observação** a respeito...

mencionar [menθïo'nar] *v*
- Quiero **mencionar** también a nuestro compañero Julio.

mencionar, fazer menção
- Quero **mencionar** também nosso companheiro Julio.

Perguntar, pedir e responder 69

la **expresión** [e(γ)spreˈsïon] n ■ No me acuerdo de esta **expresión** inglesa.	a **expressão** ■ Não me lembro desta **expressão** inglesa.
expresar [e(γ)spreˈsar] v ■ Esto no se puede **expresar** con palabras.	**expressar** ■ Isto não pode se **expressar** em palavras.
subrayar [suβraˈjar] v ■ Me gustaría **subrayar** este último punto.	**ressaltar** ■ Gostaria de **ressaltar** este último ponto.
callarse [kaˈʎarse] v ■ Yo no **me** voy a **callar**, esto está claro.	**calar-se** ■ Não vou **me calar**, isso está claro.
cuchichear [kutʃitʃeˈar] v ■ Estas dos están todo el día **cuchicheando**.	**cochichar** ■ Estas duas estão o dia inteiro **cochichando**.
charlar [tʃarˈlar] v ■ Si tienes tiempo tomamos un café y **charlamos** un poco.	**conversar, falar** ■ Se você tiver tempo, tomamos um café e **conversamos** um pouco.
el **chismorreo** [tʃizmoˈrrɛo] n ■ ¿Por qué comprar esas revistas? Solo tienen **chismorreos**.	a **fofoca** ■ Por que você compra essas revistas? Só têm **fofocas**.

➡ **chismorreo** e **cotilleo** são sinônimos. Tanto **chismorreo** quanto **cotilleo** frequentemente aparecem no pural.

Perguntar, pedir e responder

la **pregunta** [preˈγunta] n ■ ¿Alguien tiene una **pregunta**?	a **pergunta** ■ Alguém tem alguma **pergunta**?
preguntar [preγunˈtar] v ■ **Pregúntale** a Juan si quiere venir con nosotros al cine.	**perguntar** ■ **Pergunte** a Juan se ele quer ir conosco ao cinema.

➡ O objeto indireto é assimilado no espanhol por meio de um pronome objeto indireto. No imperativo afirmativo, esse pronome é anexado a um verbo.

la **respuesta** [rrɛsˈpüesta] n ■ La **respuesta** a la pregunta es sí.	a **resposta** ■ A **resposta** à pergunta é sim.

Perguntar, pedir e responder

responder (a) [rrɛspɔn'dɛr (a)] v
- ¿Qué **responderías** tú **a** una pregunta así?

responder a
- O que você **responderia a** uma pergunta como essa?

contestar [kɔntes'tar] v
- Oye, ¿por qué no me **contestas**?

responder
- Ei, por que não me **responde**?

sí [si] adv
- **Sí**, claro que sí que te voy a buscar.
- **Sí**, sí que queda pan; mira en el armario.

sim
- **Sim**, claro que vou buscá-lo.
- **Sim**, ainda tem pão; olhe no armário.

no [no] adv
- **No**, no me gusta nada.
- **No** irás al cine y punto.

não
- **Não**, não me agrada de modo algum.
- Você **não** vai ao cinema e ponto final.

tampoco [tam'poko] adv
- A mí **tampoco** me gusta este tipo de música.

tampouco, nem, também não
- A mim **tampouco** agrada esse tipo de música.

no ... en absoluto [no ... en aβso'luto] adv
- **No** me molesta **en absoluto**.

Não ... de modo algum
- **Não** me incomoda **de modo algum**.

¿Cómo? ['komo] loc

Como?

¿Cómo dice? ['komo 'ðiθe] loc

Como disse?

pedir [pe'ðir] v
▶ v irr p. 426 pedir
- Sandra me **ha pedido** que le ayude con las matemáticas.

pedir
- Sandra me **pediu** que lhe ajudasse com matemática.

➡ Para se enfatizar um favor, implorar, usa-se o verbo **rogar**. Já o verbo **pedir** expressa um pedido ou uma solicitação mais neutra e simples.

por favor [pɔr fa'βɔr] loc
- ¿Puedes cerrar la puerta, **por favor**?

por favor
- Você pode fechar a porta, **por favor**?

Por favor, ¿podría ... ? [pɔr fa'βɔr po'ðria] loc
- **Por favor, ¿podría** explicarme cómo llego hasta allí?

Por favor, poderia ... ?
- **Por favor, poderia** me explicar como chego até lá?

agradecer [aɣraðe'θɛr] v

▶ **v irr** p. 423 conocer
- Le **agradecemos** su carta del veinticuatro de octubre.

agradecer

- **Agradecemos** por sua carta de vinte e quatro de outubro.

dar las gracias ['dar laz 'ɣraθĭas] *loc*

▶ **v irr** p. 424 dar
- Me gustaría **darte las gracias** otra vez.

agradecer

- Eu gostaria de lhe **agradecer** outra vez.

¡Gracias! ['ɣraθĭas] *interj*

Obrigado!

¡Muchas gracias! ['mutʃaz 'ɣraθĭas] *loc*

Muito obrigado!

gracias por... ['graθĭas pɔr] *loc*
Gracias por todo.

obrigado por...
Obrigado por tudo.

¡De nada! [de 'naða] *loc*

De nada!

¡No hay de qué! [no 'aĭ ðe 'ke] *loc*

Não há de quê!

la **promesa** [pro'mesa] *n*
- Hay que cumplir las **promesas**.

a promessa
- Devem-se cumprir as **promessas**!

prometer [prome'tɛr] *v*
- Te **prometo** que no lo volveré a hacer nunca más.

prometer
- Eu lhe **prometo** que não o farei de novo nunca mais.

la **voluntad** [bolun'ta(ð)] *n*
- La buena **voluntad** no es suficiente.

a **vontade**
- A boa **vontade** não é suficiente.

querer [ke'rɛr] *v*

▶ **v irr** p 427 querer
- **Quiero** que me digas la verdad.

querer

- **Quero** que me diga a verdade.

el **deseo** [de'seo] *n*
- Mi mayor **deseo** es ser actriz.

o **desejo**
- Meu maior **desejo** é ser atriz.

desear [dese'ar] *v*
- Os **deseo** lo mejor para el año que viene.

desejar
- **Desejo**-lhes o melhor no ano que vem.

pedir(se) [pe'ðir(se)] v ▶ v irr p. 426 pedir ■ Para Reyes (se) **pide** una consola.	desejar, querer ■ Ele **quer** um video game para o Dia de Reis.
las **disculpas** [dis'kulpas] n pl ■ Te pido **disculpas** por lo de ayer.	as **desculpas** ■ Eu lhe peço **desculpas** por ontem.
disculparse [diskul'parse] v ■ Pablo no se **disculpó** por el retraso.	desculpar-se ■ Pablo não se **desculpou** pelo atraso.
¡Disculpe! [dis'kulpe] interj	Desculpe!
¡Le pido disculpas! [le 'piðo ðis'kulpas] loc	Eu lhe peço desculpas.
perdonar [pɛrðo'nar] v ■ ¿Me puedes **perdonar**?	perdoar ■ Você pode me **perdoar**?
¡Perdón! [pɛr'ðɔn] interj	Perdão!
¡Perdone! [pɛr'ðone] interj	Perdoe-me!
¡Lo siento! [lo 'sïento] interj	Sinto muito!
renunciar a [rrɛnu'θïar a] v ■ No quiere **renunciar a** su libertad.	renunciar a, abrir mão de ■ Não quer **abrir mão de** sua liberdade.
negar [ne'ɣar] v ▶ v irr p. 426 negar ■ El acusado **negó** haber robado el dinero.	negar ■ O acusado **negou** ter roubado o dinheiro.
factible [fak'tiβle] adj ■ No creo que este plan sea **factible**.	factível ■ Não creio que esse plano seja **factível**.
realizar [rrɛali'θar] v ■ Por fin Alfredo puede **realizar** su sueño: dar la vuelta al mundo.	realizar ■ Finalmente Alfredo pode **realizar** seu sonho: dar a volta ao mundo.

Ordens e proibições

el **orden** [ˈorðen] *n*
- El general dio la **orden** de entrar en el bosque.

a **ordem**
- O general deu a **ordem** de entrar no bosque.

ordenar [orðeˈnar] *v*
- El juez le **ordenó** salir de la sala.
- El Gobierno **ordenó** una investigación del caso.

ordenar, mandar
- O juiz lhe **ordenou** que saísse da sala.
- O governo **ordenou** uma investigação do caso.

las **instrucciones** [instruyˈθiones] *n pl*
- Tengo **instrucciones** de la directora de no hablar de esto con nadie.

as **instruções**
- Tenho **instruções** da diretora para não falar disto com ninguém.

el **permiso** [pɛrˈmiso] *n*
- Ya nos han dado el **permiso** para construir la casa.

a **permissão**
- Já nos deram a **permissão** para construir a casa.

permitir [pɛrmiˈtir] *v*
- No está **permitido** fumar en las habitaciones.
- No voy a **permitir** que pagues tú solo todas las bebidas.

permitir
- Não é **permitido** fumar nos quartos.
- Não vou **permitir** que você pague sozinho todas as bebidas.

dejar [dɛˈxar] *v*
- Mis padres no me **dejan** salir esta noche.

deixar
- Meus pais não me **deixam** sair esta noite.

poder [poˈðɛr] *v*
▶ *v irr* p. 426 poder
- Aquí no se **puede** fumar.

poder
- Aqui não se **pode** fumar.

¡Vale! ES [ˈbale] *interj*
- **¡Vale!** De acuerdo. Te no traigo mañana.

Tudo bem!, Tudo certo!
- **Tudo certo!** Entendido. Eu lhe trago de volta amanhã.

la **prohibición** [proiβiˈθion] *n*
- Esta organización pide la **prohibición** de las armas químicas.

a **proibição**
- Esta organização pede a **proibição** das armas químicas.

prohibir [proiˈβir] *v*
- El profesor nos **ha prohibido** comer chicle durante las clases.

proibir
- O professor **nos proibiu** de mascar chiclete durante a aula.

Ordens e proibições

impedir [impe'ðir] v ▶ v irr p. 426 pedir ▪ Si no te gusta el libro, nada te **impede** dejarlo.	**impedir** ▪ Se você não gosta do livro, nada o **impede** de deixá-lo.
la autorización [aŭtoriθa'θĭon] n ▪ Para recoger el paquete de su padre debe tener **autorización**.	**a autorização** ▪ Para recolher a encomenda de seu pai, é preciso ter **autorização**.
autorizar [aŭtori'θar] v ▪ El embajador me **ha autorizado** a escribirle en su nombre.	**autorizar** ▪ O embaixador me **autorizou** a lhe escrever em seu nome.
facultado, facultada [fakul'taðo, fakul'taða] adj ▪ Yo no estoy **facultado** para darle esta información.	**autorizado, autorizada** ▪ Não estou **autorizado** a lhe dar essa informação.
insistir en [insis'tir en] v ▪ El médico **insiste en** que debo ir al hospital.	**insistir em** ▪ O médico **insiste em** que tenho de ir ao hospital.
empeñarse en [empe'ɲarse en] v ▪ No sé por qué te **empeñas en** trabajar con él.	**insistir em** ▪ Não sei por que você **insiste em** trabalhar com ele.
encargar [eŋkar'ɣar] v ▪ **Hemos encargado** a Lola que compre todo lo necesario.	**encarregar** ▪ **Encarregamos** Lola de comprar todo o necessário.
exigir [e(ɣ)si'xir] v ▶ v irr p. 425 exigir ▪ ¡**Exijo** que me des una respuesta!	**exigir** ▪ **Exijo** que você me dê uma resposta!
obligar a [oβli'ɣar a] v ▪ Sus padres le **obligaban** a tocar el piano.	**obrigara, forçar** ▪ Seus pais o **obrigavam** a tocar piano.
obedecer [oβeðe'θɛr] v ▶ v irr p. 423 conocer ▪ Mis hijos ya no me **obedecen**.	**obedecer** ▪ Meus filhos já não me **obedecem**.
hacer caso [a'θɛr 'kaso] loc ▶ v irr p. 425 hacer ▪ Te he dicho que te pongas guantes. ¿Por qué no me **haces caso**?	**dar ouvidos, ouvir, escutar** ▪ Eu lhe disse para você colocar as luvas. Por que não me **escuta**?

Discussão e acordo 75

> ➡ **hacer caso** tem o sentido de **prestar atenção, atentar** ao que alguém diz.
>
> **conceder** [kɔnθe'ðɛr] v
> - Finalmente le **han concedido** el crédito.
>
> **conceder**
> - Finalmente lhe **concederam** o crédito.

Discussão e acordo

la opinión [opi'nĭon] n - No comparto su **opinión** en este punto.	a **opinião** - Não compartilho de sua **opinião** nesse ponto.
opinar [opi'nar] v - ¿Qué **opinas** tú? - ¿Qué **opinan** los demás? ➡ **pensar** p. 55	**opinar, achar, pensar** - O que você **acha**? - O que os outros **pensam**?
el parecer [pare'θɛr] n - A mi **parecer** el señor Pérez está equivocado.	a **opinião**, a **visão** - Na minha **opinião**, o senhor Pérez está equivocado.
el consejo [kɔn'sɛxo] n - Gracias por tus **consejos**.	o **conselho** - Obrigado por seus **conselhos**.
aconsejar [akɔnsɛ'xar] v - Te **aconsejo** beber menos cerveza.	**aconselhar** - Eu lhe **aconselho** a beber menos cerveja.
la recomendación [rrɛkomenda'θĭon] n - He dejado de fumar por **recomendación** del médico.	a **recomendação** - Deixei de fumar por **recomendação** do médico.
recomendar [rrɛkomen'dar] v ▶ v irr p. 426 pensar - ¿Me puede **recomendar** un buen restaurante?	**recomendar** - Você pode me **recomendar** um bom restaurante?
la propuesta [pro'pŭesta] n - La **propuesta** que tengo es la siguiente...	a **proposta** - A **proposta** que tenho é a seguinte...
proponer [propo'nɛr] v ▶ v irr p. 427 poner - Lo que usted **ha propuesto** puede crear un problema.	**propor** - O que você **propôs** pode criar um problema.

Discussão e acordo

aceptar [aθep'tar] v ■ Creo que es una propuesta que se puede **aceptar** perfectamente.	**aceitar** ■ Creio que é uma proposta que se pode **aceitar** perfeitamente.
ser cierto ['ser 'θiɛrto] loc ▶ v irr p. 428 ser ■ Si esto **es cierto**, la cosa es mucho más fácil.	**ser verdade** ■ Se **for verdade**, a coisa é muito mais fácil.
convencer [kɔmben'θɛr] v ■ Este argumento no me **convence**. ■ Julián me **convenció** para que vaya fuera con él al fútbol.	**convencer** ■ Este argumento não me **convence**. ■ Julián me **convenceu** a ir com ele ao futebol.

➡ **persuadir** é um sinônimo mais culto de convencer.

estar convencido de, estar convencida de [es'tar kɔmben'θiðo ðe, es'tar kɔmben'θiða ðe] loc ▶ v irr p. 426 estar ■ Ana **está convencida de** que tiene razón.	**estar convencido/convencida de** ■ Ana **está convencida de** que tem razão.
tolerar [tole'rar] v ■ La ley no **tolera** ese tipo de actividades.	**tolerar** ■ A lei não **tolera** esse tipo de atividades.
preferir [prefe'rir] v ▶ v irr p. 428 sentir ■ Yo **prefiero** la solución que ha propuesto Pedro.	**preferir** ■ Eu **prefiro** a solução que Pedro propôs.
tener razón [te'nɛr rra'θon] loc ▶ v irr p. 428 tener ■ No creo que usted **tenga razón**.	**ter razão** ■ Não creio que o senhor **tenha razão**.
estar equivocado, estar equivocada [es'tar ekiβo'kaðo, es'tar ekiβo'kaða] loc ▶ v irr p. 425 estar ■ Vale, pero sobre este punto **estás equivocado**.	**estar equivocado/enganado/errado** ■ Tudo bem, porém sobre este aspecto você **está enganado**.
(Estoy) de acuerdo. [(es'tɔi) ðe a'kŭɛrðo] loc	**(Estou) de acordo.**

Discussão e acordo

¡De acuerdo! ES [ðe aˈkŭɛɾðo] *loc*	**De acordo!**

evidente [eβiˈðente] *adj*
- Es **evidente** que estamos ante un problema difícil.

evidente
- É **evidente** que estamos diante de um problema difícil.

➡ Emprega-se também o adjetivo **claro**.

exactamente [e(ɣ)saktaˈmente] *adv*
- Esto es **exactamente** lo que quería decir.

exatamente
- Isto é **exatamente** o que eu queria dizer.

➡ **exactamente** e **perfectamente** [pɛɾfɛktaˈmente] são sinônimos.

la importancia [impoɾˈtanθĭa] *n*
- No tiene la menor **importancia**.

a importância
- Não tem a menor **importância**.

importante [impoɾˈtante] *adj*
- A mí personalmente esto me parece **importantísimo**.

importante
- Pessoalmente, isso me parece **importantíssimo**.

la crítica [ˈkritika] *n*
- El gobierno tiene que soportar duras **críticas**.

a crítica
- O governo tem de suportar duras **críticas**.

criticar [kritiˈkaɾ] *v*
- La subida de impuestos **ha** sido muy **criticada**.

criticar
- O aumento de impostos **foi** muito **criticado**.

entonces [enˈtonθes] *adv*
- **Entonces** nos veremos otra vez mañana.

então
- **Então** nos veremos outra vez amanhã.

es decir [ez ðeˈθiɾ] *loc*
- Nos veremos el día catorce, **es decir**, el viernes.

isto é, ou seja
- Nos veremos no dia catorze, **ou seja**, na sexta-feira.

por exemplo [poɾ ɛˈxemplo] *loc*
- Hay muchos países que me gustaría visitar, **por exemplo** Italia y Grecia.

por exemplo
- Existem muitos países que eu gostaria de visitar, **por exemplo**, Itália e Grécia.

contra [ˈkontra] *prep*
- Voy a votar **contra** esta propuesta.

contra
- Vou votar **contra** esta proposta.

el **debate** [de'βate] *n*
- Antes de tomar una decisión debe haber un **debate** general.

o **debate**, a **discussão**
- Antes de tomar uma decisão deve haver um **debate** geral.

tratar [tra'tar] *v*
- Me gustaría **tratar** este problema en la próxima reunión.

tratar
- Eu gostaria de **tratar** desse problema na próxima reunião.

➡ É preciso não confundir tratar no sentido de **discutir, falar sobre** com tratar de – **procurar, buscar, tentar**.

afirmar [afir'mar] *v*
- Así que usted **afirma** que no sabía nada.

afirmar
- Então o senhor **afirma** que não sabia de nada.

referirse a [rrɛfe'rirse a] *v*
- ▶ v irr p. 428 sentir
- En lo que se **refiere a** su solicitud, no se ha decidido nada todavía.

referir-se a

- No que **se refere à** sua proposta, ainda não foi decidido nada.

concernir [konθɛr'nir] *v*
- ▶ v irr p. 423 concernir
- Afortunadamente, el problema no nos **concierne** a nosotros.

dizer respeito, concernir

- Felizmente, o problema não nos **diz respeito**.

el **punto de vista** ['punto ðe 'βista] *n*
- Éste es, al menos, mi **punto de vista**.

o **ponto de vista**
- Este é, ao menos, o meu **ponto de vista**.

el **acuerdo** [a'kŭerðo] *n*
- Nos fuimos a casa sin haber llegado a un **acuerdo**.

o **acordo**
- Fomos para casa sem ter chegado a um **acordo**.

ponerse de acuerdo sobre [po'nɛrse ðe a'kŭerðo 'soβre] *loc*
- ▶ v irr p. 427 poner
- Al final nos hemos **puesto de acuerdo** sobre el número de ordenadores que hay que comprar.

chegar a um acordo sobre

- Ao final, **chegamos a um acordo** quanto ao número de computadores que se deve comprar.

estar de acuerdo con [es'tar ðe a'kŭerðo 'kɔn] *loc*
- ▶ v irr p. 425 estar
- **Estoy de acuerdo con** casi todo lo que has dicho.

estar de acordo

- **Estou de acordo** com quase tudo o que você disse.

discrepar de [diskre'par ðe] *v*
- **Discrepo de** usted sobre este tema.

discordar
- **Discordo** do senhor sobre este tema.

sin rodeos ['sin rrɔ'ðeos] *loc*
- Le he dicho **sin rodeos** lo que pienso de ella.

sem rodeios, curto e grosso
- Eu disse **sem rodeios** o que penso dela.

➡ **sin rodeos** é neutro quanto ao nível da linguagem e não se limita à comunicação do dia a dia. Um sinônimo na linguagem coloquial é a expressão **sin andarse por las ramas**.

la **ventaja** [ben'taxa] *n*
- Tener el trabajo cerca de casa es una gran **ventaja**.

a **vantagem**
- Trabalhar perto de casa é uma grande **vantagem**.

el **inconveniente** [iŋkombe'nïente] *n*
- Hay que hablar sobre las ventajas e **inconvenientes** del asunto.

o **inconveniente**
- Deve-se falar sobre as vantagens e os **inconvenientes** do assunto.

la **concesión** [kɔnθe'sïɔn] *n*
- No vamos a hacer **concesiones**.

a **concessão**
- Não vamos fazer **concessões**.

admitir [aðmi'tir] *v*
- Le **admito** que usted entiende del asunto.

admitir
- **Admito** que o senhor entende do assunto.

la **exageración** [e(ɣ)saxera'θïɔn] *n*
- En realidad, me parece una **exageración** por parte de los medios de comunicación.

o **exagero**
- Na realidade, parece-me um **exagero** por parte dos meios de comunicação.

exagerar [e(ɣ)saxe'rar] *v*
- Tampoco hay que **exagerar**.

exagerar
- Também não se deve **exagerar**.

Resolver conflitos

la **riña** ['rriɲa] *n*
- No quiero que esto acabe en una **riña**.

o **conflito**, a **briga**, o **enfrentamento**
- Não quero que isso acabe em **conflito**.

la **discusión** [disku'sïɔn] *n*
- Ayer tuve una **discusión** muy fuerte con una compañera de trabajo.

a **discussão**
- Ontem tive uma **discussão** muito séria com uma companheira de trabalho.

Resolver conflitos

discutir [disku'tir] *v*
- No vale la pena seguir **discutiendo** sobre este tema.

discutir
- Não vale a penar continuar **discutindo** sobre este tema.

pelearse con [pele'arse 'kɔn] *v*
- De pequeño **me peleaba** mucho **con** mi hermano.

brigar com
- Quando pequeno, **brigava** muito **com** meu irmão.

el enfado [em'faðo] *n*
- Ya se le ha pasado el **enfado**.

a irritação, o aborrecimento
- Sua **irritação** já passou.

enfadado, enfadada [emfa'ðaðo, emfa'ðaða] *adj*
- ¿Estás **enfadado** por algo?

irritado, agastado
- Você está **irritado** com alguma coisa?

la rabia ['rraβia] *n*
- ¡Me entra una **rabia** cuando los veo juntos!

a raiva
- Me dá uma **raiva** quando os vejo juntos!

furioso, furiosa [fu'rĭoso, fu'rĭosa] *adj*
- Nunca le he visto tan **furioso**.

furioso
- Nunca o vi tão **furioso**.

alterarse [alte'rarse] *v*
- ¡Tranquilo! No hay motivo para **alterarse**.

alterar-se, irritar-se
- Calma! Não há motivo para **se alterar**.

la queja ['kɛxa] *n*
- Me han llegado **quejas** sobre usted.

a queixa, a reclamação
- Chegaram-me **queixas** sobre o senhor.

quejarse de [kɛ'xarse ðe] *v*
- Los alumnos **se quejaron** de este profesor.

queixar-se de, reclamar de
- Os alunos **se queixaram** deste professor.

tomar a mal [to'mar a 'mal] *loc*
- No me lo **tomes a mal**, pero la camiseta no te queda bien.

levar a mal
- Não me **leve a mal**, mas essa camiseta não lhe cai bem.

molestar [moles'tar] *v*
- Siento **molestarte**.

incomodar
- Sinto muito **incomodá-lo**.

el enfrentamiento [emfrenta'mĭento] *n*
- Esta mañana he tenido un **enfrentamiento** con la directora.

a discussão
- Essa manhã tive uma **discussão** com a diretora.

Resolver conflitos

¡Qué disgusto! [ke ðiz'yusto] *loc*	**Que desagradável!, Que chato!**
la **protesta** [pro'testa] *n* ■ Ha habido **protestas** de los estudiantes contra esta ley.	o **protesto** ■ Houve **protesto** dos estudantes contra esta lei.
protestar [protes'tar] *v* ■ Si nadie **protesta**, todo va a seguir igual.	**protestar** ■ Se ninguém **protestar**, tudo vai continuar igual.
el **grito** ['yrito] *n* ■ Anoche oí **gritos** en el piso de al lado.	o **grito** ■ À noite ouvi **gritos** no apartamento ao lado.
gritar [yri'tar] *v* ■ No hace falta que **grites**, no soy sorda.	**gritar** ■ Não precisa **gritar**, não sou surda.
insultar [insul'tar] *v* ■ El otro día, de pronto, Vicente me empezó a **insultar**.	**insultar, xingar** ■ Outro dia, de repente, Vicente começou a me **insultar**.
ofender [ofen'dɛr] *v* ■ Dile la verdad, pero intenta no **ofenderle**.	**ofender** ■ Diga-lhe a verdade, mas tente não **ofendê**-lo.
tratar mal [tra'tar 'mal] *loc* ■ Esta profesora siempre me **trataba mal**.	**tratar mal, destratar** ■ Esta professora sempre me **tratava** mal.
el **rechazo** [rre'tʃaθo] *n* ■ Con esta propuesta solo encuentro **rechazo**.	a **recusa**, o **rechaço** ■ Com esta proposta só encontro **recusa**.
rechazar [rretʃa'θar] *v* ■ Una oferta así no se debe **rechazar**.	**recusar, rechaçar** ■ Uma oferta assim não se deve **recusar**.
la **negativa** [neγa'tiβa] *n* ■ Hoy el periódico habla de la **negativa** del alcaide a negociar con los manifestantes.	a **recusa**, a **negativa**, a **rejeição** ■ Hoje o jornal fala da **recusa** do prefeito em negociar com os manifestantes.
negarse [ne'yarse] *v* ▶ v irr p. 426 pensar ■ **Me niego** a seguir trabajando en estas condiciones.	**negar-se, recusar-se** ■ Eu **me recuso** a continuar trabalhando nestas condições.

la **excusa** [e(y)s'kusa] n ■ No son más que **excusas**.	a **desculpa** ■ Não são mais do que **desculpas**.
la **mentira** [men'tira] n ■ Lo que dices es **mentira**.	a **mentira** ■ O que você diz é **mentira**.
mentir [men'tir] v ▶ v irr p. 443 sentir ■ Creo que el chico está **mintiendo**. ■ Oye, ¡no le **mientas** a tu padre!	**mentir** ■ Acho que o menino **está mentindo**. ■ Ouça, não **minta** a seu pai!
el **secreto** [se'kreto] n ■ No se lo digas a nadie: es un **secreto** entre tú y yo.	o **segredo** ■ Não conte a ninguém: é um **segredo** entre mim e você.

Saudações e despedidas

¡Buenos días! ['bŭenɔz 'ðias] loc	**Bom dia!**

➡ Via de regra, é dito no período que vai do início do dia até o almoço.
➡ Em diversos países da América Latina, por exemplo, na Argentina, ouve-se também **¡Buen día!**

¡Buenas tardes! ['bŭenas 'tarðes] loc	**Boa tarde!**

➡ Via de regra, é dito no período entre o almoço e o cair da tarde.

¡Buenas noches! ['bŭenaz 'notʃes] loc	**Boa noite!**

➡ É dito ao anoitecer ou antes de se ir para a cama.

¡Hola! ['ola] interj	**Olá! Oi!**
¡Buenas! ['bŭenas] interj	**Olá! Oi!**
¡Adiós! [a'ðiɔs] interj	**Adeus! Tchau!**
¡Hasta pronto! ['asta 'prɔnto] loc	**Até logo!**
¡Hasta luego! ['asta 'lŭeyo] loc	**Até logo! Até mais (tarde)!**

➡ Na América Latina e também entre jovens na Espanha diz-se também **¡Nos vemos!**, que tem o mesmo significado de **A gente se vê!**

¡Hasta mañana! [ˈasta maˈɲana] *loc*	Até amanhã!
¡Bienvenido!, ¡Bienvenida! [bi̯embeˈniðo, bi̯embeˈniða] *loc*	Bem-vindo! Bem-vinda!
¡Mucho gusto! [ˈmutʃo ˈɣusto] *loc*	Muito prazer!
¡Encantado!, ¡Encantada! [eŋkanˈtaðo, eŋkanˈtaða] *interj*	Muito prazer! Encantado!
¡Encantado de conocerle!, ¡Encantada de conocerle! [eŋkanˈtaðo de konoˈθɛrle, eŋkanˈtaða de konoˈθɛrle] *loc*	Prazer em conhecê-lo!
¡Me alegro de conocerte! [me aˈleɣro ðe konoˈθɛrte] *loc*	Prazer em conhecê-lo!
¡Qué tenga un buen día! [ke ˈteŋga um bu̯en ˈdia] *loc*	Tenha um bom dia!

Expressões frequentes

¿Cómo está (usted)? [ˈkomo esˈta usˈteð] *loc*	Como vai (o senhor)?
¿Cómo estás? [ˈkomo esˈtas] *loc*	Como vai você?
¿Qué tal? [ke tal] *loc*	Como vai?
¡Bien, gracias! [bi̯en ˈgraθi̯as] *loc*	Bem, obrigado.
¡Adelante! [aðeˈlante] *interj*	Queira entrar!
Tome asiento, por favor. [ˈtome aˈsi̯ento ˈpor faˈβor] *loc*	Sente-se, por favor!
Quisiera ... [kiˈsi̯era] *loc* ▪ **Quisiera** dos entradas, por favor.	**Eu gostaria de ...** ▪ **Eu gostaria de** duas entradas, por favor.
Querría ... [kɛˈrria] *loc* ▪ **Querría** un café con leche, por favor.	**Eu gostaria de ...** ▪ **Eu gostaria de** um café com leite, por favor.

¿Quieres ... ? ['kĭeres] *loc* ■ **¿Quieres** un poco de chocolate?	Você gostaria de ...?, Você quer ...? ■ **Você quer** um pouco de chocolate?
¿Quiere ... ? ['kĭere] *loc* ■ **¿Quiere** que le enviemos la compra a casa?	O senhor gostaria de ... ? O senhor quer ... ? ■ **O senhor quer** que enviemos as compras para sua casa?
¿Qué desea? [ke ðe'sea] *loc*	O que (o senhor) deseja?
¿Qué querías? [ke ke'rias] *loc*	O que (você) deseja?
¡Sírvase! ['sirβase] *interj*	Sirva-se!
¡Sírvete! ['sirβete] *interj*	Sirva-se!
¡Sí, con mucho gusto! [si kɔn 'mutʃo 'ɣusto] *loc*	Sim, com prazer!
¡Vale, gracias! ES ['bale 'graθĭas] *loc*	Claro, obrigado.
¡Espero que sí! [es'pero ke si] *loc*	Espero que sim!
¡Eso espero! ['eso es'pero] *loc*	Assim espero!
¡Espero que no! [es'pero ke no] *loc*	Espero que não!
¡Ojalá ... ! [ɔxa'la] *interj* ■ **¡Ojalá** llegue pronto el autobús! ■ **¡Ojalá** fuera cierto!	Tomara ... !, Oxalá ... !, Quem dera ... ! ■ **Tomara** que o ônibus chegue logo! ■ **Quem dera** fosse verdade.

➡ O significado da palavra **ojalá** depende do tempo empregado: no subjuntivo presente, expressa um desejo realizável (**espero que, oxalá ...**), enquanto no imperfeito do conjuntivo o termo já faz referência a um desejo irrealizável (**se ao menos**).

¿Qué pasa? [ke 'pasa] *loc*	O que está acontecendo?
¡Lo conseguí! [lo kɔnse'ɣi] *loc*	Consegui!
¡Por fin! [pɔr fin] *loc*	Finalmente!
No importa. [no im'pɔrta] *loc*	Não importa.
Da igual. [da i'ɣŭal] *loc*	Tanto faz.

Me da lo mismo. [me ða lo 'mizmo] *loc*	**Para mim tanto faz. Para mim dá no mesmo.**
¡No te lo tomes a pecho! [no te lo 'tomes a 'petʃo] *loc*	**Não leve a sério!**
¡Qué faena! [ke fa'ena] *loc*	**Que droga! Que saco!**
¡(Vaya) mierda! [('baja) 'mĩɛrða] *loc*	**Vá à merda!**
¿Puedo ayudarle? ['pũeðo aju'ðarle] *loc*	**Posso ajudar (o senhor)?**
¿Puedo ayudarle en algo? ['pũeðo aju'ðarle en 'alɣo] *loc*	**Posso ajudá-lo em alguma coisa?**
¿Te puedo ayudar? [te 'pũeðo aju'ðar] *loc*	**Posso ajudá-lo?**
Nada más. ['naða mas] *loc*	**Só isso. É só.**
¡Ya está! [ja es'ta] *loc*	**Aí está!**
Ya es suficiente, gracias. [ja es sufi'θĩente 'graθĩas] *loc*	**Já está bom, obrigado.**
¡Salud! [sa 'lu(ð)] *interj*	**Saúde!**

➡ Na América Latina e frequentemente na Espanha diz-se **¡salud!** quando alguém espirra. Na Espanha, nessa situação, pode-se também dizer **¡Jesús!**

¡Menos mal! ['menɔz mal] *loc*	**Ainda bem!**
¡(Pues) mejor! [('pũez) mɛ'xɔr] *loc*	**Tanto melhor!**
por si acaso [pɔr si a'kaso] *loc* ▪ Hace buen tiempo, pero llévate el paraguas **por si acaso**.	**em todo caso, por precaução, para garantir** ▪ O tempo está bom, mas leve o guarda-chuva, **por precaução**.
¡Vaya! ['baja] *interj*	**Verdade? Está brincando!**
¡Anda! ['anda] *interj*	**Verdade? Está brincando!**
¡Hombre! ['ɔmbre] *interj*	**Gente! Cara!**

➡ A interjeição **¡hombre!** denota surpresa.

¡Bueno! ['bŭeno] interj	Bom!
¡Sí, hombre! [si 'ɔmbre] loc	Mas claro!
➡ ¡Si, hombre! ou também ¡Faltaría más! são frequentemente usados de modo irônico: ¿Por qué no limpias el piso tú solo? – ¡Sí, hombre! Por que você não limpa sozinho o apartamento? – Ah, claro!	
¡Faltaría más! [falta'ria 'mas] loc ➡ Sí, hombre! p. 86	Claro!, Por certo!
¡Por Dios! ['pɔr 'ðĩɔs] loc	Por Deus!
¡Dios mío! ['dĩɔz 'mio] loc	Meu Deus!
¡Madre mía! ['maðre 'mia] loc	Minha nossa!
¡Qué lástima! [ke 'lastima] loc	Que pena!
¡Qué pena! [ke 'pena] loc	Que pena!
¡Ya quisiera yo! [ja ki'sïera jo] loc	Quem dera!, Bom seria!
¡Venga! ['beŋga] interj	Venha!
¡Ya está bien! [ja es'ta 'βĩen] loc	Está bem!
¡Déjame en paz! ['dɛxame em paθ] loc	Deixe-me em paz!
¡Fuera! ['fŭera] interj	Fora!

Ações e comportamentos

Atividades gerais

la **actividad** [aktiβi'ða(ð)] n
- Ir en bici es una **actividad** deportiva muy sana.

a **atividade**
- Andar de bicicleta é uma **atividade** esportiva muito saudável.

la **acción** [ay'θiɔn] n
- Ayudar a aquella gente fue una buena **acción**.

a **ação**
- Ajudar aquelas pessoas foi uma boa **ação**.

Atividades gerais

el **acto** ['akto] n
- Darle la mano fue un **acto** simbólico.

o **ato**
- Dar-lhe a mão foi um **ato** simbólico.

hacer [a'θɛr] v
▶ v irr p. 425 hacer
- No sé qué podría hacer para ayudarte.

fazer
- Não sei o que poderia **fazer** para ajudá-lo.

dejar [dɛ'xar] v
- **Deja** que te ayude.
- Jorge **dejó** la empresa el año pasado.

deixar
- **Deixe** que eu o ajude.
- Jorge **deixou** a empresa ano passado.

soler [so'lɛr] v
▶ v irr p. 426 oler
- Mi padre **suele** ir al fútbol los domingos.

costumar
- Aos domingos meu pai **costuma** ir ao futebol.

el **asunto** [a'sunto] n
- Necesito hablar con el director por un **asunto** urgente.

o **assunto**
- Preciso falar com o diretor sobre um **assunto** urgente.

la **cosa** ['kosa] n
- Tengo que comprar algunas **cosas** para el viaje.

a **coisa**
- Tenho de comprar algumas **coisas** para a viagem.

las **cosas** ['kosas] n pl
- Lapiceros, bolígrafos y **cosas** así...

as **coisas**
- Lápis, canetas e **coisas** assim...

el **objeto** [ɔβ'xeto] n
- No se ve, pero debe ser un **objeto** grande el que lleva en la bolsa.

o **objeto**
- Não dá para ver, mas deve ser um **objeto** grande o que ele leva na bolsa.

el **uso** ['uso] n
- Se ha prohibido el **uso** de este medicamento.

o **uso**
- O **uso** desse medicamento está proibido.

usar [u'sar] v
- En el examen podéis **usar** el diccionario.

usar
- Na prova, podem **usar** o dicionário.

utilizar [utili'θar] n
- ¿Por qué no **utilizas** un martillo?

usar
- Por que você não **usa** o martelo?

aprovechar [aproβe'tʃar] v
- Tienes que **aprovechar** esta ocasión.

aproveitar
- Você tem de **aproveitar** esta ocasião.

poner [poˈnɛr] v

▶ v irr p. 427 poner
- Puedes **poner** la lámpara junto al sofá.
- Le **puso** la mano en le hombro.
- **Puso** al niño en el sofá.

pôr

- Você pode **pôr** a luminária junto ao sofá.
- Ela **pôs** a mão no ombro.
- **Pôs** a criança no sofá.

meter [meˈtɛr] v
- **Mete** las flores en el jarrón, por favor.
- He **metido** los cubiertos en el cajón.
- ¿Has **metido** ya la carta en el sobre?

botar, pôr, colocar
- **Ponha** as flores no vaso, por favor.
- **Botou** os talheres na gaveta.
- Você já **colocou** a carta no envelope?

➡ **meter** descreve uma ação de um objeto sobre outro, independentemente de ele ser **posicionado**, **colocado** ou **introduzido**.

llevar [λeˈβar] v
- ¿Me **llevas** la bolsa?

levar, carregar
- **Leve** para mim a bolsa?

agarrar [aɣaˈrrar] v
- Pude **agarrar** al niño antes de que se cayera al suelo.

agarrar
- Consegui **agarrar** a criança antes que ela caísse no chão.

sostener [sɔsteˈnɛr] v

▶ v irr p. 428 tener
- ¿Puedes **sostenerme** el vaso un momento, por favor?

segurar
- Você pode **segurar** o copo um pouco, por favor?

sujetar [suxeˈtar] v
- **Sujeta** la puerta, por favor.

segurar
- **Segure** a porta, por favor.

tirar de [tiˈrar ðe] v
- ¡No **tires de** este cable!

puxar
- Não **puxe** este cabo!

➡ **tirar** é um termo geral. No esporte pode significar **lançar** ou **atirar/arremessar**. Em jogos de modo geral, pode se referir ao ato de **jogar** (dados, por exemplo). Para **descartar, jogar fora**, emprega-se a locução **tirar algo**. ¡Tira! pode também significar: **Toque/jogue, continue!** Pode se referir ao ato de **puxar**, como na locução **tirar de la cuerda – puxar a corda**, ou quando se está diante de uma porta. O contrário é **empujar – empurrar**.

apretar [apreˈtar] v

▶ v irr p. 421 acertar
- Para encender la máquina **aprieta** el botón amarillo.

pressionar, apertar

- Para ligar a máquina, **pressione** o botão amarelo.

Atividades gerais

empujar [empu'xar] *v*
- **Empuja** fuerte contra la puerta.
- Ayúdame a **empujar** la estantería.

pressionar, empurrar
- **Pressione** firme contra a porta.
- Ajude-me a **empurrar** a estante.

girar [xi'rar] *v*
- En esa puerta hay que **girar** la llave hacia la izquierda.

girar
- Nessa porta, deve-se **girar** a chave para a esquerda.

necesitar [neθesi'tar] *v*
- Si **necesitas** algo, llámame.

necessitar, precisar
- Se você **precisar** de algo, me chame.

hacer falta [a'θɛr 'falta] *loc*
▶ *v irr* p. 425 hacer
- Nos **hace falta** más gente.

precisar, necessitar

- **Precisamos** de mais pessoas.

buscar [bus'kar] *v*
▶ *v irr* p. 422 comunicar
- **Busco** una casa en el centro.

procurar, buscar

- **Procuro** uma casa no centro.

➡ Quando não se sabe se o que se procura, seja pessoa ou coisa, de fato existe, a oração subordinada fica no subjuntivo. Quando está claro o que se busca, o verbo da oração subordinada é conjugado no indicativo: **Busco a una chica que es alta y morena. ¿Sabe usted si vive aquí?** – **Procuro uma moça alta, de cabelos castanhos. A senhora sabe se ela mora aqui?**

encontrar [eŋkon'trar] *v*
▶ *v irr* p. 423 contar
- No **encuentro** mis llaves.

encontrar, achar

- Não **encontro** minhas chaves.

quitar [ki'tar] *v*
- Intentaré **quitar** esas manchas.

remover, tirar
- Vou tentar **remover** essas manchas.

separar [sepa'rar] *v*
- Ahora hay que **separar** los diferentes tipos de basura.

separar
- Agora é preciso **separar** os diferentes tipos de lixo.

llenar [ʎe'nar] *v*
- Por favor, **llena** esa botella de agua.

encher
- Por favor, **encha** essa garrafa com água.

dormir [dor'mir] *v*
▶ *v irr* p. 424 dormir
- Últimamente **duermo** mucho mejor.

dormir

- Ultimamente **tenho dormido** muito melhor.

dormirse [dor'mirse] *v*
▶ *v irr* p. 424 dormir
- Por fin los niños se **han dormido**.

adormecer, dormir, pegar no sono
- Por fim as crianças **dormiram**.

Atividades gerais

---

levantarse [leβanˈtarse] *v*
- Los domingos **me levanto** a las diez.

levantar-se
- Aos domingos, **levanto-me** às dez.

---

despertar [dɛsperˈtar] *v*
▶ **v irr** p. 426 pensar
- ¿Me puede **despertar** a las siete?

despertar, acordar
- Você pode me **acordar** às sete?

---

despertarse [desperˈtarse] *v*
▶ **v irr** p. 426 pensar
- Siempre **me despierto** muy temprano.

acordar

- Sempre **acordo** bem cedo.

---

cansado, cansada [kanˈsaðo, kanˈsaða] *adj*
- Hemos estado caminando cinco horas. ¡Estoy muy **cansado**!

cansado, cansada
- Caminhamos por cinco horas. Estou muito **cansado**.

---

descansar [deskanˈsar] *v*
- Ahora deberíais **descansar** un poco.

descansar
- Agora vocês deveriam **descansar** um pouco.

---

la medida [meˈðiða] *n*
- El Gobierno tendrá que tomar **medidas**.

a medida
- O governo terá de tomar **medidas**.

---

tratar [traˈtar] *v*
- En esa tienda siempre te **tratan** muy bien.

tratar
- Nesta loja sempre **tratam** muito bem.

---

dispuesto, dispuesta [disˈpu̯esto, disˈpu̯esta] *adj*
- El director **está dispuesto** a subirme el sueldo.

disposto, disposta
- O diretor **está disposto** a me dar aumento de salário.

---

el final [fiˈnal] *n*
- Bueno, ya hemos llegado al **final** de la reunión.

o final
- Bem, chegamos ao **final** da reunião.

---

terminar [tɛrmiˈnar] *v*
- Mi hermano Francisco ya **ha terminado** la carrera.

terminar
- Meu irmão Francisco já **terminou** o curso universitário.

➜ acabar e terminar são sinônimos.

---

acabar [ˈakaˈβar] *v*
- Espera, ahora mismo **acabamos**.
➜ terminar p. 90

terminar
- Espere, já vamos **terminar**.

estar listo, estar lista [es'tar 'listo, es'tar 'lista] *loc*
▶ v irr p. 425 estar
▪ Ya **estamos (listos)**.

estar pronto
▪ Já **estamos prontos**.

➡ Não confundir com **listo** no sentido de **sagaz**, **inteligente**. Para indicar o sentido de **pronto**, também se usa preparado.

la situación [sitũa'θiɔn] *n*
▪ En las **situaciones** críticas hay que mantener la calma.

a situação
▪ Nas **situações** críticas, é preciso manter a calma.

el estado [es'taðo] *n*
▪ La casa está en mal **estado**.

o estado
▪ A casa está em mau **estado**.

manejar [manɛ'xar] *v*
▪ Un diccionario tan grande es difícil de **manejar**.
▪ ¿Sabes **manejar** este tipo de ordenadores?

lidar com, manejar
▪ É difícil de **lidar com** um dicionário tão grande.
▪ Você saber **manejar** esse tipo de computador?

➡ Na América Latina, **manejar** significa também **dirigir automóvel**. Carlos aprendió a manejar hace un año – Carlos aprendeu a dirigir há um ano.

cambiar [kam'biar] *v*
▪ ¿Este acontecimiento **ha cambiado** su vida?

mudar, modificar
▪ Esse acontecimento **mudou** sua vida?

unir [u'nir] *v*
▪ Podemos **unir** el ordenador con televisión.

ligar
▪ Podemos **ligar** o computador à televisão.

fijar [fi'xar] *v*
▪ ¿Cómo podríamos **fijar** la lámpara al techo?

fixar, afixar, prender
▪ Como poderíamos **fixar** o lustre no teto?

dar (con el martillo) ['dar (kɔn el mar'tiλo)] *loc*
▶ v irr p. 424 dar
▪ Coge la tabla y **dale (con el martillo)**.

martelar, dar com o martelo

▪ Pegue a tábua e **martele**.

romper [rrɔm'pɛr] v	**rasgar, quebrar**
▶ v irr p. 427 romper	
■ Al final **rompí** la foto.	■ Ao final **rasguei** a foto.
■ Cuidado con los cristales, **he roto** un vaso.	■ Cuidado com os cristais, **quebrei** um copo.
Levantar [leβan'tar] v	**levantar, erguer**
■ Es imposible **levantar** esta caja.	■ É impossível **levantar** esta caixa.
recoger [rrɛkɔ'xɛr] v	**ajuntar, recolher**
■ ¡**Recoge** lo que acabas de tirar al suelo!	■ **Ajunte** o que você acabou de jogar no chão.
dejar caer [dɛ'xar ka'ɛr] loc	**deixar cair**
■ Creo que **has dejado caer** este papel.	■ Creio que você **deixou cair** este papel.
roto, rota ['rrɔtɔ, 'rrɔta] adj	**quebrado, quebrada**
■ Mamá, el coche está **roto**.	■ Mamãe, o carro está **quebrado**.
estropearse [estrope'arse] v	**quebrar**
■ Creo que se **ha estropeado** la tostadora.	■ Acho que a torradeira **quebrou**.
abandonar [aβandɔ'nar] v	**abandonar, deixar**
■ ¡No me **abandones**!	■ Não me **abandone**!
■ Félix **ha abandonado** los estudios.	■ Félix **abandonou** os estudos.
relajarse [rrɛla'xarse] v	**relaxar**
■ Por la noche **me relajo** ante el televisor.	■ À noite eu **relaxo** na frente da televisão.
acostarse [akɔs'tarse] v	**deitar(-se), ir para cama**
▶ v irr p. 423 contar	
■ No se puede poner al teléfono, Carlos ya **se acostó**.	■ Ele não pode atender, Carlos já **foi para a cama**.
el sueño ['sweɲɔ] n	**o sonho, o sono**
■ Nunca me acuerdo de mis **sueños**.	■ Nunca me lembro de meus **sonhos**.
■ Mi **sueño** no es muy profundo.	■ Meu **sono** não é muito profundo.
tener sueño [te'nɛr 'sweɲɔ] loc	**ficar cansado, sentir sono**
▶ v irr p. 428 tener	
■ A estas horas empiezo a **tener sueño**.	■ Nesta hora começo a **sentir sono**.

soñar [so'ɲar] *v* ▶ **v irr** p. 423 contar ■ Esta noche **he soñado** contigo.	**sonhar** ■ Essa noite **sonhei** com você.

Esforços e intenções

el proyecto [pro'jɛkto] *n* ■ Me parece un **proyecto** muy interesante.	**o projeto** ■ Parece-me um **projeto** muito interessante.
el plan [plan] *n* ■ Espero que puedas realizar tu **plan**.	**o plano, o projeto** ■ Espero que você consiga realizar seu **plano**.
planear [plane'ar] *v* ■ Para febrero **hemos planeado** un viaje por Centroamérica.	**planejar** ■ Para fevereiro, **planejamos** uma viagem pela América Central.
tener pensado [te'nɛr pen'saðo] *loc* ▶ **v irr** p. 428 tener ■ Este verano **tengo pensado** hacer mucho deporte.	**pretender, pensar em** ■ Este verão **pretendo** praticar bastante esporte.
el intento [in'tento] *n* ■ Este ya es el segundo **intento** de mandarte este email.	**a tentativa** ■ Esta já é a segunda **tentativa** de lhe enviar este e-mail.
intentar [inten'tar] *v* ■ ¿Por qué no lo **intentas** con otra marca?	**tentar, experimentar** ■ Por que você não **tenta** com outra marca?
probar [pro'βar] *v* ▶ **v irr** p. 423 contar ■ ¿Ya **has probado** a apagarlo y a volverlo a encender?	**experimentar, tentar** ■ Você já **tentou** desligar e ligar de novo?
la preparación [prepara'θjon] *n* ■ Para este examen necesitas una buena **preparación**.	**a preparação** ■ Para esta prova, você precisa de uma boa **preparação**.
los preparativos [prepara'tiβos] *n pl* ■ Me imagino que estás ya con los **preparativos** de la boda.	**os preparativos** ■ Imagino que você esteja às voltas com os **preparativos** para o casamento.

preparar [prepa'rar] v
- Estamos preparando la fiesta de esta noche.

preparar
- Estamos preparando a festa desta noite.

costar [kos'tar] v
▶ v irr p. 423 contar
- Cuesta mucho hacer estos ejercicios.

ser desgastante, ser extenuante, exigir, custar
- Fazer esses exercícios é desgastante.

el esfuerzo [es'fuɛrθo] n
- Traducir esto no me ha costado mucho esfuerzo.
- Ana debe evitar demasiado esfuerzo físico.

o esforço
- Traduzir isso não me demandou muito esforço.
- Ana tem de evitar demasiado esforço físico.

esforzarse [esfor'θarse] v
▶ v irr p. 423 contar
- Si te esfuerzas un poco, tendrás mejores notas.

esforçar-se
- Se você se esforçar um pouco, terá notas melhores.

hacer un esfuerzo [a'θɛr un es'fuɛrθo] v
▶ v irr p. 425 hacer
- Hoy he hecho un esfuerzo por no llegar tarde.

fazer um esforço
- Hoje fiz um esforço para não chegar tarde.

la decisión [deθi'sïɔn] n
- Tenemos que tomar una decisión ahora mismo.

a decisão
- Temos de tomar uma decisão agora mesmo.

decidir [deθi'ðir] v
- Todavía no hemos decidido si compramos o no la casa.

decidir
- Ainda não decidimos se compramos ou não a casa.

decidirse a [deθi'ðirse a] v
- Me he decidido a aceptar el encargo.

decidir(-se a)
- Eu decidi aceitar a incumbência.

la seguridad [seɣuri'ða(ð)] n
- Todavía no lo sabemos con seguridad.

a segurança, a certeza
- Ainda não sabemos com certeza.

seguro, segura [se'ɣuro, se'ɣura] adj
- Todavía no es seguro que me den la beca.

seguro, certo
- Ainda não é certo se vou receber a bolsa de estudos.

Esforços e intenções

la **certeza** [θɛr'teθa] *n*
- Tengo la absoluta **certeza** de que ganaremos el partido.

a **certeza**
- Tenho absoluta **certeza** de que ganharemos o jogo.

incierto, incierta [in'θiɘrto, in'θiɘrta] *adj*
- Su futuro como músico es muy **incierto**.

incerto
- Seu futuro como músico é bastante **incerto**.

la **oportunidad** [opɔrtuni'ða(ð)] *n*
- Todavía no he tenido la **oportunidad** de conocer otros países.

a **oportunidade**
- Ainda não tive a **oportunidade** de conhecer outros países.

la **posibilidad** [posiβili'ða(ð)] *n*
- ¿Existe la **posibilidad** de cambiar las fechas de vuelo?

a **possibilidade**
- Existe a **possibilidade** de mudar as datas de voo?

el **objetivo** [ɔbxe'tiβo] *n*
- El **objetivo** del juego es conseguir el máximo de puntos.

o **objetivo**
- O **objetivo** do jogo é conseguir o máximo de pontos.

conseguir [kɔnse'ɣir] *v*
▶ v irr p. 426 pedir
- No **consigo** abrir la puerta.
- Llorando no **consigues** nada.

conseguir
- Não **consigo** abrir a porta.
- Chorando você não **consegue** nada.

salir bien [sa'lir βiɘn] *loc*
▶ v irr p. 427 salir
- Te **ha salido** muy **bien** este dibujo.

ficar bom, sair-se bem, ser bem-sucedido
- Seu desenho **ficou** muito **bom**!

➡ O antônimo é salir mal – sair-se mal.

fracasar [fraka'sar] *v*
- **Fracasó** el intento de formar gobierno.

fracassar
- A intenção de formar um governo **fracassou**.

la **intención** [inten'θiɔn] *n*
- La **intención** al menos es buena; luego ya veremos.

a **intenção**
- A **intenção** ao menos é boa; logo vamos ver.

el **propósito** [propo'sito] *n*
- Tengo el firme **propósito** de aprender italiano.

o **propósito**
- Tenho o firme **propósito** de aprender italiano.

a propósito [a propoˈsito] *adv*
- Estoy segura de que lo ha hecho **a propósito**.

de propósito
- Tenho certeza de que ele o fez **de propósito**.

➡ Em outros contextos, a expressão **a propósito** pode significar, por exemplo, **A propósito: ¿cuándo vienes a visitarme? – A propósito: quando você vem me visitar?**
Eis alguns sinônimos de **a propósito**: **adrede, aposta** e **intencionadamente**.

Auxílios, obrigações e confiança

la **ayuda** [aˈjuða] *n*
- Sin tu **ayuda** no lo habríamos conseguido.

a **ajuda**, o **auxílio**
- Sem sua **ajuda**, não teríamos conseguido.

ayudar [ajuˈðar] *v*
- ¿Me **ayudas** a cargar las cosas en el coche?

ajudar, auxiliar
- Você me **ajuda** a carregar as coisas para o carro?

el **favor** [faˈβor] *n*
- ¿Te puedo pedir un **favor**?

o **favor**
- Posso pedir-lhe um **favor**?

hacer un favor [aˈθɛr um faˈβor] *loc*
▶ **v irr** p. 425 hacer
- ¿Me **haces el favor**, puedes llevar este paquete a correos?

fazer um favor

- Você me **faz um favor**? Pode levar esta encomenda ao correio?

mostrarse dispuesto, mostrarse dispuesta [mɔsˈtrarse ðisˈpu̯esto] *loc*
▶ **v irr** p. 423 contar
- Todos mis amigos se **han mostrado dispuestos** a ayudarme.

mostrar-se disposto/disposta

- Todos os meus amigos se **mostraram dispostos** a me ajudar.

el **apoyo** [aˈpojo] *n*
- Tengo el **apoyo** de mi familia.

o **apoio**
- Eu tenho o **apoio** da minha família.

apoyar [apoˈjar] *v*
- No te preocupes, yo siempre te voy a **apoyar**.

apoiar
- Não se preocupe, sempre vou **apoiar** você.

Auxílios, obrigações e confiança 97

---

promover [promo'βɛr] v
- El ministerio está intentando **promover** la lectura entre los jóvenes.

promover
- O ministério está tentando **promover** a leitura entre os jovens.

---

el **respeto** [rres'peto] n
- Todo ser humano se merece **respeto**.

o **respeito**
- Todo ser humano merece **respeito**.

---

respetar [rrespe'tar] v
- **Respeto** tu opinión, pero no la comparto.

respeitar
- **Respeito** a sua opinião, mas não a compartilho.

---

la **garantía** [garan'tia] n
- No hay ninguna **garantía** de que tengamos éxito.

a **garantia**
- Não há nenhuma **garantia** de que teremos êxito.

---

garantizar [garanti'θar] v
- Le **garantizo** que las naranjas salen buenas, señora.

garantir
- **Garanto** que as laranjas estão boas, senhora.

---

asegurar [aseɣu'rar] v
- Le **aseguro** que nos vamos a ocupar de todo.

assegurar, garantir
- Eu lhe **asseguro** que vamos cuidar de tudo.

---

sin falta [sim 'falta] adv
- Mañana lo hago **sin falta**.

sem falta
- Faço-o amanhã **sem falta**.

---

el **deber** [de'βɛr] n
- Cada ciudadano debe cumplir con su **deber**.

o **dever**
- Cada cidadão deve cumprir com seu **dever**.

➡ el **deber** e la **obligación** [oβliɣa'θĭon] são sinônimos.

---

cumplidor, cumplidora
[kumpli'ðor, kumpli'ðora] adj
- La verdad es que Isabel es muy **cumplidora**.

cumpridor, obediente
- A verdade é que Isabel é muito **obediente**.

---

descuidar [deskŭi'ðar] v
- No **descuides** los deberes.

negligenciar, descuidar de
- Não **descuide** dos deveres.

---

contar con [kɔn'tar kɔn] v
▶ v irr p. 423 contar
- Puedes **contar conmigo**.

contar com

- Pode **contar comigo**.

Posses, dar e receber

fiarse de ['fiarse ðe] *v* ▶ **v irr** p. 424 enviar ■ No te puedes **fiar de** ella, créeme.	confiar, fiar-se em ■ Você não pode **confiar nela**, acredite em mim.

➡ **fiarse de alguien** e **confiar en alguien** são frequentemente empregados como sinônimos.

la **confianza** [kɔmˈfianθa] *n* ■ Ten **confianza** en mí.	a confiança ■ Tenha **confiança** em mim.
confiar [kɔmˈfiar] *v* ▶ **v irr** p. 424 enviar ■ Te **confío** mi dinero.	confiar ■ Eu lhe **confio** meu dinheiro.
la **desconfianza** [deskɔmfiˈanθa] *n* ■ Lo que ella dice me inspira **desconfianza**.	a desconfiança ■ O que ela diz me inspira **desconfiança**.
animar a [aniˈmar a] *v* ■ Te **animo a** seguir con el piano; tienes talento.	incentivar, encorajar, animar ■ Quero lhe **incentivar** com o piano; você tem talento.
tener cuidado con [teˈnɛr kũiˈðaðo kɔn] *loc* ▶ **v irr** p. 428 tener ■ Tengo que **tener cuidado con** la comida: nada de sal.	cuidar de, ter cuidado com, prestar atenção a ■ Tenho de **cuidar da** alimentação: nada de sal.

Posses, dar e receber

tener [teˈnɛr] *v* ▶ **v irr** p. 428 tener ■ ¿No **tendrás** una aspirina? ■ Esta mañana **he tenido** un e-mail de mi hermano.	ter, receber ■ Você não **teria** uma aspirina? ■ Essa manhã **recebi** um e-mail de meu irmão.
dar [dar] *v* ▶ **v irr** p. 424 dar ■ ¿Me podrías **dar** un poco de dinero?	dar ■ Você poderia me **dar** algum dinheiro?
pasar [paˈsar] *v* ■ ¿Me puedes **pasar** la sal, por favor?	passar ■ Pode me **passar** o sal, por favor?

Posses, dar e receber 99

tomar [to'mar] v;
- **Toma** tus libros, ya no me hacen falta.

tomar, pegar
- **Tome** seus livros, já não preciso mais.

tomar prestado, tomar prestada [to'mar pres'taðo, to'mar pres'taða] v
- Le **tomé prestada** la bicicleta.

tomar emprestado
- **Tomei** a bicicleta dele **emprestada**.

coger [kɔ'xɛr] v
▶ v irr p. 422 coger
- ¿Quién **ha cogido** mi bicicleta?

pegar
- Quem **pegou** a minha bicicleta?

➡ No México, Uruguai, Argentina e outros países da América do Sul, o verbo **coger** é um tabuísmo, sendo uma expressão vulgar para se referir à relação sexual. Para evitá-lo, ao se referir ao manuseio de objetos, deve-se usar **tomar** – tomar (para ferramentas) e **agarrar** – agarrar, apanhar, pegar; por exemplo, **tomar un taxi** ou **agarrar la pelota**.

quitar [ki'tar] v
- ¡**Quita** tus cosas de la mesa, vamos a comer!

tirar, retirar
- **Tire** suas coisas da mesa, vamos comer!

aceptar [aθɛp'tar] v
- No sé si puedo **aceptar** este regalo.

aceitar
- Não sei se posso **aceitar** esse presente.

dejar [dɛ'xar] v
- Te **dejo** a ti la decisión.
- Por favor, **déjame** diez euros.

deixar
- **Deixo** a você a decisão.
- Por favor, **deixe**-me dez euros.

recibir [rrɛθi'βir] v
- Acabo de **recibir** una carta de Lara.

receber
- Acabo de **receber** uma carta de Lara.

traer [tra'ɛr] v
▶ v irr p. 428 traer
- Espera, voy a **traer** dos vasos.
- Toma, te **he traído** una botella de vino.

trazer
- Espere, vou **trazer** dois copos.
- Tome, **trouxe**-lhe uma garrafa de vinho.

➡ **traer** indica um movimento "em direção ao falante", e **llevar** indica um movimento "para longe ou mais longe do falante".

llevar [ʎe'βar] v
- Le **llevamos** la compra a casa.
➡ traer p. 99

levar
- **Levamos** a compra até sua casa.

llevarse [ʎe'βarse] *v*
- **Llévate** este libro para que tengas algo que leer en el camino.

levar
- **Leve** esse livro para que tenhas algo para ler no caminho.

la posesión [pose'sĭon] *n*
- La **posesión** de armas suele estar prohibida.

a posse
- A **posse** de armas geralmente é proibida.

poseer [pose'ɛr] *v*
- La fruta **posee** muchas vitaminas.

possuir
- A fruta **possui** muitas vitaminas.

propio, propia ['propĭo, 'propĭa] *adj*
- En casa cada un tiene su **propia** habitación.

próprio
- Em casa, cada um tem seu **próprio** quarto.

quedarse con [ke'ðarse kɔn] *v*
- Te puedes **quedar con** la revista; yo ya la he leído.

ficar com
- Você pode **ficar com** a revista; já a li.

➡ **quedarse (con)** e **conservar** [kɔnsɛr'βar] são sinônimos.

devolver [deβɔl'βɛr] *v*
▶ v irr p. 429 volver
- ¿Ya te **han devuelto** el dinero?

devolver
- Já lhe **devolveram** o dinheiro?

entregar [entre'ɣar] *v*
- Mañana se **entregarán** los premios a los ganadores.

entregar
- Amanhã vão **entregar** os prêmios aos vencedores.

ir (a) por [ir (a) pɔr] *v*
- ¿Podrías **ir por** pan?

buscar
- Você poderia **buscar** pão?

➡ Na linguagem coloquial se diz **ir a por**. Mas na linguagem padrão essa forma não é reconhecida.

retirar [rrɛti'rar] *v*
- En esta esquina había un semáforo, pero lo **han retirado**.
➡ tirar de p. 90

retirar
- Nesta esquina havia um semáforo, mas o **retiraram**.

repartir [rrɛpar'tir] *v*
- Mañana **repartiremos** los caramelos entre los niños.

repartir, dividir
- Amanhã **dividiremos** os doces entre as crianças.

Saúde e cuidados corporais

Partes e órgãos do corpo

el **cuerpo** [ˈkŭɛrpo] *n*	o **corpo**
la **cabeza** [kaˈβeθa] *n*	a **cabeça**
la **nariz** [naˈriθ] *n*; *pl* **narices** [naˈriθes]	o **nariz**
el **ojo** [ˈɔxo] *n*	o **olho**
la **oreja** [oˈrɛxa] *n*	a **orelha**

→ Assim como em português, em espanhol distingue-se entre **oreja** (parte externa) e **oído** (parte interna): assim, **dolor de oídos** é **dores de ouvido**.

la **boca** [ˈboka] *n*	a **boca**
el **diente** [ˈdĭente] *n*	o **dente**
la **lengua** [ˈleŋgŭa] *n*	a **língua**
el **cuello** [ˈkŭeʎo] *n*	o **pescoço**
la **garganta** [garˈɣanta] *n*	a **garganta**
el **labio** [ˈlaβĭo] *n*	o **lábio**
la **frente** [ˈfrente] *n*	a **testa**
el **cerebro** [θeˈreβro] *n*	o **cérebro**
el **pecho** [ˈpetʃo] *n*	o **peito**
la **barriga** [baˈrriɣa] *n*	a **barriga**
la **espalda** [esˈpalda] *n*	as **costas**
las **nalgas** [ˈnalɣas] *n*	as **nádegas**
el **culo** [ˈkulo] *n*	a **bunda**, o **traseiro**
el **hombro** [ˈɔmbro] *n*	o **ombro**

el **hueso** [ˈweso] *n*	o **osso**
el **brazo** [ˈbraθo] *n*	o **braço**
el **codo** [ˈkoðo] *n*	o **cotovelo**
la **muñeca** [muˈɲeka] *n*	o **pulso**
la **mano** [ˈmano] *n*	a **mão**
el **dedo (de la mano)** [ˈdeðo (ðe la ˈmano)] *n*	o **dedo (da mão)**
el **puño** [ˈpuɲo] *n*	o **punho**
la **pierna** [ˈpi̯ɛrna] *n*	a **perna**
la **rodilla** [rrɔˈðiλa] *n*	o **joelho**
el **pie** [ˈpi̯e] *n*	o **pé**
el **dedo (del pie)** [ˈdeðo (ðɛl pi̯e)] *n*	o **dedo (do pé)**
la **sangre** [ˈsaŋgre] *n*	o **sangue**
el **corazón** [koraˈθɔn, koraˈθones] *n*; *pl* **corazones** [ver orig.] *n*	o **coração**
el **tacto** [ˈtakto] *n*	o **tato**
el **olfato** [ɔlˈfato] *n*	o **olfato**
el **gusto** [ˈgusto] *n*	o **gosto**
la **vista** [ˈbista] *n*	a **visão**
el **oído** [oˈiðo] *n*	o **ouvido**
el **pene** [ˈpene] *n*	o **pênis**
la **vagina** [baˈxina] *n*	a **vagina**
la **barbilla** ES, la **pera** AL [barˈβiλa, ˈpera] *n*	o **queixo**
la **mejilla** [mɛˈxiλa] *n*	a **bochecha**, a **face**
el **pulgar** [pulˈɣar] *n*	o **polegar**
el **(dedo) índice** [(ˈdeðo) ˈindiθe] *n*	o **(dedo) indicador**

el **(dedo) medio** [('deðo) 'meðĭo] n	o **(dedo) médio**
el **(dedo) anular** [('deðo) anu'lar] n	o **(dedo) anular**
el **(dedo) meñique** [('deðo) me'ɲike] n	o **(dedo) mínimo**
el **estómago** [es'tomaɣo] n	o **estômago**
el **pulmón** [pul'mɔn] n; pl **pulmones** [pul'mones] n	o **pulmão**
el **músculo** ['muskulo] n	o **músculo**
la **piel** ['pĭel] n	a **pele**
el **vello** ['beʎo] n	o **pelo**
el **pelo** ['pelo] n	o **cabelo**
el **cabello** [ka'βeʎo] n	o **cabelo**
el **nervio** ['nɛrβĭo] n	o **nervo**

Doenças e comprometimentos físicos

la **enfermedad** [emfɛrme'ða(ð)] n
- El cáncer es una **enfermedad** grave.

a **doença**, a **enfermidade**
- O câncer é uma **doença** grave.

la **salud** [sa'lu(ð)] n
- Ella tiene ochenta años y disfruta de buena **salud**.

a **saúde**
- Ela tem oitenta anos e desfruta de boa **saúde**.

sano, sana ['sano, 'sana] adj
- Muchos estudios han demostrado que moverse es **sano**.

saudável, são, sã
- Muitos estudos comprovaram que movimentar-se é **saudável**.

sentirse [sen'tirse] v
▶ v irr p. 428 sentir
- Pedro no **se siente** bien, por eso va al médico.

sentir-se

- Pedro não **se sente** bem, por isso vai ao médico.

estar bien [esˈtar ˈβi̯en] *loc*
▶ **v irr** p. 425 estar
- ¿Cómo estás, Carla? – **Estoy bien**, gracias.

ir bem
- Como vai, Carla? – Eu **vou bem**, obrigada.

físico, física [ˈfisiko, ˈfisika] *adj*
- Ella tiene serios problemas **físicos** desde que tuvo el accidente.

físico, física
- Ela tem sérios problemas **físicos** desde que sofreu o acidente.

(p)síquico, (p)síquica [ˈsikiko, ˈsikika] *adj*
- Tus dolores de estómago son de origen **psíquico**.

psíquico
- Suas dores de estômago são de origem **psíquica**.

mental [menˈtal] *adj*
- El bebé ha nacido con una discapacidad **mental**.

mental
- O bebê nasceu com uma deficiência **mental**.

curado, curada [kuˈraðo, kuˈraða] *adj*
- Estoy **curado** de mi resfriado.

curado, curada
- Estou **curado** de meu resfriado.

curarse [kuˈrarse] *v*
- El médico le dice al paciente que no se preocupe porque **se curará** completamente.
- Mis heridas **se han curado** rápido.

curar-se, sarar
- O médico disse ao paciente que não se preocupasse, pois ele **se curará** completamente.
- Minhas feridas **sararam** rápido.

la fuerza [ˈfu̯erθa] *n*
- Mariano tiene mucha **fuerza**: levanta cien kilos sin ningún problema.

a força
- Mariano tem muita **força**: levanta cem quilos sem problema.

fuerte [ˈfu̯erte] *adj*
- Para estar **fuerte** hay que comer sano y equilibrado.

forte
- Para ficar **forte**, é necessária uma alimentação saudável e equilibrada.

débil [ˈdeβil] *adj*
- Mi hermana estaba muy **débil** después de la operación.

fraco, fraca
- Minha irmã esteve muito **fraca** depois da operação.

enfermo, enferma [emˈfɛrmo, emˈfɛrma] *adj*
- Su padre se ha puesto gravemente **enfermo**.

doente
- Seu pai ficou gravemente **doente**.

Doenças e comprometimentos físicos

ponerse enfermo [po'nɛrse em 'fɛrmo] *loc*
▶ v irr p. 427 poner
- Lucas **se ha puesto enfermo** después del viaje.

adoecer, cair/ficar doente
- Lucas **ficou doente** depois da viagem.

doler [do'lɛr] *v*
▶ v irr p. 426 oler
- Me **duele** la espalda de estar tantas horas sentado.

doer
- Me **doem** as costas por ficar sentado tantas horas.

tener dolores [te'nɛr ðo'lores] *loc*
▶ v irr p. 428 tener
- ¿**Tienes** tantos **dolores** en la pierna?

sentir dores, ter dores, estar com dores
- Você **sente** tantas **dores** na perna?

el dolor de cabeza [do'lɔr ðe ka'βeθa] *n*
- Tiene **dolor de cabeza** por el fuerte resfriado.

a **dor de cabeça**
- Ele está com **dor de cabeça** em razão de um forte resfriado.

sufrir [su'frir] *v*
- Roberto **sufre** fuertes dolores de cabeza.

ter, estar com, padecer de
- Roberto **padece de** fortes dores de cabeça.

sangrar [saŋ'grar] *v*
- La herida **sangraba** mucho.

sangrar
- A ferida **sangrava** muito.

romperse algo [rrɔm'pɛrse 'alɣo] *v*
▶ v irr p. 427 romper
- Me **he roto** el dedo.

quebrar
- **Quebrei** o dedo.

la lesión [le'sĭon] *n*
- La deportista padece su segunda **lesión** de la temporada.

a lesão
- A esportista sofre sua segunda **lesão** na temporada.

la herida [e'riða] *n*
- Vamos al hospital; la **herida** es demasiado profunda.

o ferimento
- Vamos ao hospital; o **ferimento** é muito profundo.

herirse [e'rirse] *v*
▶ v irr p. 428 sentir
- María **se ha herido** con un cristal.

ferir-se, machucar-se
- María **se feriu** com um vidro.

inconsciente [iŋkɔns'θïente] *adj*
- Lo encontraron **inconsciente** en el suelo.

inconsciente
- Encontraram-no **inconsciente** no chão.

el **resfriado** ES, el **resfrío** AL [rrɛsfri'aðo, rrɛs'frio] *n*
- No sé donde me he cogido este **resfriado**
- Tienes un fuerte **resfrío** y no deberías hacer deporte.

o **resfriado**
- Não sei onde peguei este **resfriado**.
- Você está com um **resfriado** forte e não deveria praticar esporte.

resfriado, resfriada [rrɛsfri'aðo, rrɛsfri'aða] *adj*
- El niño está de nuevo **resfriado**.

resfriado, resfriada
- O menino está de novo **resfriado**.

la **tos** [tɔs] *n*
- ¡Toma un jarabe contra la **tos**!

a **tosse**
- Tome um xarope contra a **tosse**.

toser [to'sɛr] *v*
- Ella **tosió** tanto durante la noche que no pudo dormir.

tossir
- Ela **tossiu** tanto durante a noite que não conseguiu dormir.

la **fiebre** ['fieβre] *n*
- Lisa se siente muy débil por la **fiebre**.

a **febre**
- Lisa está muito fraca por causa da **febre**.

el **sudor** [su'ðor] *n*
- Joaquín estaba tan nervioso que le caía el **sudor** la frente.

o **suor**
- Joaquín estava tão nervoso que escorria **suor** em sua testa.

sudar [su'ðar] *v*
- Me gusta **sudar** en la sauna.

suar
- Gosto de **suar** na sauna.

el **discapacitado**, la **discapacitada** [diskapaθi'taðo, diskapaθi'taða] *n*
- Estas plazas de aparcamiento están reservadas para **discapacitados**.

o **deficiente**, a **deficiente**
- Estas vagas de estacionamento são reservadas para **deficientes**.

discapacitado, discapacitada [diskapaθi'taðo, diskapaθi'taða] *adj*
- Desde el accidente, Manuel está **discapacitado**.

incapacitado
- Desde o acidente, Manuel ficou **incapacitado**.

Doenças e comprometimentos físicos

habituarse a [aβitu'arse a] *v* ■ Por mi trabajo me tuve que **habituar a** tratar con personas con problemas de drogadicción.	**habituar-se a, acostumar-se a** ■ Por causa de meu trabalho, tive de me **acostumar a** lidar com pessoas com dependência de drogas.
fumar [fu'mar] *v* ■ Perdone, ¿aquí se puede **fumar**?	**fumar** ■ Com licença, aqui se pode **fumar**?
incurable [iŋku'raβle] *adj* ■ Ella padece una enfermedad **incurable**.	**incurável** ■ Ela sofre de uma doença **incurável**.
las náuseas ['nauseas] *n pl* ■ Muchas mujeres padecen **náuseas** durante el embarazo.	**as náuseas, o enjoo** ■ Muitas mulheres sofrem de **náuseas** durante a gravidez.
tener ganas de vomitar [te'nɛr 'ɣanaz ðe βomi'tar] *loc* ▶ *v irr* p. 428 tener ■ El barco se movía tanto que yo **tenía ganas de vomitar**.	**ter/sentir vontade de vomitar** ■ O barco balançava tanto que **tive vontade de vomitar**.
desmayarse [dezma'jarse] *v* ■ Ella **se desmayó** del asfixiante calor.	**desmaiar** ■ Ela **desmaiou** por causa do calor sufocante.
el shock [ʃɔk] *n* ■ Al enterarse de la noticia, Klaus sufrió un **shock**.	**o choque** ■ Ao saber da notícia, Klaus teve um **choque**.
ciego, ciega ['θieɣo, 'θieɣa] *adj* ■ Francisco es **ciego** de nacimento.	**cego, cega** ■ Francisco é **cego** de nascimento.

➡ **ciego, mudo** e **sordo** geralmente são usados com o verbo **estar**, quando se fala em sentido figurado: **¿Es que estás sordo o no quieres oírme? – Você está surdo ou não quer me ouvir?**

sordo, sorda ['sorðo, 'sorða] *adj* ■ Mi abuela era **sorda** del oído derecho. ➡ ciego p. 107	**surdo, surda** ■ Minha avó era **surda** do ouvido direito.
temblar [tem'blar] *v* ▶ *v irr* p. 426 pensar ■ ¡Vístete! **Estás temblando** de frío.	**tremer** ■ Vista-se! **Está tremendo** de frio.

Doenças e comprometimentos físicos

hincharse [in'tʃarse] v
- El pie de Raúl **se hinchó** después de caerse por la escalera.

inchar
- O pé de Raúl **inchou** desde que ele caiu da escada.

soportable [sopɔr'taβle] adj
- Pedro tiene dolores, pero son **soportables**.

suportável
- Pedro sente dores, mas são **suportáveis**.

soportar [sopɔr'tar] v
- No **soporto** más este dolor de muelas.

suportar
- Não **suporto** mais esta dor de dente.

la infección [imfe(ɣ)'θïɔn] n
- El virus del sida debilita las defensas naturales contra las **infecciones**.

a infecção
- O vírus da AIDS debilita as defesas naturais contra **infecções**.

contagioso, contagiosa [kɔnta'xïoso, kɔnta'xïosa] adj
- La gripe es una enfermedad **contagiosa**.

contagioso, contagiosa
- A gripe é uma doença **contagiosa**.

la bacteria [bak'teɾïa] n
- Se encontraron **bacterias** en la sangre del paciente.

a bactéria
- Foram encontradas **bactérias** no sangue do paciente.

el virus ['birus] n
- La enfermedad ha sido provocada por un **virus**.

o vírus
- A doença foi provocada por um **vírus**.

la inflamación [imflama'θïɔn] n
- La **inflamación** hay que tratarla con antibióticos.

a inflamação
- A **inflamação** deve ser tratada com antibióticos.

inflamado, inflamada [imfla'maðo, imfla'maða] adj
- Mi rodilla está **inflamada**.

inflamado, inflamada
- Meu joelho está **inflamado**.

llagado, llagada [ʎa'ɣaðo, ʎa'ɣaða] adj
- La espalda del viejo está **llagada** de estar tumbado por mucho tiempo.

dolorido, dolorida
- As costas do velho estão **doloridas** de ficar curvado por muito tempo.

Doenças e comprometimentos físicos

la gripe ['gripe] *n* ■ Fiebre alta y dolor en todo el cuerpo son síntomas típicos de la **gripe**.	**a gripe** ■ Febre alta e dor no corpo todo são sintomas típicos da **gripe**.
el cáncer ['kanθɛr] *n* ■ El **cáncer** puede desarrollarse en varios órganos del cuerpo.	**o câncer** ■ O **câncer** pode se desenvolver em vários órgãos do corpo.
el infarto [imˈfarto] *n* ■ Mario ha sufrido un **infarto** después de la noticia.	**o infarto** ■ Mario teve um **infarto** depois da notícia.
el mareo [maˈreo] *n* ■ A Juan le viene el **mareo** de la altitud.	**a vertigem**, a **tontura** ■ Juan tem **vertigem** quando em alturas.
la diarrea [dĩaˈrrɛa] *n* ■ Tengo fiebre y **diarrea** por haber comido algo en mal estado.	**a diarreia** ■ Estou com febre e **diarreia** por ter comido algo estragado.
el ataque [aˈtake] *n* ■ A ella le dio un **ataque** epiléptico.	**o ataque** ■ Ela teve um **ataque** epiléptico.
el sida ['siða] *n* ■ El **sida** es una enfermedad grave del sistema inmunitario.	**a AIDS** ■ A **AIDS** é uma doença grave do sistema imunológico.
la alergia [aˈlɛrxĩa] *n* ■ El niño tiene **alergia** a los gatos.	**a alergia** ■ A criança tem **alergia** a gatos.
la diabetes [dĩaˈβetes] *n* ■ Pedro enfermó de **diabetes** con ocho años.	**a diabetes** ■ Pedro teve **diabetes** aos oito anos.
el aborto [aˈβɔrto] *n* ■ Muchas mujeres hablan libremente de su **aborto**.	**o aborto** ■ Muitas mulheres falam livremente sobre seu **aborto**.
la caries ['kariẽs] *n* ■ Tengo que ir al dentista porque tengo una **caries**.	**a cárie** ■ Tenho de ir ao dentista porque estou com uma **cárie**.
quemarse [keˈmarse] *v* ■ Estuve tanto tiempo al sol que **me quemé**.	**queimar-se** ■ Fiquei tanto tempo no sol que **me queimei**.

el **fumador**, la **fumadora** [fuma'ðor, fuma'ðora] *n* ■ Yo soy **fumador** desde los veinte años.	o **fumante**, a **fumante** ■ Sou **fumante** desde os vinte anos.
borracho, borracha [bo'rratʃo, bo'rratʃa] *adj* ■ Manuel no está acostumbrado a beber alcohol y con una cerveza ya está **borracho**.	**embriagado, embriagada, bêbado, bêbada** ■ Manuel não está acostumado a beber álcool e com uma cerveja já fica **bêbado**.

➡ ser un borracho significa **ser alcoólatra**, e estar borracho significa **estar bêbado**.

el **alcohólico**, la **alcohólica** [al'koliko, al'kolika] *n* ■ Existen muchas instituciones que ayudan anónimamente a los **alcohólicos**.	o **alcoólatra**, a **alcoólatra** ■ Existem muitas instituições que ajudam anonimamente os **alcoólatras**.
la **droga** ['droɣa] *n* ■ He leído en el periódico que hay una nueva **droga** en el mercado.	a **droga** ■ Li no jornal que há uma nova **droga** no mercado.
tomar drogas [to'mar 'droɣas] *loc* ■ **Tomar drogas** es una adicción muy peligrosa.	**consumir drogas** ■ **Consumir drogas** é um vício muito perigoso.
el **drogadicto**, la **drogadicta** [droɣa'ðikto, droɣa'ðikta] *n* ■ En la estación central de trenes he visto muchos **drogadictos**.	o **viciado/a viciada em drogas** ■ Na estação central de trens vi muitos **viciados em drogas**.
drogadicto, drogadicta [droɣa'ðikto, droɣa'ðikta] *adj* ■ La hija de mi vecina es **drogadicta** hace años.	**viciado/viciada em drogas** ■ A filha da minha vizinha é **viciada em drogas** há anos.

Exames médicos e hospital

examinar [e(ɣ)sami'nar] *v* ■ La doctora **ha examinado** al paciente minuciosamente.	**examinar** ■ A médica **examinou** o paciente minuciosamente.

➡ examinar e reconocer [rrɛkono'θɛr] são sinônimos.

Exames médicos e hospital

el reconocimiento ES, **el chequeo** ES-AL [rrɛkonoθi'mi̯ento, tʃe'keo] *n*
- En el **reconocimiento** han encontrado que tiene una inflamación.
- Se hizo un **chequeo** genético.

o **exame (clínico)**
- No **exame** descobriram que ele tem uma inflamação.
- Ele fez um **exame** genético.

el tratamiento [trata'mi̯ento] *n*
- En la mayoría de los casos la gripe se cura sin ningún **tratamiento**.

o **tratamento**
- Na maioria dos casos, a gripe se cura sem nenhum **tratamento**.

tratar [tra'tar] *v*
- El médico **ha tratado** la infección con antibióticos.

tratar
- O médico **tratou** a infecção com antibióticos.

médico, médica ['meðiko, 'meðika] *adj*
- Jésica necesita urgentemente tratamiento **médico**.

médico, médica
- Jésica precisa urgentemente de tratamento **médico**.

la consulta ES, **el consultorio** AL [kɔn'sulta, kɔnsul'torɪ̯o] *n*
- La **consulta** de mi médico es muy moderna.

o **consultório**
- O **consultório** do meu médico é muito moderno.

la consulta ES [kɔn'sulta] *n*
- Nuestro médico no tiene **consulta** los viernes.

o **horário (para consulta)**
- Nosso médico não tem **horário** na sexta.

la respiración [rrɛspira'θi̯on] *n*
- De repente María se quedó sin **respiración**.

a **respiração**
- De repente Maria ficou sem **respiração**.

respirar [rrɛspi'rar] *v*
- Nos gusta **respirar** aire limpio.

respirar
- Gostamos de **respirar** ar puro.

tragar [tra'ɣar] *v*
▶ *v irr* p. 422 apagar
- Con agua podrás **tragar** fácilmente estas pastillas.

engolir
- Com água você pode **engolir** facilmente estes comprimidos.

la farmacia [far'maθi̯a] *n*
- Ella ha cogido los medicamentos de la **farmacia**.

a **farmácia**
- Ela obteve os remédios na **farmácia**.

Exames médicos e hospital

el **medicamento** [meðika'mento] *n* ■ Tome este **medicamento** durante siete días.	o **medicamento**, o **remédio** ■ Tome este **medicamento** durante sete dias.
la **pastilla** [pas'tiʎa] *n* ■ No olvides tomar la **pastilla** antes de comer.	o **comprimido** ■ Não esqueça de tomar o **comprimido** antes de comer.
la **píldora** ['pildora] *n* ■ Quise tragar la **píldora**, pero no pude.	a **pílula** ■ Eu quis engolir a **pílula**, mas não consegui.
recetar [rrɛθe'tar] *v* ■ El dentista me **recetó** pastillas contra el dolor.	**receitar, prescrever** ■ O dentista me **receitou** comprimidos contra a dor.
el **hospital** [ɔspi'tal] *n* ■ Tuvimos que llevar a mi sobrino al **hospital**.	o **hospital** ■ Tivemos de levar meu sobrinho ao **hospital**.
la **clínica** ['klinika] *n* ■ Mi padre ha salido hoy de la **clínica**.	a **clínica** ■ Meu pai saiu hoje da **clínica**.
la **operación** [opera'θiɔn] *n* ■ La **operación** ha durado tres horas.	a **operação** ■ A **operação** durou três horas.
operar [ope'rar] *v* ■ A mi tía la **operaron** la semana pasada.	**operar** ■ **Operaram** minha tia na semana passada.
el/la **paciente** [pa'θiente] *n m/f* ■ La **paciente** necesita una transfusión de sangre.	o **paciente**, a **paciente** ■ A **paciente** necessita de uma transfusão de sangue.
preventivo, preventiva [preβeN'tiβo, preβeN'tiβa] *adj* ■ Las vacunas tienen un efecto **preventivo**.	**preventivo** ■ As vacinas têm efeito **preventivo**.
prevenir [preβe'nir] *v* ▶ **v irr** p. 429 venir ■ Más vale **prevenir** que curar.	**prevenir** ■ Melhor **prevenir** do que remediar.

hacer una radiografía [a'θɛr 'una rraðio'ɣrafia] *loc*
- Para diagnosticar una fractura hay que **hacer una radiografía**.

fazer uma radiografia
- Para diagnosticar uma fratura, é preciso **fazer uma radiografia**.

higiénico, higiénica [i'xi̯eniko, i'xi̯enika] *adj*
- Es **higiénico** lavarse las manos después de un viaje.

higiênico, higiênica
- É **higiênico** lavar as mãos depois de uma viagem.

la pomada [po'maða] *n*
- Póngase la **pomada** tres veces al día.

a pomada
- Passe a **pomada** três vezes ao dia.

la inyección [inje(y)'θi̯on] *n*
- Las vacunas se administran en forma de **inyección**.

a injeção
- As vacinas são aplicadas em forma de **injeção**.

la tirita ES, **la curita** AL [ti'rita, ku'rita] *n*
- Enrique cubrió la herida con una **tirita**.
- ¿Me podrías traer una **curita**?

o curativo, o esparadrapo
- Enrique cobriu o ferimento com um **curativo**.
- Você poderia me trazer um **esparadrapo**?

el vendaje [ben'daxe] *n*
- Hay que cambiar el **vendaje** en diez días.

a bandagem
- É preciso trocar a **bandagem** em dez dias.

la venda ['benda] *n*
- La enfermera le pone una **venda** alrededor del brazo herido.

a atadura, a bandagem
- A enfermeira envolveu o braço machucado com uma **atadura**.

la silla de ruedas ['siλa ðɛ 'rrweðas] *n*
- Pedro está en **silla de ruedas** desde el accidente de moto.

a cadeira de rodas
- Pedro está na **cadeira de rodas** desde o acidente de moto.

el método anticonceptivo ['metoðo antikonθɛp'tiβo] *n*
- Algunos **métodos anticonceptivos** son más eficaces que otros.

o método contraceptivo
- Alguns **métodos contraceptivos** são mais eficazes que outros.

tomar la píldora [to'mar la 'pildora] *loc*
- La madre aconsejó a su hija de **tomar la píldora**.

tomar pílula
- A mãe aconselhou a filha a **tomar pílula**.

el **masaje** [maˈsaxe] n ■ El **masaje** para la espalda me ha sentado muy bien.	a **massagem** ■ A **massagem** para as costas me fez muito bem.
el **seguro de enfermedad** ES-AL, el **seguro médico** AL [seˈɣuro ðe emfɛrmeˈða(ð), seˈɣuro ˈmeðiko] n ■ El **seguro de enfermedad** puede ser estatal o privado. ■ El **seguro médico** estatal de este país solo cubre los servicios básicos.	o **plano de saúde** ■ O **plano de saúde** pode ser público ou privado. ■ O **plano de saúde** público deste país cobre apenas os serviços básicos.
la **sala de espera** [ˈsala ðe esˈpera] n ■ Los familiares del paciente están en la **sala de espera**.	a **sala de espera** ■ Os familiares do paciente estão na **sala de espera**.
la **receta** [rrɛˈθeta] n ■ Para esta medicina necesita usted una **receta**.	a **receita** ■ Para esse medicamento, você precisa de uma **receita**.
el **certificado médico** [θɛrtifiˈkaðo ˈmeðiko] n ■ El trabajador necesita para su empresa un **certificado médico**.	o **atestado médico** ■ O trabalhador precisa de um **atestado médico** para a empresa.
el **prospecto** [prɔsˈpɛkto] n ■ Antes de tomar un medicamento se debe leer bien el **prospecto**.	a **bula (de remédio)** ■ Antes de tomar um medicamento se deve ler bem a **bula**.

Pedido de socorro

el **peligro** [peˈliɣro] n ■ El enfermo está fuera de **peligro**.	o **perigo** ■ O paciente está fora de **perigo**.
peligroso, peligrosa [peliˈɣroso, peliˈɣrosa] adj ■ Conducir de noche puede ser **peligroso**.	**perigoso, perigosa** ■ Dirigir à noite pode ser **perigoso**.
el **accidente** [a(ɣ)θiˈðente] n ■ Tuvimos el **accidente** en aquel cruce.	o **acidente** ■ Sofremos um **acidente** naquele cruzamento.

el **choque** ['tʃoke] *n*
- El **choque** fue muy fuerte.

a **colisão**, o **choque**
- O **choque** foi muito forte.

chocar [tʃo'kar] *v*
▶ v irr p. 422 comunicar
- Debido a la niebla **chocaron** varios coches.

colidir, **chocar-se**
- Por causa da neblina, vários carros **colidiram**.

el **incendio** [in'θendĭo] *n*
- Hubo un **incendio** en un edificio.

o **incêndio**
- Houve um **incêndio** em um edifício.

quemarse [ke'marse] *v*
- Me **he quemado** la mano.

queimar(-se)
- **Queimei** a mão.

salvar [sal'βar] *v*
- El cinturón de seguridad me **ha salvado** la vida.

salvar
- O cinto de segurança **salvou** a minha vida.

sobrevivir [soβreβi'βir] *v*
- En el accidente solo **sobrevivieron** dos personas.

sobreviver
- Ao acidente **sobreviveram** apenas duas pessoas.

la **policía** [poli'θia] *n*
- ¡Si usted sigue amenazándome, voy a llamar la **policía**!

a **polícia**
- Se continuar me ameaçando, vou chamar a **polícia**!

la **comisaría (de policía)**
[komisa'ria (ðe poli'θia)] *n*
- El sospechoso fue detenido y llevado a la **comisaría de policía**.

a **delegacia de polícia**

- O suspeito foi levado à **delegacia de polícia**.

los **bomberos** [bɔm'berɔs] *n pl*
- Los **bomberos** encontraron a dos niños que aún estaban con vida.

os **bombeiros**
- Os **bombeiros** encontraram duas crianças ainda com vida.

la **ambulancia** [ambu'lanθĭa] *n*
- ¡Llamen a una **ambulancia**, por favor!

a **ambulância**
- Chamem uma **ambulância**, por favor!

los **servicios de rescate**
[sɛr'βiθĭɔz ðe rrɛs'kate] *n pl*
- Los **servicios de rescate** llegaron rápidamente al lugar de la explosión.

os **serviços de resgate**

- Os **serviços de resgate** chegaram rapidamente ao local da explosão.

Pedido de socorro

el **vehículo de salvamento** [beˈikulo ðe salβaˈmento] *n* ■ El **vehículo de salvamento** lleva luz y sirena.	o veículo de salvamento ■ O **veículo de salvamento** anda com luz e sirene.
la **alarma** [aˈlarma] *n* ■ Se podía escuchar la **alarma** desde lejos.	o alarme ■ Podia-se ouvir o **alarme** de longe.
pedir socorro [peˈðir soˈkɔrro] *loc* ▶ v irr p. 426 pedir ■ El edificio se está quemando. Hay muchas personas dentro que están **pidiendo socorro**.	pedir socorro ■ O edifício está queimando. Há muitas pessoas lá dentro **pedindo socorro**.
¡Socorro! [soˈkɔrro] *interj*	Socorro!
¡Atención! [atenˈθïɔn] *interj*	Atenção!
¡Ten cuidado! [ˈteŋ kwiˈðaðo] *loc*	Cuidado!
el **teléfono de emergencia** [teˈlefono ðe emɛrˈxenθïa] *n* ■ Algunos países tienen como **teléfono de emergencia** el 112.	o número de emergência ■ Alguns países têm o 112 como **número de emergência**.
las **urgencias** ES, la **emergencia** AL [urˈxenθïas, emɛrˈxenθïa] *n pl*, *n* ■ Las **urgencias** ofrecen servicio médico las 24 horas.	a emergência, a urgência ■ As **emergências** oferecem serviço médico 24 horas.
prestar primeros auxilios [presˈtar priˈmerɔs awɣˈsiļïos] *loc* ■ Los **primeros auxilios** se **prestaron** en el proprio sitio del accidente.	prestar primeiros socorros ■ Os **primeiros socorros** foram **prestados** no próprio local do acidente.
la **salida de emergencia** [saˈliða ðe emɛrˈxenθïa] *n* ■ La **salida de emergencia** debe estar siempre libre.	a saída de emergência ■ A **saída de emergência** deve estar sempre livre.

Cuidados corporais

lavarse [la'βarse] *v*
- Después de **levantarme**, me lavo la cara y los dientes.

lavar-se
- Depois de **me levantar**, lavo o rosto e escovo os dentes.

ducharse [du'tʃarse] *v*
- **Dúchate** con agua fría si tienes tanto calor.

tomar banho, tomar uma ducha
- **Tome banho** de água fria, se sente tanto calor.

bañarse [ba'ɲarse] *v*
- Sandra escucha música mientras **se baña**.

tomar banho
- Sandra escuta música enquanto **toma banho**.

el **champú** [tʃam'pu] *n*
- Ese **champú** es para pelo rubio.

o **xampu**
- Esse **xampu** é para cabelos loiros.

el **gel (de ducha)** ['xɛl (de 'dutʃa)] *n*
- El **gel de ducha** tiene un olor muy agradable.

o **gel para banho**
- O **gel para banho** tem um odor bastante agradável.

el **jabón** [xa'βon] *n*; *pl* **jabones**
- Este **jabón** es para pieles secas.

o **sabonete**
- Este **sabonete** é para pele seca.

la **crema** ['krema] *n*
- Esta **crema** es para pieles sensibles.

o **creme**
- Este **creme** é para pele sensível.

el **peine** ['pɛĭne] *n*
- ¿Me prestas un momento tu **peine**?

o **pente**
- Você me empresta por um instante o seu **pente**?

peinarse [pɛĭ'narse] *v*
- Con el pelo tan corto seguro que no necesitas **peinarte**, ¿verdad?

pentear-se
- Com um cabelo tão curto, certamente você não precisa **pentear-se**, não é?

secarse [se'karse] *v*
- ▶ *v irr* p. 422 comunicar
- Quiero **secarme** con esta toalla.

enxugar(-se), secar(-se)
- Quero **me enxugar** com esta toalha.

el **cepillo de pelo** [θe'piλo ðe 'pelo] *n*
- Este **cepillo de pelo** es muy apropiado para pelo largo.

a **escova (de cabelo)**
- Esta **escova** é bastante apropriada para cabelos compridos.

el **cepillo de dientes** [θe'piʎo ðe 'ðĩentes] *n*
- ¡Pero no uses mi **cepillo de dientes**!

a **escova (de dentes)**
- Não use a minha **escova de dentes**!

cepillar [θepi'ʎar] *v*
- ¡**Cepíllate** el pelo!

escovar
- **Escove** o cabelo!

lavarse los dientes [la'βarse lɔz 'ðĩentes] *loc*
- Uno debería **lavarse los dientes** después de cada comida.

escovar os dentes
- Deve-se **escovar os dentes** após cada refeição.

el **dentífrico** [den'tifriko] *n*
- Este **dentífrico** tiene sabor a menta.

o **creme dental**, a **pasta de dentes**
- Este **creme dental** tem sabor de menta.

la **pasta de dientes** ['pasta ðe 'ðĩentes] *n*
- La **pasta de dientes** es verde.

a **pasta de dentes**
- A **pasta de dentes** é verde.

la **maquinilla de afeitar** [maki'niʎa ðe afeĩ'tar] *n*
- Mi **maquinilla de afeitar** está rota.

o **barbeador**
- Meu **barbeador** está quebrado.

afeitarse [afɛĩ'tarse] *v*
- Gonzalo **se afeita** cada mañana.

barbear-se
- Gonzalo **se barbeia** todas as manhãs.

el **pañuelo** [pa'ɲwelo] *n*
- Hoy en día se utilizan poco los **pañuelos** de tela.

o **lenço**
- Hoje em dia raramente se usam **lenços** de tecido.

el **pañuelo de papel** [pa'ɲwelo ðe pa'pɛl] *n*
- Los **pañuelos de papel** son muy prácticos.

o **lenço de papel**
- Os **lenços de papel** são muito práticos.

el **papel higiénico** [pa'pɛl i'xĩeniko] *n*
- Por favor, compra **papel higiénico**. Se ha acabado.

o **papel higiênico**
- Por favor, compre **papel higiênico**. Acabou.

el **pañal** [pa'ɲal] *n*
- Hay **pañales** de diferentes tamaños dependiendo de la edad del niño.

a **fralda**
- Há **fraldas** de diferentes tamanhos, dependendo da idade da criança.

Cuidados corporais

el **perfume** [pɛrˈfume] *n*
- Un **perfume** es siempre un buen regalo.

o **perfume**
- Um **perfume** é sempre um bom presente.

el **maquillaje** [makiˈʎaxe] *n*
- Isabel está más guapa sin **maquillaje**.

a **maquiagem**
- Isabel está mais bonita sem **maquiagem**.

maquillarse [makiˈʎarse] *v*
- Antes de ir al fotógrafo, **maquíllate** un poco.

maquiar-se
- Antes de ir ao fotógrafo, **maquie--se** um pouco.

arreglarse [arrɛˈɣlarse] *v*
- A veces los jóvenes necesitan muchas horas para **arreglarse**.

arrumar-se, produzir-se
- Às vezes as jovens precisam de muitas horas para **se produzir**.

el **esmalte (de uñas)** [ezˈmalte (ðe ˈuɲas)] *n*
- Ese **esmalte de uñas** es de un intenso color rojo.

o **esmalte (de unhas)**
- Este **esmalte** é de um vermelho intenso.

la **crema de sol** [ˈkrema ðe sɔl] *n*
- Ponerse **crema de sol** es hoy más importante que nunca.

o **filtro solar**, o **protetor solar**
- Passar o **filtro solar** é hoje mais importante do que nunca.

Formação

Aprendizado

estudiar [estu'ðiar] *v*
- ¿Te gusta **estudiar** el alemán?
- Estoy **estudiando** Medicina en la Universidad de Barcelona.

estudar
- Você gosta de **estudar** alemão?
- Estou **estudando** medicina na Universidade de Barcelona.

aprender [apren'dɛr] *v*
- Estoy **aprendiendo** japonés en una academia de idiomas.

aprender
- Estou **aprendendo** japonês numa escola de idiomas.

➡ Na tradução do verbo **aprender**, deve-se atentar ao fato de não se ter em mente uma especificação temporal. Quando se tem em vista **um objetivo** ou **um exame**, usa-se **estudiar**.

el saber [sa'βɛr] *n*
- El **saber** es poder.

o saber
- **Saber** é poder.

saber [sa'βɛr] *v*
- ▶ v irr p. 427 saber
- ¿**Sabes** que han encontrado agua en Marte?

saber
- Você **sabia** que encontraram água em Marte?

comprender [kompren'dɛr] *v*
- El niño todavía no **comprende** lo que ha hecho.

entender, compreender
- A criança ainda não **entende** o que fez.

entender [enten'dɛr] *v*
- ▶ v irr p. 426 perder
- Mi novio **entiende** el español, pero no lo habla.

entender
- Meu namorado **entende** espanhol, mas não fala.

el interés [inte'res] *n*; *pl* **intereses** [inte'reses]
- No tengo ningún **interés** en aprender chino.

o interesse
- Não tenho nenhum **interesse** em aprender chinês.

Aprendizado

interesado, interesada [intere'saðo, intere'saða] *adj*
- Elena es una alumna **interesada** en estudiar.

interessado, interessada
- Elena é uma aluna **interessada** em estudar.

interesante [intere'sante] *adj*
- Te recomiendo este libro; es muy **interesante**.

interessante
- Eu lhe recomendo este livro; é muito **interessante**.

interesarse por [intere'sarse 'pɔr] *v*
- ¿Desde cuándo te **interesas por** las corridas de toros?

interessar-se por
- Desde quando você **se interessa** por touradas?

el curso ['kurso] *n*
- Voy a hacer un **curso** de inglés comercial.

o curso
- Vou fazer um **curso** de inglês comercial.

la lección [le(γ)'θĭɔn] *n*
- La **lección** dura 45 minutos.

a aula, a lição
- A **aula** dura 45 minutos.

el ejemplo [ɛ'xemplo] *n*
- El profesor puso unos **ejemplos** a los estudiantes para que lo comprendieran mejor.

o exemplo
- O professor deu alguns **exemplos** aos estudantes para que compreendessem melhor.

el ejercicio [ɛxɛr'θiθĭo] *n*
- El **ejercicio** número seis era verdaderamente difícil.

o exercício
- O **exercício** número seis era realmente difícil.

practicar [prakti'kar] *v*
▶ **v irr** p. 422 comunicar
- **Practicamos** los verbos irregulares.

praticar
- **Praticamos** os verbos irregulares.

repetir [rrɛpe'tir] *v*
▶ **v irr** p. 426 pedir
- Perdona, ¿podrías **repetir** lo que has dicho?

repetir
- Perdão, você poderia **repetir** o que disse?

el cuaderno [kwa'ðɛrno] *n*
- Chicos, escribid el dictado en vuestros **cuadernos**.

o caderno
- Crianças, escrevam o ditado em seus **cadernos**!

la página ['paxina] *n*
- Abrid el libro por la **página** 54.

a página
- Abram o livro na **página** 54.

la **solución** [soluˈθĭɔn] *n*
- En este libro de ejercicios no aparecen las **soluciones**.

a **solução**, a **resposta**
- Este livro de exercício não apresenta as **respostas**.

resolver [rrɛsɔlˈβɛr] *v*
▶ *v irr* p. 429 volver
- No sé **resolver** este ejercicio de matemáticas.

resolver
- Não sei **resolver** este exercício de matemática.

verdadero, verdadera [bɛrðaˈðero, bɛrðaˈðera] *adj*
- Esa afirmación es **verdadera**.

verdadeiro, verdadeira
- Essa afirmação é **verdadeira**.

falso, falsa [ˈfalso, ˈfalsa] *adj*
- La respuesta, ¿es verdadera o **falsa**?

falso, falsa
- A resposta é verdadeira ou **falsa**?

correcto, correcta [kɔˈrrɛkto] *adj*
- La frase es completamente **correcta**.

correto, correta
- A frase está completamente **correta**.

el **error** [ɛˈrrɔr] *n*
- Hay un error en la primera página.

o **erro**
- Há um **erro** na primeira página.

cometer un error [komeˈtɛr un ɛˈrrɔr] *loc*
- Él **cometió un error** al elegir esa profesión.

cometer um erro
- Ele **cometeu um erro** ao escolher essa profissão.

equivocarse [ekiβoˈkarse] *v*
▶ *v irr* p. 422 comunicar
- Todo el mundo **se equivoca** alguna vez.

equivocar-se
- Todo mundo **se equivoca** alguma vez.

el **test** [tes(t)] *n*; *pl* **tests** [tes(ts)]
- El **test** tiene 30 preguntas.

o **teste**, a **prova**
- O **teste** tem 30 perguntas.

comprobar [kɔmproˈβar] *v*
▶ *v irr* p. 423 contar
- El profesor **comprueba** si los alumnos han entendido la materia.

verificar, testar, comprovar
- O professor **testa** se os alunos entenderam a matéria.

el **examen** ES [e(ɣ)ˈsamen] *n*; *pl* **exámenes** [e(ɣ)ˈsamenes]
- Mañana tengo un **examen**.

o **exame**, a **prova**
- Amanhã tenho uma **prova**.

Aprendizado

la prueba AL [ˈprweβa] *n*
- La **prueba** era muy larga y tuvimos poco tiempo.

a prova
- A **prova** era muito longa e tivemos pouco tempo.

aprobar un examen [aproˈβar un e(γ)ˈsamen] *loc*
- Estoy seguro de que **he aprobado el examen**.

ser aprovado em um exame
- Tenho certeza de que **fui aprovado no exame**.

suspender ES, **aplazar** AL [suspenˈdɛr, aplaˈsar] *v*
- **He suspendido** latín.
- Él **aplazó** la prueba por tener muchas faltas de ortografía.

ser reprovado
- **Fui reprovado** em latim.
- Ele **foi reprovado** na prova por cometer muito erros de ortografia.

➡ Na Espanha, as notas vão de 0 (pior avaliação) até 10 (melhor avaliação).

la nota [ˈnota] *n*
- El año que viene prometo sacar buenas **notas**.
➡ suspender p. 123

a nota
- No ano que vem, prometo tirar boas **notas**.

la libreta de notas [liˈβreta ðe ˈnotas] *n*
- A Sara mañana le darán la **libreta de notas**.

o boletim (de notas)
- Sara receberá o **boletim** amanhã.

mejorar [mɛxoˈrar] *v*
- El alumno **ha mejorado** en sus notas.

melhorar
- O aluno **melhorou** suas notas.

bien [bǐen] *adv*
- ¿Qué tal has hecho el test, Pedro? – Muy **bien**.

bem
- Como foi no teste, Pedro? – Muito **bem**.

excelente [e(γ)sθeˈlente] *adj*
- La presentación oral de Lisa ha sido **excelente**.

excelente
- A apresentação oral de Lisa foi **excelente**.

mal [mal] *adv*
- Lo has entendido **mal**.

mal
- Você o entendeu **mal**.

pasar a la clase siguiente [paˈsar a la ˈklase siˈɣǐente] *loc*
- El alumno no cumplía los requisitos para **pasar a la clase siguiente**.

passar de ano
- O aluno não cumpria os requisitos para **passar de ano**.

la **dificultad** [difikul'ta(ð)] *n*
- Luis tiene **dificultad** en terminar sus estudios.

a **dificuldade**
- Luis tem **dificuldades** para terminar seus estudos.

difícil [di'fiθil] *adj*
- El examen de matemáticas ha sido más **difícil** de lo que pensaba.

difícil
- A prova de matemática foi mais **difícil** do que eu pensava.

el **problema** [pro'βlema] *n*
- Este **problema** tiene difícil solución.

o **problema**
- Este **problema** é de difícil solução.

fácil ['faθil] *adj*
- El examen de historia fue **fácil**.

fácil
- A prova de história foi **fácil**.

simple ['simple] *adj*
- La solución es muy **simple**.

simples
- A solução é muito **simples**.

la **atención** [aten'θïɔn] *n*
- Después de un par de horas de clase disminuyó la **atención**.

a **atenção**
- Depois de algumas horas de aula, a **atenção** diminuiu.

el **esmero** [ez'mero] *n*
- Pedro realiza las tareas asignadas con mucho **esmero**.

o **empenho**, a **aplicação**, o **esmero**
- Pedro realiza as tarefas que lhe foram atribuídas com muito **empenho**.

la **matrícula** [ma'trikula] *n*
- La **matrícula** para la universidad puede ser realizada entre el 1 y el 30 de junio.

a **matrícula**
- A **matrícula** para a universidade pode ser realizada entre 1º e 30 de junho.

la **inscripción** [inskrip'θïɔn] *n*
- La **inscripción** es automática.

a **inscrição**
- A **inscrição** é automática.

inscribirse [inskri'βirse] *v*
▶ v irr p. 424 escribir
- Voy a **inscribirme** en una academia de idiomas.
- Si deseas una plaza tienes que **inscribirte**.

inscrever-se

- Vou me **inscrever** em uma escola de idiomas.
- Se você deseja um lugar, tem de **se inscrever**.

asistir a [asis'tir a] *v*
- **Asisto a** la escuela nocturna.

assistir a, frequentar
- **Frequento** uma escola noturna.

Aprendizado

presente [pre'sente] *adv*
- Estuve **presente** en su conferencia.

presente
- Estive **presente** em sua conferência.

---

ausente [aw'sente] *adj, adv*
- Algunas alumnas **estuvieron** ausentes.

ausente
- Algumas alunas estiveram **ausentes**.

---

la formación [fɔrma'θĩon] *n*
- La **formación** de una persona debería durar toda la vida.

a formação
- A **formação** de uma pessoa deveria durar toda a vida.

---

la educación [eðuka'θĩon] *n*
- Rosa tuvo buena **educación**.

a educação
- Rosa teve uma boa **educação**.

---

educar [eðu'kar] *v*
- ▶ v irr p. 422 comunicar
- **Educar** a adolescentes no es tarea fácil.

educar
- **Educar** adolescentes não é tarefa fácil.

---

la inteligencia [inteli'xenθĩa] *n*
- Cuando se habla de **inteligencia** se suele poner como ejemplo a Einstein.

a inteligência
- Quando se fala de **inteligência**, costuma-se usar Einstein como exemplo.

---

inteligente [inteli'xente] *adj*
- Rosana es una chica **inteligente**. Tiene un 10 en muchas asignaturas.

inteligente
- Rosana é uma garota **inteligente**. Tira 10 em muitas disciplinas.

---

la memoria [me'morĩa] *n*
- La **memoria** disminuye con la edad pero se puede entrenar.

a memória
- A **memória** diminui com a idade, mas pode ser exercitada.

---

recordar [rrɛkɔr'ðar] *v*
- ▶ v irr p. 423 contar
- No tengo lápiz para escribir, ¿puedes **recordar** el número?

memorizar, lembrar
- Não tenho lápis comigo, você pode **memorizar** o número?

---

la razón [rra'θon] *n*
- Utiliza tu **razón** para hacer más llevadera tu vida.

a razão
- Use a sua **razão** para tornar sua vida mais suportável.

---

meditar [meði'tar] *v*
- He **meditado** mucho sobre ello.

meditar, refletir
- **Refleti** muito sobre isso.

la reflexión [rrɛfle(ɣ)'sĭɔn] n ■ Después de mucha reflexión ella se decidió a estudiar.	a reflexão ■ Depois de muita reflexão, ela decidiu estudar.
reflexionar [rrɛfle(ɣ)sĭɔ'nar] v ■ Necesito tiempo para reflexionar antes de tomar una decisión tan importante.	refletir ■ Preciso de tempo para refletir antes de tomar uma decisão tão importante.
la concentración [kɔnθentra'θĭɔn] n ■ Escuché al profesor con absoluta concentración.	a concentração ■ Escutei o professor com absoluta concentração.
concentrarse [kɔnθen'trarse] v ■ Al niño le cuesta concentrarse.	concentrar-se ■ A criança tem dificuldade para se concentrar.
el conocimiento [kɔnoθi'mĭento] n ■ Mis conocimientos de derecho internacional son muy amplios.	o conhecimento ■ Meus conhecimentos de direito internacional são bastante vastos.
la comprensión [kɔmpren'sĭɔn] n ■ Los esquemas y dibujos ayudan a la comprensión del texto.	a compreensão ■ Os esquemas e desenhos auxiliam na compreensão do texto.
comprensible [kɔmpren'siβle] adj ■ Mi profesor utiliza un lenguaje técnico comprensible.	compreensível ■ Meu professor usa uma linguagem técnica compreensível.
incomprensible [iŋkɔmpren'siβle] adj ■ Las matemáticas son difíciles pero no son incomprensibles.	incompreensível ■ A matemática é difícil, mas não é incompreensível.
lógico, lógica ['lɔxiko, 'lɔxika] adj ■ Para entender las leyes físicas es necesario tener un pensamiento lógico.	lógico, lógica ■ Para entender as leis físicas é necessário ter um pensamento lógico.
la descripción [deskrip'θĭɔn] n ■ ¡Hacedme una descripción detallada de lo que visteis!	a descrição ■ Façam-me uma descrição detalhada do que vocês viram.
describir [deskri'βir] v ▶ v irr p. 424 escribir ■ ¿Podrías describir este cuadro?	descrever ■ Você poderia me descrever este quadro?

la **corrección** [kɔrre(y)'θĩɔn] *n*
- Necesito ayuda para la **corrección** de una carta en italiano.

a **correção**
- Preciso de ajuda para a **correção** de uma carta em italiano.

corregir [kɔrrɛ'xir] *v*
▶ v irr p. 423 corregir
- Me he pasado todo el fin de semana **corrigiendo** exámenes.

corrigir
- Passei o fim de semana inteiro **corrigindo** provas.

oral [o'ral] *adj*
- Tengo que hacer un examen **oral**.

oral
- Tenho de fazer uma prova **oral**.

escrito, escrita [es'krito, es'krita] *adj*
- ¿Podría dármelo por **escrito**?

escrito, escrita
- Você poderia me entregar por **escrito**?

la **enciclopedia** [enθiklo'peðia] *n*
- En esta **enciclopedia** están todas las banderas del mundo.

a **enciclopédia**
- Nesta **enciclopédia** encontram-se todas as bandeiras do mundo.

consultar [kɔnsul'tar] *v*
- ¡Si no lo sabes, **consulta** la enciclopedia!

consultar
- Se você não sabe, **consulte** a enciclopédia!

el **talento** [ta'lento] *n*
- Para ser artista hay que tener **talento**.

o **talento**
- Para ser artista é preciso ter **talento**.

la **facilidad** [faθili'ða(ð)] *n*
- Roberto tiene **facilidad** para los idiomas.

a **facilidade**
- Roberto tem **facilidade** para os idiomas.

superdotado, superdotada [supɛrðo'taðo, supɛrðo'taða] *adj*
- Los niños **superdotados** pueden ir a escuelas especiales.

superdotado, superdotada
- As crianças **superdotadas** podem ir a escolas especiais.

Linguagem

la **letra** ['letra] n	a **letra**
■ La última **letra** del abecedario es la z.	■ A última **letra** do alfabeto é o z.

deletrear [deletre'ar] v	**soletrar**
■ ¿Puede usted **deletrear** su apellido, por favor?	■ Você poderia **soletrar** seu sobrenome, por favor?

la **palabra** [pa'laβra] n	a **palavra**
■ La **palabra** "mail" se utiliza en muchos idiomas.	■ A **palavra** "mail" é usada em muitos idiomas.

la **frase** ['frase] n	a **frase**
■ La primera **frase** del "Quijote" es muy conocida.	■ A primeira **frase** de *Dom Quixote* é muito conhecida.

el **sustantivo** [sustan'tiβo] n	o **substantivo**
■ En español los **sustantivos** se escriben con minúscula.	■ Em espanhol, os **substantivos** são escritos em minúsculas.

el **adjetivo** [aðxe'tiβo] n	o **adjetivo**
■ Los **adjetivos** son palabras que acompañan a los sustantivos.	■ Os **adjetivos** são palavras que acompanham os substantivos.

el **verbo** ['bɛrβo] n	o **verbo**
■ En español hay muchos **verbos** irregulares.	■ Em espanhol há muitos **verbos** irregulares.

el **adverbio** [ad'βɛrβĩo] n	o **advérbio**
■ "Ayer", "hoy" y "mañana" son **adverbios**.	■ "Ontem", "hoje" e "amanhã" são **advérbios**.

masculino, masculina [masku'lino, masku'lina] adj	**masculino, masculina**
■ En español existen solo dos géneros: **masculino** y femenino.	■ Em espanhol existem somente dois gêneros: **masculino** e feminino.

femenino, femenina [feme'nino, feme'nina] adj	**feminino, feminina**
■ Todos os sustantivos acabados em "-dad" son **femeninos**.	■ Todos os substantivos terminados em "-dad" são **femininos**.

neutro, neutra ['newtro, 'newtra] adj	**neutro**
■ A ver, ¿esta palavra es masculina o **neutra**?	■ Vejamos, esta palavra é masculina ou **neutra**?

el **singular** [siŋgu'lar] *n*
- La palabra "crisis" tiene la misma forma en el **singular** que en el plural.

o **singular**
- A palavra "crisis" tem a mesma forma no **singular** e no plural.

el **plural** [plu'ral] *n*
- La palabra "gafas" se utiliza siempre en **plural**.

o **plural**
- A palavra "gafas" é usada sempre no **plural**.

el **significado** [siɣnifi'kaðo] *n*
- El verbo "ser" tiene varios **significados**.

o **significado**
- O verbo "ser" tem vários **significados**.

significar [siɣnifi'kar] *v*
▶ *v irr* p. 422 comunicar
- ¿Qué **significa** la palabra "asignatura"?

significar

- O que **significa** a palavra "asignatura"?

el **signo** ['siɣno] *n*
- **Signos** fonéticos expresan la pronunciación de una palabra.

o **signo**, o **símbolo**, o **sinal**
- Os **sinais** fonéticos representam a pronúncia de uma palavra.

el **dicho** ['ditʃo] *n*
- "No es oro todo lo que reluce", dice un **dicho**.

o **ditado**, o **dito** (popular)
- "Nem tudo o que reluz é ouro", diz o **ditado**.

la **traducción** [traðu(ɣ)'θjɔn] *n*
- No tiene que ser una **traducción** literal.

a **tradução**
- Não precisa ser uma **tradução** literal.

traducir [traðu'θir] *v*
▶ *v irr* p. 423 conducir
- Ha **traducido** un libro del alemán al español.

traduzir

- **Traduziu** um livro do alemão para o espanhol.

el **diccionario** [di(ɣ)θjo'narjo] *n*
- En el examen no podéis usar el **diccionario**.

o **dicionário**
- Na prova, vocês não podem usar o **dicionário**.

la **lengua materna** ['lɛŋgwa ma'terna] *n*
- La **lengua materna** es la que mejor se domina.

a **língua materna**

- A **língua materna** é a que se domina melhor.

Linguagem

la **lengua extranjera** [ˈlɛŋgwa e(ɣ)straŋˈxera] *n*
- En el instituto tenemos dos **lenguas extranjeras** obligatorias.

a **língua estrangeira**
- No instituto temos duas **línguas estrangeiras** obrigatórias.

el **lenguaje técnico** [lɛŋˈgwaxe ˈtɛɣniko] *n*
- En su conversación los dos médicos utilizaron su **lenguaje técnico**.

a **linguagem técnica**
- Em sua conversa, os dois médicos usaram sua **linguagem técnica**.

el **vocabulario** [bokaβuˈlaɾio] *n*
- Paula aprende el **vocabulario** con tarjetitas.

o **vocabulário**
- Paula aprende **vocabulário** com cartõezinhos.

la **expresión** [e(ɣ)spreˈsi̯on] *n*
- La **expresión** española "ser como un libro abierto" significa saber mucho.

a **expressão (idiomática)**
- A **expressão** espanhola "ser como um livro aberto" significa saber muito.

la **pronunciación** [pronunθi̯aˈθi̯on] *n*
- Tu **pronunciación** es muy buena.

a **pronúncia**
- Sua **pronúncia** é muito boa.

pronunciar [pronunˈθi̯ar] *v*
- Me cuesta mucho **pronunciar** la "ch" alemana.

pronunciar
- Para mim é muito difícil **pronunciar** o "ch" alemão.

el **acento** [aˈθento] *n*
- Klaus habla español con **acento** alemán.

o **sotaque**
- Klaus fala espanhol com **sotaque** alemão.

el **alfabeto** [alfaˈβeto] *n*
- El **alfabeto** español tiene 28 letras.

o **alfabeto**
- O alfabeto espanhol tem 28 letras.

el **punto** [ˈpunto] *n*
- Después de un **punto** se escribe siempre mayúscula.

o **ponto**
- Após um **ponto** sempre se escreve em maiúscula.

la **coma** [ˈkoma] *n*
- El uso correcto de la **coma** es importante.

a **vírgula**
- O uso correto da **vírgula** é importante.

la **gramática** [graˈmatika] *n*
- Para hablar y escribir correctamente un idioma hay que dominar la **gramática**.

a **gramática**
- Para falar e escrever corretamente em uma língua, é preciso dominar a **gramática**.

la **ortografía** [ɔrtoˈɣrafía] n
- La **ortografía** alemana es difícil.

a **ortografia**
- A **ortografia** alemã é difícil.

la **redacción** [rrɛða(ɣ)ˈθĭon] n
- La **redacción** debe ocupar como máximo dos hojas.

a **redação**
- A **redação** deve ser de no máximo duas folhas.

el **dictado** [dikˈtaðo] n
- Los **dictados** sirven para mejorar la ortografía.

o **ditado**
- Os **ditados** servem para melhorar a ortografia.

Escola, universidade e formação

el **colegio** [koˈlɛxĭo] n
- Me gustaba ir al **colegio**.

a **escola**, o **colégio**
- Eu gostava de ir à **escola**.

➡ Em espanhol, as crianças começam na escola aos seis anos. O **primeiro grau** – **la primaria** – dura seis anos. Em seguida, todos os alunos passam para outro ciclo, de quatro anos. Após isso, estarão aptos a frequentar o **ensino secundário**, que dura dois anos e conduz ao exame nacional – **la selectividad**.

la **escuela** [esˈkwela] n
- Casi no recuerdo a los maestros que tuve en la **escuela**.

a **escola**
- Quase não me lembro dos professores que tive na **escola**.

escolar [eskoˈlar] adj
- El sistema **escolar** es diferente en cada país.

escolar
- O sistema **escolar** é diferente em cada país.

la **enseñanza** [enseˈɲanθa] n
- La **enseñanza** a niños es muy gratificante.

o **ensino**
- O **ensino** de crianças é muito gratificante.

enseñar [enseˈɲar] v
- Federico **enseña** español en una escuela de idiomas.

ensinar
- Federico **ensina** espanhol numa escola de idiomas.

la **clase** [ˈklase] n
- Hoy no tenemos **clase**.
- En mi **clase** todos hemos suspendido el examen de física.

a **classe**, a **aula**
- Hoje não temos **aula**.
- Na minha **classe** todos foram reprovados na prova de física.

dar clases [dar 'klases] *loc* ▶ v irr p. 424 dar ■ Estela **da clases** de francés a los alumnos.	**dar aulas** ■ Estela **dá aulas** de francês aos alunos.
el alumno, la alumna [a'lumno, a'lumna] *n* ■ El colegio tiene 450 **alumnos**.	o **aluno**, a **aluna** ■ O colégio tem 450 **alunos**.
el/la estudiante [estu'ðiante] *n m/f* ■ Ya de **estudiante** hacía Juan mucho teatro. ■ La facultad de ciencias económicas tiene cantidad de **estudiantes**.	o/a **estudante** ■ Já como **estudante** Juan fazia muito teatro. ■ A faculdade de ciências econômicas tem um grande número de **estudantes**.
el aula ['awla] *n* ■ El **aula** es demasiado pequeña para tantos alumnos.	a **classe** ■ A **classe** é muito pequena para tantos alunos.

➡ Substantivos femininos de duas sílabas iniciados com a- ou ha- tônicos, por exemplo, **ama de casa** – **dona de casa** ou **aula** – **classe**, são precedidos pelo artigo masculino, portanto **el/un ama de casa, el/un aula**. Se um adjetivo for interposto entre o artigo e o substantivo, emprega-se o artigo feminino: **la buena ama de casa** – **a boa dona de casa**. A mesma regra vale para o emprego de pronomes indefinidos, como **ningún** ou **algún**, antes de substantivos iniciados com a- ou ha- tônicos: **ningún ama de casa** – **nenhuma dona de casa** ou **algún ama de casa** – **alguma dona de casa**. Os adjetivos que determinam os substantivos se mantêm femininos, portanto, por exemplo, **toda un área** – **toda uma área**, **el ama de casa enfadada** – **a dona de casa enfadada** ou **tengo mucha hambre** – **estou com muita fome**. Também os pronomes demonstrativos são usados em sua forma feminina: **esta ama de casa, aquella ama de casa** – **esta dona de casa (aqui)**. Também o artigo no plural será feminino regular: **las almas perdidas** – **as almas perdidas**.

la asignatura [asiɣna'tura] *n* ■ ¿Cuántas **asignaturas** tienes?	a **disciplina**, a **matéria** ■ Quantas **matérias** você tem?
el horario [o'rarjo] *n* ■ Mi **horario** escolar es de 8 da 13:30.	o **horário** ■ Meu **horário** vai das 8h às 13h30.
el recreo [rrɛ'kreo] *n* ■ Es bueno tomar aire fresco durante el **recreo**.	o **recreio**, a **pausa** ■ É bom tomar ar fresco durante o **recreio**.

los **deberes** [de'βeres] *n pl* ■ Son las diez de la noche y todavía no has hecho los **deberes**.	a **lição de casa**, os **deveres** ■ São dez da noite, e você ainda não fez a **lição de casa**.
la **universidad** [uniβɛrsi'ða(ð)] *n* ■ La docente da clases en la **universidad**.	a **universidade** ■ A docente dá aulas na **universidade**.
la **carrera** [ka'rrɛra] *n* ■ La **carrera** de Historia del Arte dura ocho semestres.	o **curso (de graduação)**, a **carreira** ■ O **curso** de História da Arte dura oito semestres.
los **estudios** [es'tuðios] *n pl* ■ El próximo año termino mis **estudios**.	os **estudos** ■ No ano que vem termino meus **estudos**.
el **compañero (de clase)**, la **compañera (de clase)** [kɔmpa'ɲero (ðe 'klase), kɔmpa'ɲera (ðe 'klase)] *n* ■ El próximo año, dos **compañeros de clase** irán a otro colegio.	o/a **colega (de classe)** ■ Ano que vem, dois **colegas de classe** vão para outro colégio.
la **pizarra** [pi'θarra] *n* ■ El maestro escribió una frase en la **pizarra**.	a **lousa**, o **quadro-negro** ■ O professor escreveu uma frase na **lousa**.
la **tiza** ['tiθa] *n* ■ En el aula hay **tizas** de varios colores.	o **giz** ■ Na classe há **giz** de diversas cores.
la **guardería** [gwarðe'ria] *n* ■ Los padres que trabajan suelen llevar a sus hijos a una **guardería**.	a **creche** ■ Os pais que trabalham costumam levar seus filhos a uma **creche**.
el **jardín de infancia** [xar'ðin de im'fanθĩa] *n* ■ Amelia tiene tres años y va al **jardín de infancia**.	o **jardim de infância** ■ Amelia tem três anos e vai ao **jardim de infância**.
la **escuela infantil** [es'kwela imfan'til] *n* ■ La **escuela infantil** prepara para la entrada en el colegio.	a **escola infantil** ■ A **escola infantil** prepara para a entrada no colégio.

Escola, universidade e formação

la **escuela primaria** [es'kwela pri'maria] n ■ En la **escuela primaria** los niños aprenden a leer y a escribir.	a **escola primária** ■ Na **escola primária** as crianças aprendem a ler e a escrever.
la **escuela secundaria** [es'kwela sekun'daria] n ■ Esther tiene quince años y va a la **escuela secundaria**.	o **segundo grau**, o **ensino médio** ■ Esther tem quinze anos e frequenta o **ensino médio**.
el **instituto (de educación secundaria)** ES, el **liceo** AL [insti'tuto (ðe eðuka'θĭon sekun'daria), li'seo] n ■ Alberto va al **instituto (de educación secundaria)** porque después quiere estudiar medicina.	o **colégio** ■ Alberto frequenta o **colégio**, porque depois ele quer estudar medicina.
la **selectividad** ES, el **bachillerato** AL [es'kwela sekun'daria] n ■ La **selectividad** consta de un examen escrito y otro oral. ■ Los exámenes del **bachillerato** me parecieron bastante fáciles.	o **exame admissional**, o **curso superior** ■ O **exame admissional** consta de uma prova escrita e uma oral. ■ As provas para o **curso superior** me pareceram bastante fáceis.
el **Instituto de Formación Profesional** [insti'tuto ðe forma'θĭon profesĭo'nal] n ■ Durante el tiempo del aprendizaje para mecánico va al **Instituto de Formación Profesional**.	a **escola profissionalizante** ■ Durante o tempo de aprendizagem para mecânico, ele frequenta a **escola profissionalizante**.
el **colegio público** [ko'lexĭo 'puβliko] n ■ Klaus va al **colegio público** de su ciudad.	a **escola pública** ■ Klaus frequenta a **escola pública** de sua cidade.
el **colegio privado** [ko'lexĭo pri'βaðo] n ■ Los **colegios privados** cuestan bastante dinero.	a **escola particular** ■ As escolas **particulares** custam muito dinheiro.
facultad [fakul'ta(ð)] n ■ Estudio en la **Facultad** de Biología.	a **faculdade** ■ Estudo na **Faculdade** de Biologia.

el **licenciado**, la **licenciada** ES, el **egresado**, la **egresada** AL [liθenˈθiaðo, liθenˈθiaða, eyreˈsaðo, eyreˈsaða] *n*
- Como **licenciada** que es, Carmen debería saber las respuestas a estas preguntas.
- Julio es un **egresado** desde hace medio año.

o **formado**, a **formada**, o **graduado**, a **graduada**
- Como **graduada**, Carmen deveria saber as respostas a estas perguntas.
- Julio está **formado** há meio ano.

licenciarse ES, **recibirse** AL [liθenˈθiarse, rrɛsiˈβirse] *v*
- María **se ha licenciado** en Pedagogía.
- Nos falta un semestre para **recibirnos** en Filología Alemana.

formar(-se)
- María **é formada** em pedagogia.
- Falta um semestre para **nos formarmos** em Filologia Alemã.

sacar el título [saˈkar ɛl ˈtitulo] *loc*
▶ *v irr* p. 422 comunicar
- Sarah **ha sacado el título** de económicas.

tirar (o) diploma, ter diploma
- Sarah **tem diploma** de Economia.

el **doctor**, la **doctora** [dɔkˈtor, ðɔkˈtora] *n*
- Después del doctorado se tiene el grado académico de "**Doctor**".

o **doutor**, a **doutora**
- Depois do doutorado recebe-se o grau acadêmico de "**doutor**".

doctorarse [dɔktoˈrarse] *v*
- Cristina **se ha doctorado** en historia.

doutorar-se
- Cristina **se doutorou** em História.

el **trabajo escrito** [traˈβaxo esˈkrito] *n*
- Tenemos que hacer un **trabajo escrito** de Geografía.

o **trabalho escrito**
- Temos de fazer um **trabalho escrito** de Geografia.

el **trabajo de fin de estudios** ES, el **trabajo final** AL [traˈβaxo ðe fin de esˈtuðios, traˈβaxo fiˈnal]] *n*
- En su **trabajo de fin de estudios** le dieron a Pilar una distinción de honor.

o **trabalho de conclusão de curso**
- Em seu **trabalho de conclusão de curso**, Pilar recebeu uma menção honrosa.

la academia [aka'ðemĭa] n ■ Él es miembro de la **Academia** de Bellas Artes.	a academia ■ Ele é membro da **Academia** de Belas Artes.
la **asignatura obligatoria** [asiyna'tura oβliya'torĭa] n ■ Tienes que aprobar todas las **asignaturas obligatorias**.	a **disciplina obrigatória** ■ Você tem de ser aprovado em todas as **disciplinas obrigatórias**.
la **asignatura optativa** [asiyna'tura ɔpta'tiβa] n ■ Como **asignaturas optativas** tienen español e italiano.	a **disciplina optativa** ■ Como **disciplinas optativas**, há espanhol e italiano.
el **semestre** [se'mestre] n ■ Peter está en el último **semestre** de sus estudios.	o semestre ■ Peter está no último **semestre** de seus estudos.
el **trimestre** [tri'mestre] n ■ Un **trimestre** consta de tres meses.	o trimestre ■ Um **trimestre** se compõe de três meses.
la **beca** ['beka] n ■ A mi hijo le han dado una **beca**.	a bolsa (de estudos) ■ Deram uma **bolsa** a meu filho.
el **seminario** [semi'narĭo] n ■ He estado en un **seminario** de Literatura Inglesa.	o seminário ■ Participei de um **seminário** sobre literatura inglesa.
la **formación** [fɔrma'θĭɔn] n ■ En sus años de **formación**, Pedro vivió con sus padres.	a formação ■ Em seus anos de **formação**, Pedro viveu com os pais.
formar [ɔr'mar] v ■ Esta empresa **forma** a aprendices.	formar ■ Esta empresa **forma** aprendizes.
el **aprendiz**, la **aprendiza** [apren'diθ, apren'diθa.] n; pl **aprendices** [apren'diθes] n ■ En nuestro taller tenemos dos **aprendices**.	o/a **aprendiz** ■ Em nossa oficina, temos dois **aprendizes**.
la **plaza de aprendiz** ['plaθa ðe apren'diθ] n ■ Clara tiene una **plaza de aprendiza** como cocinera en un restaurante.	o **curso de formação** ■ Clara está passando por um **curso de formação** como cozinheira num restaurante.

las **prácticas** [ˈpraktikas] *n pl* ■ Durante las vacaciones de verano hicimos unas **prácticas** en una empresa.	o **estágio** ■ Durante as férias de verão, fizemos **estágio** em uma empresa.
el **voluntariado** [boluntaˈrĭaðo] *n* ■ Como estudiante de periodismo Thomas hace un **voluntariado** en un periódico.	o **voluntário**, o **voluntariado** ■ Como estudante de jornalismo, Thomas trabalhou como **voluntário** em um jornal.

Disciplinas escolares e universitárias

las **Ciencias** [ˈθĭenθĭas] *n pl*	as **ciências naturais**
la **Historia** [isˈtorĭa] *n*	a **história**
la **Geografía** [xeoyraˈfia] *n*	a **geografia**
la **Biología** [bĭolɔˈxia] *n*	a **biologia**
las **Matemáticas** [mateˈmatikas] *n pl*	a **matemática**
la **Física** [ˈfisika] *n*	a **física**
la **Química** [ˈkimika] *n*	a **química**
la **Informática** [imfɔrˈmatika] *n*	a **informática**
la **Electrotecnia** [elɛktroˈtɛynĭa] *n*	a **eletrotécnica**
la **Ingeniería Mecánica** [iŋxinĭeˈria meˈkanika] *n*	a **engenharia mecânica**
las **Letras** [ˈletras] *n pl*	as **ciências humanas**
la **Filología Alemana** [filolɔˈxia aleˈmana] *n*	a **Filologia Alemã**
la **Filología Inglesa** [filolɔˈxia iŋˈglesa] *n*	a **anglicística**
la **Filología Románica** [filolɔˈxia roˈmanika] *n*	a **Filologia Românica**

la **Filología Hispánica** [filolɔ'xia is'panika] n	a **Filologia Espanhola**
el **Latín** [la'tin] n	o **Latim**
la **Historia del Arte** [is'toria ðɛl 'arte] n	a **História da Arte**
la **Expresión Plástica** [e(ɣ)spre'sĭɔn 'plastika] n	as **Artes Plásticas**
la **Arquitectura** [arkitɛk'tura] n	a **Arquitetura**
el **Derecho** [de'retʃo] n	o **Direito**
las **(Ciencias) Económicas** [('θĭenθĭas) eko'nomikas] n pl	as **ciências econômicas**, a **Economia**
las **(Ciencias) Empresariales** [('θĭenθĭas) empresa'rĭales] n pl	a **Administração de Empresas**
la **Medicina** [meði'θina] n	a **Medicina**
la **Psicología** [sikolɔ'xia] n	a **Psicologia**
la **Sociología** [soθĭolɔ'xia] n	a **Sociologia**
la **Pedagogía** [peðaɣo'xia] n	a **Pedagogia**
la **Teología** [teolɔ'xia] n	a **Teologia**
la **Filosofía** [filoso'fia] n	a **Filosofia**
las **(Ciencias) Políticas** [('θĭenθĭas) po'litikas] n pl	as **ciências políticas**

Profissão

Vida profissional

la **profesión** [profe'sion] n ■ ¿Qué **profesión** tienes?	a **profissão** ■ Qual sua **profissão**?
el/la **profesional** [profesio'nal] n m/f ■ Prefiero que esto lo repare un **profesional**.	o/a **profissional** ■ Prefiro que um **profissional** faça o conserto.
profesional [profesio'nal] adj ■ Marta tiene una formación **profesional** muy buena y por eso consiguió ese trabajo. ■ Todos son deportistas **profesionales**.	**profissional** ■ Marta tem uma formação **profissional** muito boa e por isso conseguiu esse trabalho. ■ Todos são atletas **profissionais**.
elegir una profesión [ele'xir 'una profe'sion] loc ▶ v irr p. 423 corregir ■ Roberto **ha elegido la profesión** equivocada.	**escolher uma profissão** ■ Roberto **escolheu a profissão** errada.
el **trabajo** [tra'βaxo] n ■ Mi **trabajo** mi gusta mucho.	o **trabalho** ■ Gosto muito de meu **trabalho**.

➡ para **trabalho** no sentido de colocação profissional, pode-se usar também o termo **empleo**: ¿Sigues buscando **empleo**? – Você continua procurando **emprego**?

el **trabajador**, la **trabajadora** [traβaxa'ðor, traβaxa'ðora] n ■ 30 **trabajadores** de la fábrica han sido despedidos.	o **trabalhador**, a **trabalhadora** ■ Trinta **trabalhadores** da fábrica foram demitidos.
trabajar [traβa'xar] v ■ El jefe nos ha pedido que vayamos a **trabajar** este fin de semana.	**trabalhar** ■ O chefe nos pediu que **trabalhássemos** este fim de semana.

ir a trabajar [ir a traβa'xar] *loc*
- Normalmente **voy a trabajar** cada mañana a las siete.

ir trabalhar
- Normalmente **vou trabalhar** toda manhã às sete.

el puesto de trabajo ['pŭesto ðe tra'βaxo] *n*
- No encuentro ningún **puesto de trabajo** adecuado a mis capacidades.
- Van a eliminar algunos **puestos de trabajo**.

a vaga (de emprego), o emprego, o posto de trabalho
- Não encontro nenhuma **vaga** adequada às minhas capacidades.
- Vão eliminar alguns **postos de trabalho**.

ejercer [εxεr'θεr] *v*
▶ *v irr.* 424 ejercer
- Soy maestro pero no **ejerzo**.

exercer
- Sou professor, mas não **exerço**.

el personal [pεrso'nal] *n*
- La empresa necesita más **personal**.

o pessoal
- A empresa precisa de mais **pessoal**.

el jefe, la jefa ['xefe, 'xefa] *n*
- Mi **jefe** me ha aconsejado que tome unos días de descanso.

o/a chefe
- Meu **chefe** me aconselhou a tirar alguns dias de folga.

el/la colega [ko'leɣa] *n m/f*
- En el congreso me encontré con dos **colegas**.

o/a colega
- No congresso, eu me encontrei com dois **colegas**.

➡ Também se diz **compañero de trabajo**.

llevar [ʎe'βar] *v*
- Mi tía **lleva** su negocio sola.

levar, conduzir, tocar
- Minha tia **conduz** seu negócio sozinha.

dirigir [diri'xir] *v*
▶ *v irr* p. 440 exigir
- La empresa **está dirigida** por la directora.

dirigir, conduzir
- A empresa **é conduzida** pela diretora.

la responsabilidad [rrεsponsaβili'ða(ð)] *n*
- Ella no quiere asumir la **responsabilidad**.

a responsabilidade
- Ela não quer assumir a **responsabilidade**.

responsable [rrεspon'saβle] *adj*
- ¿Quién es **responsable** de la contabilidad?

responsável
- Quem é o **responsável** pela contabilidade?

Vida profissional

autónomo, autónoma [aũ'tonomo, aũ'tonoma] *adj* ■ Mi padre es **autónomo**.	**autônomo** ■ Meu pai é **autônomo**.
por libre [pɔr 'liβre] *adj* ■ Niko trabaja **por libre** de diseñador gráfico.	**por conta própria** ■ Niko trabalha como *designer* gráfico **por conta própria**.
la colaboración [kolaβora'θĭon] *n* ■ Gracias a vuestra **colaboración** se ha podido terminar el proyecto.	**a colaboração** ■ Graças à sua **colaboração** foi possível terminar o projeto.
el equipo [e'kipo] *n* ■ El **equipo** se entiende muy bien.	**a equipe** ■ A **equipe** se entende muito bem.
la dirección [dire(ɣ)'θĭon] *n* ■ En la **dirección** la mayoría son mujeres.	**a diretoria** ■ Na **diretoria** as mulheres são maioria.
el subordinado, la subordinada [suβorði'naðo, suβorði'naða] *n* ■ Los **subordinados** obedecen a sus superiores.	**o subordinado, a subordinada** ■ Os **subordinados** obedecem a seus superiores.
representar [rrɛpresen'tar] *v* ■ En el congreso él **representa** a su empresa.	**representar** ■ No congresso ele **representa** a sua empresa.

➡ Para se referir ao ato de substituir alguém em sua função ou intervir em seu favor, usa-se o verbo sustituir: **Buscan a una persona que sustituya al colega enfermo. – Procura-se uma pessoa que substitua o colega doente**.

la sección [se(ɣ)'θĭon] *n* ■ Esta **sección** es muy importante para la empresa.	**o departamento** ■ Este **departamento** é muito importante para a empresa.
el departamento [departa'mento] *n* ■ Trabajo en el **departamento** de ventas y exportaciones.	**o departamento** ■ Trabalho no **departamento** de vendas e exportações.

el **departamento de recursos humanos** [departaˈmento ðe rrɛˈkursɔs uˈmanɔs] *n*
- El **departamento de recursos humanos** ha entrevistado a muchos candidatos para el puesto vacante.

o **departamento de recursos humanos**
- O **departamento de recursos humanos** entrevistou muitos candidatos para a vaga.

el **departamento de ventas** [departaˈmento ðe ˈβentas] *n*
- En el **departamento de ventas** trabajo desde hace cinco años.

o **departamento de vendas**
- Trabalho no **departamento de vendas** há cinco anos.

el **controlling** [kɔnˈtrolin] *n*
- El **controlling** es un área muy importante para todas las empresas.

o **departamento financeiro**
- O **departamento financeiro** é uma área muito importante em todas as empresas.

la **mercadotecnía** [mɛrkaðoˈtɛɣnĩa] *n*
- La publicidad es una parte de la **mercadotecnía**.

o *marketing*
- A publicidade é uma parte do *marketing*.

las **jornadas** [xɔrˈnaðas] *n pl*
- A las **jornadas** asistirán muchos especialistas.

a **reunião**
- Muitos especialistas participarão da **reunião**.

la **conferencia** [kɔmfeˈrenθĩa] *n*
- En la **conferencia** participaron todos los ministros de trabajo europeos.
- Mañana doy una **conferencia** sobre la pintura contemporánea.

a **conferência**
- Participaram da **conferência** todos os ministros do trabalho europeus.
- Amanhã darei uma **conferência** sobre pintura contemporânea.

la **ponencia** [poˈnenθĩa] *n*
- Las jornadas se abrieron con una **ponencia**.

a **exposição**, a **palestra**
- A reunião foi iniciada com uma **palestra**.

calificar [kalifiˈkar] *v*
▶ v irr p. 422 comunicar
- Está **calificado** para el puesto de ingeniero.

qualificar
- Ele está **qualificado** para o cargo de engenheiro.

progresar [proɣreˈsar] *v*
- Profesionalmente él quería **progresar** y lo ha conseguido.

progredir
- Ele queria **progredir** profissionalmente e conseguiu.

Vida profissional 143

la **formación continua**
[fɔrma'θiɔn kɔn'tinũa] *n*
- Mi vecina asistió a un curso de alemán para su **formación continua**.

a **formação continuada**

- Minha vizinha fez um curso de alemão para sua **formação continuada**.

el **centro de formación de adultos** ['θentro ðe fɔrma'θiɔn de a'ðultɔs] *n*
- El **centro de formación de adultos** ofrece muchos cursos diferentes.

o **centro de formação de adultos**

- O **centro de formação de adultos** oferece muitos cursos diferentes.

la **escuela nocturna** [es'kwela nɔk'turna] *n*
- Marcelo va a la **escuela nocturna** después del trabajo.

a **escola noturna**

- Após o trabalho, Marcelo vai à **escola noturna**.

especialista [espeθia'lista] *adj*
- Médicos **especialistas** de todo el mundo se reunieron en la conferencia.

especialista
- Médicos **especialistas** de todo o mundo se reuniram na conferência.

el/la **especialista** [espeθia'lista] *n m/f*
- El Ministerio de Economía busca **especialistas** en informática.

o/a **especialista**

- O Ministério da Fazenda está em busca de **especialistas** em informática.

➡ Designações de profissão terminados em -ista, por exemplo, artista ou turista, podem ser masculinos ou femininos.

especializarse en [espeθiali'θarse en] *v*
▶ *v irr* p. 422 analizar
- Ella se **ha especializado en** biología marina.

especializar-se em

- Ela **se especializou** em biologia marinha.

la **capacidad** [kapaθi'ðað] *n*
- En toda profesión hay que tener determinadas **capacidades**.

a **capacidade**
- Em toda profissão é preciso ter certas **capacidades**.

la **habilidad** [aβili'ðað] *n*
- La **habilidad** es importante para los trabajos manuales.

a **habilidade**
- A **habilidade** é importante para os trabalhos manuais.

hábil ['aβil] *n* ■ En profesión como electricista Juan es especialmente **hábil**.	**habilidoso, hábil** ■ Como eletricista, Juan é especialmente **habilidoso**.
torpe ['tɔrpe] *adj* ■ Nunca habían tenido un empleado tan **torpe**.	**desajeitado** ■ Nunca tiveram um funcionário tão **desajeitado**.
adecuado, adecuada [aðeˈkŭaðo, aðeˈkŭaða] *adj* ■ Este candidato es el más **adecuado** para el puesto.	**adequado, adequada** ■ Este candidato é o mais **adequado** para o posto.
la **competencia** [kɔmpeˈtenθĭa] *n* ■ Esto no es de mi **competencia**.	a **competência** ■ Isto não é de minha **competência**.
competente [kɔmpeˈtente] *adj* ■ Simon es un traductor muy **competente**.	**competente** ■ Simon é um tradutor muito **competente**.

Profissões

el **secretario**, la **secretaria** [sekreˈtarĭo, sekreˈtarĭa] *n*	o **secretário**, a **secretária**
el **dependiente**, la **dependienta** [depenˈdĭente, depenˈdĭenta] *n*	o **vendedor**, a **vendedora**
el **vendedor**, la **vendedora** [bendeˈðor, bendeˈðora] *n*	o **vendedor**, a **vendedora**
el **gerente**, la **gerenta** [xeˈrente, xeˈrenta] *n*	o **gerente**, a **gerente**
el **ama de casa** ['ama ðe 'kasa] *n* ➜ aula p. 132	a **dona de casa**
el **peluquero**, la **peluquera** [peluˈkero, peluˈkera] *n*	o **cabeleireiro**, a **cabeleireira**
el/la **guardia** ['gŭarðĭa] *n m/f*	o/a **guarda**, o/a **policial**
el/la **policía** [poliˈθia] *n m/f*	o/a **policial**

➡ Para **policial** diz-se também **el/la agente** (de policía).

el maestro, la maestra [ma'estro, ma'estra] n	o professor, a professora

➡ **maestro** refere-se geralmente a um **professor de ensino fundamental**.

el profesor, la profesora [profe'sɔr, profe'sora] n	o professor, a professora
el catedrático, la catedrática [kate'ðratiko, kate'ðratika] n	o professor, a professora
el abogado, la abogada [aβo'ɣaðo, aβo'ɣaða] n	o advogado, a advogada
el/la médico ['meðiko] n m/f	o médico, a médica

➡ A forma feminina **la médica** não é utilizada.

el doctor, la doctora [dɔk'tɔr, dɔk'tora] n	o doutor, a doutora
el/la dentista [den'tista] n m/f ➡ **especialista** p. 143	o dentista, a dentista
el farmacéutico, la farmacéutica [farma'θewtiko, farma'θewtika] n	o farmacêutico, a farmacêutica
el enfermero, la enfermera [emfɛr'mero, emfɛr'mera] n	o enfermeiro, a enfermeira
el camarero, la camarera [kama'rero, kama'rera] n	o garçom, a garçonete
el servicio [sɛr'βiθio] n	o serviço
el/la asistente [asis'tente] n m/f	o/a assistente
el trabajador especializado, la trabajadora especializada [traβaxa'ðor espeθiali'θaðo, traβaxa'ðora espeθiali'θaða] n	o trabalhador qualificado, a trabalhadora qualificada

el mecánico, la mecánica [meˈkaniko, meˈkanika] n	o mecânico, a mecânica
el/la electricista [elɛktriˈθista] n m/f ➡ especialista p. 143	o/a eletricista
el obrero, la obrera [oˈβrero, oˈβrera] n	o trabalhador, a trabalhadora
el panadero, la panadera [panaˈðero, panaˈðera] n	o padeiro, a padeira
el carnicero, la carnicera [karniˈθero, karniˈθera] n	o açougueiro, a açougueira
el jardinero, la jardinera [xarðiˈnero, xarðiˈnera] n	o jardineiro, a jardineira
el cocinero, la cocinera [koθiˈnero, koθiˈnera] n	o cozinheiro, a cozinheira
el agricultor, la agricultora [aɣrikulˈtɔr, aɣrikulˈtora] n	o agricultor, a agricultora
el campesino, la campesina [kampeˈsino, kampeˈsina] n	o camponês, a camponesa
el pescador, la pescadora [peskaˈðɔr, peskaˈðora] n	o pescador, a pescadora
el cartero, la cartera [karˈtero, karˈtera] n	o carteiro, a carteira
el portero, la portera [pɔrˈtero, pɔrˈtera] n	o porteiro, a porteira
el arquitecto, la arquitecta [arkiˈtɛkto, arkiˈtɛkta] n	o arquiteto, a arquiteta
el fotógrafo, la fotógrafa [foˈtoɣrafo, foˈtoɣrafa] n	o fotógrafo, a fotógrafa
el veterinario, la veterinaria [beteriˈnarĭo, beteriˈnarĭa] n	o veterinário, a veterinária

el **científico**, la **científica** [θĭen'tifiko, θĭen'tifika] n	o/a **cientista**
el **químico**, la **química** ['kimiko, 'kimika] n	o **químico**, a **química**
el **técnico**, la **técnica** ['teɣniko, 'teɣnika] n	o **técnico**, a **técnica**
el **ingeniero**, la **ingeniera** [iŋxe'nĭero, iŋxe'nĭera] n	o **engenheiro**, a **engenheira**
el **programador**, la **programadora** [proɣrama'ðɔr, proɣrama'ðora] n	o **programador**, a **programadora**
el/la **fisioterapeuta** [fisĭotera'peŭta] n m/f	o/a **fisioterapeuta**
el **trabajador social**, la **trabajadora social** [traβaxa'ðɔr so'θĭal, traβaxa'ðora so'θĭal] n	o/a **assistente social**
el **educador**, la **educadora** [eðuka'ðɔr, eðuka'ðora] n	o **educador**, a **educadora**
el/la **docente** [do'θente] n m/f	o/a **docente**
el/la **intérprete** [in'tɛrprete] n m/f	o/a **intérprete**
el/la **periodista** [perĭo'ðista] n m/f ➡ especialista p. 143	o/a **jornalista**
el **reportero**, la **reportera** [rrɛpɔr'tero, rrɛpɔr'tera] n	o/a **repórter**
el **escritor**, la **escritora** [eskri'tɔr, eskri'tora] n	o **escritor**, a **escritora**
el **autor**, la **autora** [aŭ'tɔr, aŭ'tora] n	o **autor**, a **autora**
el **músico** ['musiko] n	o **músico**, a **musicista**

Profissões

➡ A forma feminina **la (mujer) música** existe, mas não é tão usada. Normalmente se usa uma construção mais específica, por exemplo, **Mi hermana es violinista. – Minha irmã é violinista.**

el/la **cantante** [kanˈtante] *n m/f*	o **cantor**, a **cantora**
el **director de orquesta**, la **directora de orquesta** [dirɛkˈtɔr ðe ɔrˈkesta, dirɛkˈtora ðe ɔrˈkesta] *n*	o/a **regente**, o **maestro**, a **maestrina**
el **compositor**, la **compositora** [kɔmposiˈtɔr, kɔmposiˈtora] *n*	o **compositor**, a **compositora**
el **pintor**, la **pintora** [pinˈtɔr, pinˈtora] *n*	o **pintor**, a **pintora**
el/la **artista** [arˈtista] *n m/f* ➡ **especialista** p. 143	o/a **artista**
el **escultor**, la **escultora** [eskulˈtɔr, eskulˈtora] *n*	o **escultor**, a **escultora**
el **actor** [akˈtɔr] *n*	o **ator**
la **actriz** [akˈtriθ] *n* *pl f* **actrices** [akˈtri θes]	a **atriz**
el **bailarín**, la **bailarina** [baïlaˈrin, baïlaˈrina] *n*	o **bailarino**, a **bailarina**
el **director**, la **directora** [dirɛkˈtɔr, dirɛkˈtora] *n*	o **diretor**, a **diretora**
el **guía turístico** [ˈgia tuˈristiko] *n*	o **guia turístico**
el/la **piloto** [piˈloto] *n m/f*	o **piloto**, a **pilota**
la **azafata** [aθaˈfata] *n*	a **comissária de bordo**, a **aeromoça**
el **capitán** [kapiˈtan] *n m/f*	o **capitão**, a **capitã**
el **marino** [maˈrino] *n*	o **marinheiro**
el **marinero** [mariˈnero] *n*	o **marinheiro**

➡ A forma **la marinera** é possível, mas não é corrente.

el/la representante [rrɛpresen'tante] n m/f	o/a representante
el/la comerciante [komɛr'θĭante] n m/f	o/a comerciante
➡ Pode-se também dizer la comercianta.	
el hombre de negocios ['ɔmbre ðe ne'ɣoθĭɔs] n	o homem de negócios
la mujer de negocios [mu'xer ðe ne'ɣoθĭɔs] n	a mulher de negócios
el empresario, la empresaria [empre'sarĭo, empre'sarĭa] n	o empresário, a empresária
el consultor, la consultora [kɔnsul'tɔr, kɔnsul'tora] n	o consultor, a consultora
el director, la directora [dirɛk'tɔr, dirɛk'tora] n	o diretor, a diretora
el juez, la jueza [xũeθ, xũeθa] n; pl jueces [xũeθes]	o juiz, a juíza
el político, la política [embaxa'ðɔr, embaxa'ðora] n	o político, a política
el embajador, la embajadora [ver orig.] n	o embaixador, a embaixadora
el diplomático, la diplomática [ver orig.] n	o/a diplomata
el/la soldado [sɔl'daðo] n	o/a soldado
el/la oficial [ofi'θĭal] n m/f	o/a oficial
el/la general [xene'ral] n m/f	o general, a general
el funcionario, la funcionaria [funθĭo'narĭo, funθĭo'narĭa] n	o funcionário, a funcionária

Cotidiano e material de escritório

el **despacho** [des'patʃo] *n*
- La señora Navarro está en su **despacho**, puede pasar.

o **escritório**
- A senhora Navarro está em seu **escritório**, o senhor pode entrar.

el **escritorio** [eskri'torǐo] *n*
- Ahí están las cartas, encima del **escritorio**.

a **escrivaninha**
- As cartas estão aí, em cima da **escrivaninha**.

escribir [eskri'βir] *v*
▶ v irr p. 424 escribir
- Jorge me **escribió** un e-mail.

escrever

- Jorge me **escreveu** um e-mail.

la **silla de oficina** ['siʎa ðe ofi'θina] *n*
- Esta **silla de oficina** es muy incómoda.

a **cadeira de escritório**

- Esta **cadeira de escritório** é muito desconfortável.

la **fotocopiadora** [fotokopǐa'ðora] *n*
- ¡Pon papel en la **fotocopiadora**, por favor!

a **fotocopiadora**

- Ponha papel na **fotocopiadora**, por favor!

la **fotocopia** [foto'kopǐa] *n*
- Necesito una **fotocopia** de este documento.

a **cópia**
- Preciso de uma **cópia** deste documento.

copiar [ko'pǐar] *v*
- Hay que **copiar** este texto.
- **He copiado** el libro entero.

copiar
- É preciso **copiar** este texto.
- **Copiei** o livro inteiro.

el **calendario** [kalen'darǐo] *n*
- Los días de fiesta están marcados en rojo en el **calendario**.

o **calendário**
- Os feriados estão marcados em vermelho no **calendário**.

la **tarjeta de visita** [tar'xeta ðe βi'sita] *n*
- La representante me ha dado su **tarjeta de visita**.

o **cartão de visita**

- A representante me deu seu **cartão de visita**.

la **documentación** [dokumenta'θǐon] *n*
- Esto es **documentación** secreta de la empresa.

a **documentação**, os **documentos**

- Isto é **documentação** secreta da empresa.

Cotidiano e material de escritório

el acta [akta] n
- La documentación está en esa **acta**.

o arquivo
- A documentação está nesse **arquivo**.

la nota ['nota] n
- Señor García, su secretaria ha dejado una **nota** encima de su escritorio.

a anotação
- Senhor García, sua secretária deixou uma **anotação** em sua escrivaninha.

anotar [ano'tar] v
- Pedro **anota** la fecha de la cita.

anotar
- Pedro **anota** a data da consulta.

apuntar [apun'tar] v
- ¡**Apunta** mi número de teléfono!

anotar
- **Anote** meu número de telefone!

el papel [pa'pɛl] n
- ¿Tienes **papel** y lápiz para apuntar mi teléfono?

o papel
- Você tem **papel** e lápis para anotar meu número de telefone?

el trozo de papel ['troθo ðe pa'pɛl] n
- Encima de la mesa hay un **trozo de papel** con un mensaje.

o pedaço de papel
- Em cima da mesa há um **pedaço de papel** com uma mensagem.

la hoja ['ɔxa] n
- Apunta en esta **hoja** tu nombre y apellidos.

a folha
- Escreva nesta **folha** seu nome e sobrenome.

el lápiz ['lapiθ] n
- No, no tengo **lápiz** para apuntar tu número.

o lápis
- Não, não tenho **lápis** para anotar seu número.

el bolígrafo [bo'liɣrafo] n
- Si escribes con **bolígrafo**, no podrás borrar los errores.

a caneta (esferográfica)
- Se você escrever com **caneta**, não poderá apagar os erros.

la pluma ['pluma] n
- Prefiero escribir con **pluma** que con bolígrafo.

a caneta-tinteiro
- Prefiro escrever com **caneta-tinteiro** do que com esferográfica.

la reunión [rrɛũ'nĩɔn] n
- De 10:00 a 11:30 horas él está en una **reunión**.

a reunião
- Das 10h às 11h30 ele estará em uma **reunião**.

la cita ['θita] n
- Ella no puede acudir a la **cita**.

o compromisso, a consulta
- Ela não pode comparecer ao **compromisso**.

la **agenda** [a'xenda] *n* ■ Ha apuntado la cita en mi **agenda**.	a **agenda** ■ Anotei o compromisso na minha **agenda**.
aplazar [apla'θar] *v* ▶ v irr p. 422 analizar ■ La cita se **ha aplazado**.	**adiar** ■ A consulta **foi adiada**.
la **lista** ['lista] *n* ■ Ya he hecho la solicitud; ahora estoy en la **lista**.	a **lista** ■ Fiz o pedido; agora estou na **lista**.
la **tabla** ['taβla] *n* ■ Los datos se presentarán en una **tabla**.	a **tabela** ■ Os dados serão apresentados em uma **tabela**.
teclear [tekle'ar] *v* ■ Después del curso sé **teclear** más rápido.	**teclar** ■ Depois do curso, sei **teclar** mais rápido.
la **presentación** [presenta'θion] *n* ■ La **presentación** fue un éxito.	a **apresentação** ■ A **apresentação** foi um sucesso.
presentar [presen'tar] *v* ■ Queremos **presentar** nuestras novedades	**apresentar** ■ Queremos **apresentar** nossas novidades.
exhibir [e(γ)si'βir] *v* ■ En la feria se **ha exhibid**o el último modelo.	**exibir** ■ Na feira **foi exibido** o último modelo.
la **calculadora** [kalkula'ðora] *n* ■ La **calculadora** da siempre el resultado correcto.	a **calculadora** ■ A **calculadora** mostra sempre o resultado correto.
el **bloc de notas** [blɔy de 'notas] *n*; *pl* **blocs** [blɔks] ■ Siempre llevo un pequeño **bloc de notas** en el bolso.	o **bloco de notas** ■ Sempre levo um pequeno **bloco de notas** no bolso.
las **tijeras** [ti'xeras] *n pl* ■ ¿Puedes prestarme las **tijeras**?	a **tesoura** ■ Você poderia me emprestar a **tesoura**?
la **regla** ['rrɛγla] *n* ■ Sin **regla** no puedo hacer el ejercicio de geometría.	a **régua** ■ Sem **régua,** não tenho como fazer o exercício de geometria.

la **goma de borrar** ES, el **borrador** AL ['goma ðe bɔ'rrar, βɔrra'ðɔr] *n* ■ ¿Me prestas tu **goma de borrar**?	a **borracha** ■ Você me empresta sua **borracha**?
el **pegamento** [peɣa'mento] *n* ■ Para pegar papel se utiliza **pegamento**.	a **cola** ■ Para colar papel se usa **cola**.
el **clip** [klip] *n*; *pl* **clips** [klips] *n* ■ Sujeto los papeles con un **clip**.	o **clipe** ■ Prendo as folhas com um **clipe**.
la **papelera** [pape'lera] *n* ■ La **papelera** de la oficina está llena.	a **lixeira** ■ A **lixeira** do escritório está cheia.
la **perforadora (de papel)** [pɛrfora'ðora (ðe pa'pɛl)] *n* ■ La **perforadora** puede hacer dos o cuatro agujeros en la hoja.	o **perfurador (de papel)** ■ O **perfurador de papel** pode fazer dois ou quatro furos na folha.
el **sello** ['seʎo] *n* ■ El documento tiene que llevar un **sello** oficial.	o **selo** ■ O documento tem de levar um **selo** oficial.

Candidatura à vaga de emprego, colocação e demissão

el **empleo** [em'pleo] *n* ■ Busco un **empleo** en el sector de turismo.	o **emprego** ■ Procuro um **emprego** no setor de turismo.
el **empleado**, la **empleada** [emple'aðo, emple'aða] *n* ■ Los **empleados** han anunciado una huelga.	o **empregado**, a **empregada** ■ Os **empregados** anunciaram uma greve.
el **empleador**, la **empleadora** [emplea'ðor, emplea'ðora] *n* ■ Los **empleadores** están en contra de una subida salarial.	o **empregador**, a **empregadora** ■ Os **empregadores** são contra o aumento de salário.
emplear [emple'ar] *v* ■ De momento no quieren **emplear** a más gente.	**empregar** ■ No momento, não querem **empregar** mais gente.

Candidatura à vaga de emprego, colocação e demissão

el **desemplo** [desem'pleo] n
- El Ministro prometió analizar el tema del **desempleo**.

o **desemprego**
- O ministro prometeu analisar o tema do **desemprego**.

desempleado, desempleada [desemple'aðo, desemple'aða] adj
- Alberto **está desempleado** desde hace un año.

desempregado, desempregada
- Alberto está **desempregado** há um ano.

el **paro** ES ['paro] n
- El **paro** ha subido desde septiembre.

o **desemprego**
- O **desemprego** subiu desde setembro.

parado, parada ES [pa'raðo, pa'raða] n
- Estoy **parado** y busco trabajo como vendedor.

desempregado, desempregada
- Estou **desempregado** e procuro emprego como vendedor.

la **solicitud** [soliθi'tu(ð)] n
- Las **solicitudes** se presentarán hasta el 30 de junio.

a **candidatura**
- As **candidaturas** têm de ser apresentadas até 30 de junho.

presentarse a un puesto [presen'tarse a um 'pŭesto] loc
- **Me presento a un puesto** de ingeniero.

candidatar-se a uma vaga, pleitear uma vaga
- Eu **me candidato** a uma vaga como engenheiro.

contratar [kɔntra'tar] v
- **Hemos contratado** al señor Márquez porque tiene mucha experiencia.

contratar
- **Contratamos** o senhor Márquez porque tem muita experiência.

la **carrera** [ka'rrɛra] n
- Ella tiene por delante una gran **carrera**.

a **carreira**
- Ela tem pela frente uma grande **carreira**.

la **trayectoria profesional** [trajɛk'toria profesĭo'nal] n
- Andy está orgulloso de su **trayectoria profesional**.

a **trajetória profissional**
- Andy está orgulhoso de sua **trajetória profissional**.

el **despido** [des'piðo] n
- Cristina ha recibido el **despido** por carta.

a **demissão**
- Cristina recebeu a **demissão** por carta.

Candidatura à vaga de emprego, colocação e demissão

despedir ES, **cesar** AL [despeˈðir, θeˈsar] *v* ▶ *v irr* p. 426 pedir ■ El empleador **ha cesado** a muchos empleados porque tiene muy pocos pedidos.	**demitir, despedir** ■ O empregador **demitiu** muitos funcionários, por estar com muito poucos pedidos.
despedirse ES, **renunciar** AL [despeˈðirse, rrɛnunˈθĩar] *v* ▶ *v irr* p. 426 pedir ■ Ella **se despidió** porque recibió una mejor oferta de trabajo.	**demitir-se, pedir demissão** ■ Ela **se demitiu** porque recebeu uma oferta de trabalho melhor.
la **plaza vacante** [ˈplaθa βaˈkante] *n* ■ Para esa **plaza vacante** se han presentado 40 personas.	a **vaga** ■ Para essa **vaga** se apresentaram 40 pessoas.
el **anuncio de empleo** [aˈnunθĩo ðe emˈpleo] *n* ■ Me presento a un **anuncio de empleo** como director de hotel.	o **anúncio de emprego**, a **oferta de emprego**, a **vaga** ■ Estou me apresentando à **vaga** de gerente de hotel.
la **entrevista de trabajo** [entreˈβista ðe traˈβaxo] *n* ■ Me han llamado para una **entrevista de trabajo**.	a **entrevista de emprego** ■ Chamaram-me para uma **entrevista de emprego**.
la **oportunidad** [opɔrtuniˈða(ð)] *n* ■ Creo que en esa empresa tienes una buena **oportunidad** de que te dén el trabajo.	a **oportunidade** ■ Creio que nessa empresa você tem uma boa **oportunidade** de obter uma vaga.
el **escrito** [esˈkrito] *n* ■ Junto al cv siempre viene un **escrito** donde el candidato se presenta brevemente.	a **carta de apresentação** ■ Junto ao cv sempre vem uma **carta de apresentação** em que o candidato se apresenta brevemente.
el **currículum vitae** [kuˈrrikulum biˈtae] *n* (abrev. el **cv**) ■ Tiene que ser un **currículum vitae** escrito a mano.	o *curriculum vitae*, o **currículo**, o **cv** ■ Tem de ser um *curriculum vitae* escrito à mão.
la **experiencia profesional** [e(ɣ)speˈrĩenθĩa profesĩoˈnal] *n* ■ Marina tiene ocho años de **experiencia profesional**.	a **experiência profissional** ■ Marina tem oito anos de **experiência profissional**.

el/la **principiante** [prinθi'pǐante] *n m/f*
- Ella no tiene experiencia porque es **principiante** en este campo.

o/a **iniciante**
- Ela não tem experiência porque é **iniciante** nessa área.

el **experto**, la **experta** [e(γ)s'pɛrto, e(γ)s'pɛrta] *n*
- En el congreso se reunieron **expertos** de todo el mundo.

o/a **especialista**
- No congresso, reuniram-se **especialistas** de todo o mundo.

➡ **experto** é usado tanto como substantivo quanto como adjetivo: **Ana es experta en literatura.** – Ana é especialista em literatura. **Ana es una mujer experta en literatura.** – Ana é uma mulher especialista em literatura.

entender de [enten'dɛr ðe] *v*
▶ v irr p. 426 perder
- Bertha **entiende** mucho **de** su materia, la neurología.

entender de
- Bertha **entende** muito **de** sua área, a neurologia.

el **INEM** ES [i'nem] *n*
- Participa en un curso de formación del **INEM**.

a **agência de trabalho**
- Faz um curso de formação na agência de trabalho.

➡ **INEM** é a abreviação para **Instituto Nacional de Empleo**.

la **empresa de trabajo temporal** [em'presa ðe tra'βaxo tempo'ral] *n*
- Hay muchas **empresas de trabajo temporal** en Europa.

a **agência de trabalho temporário**
- Há muitas **agências de trabalho temporário** na Europa.

Condições de trabalho

el **salario** [sa'larǐo] *n*
- Han anunciado que los **salarios** subirán un tres por ciento.

o **salário**
- Foi anunciado que os **salários** vão subir 3%.

el **sueldo** ['sŭeldo] *n*
- Como jueza tiene un **sueldo** alto.

o **pagamento**, o **salário**, a **renda**
- Como juíza, ela tem uma **renda** alta.

el **aumento de sueldo** [aŭ'mento ðe 'sŭeldo] *n*
- Voy a pedir un **aumento de sueldo**.

o **aumento de salário**
- Vou pedir um **aumento de salário**.

Condições de trabalho

ganar [ga'nar] *n*
- ¿Cuánto **ganas** al mes?

ganhar, receber
- Quanto você **ganha** por mês?

➡ Um sinônimo de uso mais frequente é **cobrar**.

ganarse la vida [ga'narse la 'βiða] *loc*
- Mi primo se **gana la vida** como pintor.

ganhar a vida
- Meu primo **ganha a vida** como pintor.

el contrato [kɔn'trato] *n*
- Deberías leer el **contrato** antes de firmarlo.

o contrato
- Você deveria ler o **contrato** antes de assiná-lo.

la exigencia [e(ɣ)si'xenθia] *n*
- Firmaré el contrato solo cuando acepten mis **exigencias**.

a exigência
- Vou assinar o contrato só quando aceitarem minhas **exigências**.

exigir [e(ɣ)si'xir] *v*
▶ v irr p. 425 exigir
- La jefa **exige** que acabemos el trabajo para el viernes.

exigir
- A chefe **exige** que terminemos o trabalho até sexta-feira.

la pensión [pen'sĭon] *n*
- Mi abuelo cobra una **pensión** ridícula.

a aposentadoria, a pensão
- Meu avô recebe uma **aposentadoria** ridícula.

la jubilación [xuβila'θĭon] *n*
- Le han ofrecido a Pedro con 58 años una **jubilación** anticipada.

a aposentadoria
- Aos 58 anos, ofereceram a Pedro uma **aposentadoria** antecipada.

jubilarse [xuβi'larse] *v*
- El señor Ruiz **se jubila** este año.

aposentar-se
- O senhor Ruiz **se aposenta** neste ano.

el acuerdo [a'kŭɛrðo] *n*
- Se llegó a un **acuerdo** después de muchas negociaciones.

o acordo
- Chegou-se a um **acordo** depois de uma longa negociação.

acordar [akor'ðar] *v*
▶ v irr p. 423 contar
- Tenemos que **acordar** una cita para hablar de la situación.

combinar
- Temos de **combinar** uma data para falar da situação.

por hora [pɔr 'ora] *adv*
- Gana 30 euros **por hora** como profesor de idiomas.

por hora
- Ganha 30 euros **por hora** como professor de idiomas.

el **ascenso** [asˈθenso] n ■ El jefe ha propuesto al señor Braun para un **ascenso** dentro de la empresa.	a **promoção** ■ O chefe propôs ao senhor Braun uma **promoção** na empresa.
nombrar [nɔmˈbrar] v ■ Hoy me **han nombrado** directora del departamento.	**nomear** ■ Hoje **fui nomeada** diretora do departamento.
el **periodo de prueba** [peˈrĭoðo ðe ˈpŭeβra] n ■ La han contratado después de superar el **periodo de prueba** de tres meses.	o **período de experiência** ■ Ela foi contratada depois de passar pelo **período de experiência** de três meses.
la **jornada laboral** [xɔrˈnaða laβoˈral] n ■ La **jornada laboral** de Patricia es de ocho horas.	a **jornada de trabalho** ■ A **jornada de trabalho** de Patrícia é de oito horas.
la **jornada completa** [xɔrˈnaða kɔmˈpleta] n ■ Él trabaja a **jornada completa**.	o **período integral** ■ Ele trabalha em **período integral**.
la **jornada reducida** [xɔrˈnaða reðuˈθiða] n ■ La madre de dos niños trabaja con **jornada reducida**.	**meio período** ■ A mãe de dois filhos trabalha **meio período**.
el **horario (de trabajo) flexible** [oˈrarĭo (ðe traˈβaxo) fle(ɣ)ˈsiβle] n ■ A muchos trabajadores les gusta el **horario (de trabajo) flexible**.	o **horário (de trabalho) flexível** ■ Muitos trabalhadores gostam de **horário de trabalho flexível**.
el **turno** [ˈturno] n ■ La enfermera trabaja por **turnos**.	o **turno** ■ A enfermeira trabalha por **turnos**.
la **hora extra** [ˈora ˈe(ɣ)stra] n ■ Tengo 20 **horas extras**. Espero que me las paguen.	a **hora extra** ■ Tenho 20 **horas extras**. Espero que me paguem.
la **prestación adicional** [prestaˈθĭon aðiˈθĭoˈnal] n ■ En mi nuevo trabajo tengo muchas **prestaciones adicionales**.	o **adicional** ■ Em meu novo trabalho tenho vários **adicionais**.

Condições de trabalho

la **gratificación** [gratifika'θĭon] n ■ Este año el banco no paga ninguna **gratificación** a sus directivos.	o bônus, a **gratificação** ■ Neste ano o banco não vai pagar nenhum **bônus** a seus executivos.
el **comité de empresa** [komi'te ðe em'presa] n ■ Él es miembro del **comité de empresa**.	o **conselho da empresa**, o **comitê da empresa** ■ Ele é membro do **conselho da empresa**.
el **sindicato** [sindi'kato] n ■ El **sindicato** anunció una huelga para el 20 de abril.	o **sindicato** ■ O **sindicato** anunciou uma greve em 20 de abril.
la **huelga** ['ŭelya] n ■ Los comerciantes empezaron la **huelga** el 20 de abril.	a **greve** ■ Os comerciantes iniciaram a **greve** em 20 de abril.
estar en huelga [es'tar eŋ 'welya] loc ▶ v irr p. 425 estar ■ Los trabajadores **están en huelga** porque quieren un salario más alto.	**estar em greve** ■ Os trabalhadores **estão em greve** porque querem um salário mais alto.
el **convenio colectivo** [kɔm'benĭo kolɛk'tiβo] n ■ El **convenio colectivo** se firma entre el sindicato y la empresa.	o **acordo coletivo** ■ O **acordo coletivo** é firmado entre o sindicato e a empresa.
el **descanso** [des'kanso] n ■ El señor Alonso está ahora mismo en el **descanso**.	a pausa, o **intervalo**, o descanso ■ O senhor Alonso está agora em seu **intervalo**.
la **ley de protección de la maternidad** [lɛĭ ðe prote(γ)'θĭon de la matɛrni'ða(ð)] n ■ La **ley de protección de la maternidad** ampara a las madres trabajadoras de no ser despedidas.	a **lei de proteção à maternidade** ■ A **lei de proteção à maternidade** ampara as mães trabalhadoras para que não sejam despedidas.
el **permiso de trabajo** [pɛr'miso ðe tra'βaxo] n ■ El mes pasado terminó mi **permiso de trabajo**.	a **permissão de trabalho** ■ No mês passado expirou minha **permissão de trabalho**.

Interesses culturais

Leitura

---

el libro [ˈliβro] *n*
- En Cataluña es tradición regalar un **libro** y una rosa el 23 de abril.

o **livro**
- Na Catalunha é tradição presentear com um **livro** e uma rosa no dia 23 de abril.

---

el lector, la lectora [lɛkˈtɔr, lɛkˈtora] *n*
- *El País* y ABC son los periódicos españoles con más **lectores**.

o **leitor, a leitora**
- *El País* e o ABC são os periódicos espanhóis com mais **leitores**.

---

leer [leˈɛr] *v*
- ▶ **v irr** p. 424 creer
- En vacaciones quiero **leer** dos libros.

ler
- Nas férias quero **ler** dois livros.

---

leer en voz alta [leˈɛr em ˈbɔθ ˈalta] *loc*
- ▶ **v irr** p. 424 creer
- Los padres **leen en voz alta** una historia a sus hijos.

ler em voz alta
- Os pais **leem em voz alta** uma história para os filhos.

---

la historia [isˈtoɾia] *n*
- Me gustan las **historias** de Astérix y Obelix.

a **história**
- Gosto das **histórias** de *Asterix e Obelix*.

---

el relato [rrɛˈlato] *n*
- El escritor ruso Chéjov es conocido por sus **relatos**.

a **narrativa**
- O escrito russo Tchekhov é conhecido por suas **narrativas**.

---

la novela [noˈβela] *n*
- Estoy leyendo una **novela** de José Luis Sampedro.

o **romance**
- Estou lendo um **romance** de José Luis Sampedro.

---

el cuento [ˈkũento] *n*
- De pequeño, mi abuela siempre me contaba un **cuento** todas las noches.

o **conto**
- Quando criança, minha avó sempre me contava um **conto** todas as noites.

el **título** ['titulo] *n* ■ La editorial ha elegido el **título** del libro.	o **título** ■ A editora escolheu o **título** do livro.
la **biblioteca** [biβlĭo'teka] *n* ■ Tienes que devolver el libro en la **biblioteca** del colegio.	a **biblioteca** ■ Você tem de devolver o livro à **biblioteca** do colégio.
la **literatura** [litera'tura] *n* ■ García Márquez recibió el Premio Nobel de **Literatura** en 1982.	a **literatura** ■ García Márquez recebeu o Prêmio Nobel de **Literatura** em 1982.
literario, literaria [lite'rarĭo, lite'rarĭa] *adj* ■ Esa novela fue un descubrimiento **literario**.	**literário, literária** ■ Este romance foi um achado **literário**.
el **texto** ['te(y)sto] *n* ■ Leed este **texto** filosófico y comentadlo.	o **texto** ■ Leiam este **texto** filosófico e o comentem.
el **poeta**, la **poetisa** [po'eta, po'etisa] *n* ■ Federico García Lorca fue un gran **poeta**.	o **poeta**, a **poetisa** ■ Federico García Lorca foi um grande **poeta**.

➡ Existem mais palavras com a terminação -a que são masculinas além de el poeta – o poeta, por exemplo: el profeta – o profeta. Frequentemente são derivadas do grego. Outro exemplo é el mapa – o mapa.

el **poema** [po'ema] *n* ■ El **poema** tiene cuatro estrofas.	o **poema** ■ O **poema** tem quatro estrofes.
la **poesía** [poe'sia] *n* ■ ¿Qué te gusta más leer: **poesía** o novelas?	a **poesia** ■ O que você gosta mais de ler: **poesia** ou **romances**?
la **biografía** [bĭoyra'fia] *n* ■ Lo que más les gusta leer son **biografías** de personas famosas.	a **biografia** ■ O que eles mais gostam de ler são **biografias** de pessoas famosas.
el **diario** [di'arĭo] *n* ■ ¿Escribes un **diario**?	o **diário** ■ Você escreve um **diário**?
el **relato corto** [rrɛ'lato 'kɔrto] *n* ■ Siegfried Lenz escribió **relatos cortos**.	o **conto** ■ Siegfried Lenz escreveu **contos**.

la **novela policíaca** [noˈβela poliˈθiaka] *n* ■ Esta **novela policíaca** se ha convertido en un best-seller.	o **romance policial** ■ Este **romance policial** se tornou um *best-seller*.
la **ficción** [fiɣˈθĭɔn] *n*; *pl* **ficciones** [fiɣˈθĭones] *n* ■ La historia es pura **ficción**.	a **ficção** ■ A história é pura **ficção**.
el **libro de no ficción** [ˈliβro ðe no fiɣˈθĭɔn] *n* ■ Un atlas y una guia de viajes son **libros de no ficción**.	o **livro de não ficção** ■ Um atlas e um guia de viagem são **livros de não ficção**.
el **cómic** [ˈkomik] *n*; *pl* **cómics** [ˈkomiks] *n* ■ Mortadelo y Filemón es un **cómic** español.	a **revista em quadrinhos** ■ *Mortadelo e Salaminho* é uma **revista em quadrinhos** espanhola.
el **volumen** [boˈlumen] *n* ■ Jaime tiene las obras de Goethe en once **volúmenes**.	o **volume** ■ Jaime tem as obras de Goethe em onze **volumes**.
el **capítulo** [kaˈpitulo] *n* ■ Ya he leído los primeros **capítulos** de la novela.	o **capítulo** ■ Eu já li os primeiros **capítulos** do romance.
el **personaje principal** [pɛrsoˈnaxe prinθiˈpal] *n* ■ El **personaje principal** del relato es John, un soldado que vuelve a casa después de la guerra.	a **personagem principal**, a **protagonista** ■ A **personagem principal** é John, um soldado que volta para casa depois da guerra.
el **narrador**, la **narradora** [narraˈðɔr, narraˈðora] *n* ■ El **narrador** ha terminado la historia de su familia.	o **narrador**, a **narradora** ■ O **narrador** terminou a história de sua família.
el **tema** [ˈtema] *n* ■ El **tema** le interesa mucho a Carlos.	o **tema** ■ O **tema** interessa muito a Carlos.
la **cita** [ˈθita] *n* ■ Las **citas** se escriben entre comillas.	a **citação** ■ **Citações** são escritas entre aspas.

la **editorial** [eðitoˈrĭal] *n* ■ Desde hace poco él trabaja para una **editorial**.	a **editora** ■ Ele trabalha para uma **editora** há pouco tempo.
la **censura** [ˈliβro elɛkˈtroniko] *n* ■ Debido a la **censura** hubo que recortar algunas escenas de la película.	a **censura** ■ Em razão da **censura**, foi necessário cortar algumas cenas do filme.

Música

la **música** [ˈmusika] *n* ■ ¿Qué tipo de **música** te gusta escuchar?	a **música** ■ Que tipo de **música** você gosta de escutar?
musical [musiˈkal] *adj* ■ Esa ópera es una obra maestra **musical**.	**musical** ■ Esta ópera é uma obra-prima **musical**.
escuchar música [eskuˈtʃar ˈmusika] *loc* ■ Pedro está **escuchando música**.	**ouvir música** ■ Pedro está **ouvindo música**.

➡ Nos verbos transitivos, o objeto direto pede a preposição **a**, quando se trata de pessoa, animal ou objeto personificado, por exemplo, **Pedro escuchó al cantante. – Pedro ouviu a cantora.**

la **canción** [kanˈθĭon] *n* ■ Te voy a tocar una **canción** en el piano.	a **canção** ■ Vou tocar para você uma **canção** ao piano.
cantar [kanˈtar] *v* ■ Mercedes **canta** en un coro.	**cantar** ■ Mercedes **canta** em um coral.
la **voz** [boθ] *n*; *pl* **voces** [ˈboθes] ■ Irene tiene una **voz** muy bonita.	a **voz** ■ Irene tem uma **voz** muito bonita.
bajo, baja [ˈbaxo, ˈbaxa] *adj* ■ Cantaba en voz **baja**.	**baixo, baixa** ■ Cantava em voz **baixa**.
alto, alta [ˈalto, ˈalta] *adj* ■ Has puesto la música tan **alta** que no puedo estudiar.	**alto, alta** ■ Você colocou a música tão **alto** que não consigo estudar.

Música

agudo, aguda [a'ɣuðo, a'ɣuða] *adj* ■ Las mujeres suelen tener a la voz más **aguda** que los hombres.	**agudo, aguda** ■ As mulheres costumam ter voz mais **aguda** que os homens.
grave ['graβe] *adj* ■ La voz del bajo es **grave**.	**grave** ■ A voz do baixo é **grave**.
el instrumento [instru'mento] *n* ■ No toco ningún **instrumento**.	**o instrumento** ■ Não toco nenhum **instrumento**.
tocar [to'kar] *v* ▶ **v irr** p. 422 comunicar ■ Espero que en el concierto de hoy **toquen** mi canción favorita.	**tocar** ■ Espero que no show de hoje **toquem** minha canção favorita.

➡ Quando **tocar** não se referir a música e instrumentos, usa-se **jugar**.

el piano [pi'ano] *n* ■ Emilia toca el **piano** desde los cuatro años.	**o piano** ■ Emilia toca **piano** desde os quatro anos.
el violín [bĭo'lin] *n*; *pl* **violines** [bĭo'lines] *n* ■ Él toca el segundo **violín** de la orquesta.	**o violino** ■ Ele toca o segundo **violino** na orquestra.
la guitarra [gi'tarra] *n* ■ Voy a hacer un curso de **guitarra** española.	**o violão** ■ Vou fazer um curso de **violão** espanhol.
el bajo ['baxo] *n* ■ Marcus está aprendiendo a tocar el **bajo**.	**o baixo** ■ Marcos está aprendendo a tocar **baixo**.
el tambor [tam'bɔr] *n* ■ El **tambor** es un instrumento de percusión.	**o tambor** ■ O **tambor** é um instrumento de percussão.
la flauta ['flaŭta] *n* ■ Los niños tocan la **flauta** en la escuela de música.	**a flauta** ■ As crianças tocam **flauta** na escola de música.
el concierto [kɔn'θĭɛrto] *n* ■ La orquesta sinfónica de Berlín ha ofrecido un **concierto**.	**o concerto** ■ A orquestra sinfônica de Berlim fez um **concerto**.

Música

la **ópera** ['opera] n
- ¿Has estado alguna vez en la **ópera**?

a **ópera**
- Você já foi alguma vez à **ópera**?

el **sonido** [so'niðo] n
- Este piano tiene un **sonido** estupendo.

o **som**, a **sonoridade**
- Este piano tem uma **sonoridade** incrível.

sonar [so'nar] v
▶ v irr p. 423 contar
- La melodía **suena** alegre.

soar
- A melodia **soa** alegre.

el **CD** [ES: θe'ðe, AL: 'siði] n
- Tengo unos 300 **CDs** en casa.

o **CD**
- Tenho uns 300 **CDs** em casa.

el **reproductor de CD** [ES: rrεproðuk'tor ðe θe'ðe, AL: rrεproðuk'tor ðe 'siði] n
- El niño quiere un **reproductor de CD** para su cumpleaños.

o **toca-CDs**, o **CD-player**
- A criança quer um **toca-CDs** de aniversário.

el **MP3** [emepe'tres] n
- Un **MP3** almacena música.

o **MP3**
- Um **MP3** armazena música.

clásico, clásica ['klasiko, 'klasika] adj
- Es un concierto de música **clásica**.
- Se venden CDs de música **clásica**.

clássico, clássica
- É um concerto de música **clássica**.
- Vendem-se CDs de música **clássica**.

la **orquesta** [or'kesta] n
- Manuel toca en una **orquesta** muy famosa.

a **orquestra**
- Manuel toca numa **orquestra** muito famosa.

el **musical** [musi'kal] n
- El Broadway en Nueva York es la calle de los teatros y **musicales**.

o **musical**
- A Broadway em Nova York é a rua dos teatros e **musicais**.

la **música pop** ['musika 'pop] n
- Madonna es una estrella de la **música pop**.

a **música pop**
- Madonna é uma estrela da **música pop**.

el **grupo (de música)** ['grupo (ðe 'musika)] n
- El **grupo** tocará los éxitos de los ochenta.

a **banda**
- A **banda** tocará os sucessos dos anos 1980.

la **música folclórica** ['musika fol'klorika] *n* ■ A muchos jóvenes no les gusta la **música folclórica**.	a **música folclórica** ■ Muitos jovens não gostam de **música folclórica**.
la **batería** [bate'ria] *n* ■ El hombre de la **batería** es un músico brasileño.	a **bateria** ■ O homem da **bateria** é um músico brasileiro.
la **melodía** [melo'ðia] *n* ■ Esta **melodía** me resulta conocida.	a **melodia** ■ Esta **melodia** me é conhecida.
el **ritmo** ['rriðmo] *n* ■ La música africana tiene mucho **ritmo**.	o **ritmo** ■ A música africana tem muito **ritmo**.
la **nota** ['nota] *n* ■ La escala musical tiene siete **notas**.	a **nota** ■ A escala musical tem sete **notas**.
el **equipo estéreo** [e'kipo es'tereo] *n* ■ Con un **equipo estéreo** la música se oye mucho mejor.	o **aparelho de som estéreo** ■ Com um **aparelho de som estéreo** se ouve música muito melhor.
el **altavoz** [alta'βɔθ] *n*; *pl* **altavoces** [alta'βoθes] ■ El equipo de música tiene dos **altavoces**.	a **caixa de som**, o **alto-falante** ■ O aparelho tem duas **caixas de som**.

Arte

el **arte** ['arte] *n* ■ El **arte** moderno me encanta.	a **arte** ■ Gosto da **arte** moderna.
artístico, artística [ar'tistiko, ar'tistika] *adj* ■ Marion tiene gran talento **artístico**.	**artístico** ■ Marion tem um grande talento **artístico**.

Arte

la **galería (de arte)** [gale'ria (ðe 'arte)] *n*
- Thomas es propietario de una **galería**.

a **galeria** (de arte)
- Thomas é proprietário de uma **galeria**.

mostrar [mɔs'trar] *v*
▶ **v irr** p. 423 contar
- El cuadro **muestra** un paisaje marino.

mostrar
- O quadro **mostra** uma paisagem marinha.

el **cuadro** ['kŭaðro] *n*
- En el Museo Nacional del Prado cuelgan unos 2.000 **cuadros**.

o **quadro**, a **pintura**
- O Museo Nacional del Prado conta com 2 mil **quadros**.

la **pintura** [pin'tura] *n*
- Esa **pintura** es muy famosa.

a **pintura**
- Essa **pintura** é muito famosa.

pintar [pin'tar] *v*
- Me gusta **pintar** con mis dedos en vez de un pincel.
- Los niños **pintan** huevos de Pascua.

pintar
- Prefiro **pintar** com os dedos em vez do pincel.
- As crianças **pintam** ovos de Páscoa.

moderno, moderna [mo'ðɛrno, mo'ðɛrna] *adj*
- Ella es representante de la pintura **moderna**.

moderno, moderna
- Ela é representante da pintura **moderna**.

antiguo, antigua [an'tiɣŭo, an'tiɣŭa] *adj*
- Carolina colecciona estatuas **antiguas**.

antigo, antiga
- Carolina coleciona estátuas **antigas**.

la **exposición** [e(ɣ)sposi'θĭɔn] *n*
- Hoy voy a ver la **exposición** de un escultor poco conocido.

a **exposição**
- Hoje vou ver a **exposição** de um escultor pouco conhecido.

la **escultura** [eskul'tura] *n*
- Voy a hacer una **escultura** de hierro.

a **escultura**
- Vou fazer uma **escultura** de ferro.

el **fresco** ['fresko] *n*
- La sala estaba pintada con **frescos** de colores.

o **afresco**
- A sala estava pintada com **afrescos** coloridos.

el **dibujo** [di'βuxo] *n*
- Los **dibujos** están hechos a lápiz.

o **desenho**
- Os **desenhos** são feitos a lápis.

dibujar [di'βuxar] v ■ Tu hermano **dibuja** como un verdadero artista.	**desenhar** ■ Seu irmão **desenha** como um verdadeiro artista.
crear [kre'ar] v ■ ¿Quién **creó** esta obra de arte?	**criar** ■ Quem **criou** esta obra de arte?
el **estilo** [es'tilo] n ■ En Barcelona hay muchos edificios en **estilo** modernista.	o **estilo** ■ Em Barcelona há muitos edifícios em **estilo** modernista.
el **croquis** ['krokis] n; pl inv ■ El diseñador gráfico hizo un **croquis** inicial del folleto.	o **croqui** ■ O *designer* gráfico fez um primeiro **croqui** do folheto.
original [orixi'nal] adj ■ El cuadro **original** ha sido restaurado.	o **original** ■ O quadro **original** foi restaurado.
el **detalle** [de'taʎe] n ■ El pintor dibuja con todo **detalle**.	o **detalhe** ■ O pintor esboça todos os **detalhes**.
el **estudio** [es'tuðio] n ■ El pintor trabaja en su **estudio**.	o **ateliê**, o **estúdio** ■ O pintor trabalha em seu **ateliê**.
el **marco** ['marko] n ■ El **marco** no va bien con el cuadro.	a **moldura** ■ A **moldura** não combina com o quadro.
el **póster** ['pɔstɛr] n ■ El **póster** muestra una escena de la película.	o **pôster** ■ O **pôster** mostra uma cena do filme.

Teatro e cinema

el **teatro** [te'atro] n ■ Hace tiempo que no voy al **teatro**.	o **teatro** ■ Faz tempo que não vou ao **teatro**.
la **obra de teatro** ['oβra ðe te'atro] n ■ Las **obras de teatro** clásicas me gustan más que las modernas.	a **peça de teatro** ■ Gosto mais das **peças de teatro** clássicas do que das modernas.

representar [rrɛpresen'tar] v
- El grupo de teatro va a **representar** una obra de Valle Inclán.

apresentar
- O grupo de teatro vai **apresentar** uma obra de Valle Inclán.

la **película** [pe'likula] n
- Me encantan las **películas** americanas de los años 50.

o **filme**
- Gosto dos **filmes** americanos dos anos 1950.

➡ **película** é empregado para indicar um filme longa-metragem; o filme para câmera de filmagem e de vídeo, bem como para máquina fotográfica, chama-se **carrete**.

el **espectáculo** [espɛk'takulo] n
- No vayas a ver el **espectáculo** de ese humorista: es muy malo.

o **espetáculo**, a **apresentação**
- Não vá ao **espetáculo** desse humorista: é muito ruim.

➡ Usa-se o substantivo **sesión** para se referir a uma **sessão de cinema**: Vamos a la sesión de cine de las 22 horas. – Vamos à sessão de cinema das 22 horas.

el **espectador**, la **espectadora**
[espɛkta'ðor, espɛkta'ðora] n
- En esta sala hay pocos **espectadores**.

o **espectador**, a **espectadora**

- Nesta sala tem poucos **espectadores**.

el **cine** ['θine] n
- Mañana iré al **cine** con mi novia.

o **cinema**
- Amanhã vou ao **cinema** com minha namorada.

el **DVD** [deuβe'ðe] n
- Tengo la última película de Banderas en **DVD**.

o **DVD**
- Tenho o último filme do Banderas em **DVD**.

el **(lector de) DVD** [(lɛk'tɔr ðe) deuβe'ðe] n
- Mi **DVD** está roto desde hace cinco meses.

o **leitor de DVD**, o **DVD-player**

- Meu **leitor de DVD** está quebrado há cinco meses.

grabar [gra'βar] v
- He **grabado** en el video un programa de televisión muy divertido.

gravar
- **Gravei** em vídeo um programa de TV muito divertido.

la **función** [fun'θiɔn] n
- ¿A qué hora comienza la **función**?

o **espetáculo**
- A que horas começa o **espetáculo**?

la **comedia** [ko'meðia] *n* ■ Esa obra es una **comedia** divertidísima. Te la recomiendo.	a **comédia** ■ A peça é uma **comédia** divertidíssima. Eu a recomendo.
la **tragedia** [tra'xeðia] *n* ■ La obra "Fausto" de Goethe es una **tragedia**.	a **tragédia** ■ A obra *Fausto*, de Goethe, é uma **tragédia**.
el **drama** ['drama] *n* ■ La obra "Romeo y Julieta" es un **drama** romántico.	o **drama** ■ A obra *Romeu e Julieta* é um **drama** romântico.
el **acto** ['akto] *n* ■ La obra que veremos esta noche está dividida en cinco **actos**.	o **ato** ■ A obra que vamos ver esta noite está dividida em cinco **atos**.
la **escena** [es'θena] *n* ■ En la película había algunas **escenas** que muestran la vida cotidiana de los habitantes.	a **cena** ■ No filme havia algumas **cenas** que mostram a vida cotidiana dos habitantes.
el **argumento** [aryu'mento] *n* ■ El **argumento** de la película es muy emocionante.	o **argumento** ■ O **argumento** do filme é muito emocionante.
el **monólogo** [mo'noloyo] *n* ■ La obra de teatro es un **monólogo**.	o **monólogo** ■ A peça de teatro é um **monólogo**.
el **diálogo** [di'aloyo] *n* ■ Los **diálogos** de la comedia son muy divertidos.	o **diálogo** ■ Os **diálogos** da comédia são muito divertidos.
el **ballet** [ba'le] *n*; *pl* **ballets** [ba'les] *n* ■ "El lago de los cisnes" es un **ballet** muy conocido.	o **balé** ■ *O lago dos cisnes* é um **balé** muito conhecido.
el **baile** ['baile] *n* ■ El tango y la salsa son **bailes** muy distintos.	a **dança** ■ O tango e a salsa são **danças** muito diferentes.
el **papel** [pa'pɛl] *n* ■ A Luis le han dado un **papel** como actor secundario.	o **papel** ■ Deram a Luis um **papel** como ator secundário.
actuar [aktũ'ar] *v* ■ Ella **actúa** en una comedia.	**atuar** ■ Ela **atua** numa comédia.

Teatro e cinema

el **escenario** [esθeˈnaɾjo] *n*
- Al final de la representación todos los actores subieron al **escenario**.

o **palco**
- Ao final da apresentação, todos os atores subiram ao **palco**.

el **traje** [ˈtɾaxe] *n*
- En esta ópera usan **trajes** de época.

o **traje**
- Nesta ópera usam **trajes** de época.

poner en escena [poˈnɛɾ en esˈθena] *loc*
- ▶ *v irr* p. 427 poner
- El nuevo director **ha puesto en escena** "La flauta mágica".

encenar, pôr em cena
- O novo diretor **encenou** *A flauta mágica*.

dirigir [diɾiˈxiɾ] *v*
- ▶ *v irr* p. 425 exigir
- No recuerdo quién **dirigió** "Lo que el viento se llevó".

dirigir
- Não lembro quem **dirigiu** ...*E o vento levou*.

rodar una película [roˈðaɾ ˈuna peˈlikula] *loc*
- Ellos están **rodando una película** en Australia.

rodar um filme
- Estão **rodando um filme** na Austrália.

la **pantalla** [panˈtaʎa] *n*
- Algunos cines tienen **pantallas** grandes.

a **tela**
- Alguns cinemas têm **telas** grandes.

el **público** [ˈpuβliko] *n*
- El **público** del teatro se levantó emocionado.

o **público**
- O **público** de teatro se levantou emocionado.

el **aplauso** [aˈplau̯so] *n*
- El director recibió fuertes **aplausos**.

o **aplauso**
- O diretor recebeu fortes **aplausos**.

aplaudir [aplau̯ˈðiɾ] *v*
- Los espectadores **aplaudieron** entusiasmados.

aplaudir
- Os espectadores **aplaudiram** entusiasmados.

la **estrella** [esˈtɾeʎa] *n*
- La **estrella** del festival paseó por la alfombra roja.

a **estrela**
- A **estrela** do festival passou pelo tapete vermelho.

Lazer e tempo livre

Festas

celebrar [θele'βrar] *v*
- ¡Has aprobado! Lo tenemos que **celebrar**.

celebrar
- Você foi aprovado! Temos de **celebrar**.

el aniversario [aniβer'sarĭo] *n*
- Este año se celebra el décimo **aniversario** de la fundación de la universidad.

o aniversário
- Este ano se celebra o décimo **aniversário** da fundação da universidade.

→ Até o número 13, os números ordinais são quase sempre substituídos pelos cardinais, uma vez que, mesmo para falantes nativos do espanhol, os ordinais são difíceis de formar. Apenas **vigésimo – vigésimo** é de uso relativamente frequente. No dia a dia, por exemplo, nos elevadores, diz-se **Voy al quinto** ou **Voy al cinco – Vou ao quinto andar**.

celebrar el aniversario [θele'βrar ɛl aniβer'sarĭo] *loc*
- El casino **celebra el** quinto **aniversario** de su apertura.
→ aniversario p. 172

celebrar o aniversário
- O cassino está **celebrando o** quinto **aniversário** de inauguração.

felicitar [feliθi'tar] *v*
- Voy a **felicitar** a Rafael. Hoy es su santo.

felicitar, parabenizar
- Vou **felicitar** Rafael. Hoje é o dia do santo dele.

¡Felicidades! [feliθi'ðaðes] *interj*

Felicidades!, Parabéns!

→ Em espanhol europeu, diferenciam-se as felicitações pelo aniversário ou dia do santo do nome da pessoa, **¡Felicidades!**, das que são expressadas por ocasião de um belo feito, no caso **¡En hora buena!** Este cumprimento é utilizado, por exemplo, para felicitar uma pessoa por seu aniversário, mas também um êxito numa prova ou na celebração de um casamento. Na América Latina, essa diferença não é tão levada à risca, podendo-se dizer sempre **¡Felicidades!**.

¡En hora buena! [enora'βŭena] *loc*
→ ¡Felicidades! p. 172

Parabéns!

Festas 173

el **cumpleaños** [kumpleˈaɲos] *n*; *pl inv*	o **aniversário**
■ Mañana es tu **cumpleaños**.	■ Amanhã é o seu **aniversário**.

¡Feliz cumpleaños! [feˈliθ kumpleˈaɲos] *loc*	**Feliz aniversário!**

el **(dia del) santo** [(ˈdia ðɛl) ˈsanto] *n*	o **(dia do) santo**
■ Te llamo para felicitarte por tu **santo**.	■ Estou ligando para lhe felicitar pelo **dia do** seu **santo**.

el **regalo** [rrɛˈɣalo] *n*	o **presente**
■ Tengo un **regalo** para tí.	■ Tenho um **presente** para você.

regalar [rrɛɣaˈlar] *v*	**dar (um/de) presente, presentear**
■ A Pedro le **hemos regalado** una corbata.	■ **Presenteamos** Pedro com uma gravata.

envolver [embolˈβɛr] *v* ▶ *v irr* p. 429 volver	**embrulhar**
■ ¿Se lo **envuelvo** para regalo?	■ **Embrulho** para presente?

bienvenido, bienvenida [bi̯embeˈniðo, bi̯embeˈniða] *adj*	**bem-vindo, bem-vinda**
■ ¡Hola Ingrid! **Bienvenida** a España.	■ Olá, Ingrid! **Bem-vinda** à Espanha!

recibir [rrɛθiˈβir] *v*	**receber**
■ Nos **recibieron** con los brazos abiertos.	■ **Receberam**-nos de braços abertos.

¡Feliz Navidad y próspero Año Nuevo! [feˈliθ naβiˈða(ð) i ˈprɔspero ˈaɲo ˈnweβo] *loc*	**Feliz Natal e próspero ano-novo!**

la **ocasión** [okaˈsi̯on] *n*	a **ocasião**
■ Con **ocasión** de sus bodas de oro, los señores García-Revilla darán una fiesta.	■ Por **ocasião** de suas bodas de ouro, o casal García-Revilla deu uma festa.

el **acontecimiento** [akɔnteθiˈmi̯ento] *n*	o **acontecimento**
■ Los grandes **acontecimientos** suceden cuando menos te lo esperas.	■ Os grandes **acontecimentos** acontecem quando menos se espera.

el aniversario de bodas [aniβɛr'sarĭo ðe 'βoðas] *n* ■ Hoy es el treinta **aniversario de bodas** de mis padres. ➡ aniversario p. 172	**o aniversário de casamento** ■ Hoje é o **aniversário de casamento** de trinta anos de meus pais.
las bodas de oro ['βoðaz ðe 'oro] *n pl* ■ Ya han celebrado las **bodas de oro**.	**as bodas de ouro** ■ Já celebraram **bodas de ouro**.
el bautizo [baŭ'tiθo] *n* ■ El domingo pasado fue el **bautizo** de mi sobrino.	**o batizado**, **o batismo** ■ Domingo passado foi o **batizado** de meu sobrinho.
el anfitrión, **la anfitriona** [amfi'trĭon, amfi'trĭona] *n* ■ Paloma es una **anfitriona** estupenda.	**o anfitrião**, **a anfitriã** ■ Paloma é uma **anfitriã** incrível.
dar la bienvenida [dar la βĭembe'niða] *loc* ▶ **v irr** p. 424 dar ■ Pablo y Mario nos **dieron la bienvenida**.	**dar as boas-vindas** ■ Pablo e Mario nos **deram as boas-vindas**.
cordial [kɔr'ðĭal] *adj* ■ La conversación con el presidente fue muy **cordial**.	**cordial** ■ A conversa com o presidente foi muito **cordial**.
el acto ['akto] *n* ■ El **acto** tuvo lugar en el Palacio de Congresos.	**o ato** ■ O **ato** aconteceu no Palacio de Congresos.
tener lugar [te'nɛr lu'ɣar] *loc* ▶ **v irr** p. 428 tener ■ El concierto **tendrá lugar** el viernes a las ocho.	**dar-se**, **realizar-se**, **ter lugar** ■ O concerto **se dará** sexta-feira às oito.
las ferias ['ferĭas] *n pl* ■ Esta semana los niños quieren ir a las **ferias**.	**a festa (popular)**, **o festejo (popular)** ■ Nesta semana as crianças querem ir aos **festejos**.
las fiestas ['fĭestas] *n pl* ■ Cuando la ciudad está en **fiestas**, todo el mundo está en la calle.	**a festa** ■ Quando a cidade está em **festa**, todo o mundo fica pelas ruas.

Festas

el **festival** [festiˈβal] n
- El **festival** de nuestra ciudad es muy importante.

o **festival**
- O **festival** de nossa cidade é muito importante.

el **circo** [ˈθirko] n
- Lo que me gusta en el **circo** son los acróbatas.

o **circo**
- O que mais gosto no **circo** são os acróbatas.

el **rastro** ES, el **mercado de pulgas** AL [ˈrrastro, mɛrˈkaðo ðe ˈpulɣas] n
- Este señor vende libros antiguos en el **rastro**.
- Los sábados hay un **mercado de pulgas** cerca del estadio.

a **feira de antiguidades**, o **mercado de pulgas**
- Esse senhor vende livros antigos na **feira de antiguidades**.
- No sábado há um **mercado de pulgas** perto do estádio.

los **fuegos artificiales** [ˈfu̯eɣɔs artifiˈθi̯ales] n pl
- Cuando estamos en fiestas hay **fuegos artificiales** cada noche.

os **fogos de artifício**
- Na época de festas, há **fogos de artifício** todas as noites.

la **tradición** [traðiˈθi̯on] n
- Queremos mantener vivas las **tradiciones** de la región.

a **tradição**
- Queremos manter vivas as **tradições** da região.

tradicional [traðiθi̯oˈnal] adj
- La comida **tradicional** de Navidad es pescado.

tradicional
- A comida **tradicional** do Natal é o peixe.

la **costumbre** [kɔsˈtumbre] n; pl **costumbres** [kɔsˈtumbres]
- Es **costumbre** comer doce uvas en Nochevieja, una por cada campanada.

o **costume**
- É **costume** comer doze uvas na noite de ano-novo, uma a cada badalada.

➡ Quando o ato de comer, em determinadas circunstâncias, dura um pouco mais, em uma acolhedora reunião acompanhada de um conhaque ou um licor, ele é designado, em espanhol, **sobremesa**. Diz-se **Estamos de sobremesa. – Estamos na sobremesa.**

adornar [aðorˈnar] v
- En Navidades me gusta **adornar** la casa.

enfeitar
- No Natal, gosto de **enfeitar** a casa.

Feriados

la **Navidad** [naβi'ða(ð)] *n*	**Natal**
la **Pascua** AL ['paskŭa] *n*	**Páscoa**
las **Navidades** [naβi'ðaðes] *n pl*	**Festas de Natal**
Nochebuena [notʃe'βŭena] *n*	**Natal**
el **Día de Navidad** ['dia ðe naβi'ða(ð)] *n*	o **dia de Natal**
la **Nochevieja** [notʃe'βïɛxa] *n*	a **noite de ano-novo**, a **noite de** *ré-veillon*
el **Día de Año Nuevo** ['dia ðe 'aɲo 'nŭeβo] *n*	o **dia de ano-novo**
(el **Día de) Reyes** ['dia ðe 'rrɛjes] *n*	(o **Dia de) Reis**
los **carnavales** [karna'βales] *n pl*	o **Carnaval**
la **Semana Santa** [se'mana 'santa] *n*	a **Semana Santa**
el **Viernes Santo** ['bïɛrnes 'santo] *n*	a **Sexta-Feira Santa**
Pascua (de Resurrección) ['paskŭa] *n*	a **Páscoa**
Pentecóstes [pente'kɔstes] *n*	**Pentecostes**
la **Asunción (de María)** [asun'θïon (de ma'ria)] *n*	a **Ascensão (de Maria)**
(el **Dia de) San Esteban** [('dia ðe) 'san es'teβan] *n*	o **dia de São Estevão, 26 de dezembro**
el **Lunes de Carnaval** ['lunez ðe karna'βal] *n*	a **segunda-feira de Carnaval**
el **Martes de Carnaval** ['martez ðe karna'βal] *n*	a **terça-feira de Carnaval**

Saídas e diversão

la **fiesta** ['fiesta] *n* ■ El fin de semana hacemos una **fiesta** en mi casa.	a **festa** ■ No fim de semana vamos fazer uma **festa** na minha casa.
salir [sa'lir] *v* ▶ **v irr** p. 427 salir ■ Los sábados por la noche **salgo**.	**sair** ■ Eu **saio** aos sábados à noite.
el **baile** ['baĩle] *n* ■ Esta noche hay **baile** en la plaza del pueblo.	o **baile** ■ Hoje à noite vai ter **baile** na praça do povoado.
bailar [baĩ'lar] *v* ■ A mí me gusta **bailar** tango.	**dançar** ■ Gosto de **dançar** tango.
la **discoteca** [disko'teka] *n* ■ Los fines de semana vamos de **discotecas**.	a **discoteca** ■ Aos finais de semana, vamos a **discotecas**.
divertido, divertida [diβɛr'tiðo, diβɛr'tiða] *adj* ■ Este chiste no me pareció nada **divertido**.	**divertido, divertida** ■ Não achei essa brincadeira nada **divertida**.
divertirse [diβɛr'tirse] *v* ▶ **v irr** p. 428 sentir ■ **Nos hemos divertido** un montón en esa fiesta.	**divertir-se** ■ Nós **nos divertimos** muito nessa festa.
pasar(se)lo bien [pa'sar(se)lo 'βĩen] *loc* ■ ¡Qué **bien nos lo hemos pasado** en las fiestas de mi pueblo!	**divertir-se** ■ **Divertimo-nos** bastante nas festas de meu povoado!
¡Pasadlo bien! [pa'saðlo 'βĩen] *loc*	**Divirtam-se! Aproveitem!**
hay mucha marcha [aĩ 'mutʃa 'martʃa] *phrase* ▶ **v irr** p. 425 hay ■ En este bar **hay mucha marcha**.	**ter muito movimento** ■ Neste bar **tem muito movimento**.
hacer reír [a'θɛr rrɛ'ir] *phrase* ▶ **v irr** p. 425 hacer ■ Este chico me **hace reír** mucho con sus chistes.	**fazer rir** ■ Esse cara me **faz rir** muito com suas brincadeiras.

burlarse [bur'larse] *v* ■ Cree que te **estás burlando** de ella.	**tirar sarro, fazer troça** ■ Ela acha que você está **tirando sarro** dela.
ir a tomar algo [ir a to'mar 'alɣo] *loc* ▶ *v irr* p. 425 ir ■ Me apetece **ir a tomar algo** al centro.	**ir beber alguma coisa** ■ Estou com vontade de **ir beber alguma coisa** no centro.
la **velada** [be'laða] *n* ■ ¡Muchas gracias por la agradable **velada**!	a **reunião (de amigos)**, o **encontro (de amigos)** ■ Muito obrigado pela agradável **reunião**!
el **espectáculo** [espɛk'takulo] *n* ■ Allí hay un restaurante con **espectáculo** y música en vivo.	o **espetáculo**, o **show** ■ Ali tem um restaurante com **show** e música ao vivo.
el **pub** [paβ] *n*; *pl* **pubs** [paβs] ■ Tomamos algo en un **pub** y luego cenamos en un restaurante.	o **pub** ■ Bebemos algo num **pub** e depois jantamos num restaurante.
el **club (nocturno)** [kluβ nɔk'turno] *n*; *pl* **clubs, clubes** [kluβs, 'kluβes] *n* ■ Si quieres pasártelo bien, conoce nuestro **club** nocturno.	a **casa noturna**, a **boate**, o **clube** ■ Se estiver com vontade de se divertir, venha conhecer nossa **casa noturna**.
la **barra americana** ['barra ameri'kana] *n* ■ En esa **barra americana** siempre hay muchos borrachos.	o **bar** ■ Nesse **bar** tem sempre muitos bêbados.
disfrutar [disfru'tar] *v* ■ Hay que **disfrutar** de la vida.	**desfrutar** ■ É preciso **desfrutar** a vida.
la **broma** ['broma] *n* ■ Así es Pedro: todo el día gastando **bromas** a la gente.	a **brincadeira**, o **sarro** ■ Pedro é assim: fica o dia inteiro fazendo **brincadeiras** com as pessoas.
bromear [brome'ar] *v* ■ ¿**Bromeas** o es verdad lo que dices?	**brincar, estar brincando, zoar** ■ **Está brincando** ou é verdade o que você diz?
de broma [de 'βroma] *adv* ■ Lo he dicho **de broma**.	**de brincadeira** ■ Eu disse isso **de brincadeira**.

el **chiste** ['tʃiste] *n* ■ ¡Venga, cuéntanos un **chiste**!	a **piada** ■ Venha, conte-nos uma **piada**!
gracioso, graciosa [gra'θĭoso, gra'θĭosa] *adj* ■ Es **gracioso** ver cómo este actor cae en la piscina.	**engraçado, engraçada** ■ É **engraçado** ver como esse ator cai na piscina.
en serio [en 'serĭo] *adv* ■ **En serio**: ¿te ha dicho esto?	**sério, a sério** ■ **Sério**: ele realmente lhe disse isso?

Esportes

el **deporte** [de'pɔrte] *n* ■ Pilar hace mucho **deporte** para estar en forma.	o **esporte** ■ Pilar pratica bastante **esporte** para ficar em forma.
el/la **deportista** [depɔr'tista] *n m/f* ■ Un buen **deportista** cuida la alimentación. ➡ **especialista** p. 143	o **esportista**, a **esportista** ■ Um bom **esportista** cuida da alimentação.
deportista [depɔr'tista] *adj* ■ Mi amigo Rodrigo es muy **deportista**.	**esportista** ■ Meu amigo Rodrigo é muito **esportista**.
hacer deporte [a'θɛr ðe'pɔrte] *loc* ▶ **v irr** p. 425 hacer ■ Deberías **hacer** un poco de **deporte**.	**praticar esporte** ■ Você deveria **praticar** um pouco de **esporte**.
la **carrera** [ka'rrɛra] *n* ■ La **carrera** estuvo muy emocionante.	a **corrida** ■ A **corrida** foi muito emocionante.
correr [kɔ'rrɛr] *v* ■ ¡No **corras** tan rápido!	**correr** ■ Não **corra** tão rápido!
lento, lenta ['lento, 'lenta] *adj* ■ Este futbolista es bueno, pero quizás un poco **lento**. ➡ **rápido** p. 180	**lento, lenta** ■ Este jogador é bom, mas talvez um pouco **lento**.

Esportes

rápido, rápida [ˈrrapiðo, ˈrrapiða] *adj*
- Para jugar al balonmano hay que ser **rápido**.

rápido, rápida
- Para jogar handebol, é preciso ser **rápido**.

fútbol [ˈfuðβol] *n*
- Esta noche hay **fútbol** en la tele.

futebol
- Esta noite tem **futebol** na televisão.

➡ Em espanhol, o jogo propriamente dito chama-se **fútbol**, já a **bola de futebol** é chamada de **el balón de fútbol**.

el partido [parˈtiðo] *n*
- Tengo dos entradas para el **partido** de mañana.

a partida, o jogo
- Tenho dois ingressos para a **partida** de amanhã.

el jugador, la jugadora [xuɣaˈðor, xuɣaˈðora] *n*
- Isabel es la mejor **jugadora** del equipo de baloncesto.

o jogador, a jogadora
- Isabel é a melhor **jogadora** da equipe de basquete.

la pelota [peˈlota] *n*
- Cuando juego al tenis, pierdo siempre alguna **pelota**.

a bola
- Quando jogo tênis, sempre perco uma ou outra **bola**.

➡ **balón** refere-se a uma bola grande. Bolas pequenas, que cabem na mão, como as de tênis e de tênis de mesa, são denominadas **pelota**.

el balón [baˈlon] *n*
- Carlos para el **balón** y tira a la portería.
➡ **pelota** p. 180

a bola
- Carlos para a **bola** e chuta sobre o gol.

el tiro [ˈtiro] *n*
- Ese **tiro** fue muy malo.

o chute
- Esse **chute** foi muito ruim.

tirar [tiˈrar] *v*
- García se adelanta y **tira**.
- ¡**Tira** la pelota!
➡ **tirar de** p. 88

jogar, lançar, chutar
- García se adianta e **chuta**.
- **Lance** a bola!

lanzar [lanˈθar] *v*
▶ *v irr* p. 422 analizar
- ¡Qué lejos **has lanzado** el balón!
➡ **pelota** p. 180

lançar
- Como você **lançou** longe a bola!

coger [kɔ'xɛr] *v*
- ▶ v irr p. 422 coger
- A ver si puedes **coger** la pelota.
- ➡ **pelota** p. 180
- ➡ **coger** p. 99

pegar
- Veja se você consegue **pegar** a bola.

nadar [na'ðar] *v*
- Si le duele la espalda, debería ir a **nadar** dos veces a la semana.

nadar
- Se está com dores nas costas, deveria **nadar** duas vezes por semana.

la **piscina** [pis'θina] *n*
- Adiós, me voy a la **piscina**.

a **piscina**
- Tchau, vou à **piscina**.

montar a caballo [mɔn'tar a ka'βaλo] *loc*
- Mi vecina **monta a caballo** desde muy pequeña.

montar a cavalo
- Minha vizinha **monta a cavalo** desde muito pequena.

la **excursión (a pie)** [e(γ)skur'sĭon (a pĭe)] *n*
- Hemos hecho una **excursión** maravillosa por la montaña.

o **passeio**, a **excursão (a pé)**
- Fizemos uma **excursão** maravilhosa pela montanha.

el **alpinismo** [alpi'nizmo] *n*
- Mis cuñados hacen **alpinismo** todos los veranos.

o **alpinismo**
- Meus cunhados fazem **alpinismo** todos os verões.

el **deporte de invierno** [de'pɔrte ðe im'bĭɛrno] *n*
- Yo no practico ningún **deporte de invierno**.

o **esporte de inverno**
- Não pratico nenhum **esporte de inverno**.

esquiar [eski'ar] *v*
- ▶ v irr p. 424 enviar
- Estas Navidades iremos a **esquiar**.

esquiar
- Neste Natal vamos **esquiar**.

la **competición** [kɔmpeti'θĭon] *n*
- Mi equipo ganó la **competición**.

a **competição**
- Minha equipe venceu a **competição**.

el **competidor**, la **competidora** [kɔmpeti'ðor, kɔmpeti'ðora] *n*
- Argentina envió veinte **competidores**.

o **competidor**, a **competidora**
- A Argentina enviou vinte **competidores**.

Esportes

el juego limpio ['xŭeyo 'limpĭo] *n*
- Lo que ha hecho este jugador no ha sido **juego limpio**.
→ maleducado p. 22

justo, certo, limpo
- O que esse jogador fez não foi **jogo limpo**.

la victoria [bik'torĭa] *n*
- La **victoria** del nadador español fue una sorpresa.

a **vitória**
- A **vitória** do nadador espanhol foi uma surpresa.

la derrota [dɛ'rrɔta] *n*
- La **derrota** del tenista ante el francés ha sido por culpa de una lesión.

a **derrota**
- A **derrota** do tenista para o francês foi por culpa de uma lesão.

el ganador, la ganadora [gana'ðɔr, gana'ðɔra] *n*
- Orgulloso, el **ganador** sujeta la copa.

o **vencedor**, a **vencedora**
- Orgulhoso, o **vencedor** ergueu o troféu.

ganar [ga'nar] *v*
- ¿Crees que podemos **ganar** este partido?

vencer, ganhar
- Você acha que podemos **ganhar** esta partida?

el perdedor, la perdedora [pɛrðe'ðɔr, pɛrðe'ðɔra] *n*
- El **perdedor** felicitó al ganador.

o **derrotado**, a **derrotada**
- O **derrotado** felicitou o vencedor.

perder [pɛr'ðɛr] *v*
▶ v irr p. 426 perder
- No pasa nada si **perdemos**.

perder
- Não faz mal se **perdermos**.

la salida [sa'liða] *n*
- A la **salida** se presentan siete corredores.

a **largada**
- Na **largada** se apresentam sete corredores.

la meta ['meta] *n*
- El joven nadador fue el primero en llegar a la **meta**.

a **meta**, a **chegada**
- O jovem nadador foi o primeiro a chegar na **meta**.

el adversario, la adversaria [aðβɛr'sarĭo, aðβɛr'sarĭa] *n*
- El equipo se muestra fuerte ante el **adversario**.

o **adversário**, a **adversária**
- A equipe se mostra forte perante o **adversário**.

Esportes 183

conocido, conocida [konoˈθiðo, konoˈθiða] *v* ■ El **conocido** nadador volvió triunfante de los Juegos Olímpicos.	**conhecido, conhecida** ■ O **conhecido** nadador voltou triunfante dos Jogos Olímpicos.
famoso, famosa [faˈmoso, faˈmosa] *adj* ■ El **famoso** tenista me firmó un autógrafo.	**famoso, famosa** ■ O **famoso** jogador de tênis me deu um autógrafo.
el **pabellón deportivo** [paβeˈʎɔn depɔrˈtiβo] *n*; *pl* **pabellones deportivos** [paβeˈʎones depɔrˈtiβos] ■ El **pabellón deportivo** estaba lleno de espectadores.	o **ginásio de esportes** ■ O **ginásio de esportes** estava cheio de espectadores.
el **gimnasio** [ximˈnasĭo] *n* ■ Después de trabajar van una hora al **gimnasio**.	a **academia** ■ Depois de trabalhar ficam uma hora na **academia**.
el **estadio** [esˈtaðĭo] *n* ■ El **estadio** es uno de los más grandes de Europa.	o **estádio** ■ O **estádio** é um dos maiores da Europa.
el **entrenamiento** [entrenaˈmĭento] *n* ■ Hoy tengo **entrenamiento** a las seis.	o **treino** ■ Hoje tenho **treino** às seis.
entrenar [entreˈnar] *v* ■ Mi hijo juega al fútbol y **entrena** dos veces a la semana.	**treinar** ■ Meu filho joga futebol e **treina** duas vezes por semana.
la **resistencia** [rrɛsisˈtenθĭa] *n* ■ Esta prueba es para ver la **resistencia** de los chicos.	a **resistência** ■ Esta prova é para ver a **resistência** dos jovens.
en forma [em ˈfɔrma] *adj* ■ A sus sesenta años Gerardo está muy **en forma**.	**em forma** ■ Com seus sessenta anos, Gerardo está bem **em forma**.
hacer footing [aˈθɛr ˈfutin] *loc* ▶ *v irr* p. 425 hacer ■ Lo que más me gusta es **hacer footing**.	**fazer corrida, correr** ■ O que mais gosto é **correr**.

(ir a) andar [(ir a) an'dar] *loc* ▶ v irr p. 425 ir ■ **Voy a andar** todas las mañanas con una amiga.	**caminhar** ■ **Caminho** todas as manhãs com uma amiga.
saltar [sal'tar] *v* ■ Este jugador de baloncesto **salta** muy alto.	**saltar** ■ Este jogador de basquete **salta** muito alto.
el **equipo** [e'kipo] *n* ■ En mi **equipo** somos veinte jugadores.	a **equipe** ■ Em minha **equipe** somos vinte jogadores.
el **campo** ['kampo] *n* ■ Los jugadores salen al **campo**.	o **campo** ■ Os jogadores saem a **campo**.
la **portería** [pɔrte'ria] *n* ■ ¿Quién está en la **portería**?	o **gol** ■ Quem está no **gol**?
meter gol [me'tɛr ɣɔl] *loc* ■ ¿Quien **ha metido gol**, dices?	**fazer gol** ■ Diga, quem **fez o gol**?
marcar un punto [mar'kar um 'punto] *loc* ▶ v irr p. 422 comunicar ■ ¿Cuántos **puntos has marcado** en el partido de hoy?	**fazer/marcar um ponto** ■ Quantos **pontos** você **fez** hoje no jogo?
fallar [fa'ʎar] *v* ■ Roberto **ha fallado** el tiro, ¡qué pena!	**falhar, errar** ■ Roberto **falhou** no tiro, que pena!
el **árbitro**, la **árbitra** ['arβitro, 'arβitra] *n* ■ La **árbitra** tomó unas decisiones equivocadas, pienso yo.	o **árbitro**, a **árbitra** ■ A **árbitra** tomou decisões equivocadas, eu acho.
pitar [pi'tar] *v* ■ El árbitro **pita** penalti.	**apitar** ■ O árbitro **apita** pênalti.
el **penalti** [pe'nalti] *n* ■ La estrella del equipo de fútbol falló el **penalti**.	o **pênalti** ■ A estrela da equipe de futebol errou o **pênalti**.
el **baloncesto** [balɔn'θesto] *n* ■ Para jugar al **baloncesto** es mejor ser alto.	o **basquete** ■ Para jogar **basquete**, é melhor ser alto.

Esportes

el **balonmano** [balɔn'mano] *n* ■ ¿Es cierto que hay dos árbitros en el **balonmano**?	o **handebol** ■ É verdade que há dois árbitros no **handebol**?
el **voleibol** [bolɛi'βɔl] *n* ■ En el colegio jugaba al **voleibol**.	o **voleibol** ■ No colégio eu jogava **voleibol**.
el **hockey sobre hierba** ['xokɛi 'soβrɛ jɛ'rβa] *n* ■ El **hockey sobre hierba** tiene una tradición muy antigua.	o **hóquei sobre a grama** ■ O **hóquei sobre a grama** tem uma tradição bastante antiga.
el **hockey sobre hielo** ['xokɛi 'soβrɛ 'jelo] *n* ■ El **hockey sobre hielo** es un deporte muy duro.	o **hóquei no gelo** ■ O **hóquei no gelo** é um esporte bastante duro.
el **golf** [gɔlf] *n* ■ Nunca he jugado al **golf**.	o **golfe** ■ Nunca joguei **golfe**.
el **tenis** ['tenis] *n* ■ He quedado con Álvaro para jugar al **tenis** esta tarde.	o **tênis** ■ Combinei com Álvaro de jogar **tênis** esta tarde.
la **raqueta** [rra'keta] *n* ■ Si quieres jugar al tenis conmigo, te presto una **raqueta**.	a **raquete** ■ Se quiser jogar tênis comigo, eu lhe empresto uma **raquete**.
el **atletismo** [aðle'tizmo] *n* ■ Mi sobrino hace **atletismo**.	o **atletismo** ■ Meu sobrinho pratica **atletismo**.
la **vela** ['bela] *n* ■ La **vela** es un deporte que me gustaría practicar.	a **vela** ■ A **vela** é um esporte que eu gostaria de praticar.
el **buceo** [bu'θeo] *n* ■ El **buceo** necesita de mucha práctica.	o **mergulho** ■ O **mergulho** demanda muita prática.
el **surf** [surf] *n* ■ Para mí, el **surf** es lo más bonito que hay.	o **surfe** ■ Para mim, o **surfe** é o mais belo que há.
la **escalada** [eska'laða] *n* ■ ¿Tu hobby es la **escalada**?	a **escalada** ■ Seu *hobby* é a **escalada**?

el **patín** [pa'tin] *n*; *pl* **patines** [pa'tines]
- Le he regalado **patines** a mi hija por su cumpleaños.

o **patim**
- Dei **patins** de presente à minha filha pelo aniversário.

patinar (sobre ruedas) [pati'nar ('soβre 'rrweðas)] *loc*
- Ponte los patines, que nos vamos a **patinar**.

patinar
- Coloque os patins porque vamos **patinar**.

➡ Diz-se patinar sobre ruedas – patinar sobe rodas e patinar sobre hielo – patinar no gelo. Patinar também significa andar de *skate*. Patines en línea refere-se aos patins em linha.

el **snowboard** [es'nowbɔrð] *n*; *pl* **snowboards** [es'nowbɔrðs]
- Practicar el **snowboard** es apasionante.

o *snowboard*
- Praticar *snowboard* é apaixonante.

ir en trineo [ir en tri'neo] *loc*
▶ v irr p. 425 ir
- A ver dónde podemos **ir en trineo**.

andar de trenó
- Vamos ver onde podemos **andar de trenó**.

➡ A construção ir en ... pode sempre ser complementada por algum meio de transporte: ir en coche, ir en bicicleta, ir en avión, ir en trineo – ir de carro, ir de bicicleta, ir de avião, ir de trenó.

la **final** [fi'nal] *n*
- Si seguimos jugando así de bien, llegaremos a la **final**.

a **final**
- Se continuarmos jogando bem assim, chegaremos à **final**.

el **campeonato mundial** [kampeo'nato mun'dǐal] *n*
- No puedo ver ningún partido del **campeonato mundial**.

o **campeonato mundial**
- Não pude ver nenhum jogo do **campeonato mundial**.

los **Juegos Olímpicos** ['xũeyɔs o'limpikɔs] *n pl*
- Los **Juegos Olímpicos** tienen lugar cada cuatro años.

os **Jogos Olímpicos**
- Os **Jogos Olímpicos** ocorrem a cada quatro anos.

la **medalla** [me'ðaλa] *n*
- ¿Cuántas **medallas** habéis ganado?

a **medalha**
- Quantas **medalhas** você ganhou?

Esportes

el **premio** ['premĭo] *n* ■ Este corredor ha vuelto a ganar el Gran **Premio**.	o **prêmio** ■ Este piloto voltou a ganhar o Grande **Prêmio**.

➡ **precio** é o valor que se paga por alguma coisa, e **premio** é o valor que se recebe em pagamento.

el **récord** ['rrɛkɔr] *n*; *pl* **récords** ['rrɛkɔrs] *n* ■ Pérez ha batido el **récord** en la carrera de los doscientos metros.	o **recorde** ■ Pérez bateu o **recorde** na corrida dos duzentos metros.
el **éxito** ['e(γ)sito] *n* ■ El **éxito** de nuestro equipo se ha celebrado en la Plaza Mayor de nuestra ciudad.	o **êxito**, o **sucesso** ■ O **sucesso** de nossa equipe foi celebrado na Plaza Mayor de nossa cidade.
el **hincha** ['intʃa] *n* ■ Los **hinchas** se quejan del arbitro.	o **torcedor** ■ Os **torcedores** se queixam do árbitro.
emocionante [emoθĭo'nante] *adj* ■ Señoras y señores, este partido es increíblemente **emocionante**.	**emocionante** ■ Senhoras e senhores, esta partida é incrivelmente **emocionante**.
la **afición** [afi'θĭon] *n* ■ ¿Tienes alguna **afición**?	o *hobby* ■ Você tem algum *hobby*?

➡ Em espanhol também se diz **hobby**.

ser aficionado, ser aficionada ['sɛr afiθĭo'naðo, 'sɛr afiθĭo'naða] *loc* ▶ *v irr* p. 428 ser ■ Es **aficionado** a la arquitectura.	**ser aficionado (por)** ■ Ele **é aficionado por** arquitetura.
el **ocio** ['oθĭo] *n* ■ En sus ratos de **ocio** mi padre hace crucigramas	as **horas vagas**, o **tempo livre** ■ Nas **horas vagas**, meu pai faz palavras cruzadas.
la **actividad de ocio** [aktiβi'ðað de 'oθĭo] *n* ■ Una de las **actividades de ocio** más populares es ver la televisión.	a **atividade de lazer** ■ Uma das **atividades de lazer** mais populares é assistir à televisão.
la **actividad** [aktiβi'ðað] *n* ■ En nuestro club hay muchas **actividades**.	a **atividade** ■ Em nosso clube há muitas **atividades**.

activo, activa [ak'tiβo, ak'tiβa] *adj* ■ Bárbara es una persona muy **activa**.	**ativo, ativa** ■ Bárbara é uma pessoa muito **ativa**.
la **fotografía** [fotoɣra'fia] *n* ■ Muchísima gente se dedica a la **fotografía** como hobby.	a **fotografia** ■ Muitas pessoas se dedicam à **fotografia** como *hobby*.
fotografiar [fotoɣra'fiar] *v* ▶ **v irr** p. 424 enviar ■ En este libro se dan consejos para **fotografiar** paisajes.	**fotografar** ■ Neste livro se dão conselhos para **fotografar** paisagens.
sacar una foto [sa'kar 'una 'foto] *loc* ▶ **v irr** p. 422 comunicar ■ Hoy me encuentro guapa, **sácame una foto**.	**tirar uma foto** ■ Hoje estou me achando bonita, **tire uma foto** minha.

Hobbies

la **cámara (de fotos)** ['kamara (ðe 'fotos)] *n* ■ La niña pide uma **cámara de fotos** por su cumpleaños.	a **câmera (fotográfica)** ■ A garota quer uma **câmera fotográfica** de presente de aniversário.
la **máquina (de fotos)** ['makina (ðe 'fotos)] *n* ■ Voy a todos los sitios con mi **máquina de fotos**.	a **máquina (fotográfica)** ■ Vou a todo lugar com minha **máquina fotográfica**.
el **motivo** [mo'tiβo] *n* ■ La cara humana es un excelente **motivo** fotográfico.	o **motivo** ■ O rosto humano é um excelente **motivo** fotográfico.
la **tarjeta (de memoria)** [tar'xeta (ðe me'morja)] *n* ■ Me queda poco espacio en la **tarjeta de memoria**.	o **cartão de memória** ■ Estou com pouco espaço no **cartão de memória**.
el **juego** ['xweɣo] *n* ■ A los niños les encantan los **juegos** con una pelota.	o **jogo** ■ As crianças adoram os **jogos** com bola.

jugar [xu'ɣar] *v*
▶ *v irr* p. 425 jugar
- ¿Sabes **jugar** a las cartas?

jogar
- Você sabe **jogar** cartas?

las reglas (del juego) ['rrɛɣlas (ðɛl 'xweɣo)] *n pl*
- No, no, las **reglas** no son así.

as regras (do jogo)
- Não, não, as **regras** não são assim.

la partida [par'tiða] *n*
- Por favor, otra **partida**, me gusta mucho este juego.

a partida
- Por favor, outra **partida**, gosto muito desse jogo.

la suerte ['sŭɛrte] *n*
- Tú siempre tienes **suerte** en este juego.

a sorte
- Você sempre tem **sorte** neste jogo.

la mala suerte ['mala 'sŭɛrte] *n*
- ¡Qué **mala suerte**! ¡Otra ves un uno en el dado!

o azar, a má sorte
- Que **azar**! Outra vez tirei um no dado!

el dado ['daðo] *n*
- Este juego se juega con dos **dados**.

o dado
- Este jogo se joga com dois **dados**.

tirar (el dado) [ti'rar (ɛl 'daðo)] *loc*
- ¡**Tira**, a ver qué sale!
➜ **tirar de** p. 88

jogar (os dados)
- **Jogue**, vamos ver o que dá.

las cartas ['kartas] *n pl*
- Las **cartas** no están completas.

o baralho
- O **baralho** não está completo.

el ajedrez [axe'ðreθ] *n*
- Cuando juego al **ajedrez** me concentro mucho.

o xadrez
- Quando jogo **xadrez**, eu me concentro muito.

el paseo [pa'seo] *n*
- ¿Qué tal si damos un **paseo** por el pinar?

o passeio
- Que tal se dermos um **passeio** pelo pinhal?

dar una vuelta por el centro [dar 'una 'βŭɛlta por ɛl 'θentro] *loc*
▶ *v irr* p. 424 dar
- Los sábados por la mañana **doy una vuelta por el centro** con mi amiga.

dar uma volta pela cidade
- Aos sábados de manhã, **dou uma volta pela cidade** com minha amiga.

el **parasol** [paraˈsɔl] *n*
- Sin **parasol** no puedo estar mucho tiempo en la playa.

o **guarda-sol**
- Sem **guarda-sol** não posso ficar muito tempo na praia.

tomar el sol [toˈmar ɛl sɔl] *loc*
- Estas vacaciones voy a la playa para **tomar el sol**.

tomar sol
- Nestas férias vou à praia **tomar sol**.

hacer manualidades [aˈθɛr manũaliˈðaðes] *loc*
▶ v irr p. 425 hacer
- A Carmen le gusta **hacer manualidades**, hace maravillas.

fazer trabalhos manuais

- Carmen gosta de **fazer trabalhos manuais**, ela faz coisas lindas.

la **herramienta** [ɛrraˈmĩenta] *n*
- Necesito el martillo. ¿Has visto dónde está mis **herramientas**?

a **ferramenta**
- Preciso do martelo. Você viu onde estão minhas **ferramentas**?

la **navaja** [naˈβaxa] *n*
- Tener una **navaja** a mano siempre es útil.

o **canivete**
- Ter um **canivete** à mão é sempre útil.

el **centro de ocio** [ˈθentro ðe ˈoθĩo] *n*
- ¿Has ido ya al nuevo **centro de ocio** y deporte?

o **centro de lazer**
- Você foi de novo ao **centro de lazer** e de esportes?

dedicarse [deðiˈkarse] *v*
▶ v irr p. 422 comunicar
- En su tiempo libre Mario **se dedica** a fotografiar pájaros.

dedicar-se

- Em seu tempo livre, Mario **se dedica** a fotografar pássaros.

la **cámara digital** [ˈkamara ðixiˈtal] *n*
- Al final me he comprado también una **cámara digital**.

a **câmera digital**
- Acabei comprando também uma **câmera digital**.

la **cámara de vídeo** [ˈkamara ðe ˈβiðeo] *n*
- Los padres grabaron el baile de los niños con la **cámara de vídeo**.

a **câmera de vídeo**
- Os pais gravaram a festa das crianças com a **câmera de vídeo**.

➡ Na linguagem coloquial, o termo **vídeo** é usado tanto para o aparelho quanto para o filme gravado com ele. Na América Latina, diz-se **el video**, com ênfase na pronúncia do **e**.

el carrete [kaˈrrɛte] n
- Ya tengo el **carrete** lleno.
➡ **película** p. 169

o filme
- Meu **filme** já está cheio.

grabar [graˈβar] v
- **He grabado** los momentos más bonitos de la fiesta.

gravar
- **Gravei** os momentos mais bonitos da festa.

el objetivo [ɔbxeˈtiβo] n
- Este **objetivo** es ideal para sacar paisajes.

a (lente) objetiva
- Esta **objetiva** é ideal para fotografar paisagens.

el flash [flaʃ] n; pl flashs [flaʃs]
- Esta máquina tiene el **flash** incorporado.

o *flash*
- Esta máquina tem o *flash* incorporado.

el retrato [rrɛˈtrato] n
- Luis saca unos **retratos** muy bonitos en blanco y negro.

o retrato
- Luis tira **retratos** muito bonitos em preto e branco.

la foto panorámica [ˈfoto panoˈramika] n
- Esta cámara tiene una función para hacer **fotos panorámicas**.

a foto panorâmica

- Esta câmera tem uma função para fazer **fotos panorâmicas**.

la copia [ˈkopĭa] n
- ¿Cuántas **copias** quiere de esta foto?

a cópia
- Quantas **cópias** você quer desta foto?

revelar [rrɛβeˈlar] v
- Estoy buscando una tienda donde **revelar** mis fotos.

revelar
- Estou procurando uma loja para **revelar** minhas fotos.

arriesgado, arriesgada [arrĭezˈɣaðo, arrĭezˈɣaða] adj
- No se te ocurra hacer eso, es muy **arriesgado**.

arriscado, perigoso
- Não faça isso de novo, é muito **arriscado**.

arriesgar [arrĭezˈɣar] v
▶ v irr p. 422 apagar
- **Arriesgas** perder.

arriscar(-se)

- Você se **arrisca** a perder.

apostar [apɔsˈtar] v
v irr p. 423 contar
- **Apuesto** por este candidato.

apostar
- **Aposto** neste candidato.

la **adivinanza** [aðiβi'nanθa] *n* ■ Te voy a poner una **adivinanza**.	a **adivinhação** ■ Vou lhe propor uma **adivinhação**.
adivinar [aðiβi'nar] *v* ■ A ver si o **adivinas**.	**adivinhar** ■ Vamos ver se você **adivinha**.
acertar [ver orig.] *v* ▶ v irr p. 426 pensar ■ ¡Muy bien, **has acertado**!	**acertar** ■ Muito bem, você **acertou**!
el **rompecabezas** [rrɔmpeka'βeθas] *n; pl inv* ■ El **rompecabezas** es todavía muy difícil para la niña.	o **quebra-cabeças** ■ O **quebra-cabeças** é difícil demais para a menina.
la **colección** [kole(ɣ)'θĭɔn] *n* ■ Juan Carlos tiene una **colección** impresionante de monedas antiguas.	a **coleção** ■ Juan Carlos tem uma **coleção** impressionante de moedas antigas.
coleccionar [kole(ɣ)θĭo'nar] *v* ■ Mi compañera **colecciona** objetos de cristal.	**colecionar** ■ Minha companheira **coleciona** objetos de cristal.
la **caza** ['kaθa] *n* ■ Este escritor es un aficionado de la **caza**.	a **caça** ■ Este escritor é aficionado por **caça**.
pescar [pes'kar] *v* ▶ v irr p. 422 comunicar ■ Los fines de semana, mi cuñado va a **pescar**.	**pescar** ■ Nos fins de semana, meu cunhado vai **pescar**.
el **bricolaje** [briko'laxe] *n* ■ Hacer **bricolaje** está de moda.	os **trabalhos manuais**, a **bricolagem** ■ Fazer **trabalhos manuais** está na moda.
renovar [rrɛno'βar] *v* ▶ v irr p. 423 contar ■ El edificio viejo lo van a **renovar**.	**reformar** ■ Vão **reformar** o edifício velho.
la **pintura** [pin'tura] *n* ■ Esta **pintura** se puede lavar.	a **pintura** ■ Esta **pintura** pode ser lavada.
pintar [pin'tar] *v* ■ Quiero **pintar** la casa.	**pintar** ■ Quero **pintar** a casa.

el **papel (pintado)** [pa'pɛl (pin'taðo)] *n*
- No me gusta el **papel pintado**, prefiero pintar la pared.

o **papel de parede**
- Não gosto de **papel de parede**, prefiro pintá-la.

empapelar [empape'lar] *v*
- Hay que **empapelar** esta habitación.

colocar papel de parede
- É preciso **colocar papel de parede** neste quarto.

la **escalera** [eska'lera] *n*
- Agarra la **escalera** mientras yo voy subiendo.

a **escada**
- Segure a **escada** enquanto eu subo.

el **gancho** ['gantʃo] *n*
- Detrás de la puerta vamos a colocar unos **ganchos**.

o **gancho**
- Atrás da porta vamos colocar uns **ganchos**.

la **punta** ['punta] *n*
- Para arreglar el armario, necesito **puntas**.

o **prego**
- Para consertar o armário, preciso de **pregos**.

clavar una punta [kla'βar 'una 'punta] *loc*
- Dáme el martillo, voy a **clavar unas puntas**.

pregar, martelar pregos
- Dê-me o martelo, vou **martelar** uns **pregos**.

el **martillo** [mar'tiλo] *n*
- El **martillo** está en la caja de herramientas.

o **martelo**
- O **martelo** está na caixa de ferramentas.

el **tornillo** [tor'niλo] *n*
- Los **tornillos** para montar la estantería van incluidos en la caja.

o **parafuso**
- Os **parafusos** para montar a estante estão na caixa.

el **destornillador** [destorniλa'ðor] *n*
- Necesito un **destornillador** para arreglar la cafetera.

a **chave de fenda**
- Preciso de uma **chave de fenda** para consertar a cafeteira.

la **sierra** ['sïɛrra] *n*
- Con una **sierra** puedes hacer la mesa más pequeña.

a **serra**
- Com uma **serra**, você pode diminuir a mesa.

la **tabla (de madera)** ['taβla (ðe ma'ðera)] *n*
- Dame cuatro **tablas de madera** y te hago una estantería.

a **tábua (de madeira)**
- Dê-me quatro **tábuas de madeira**, e eu lhe faço uma estante.

la **cuerda** [ˈkŭerða] *n* ■ Voy a atar el paquete con una **cuerda**.	a **corda** ■ Vou amarrar o pacote com uma **corda**.
atar [aˈtar] *v* ■ Es importante **atar** bien el paquete.	**amarrar**, **atar** ■ É importante **amarrar** bem o pacote.
el **hilo** [ˈilo] *n* ■ Este **hilo** se usa para telas finas.	o **fio** ■ Este **fio** é usado para telas finas.
la **aguja** [aˈyuxa] *n* ■ ¿Tienes hilo y **aguja**?	a **agulha** ■ Você tem fio e **agulha**?

Fazer compras

Escolher e pagar

la **compra** [ˈkɔmpra] *n* ■ Has hecho una buena **compra**.	a **compra** ■ Você fez uma boa **compra**.
comprar [kɔmˈprar] *v* ■ **He comprado** un abrigo.	**comprar** ■ **Comprei** um casaco.
ir de compras [ir ðe ˈkɔmpras] *loc* ▶ v irr p. 425 ir ■ Mañana tengo que **ir de compras** al centro.	**ir fazer compras** ■ Amanhã tenho de **ir fazer compras**, no centro.

➡ **hacer la compra** significa comprar comida ou outro artigo da vida diária; **ir de compras** significa comprar artigos que *não são* de consumo diário, como roupas, um televisor, presentes etc.

la **venta** [ˈbenta] *n* ■ La **venta** de dulces sube en Navidades.	a **venda** ■ A **venda** de doces aumenta no Natal.
vender [benˈdɛr] *v* ■ Lo siento, no **vendemos** calendarios.	**vender** ■ Sinto muito, não **vendemos** calendários.
la **oferta** [oˈfɛrta] *n* ■ Cómprate este pantalón, está de **oferta**.	a **oferta** ■ Compre esta calça, está em **oferta**.

ofrecer [ofre'θɛr] v ▶ v irr p. 423 conocer ■ **Ofrecemos** el mejor servicio.	oferecer ■ **Oferecemos** o melhor serviço.
abierto, abierta [a'βierto, a'βierta] adj ■ A estas horas, la librería está todavía **abierta**.	aberto, aberta ■ A esta hora, a livraria ainda está **aberta**.
cerrado, cerrada [θɛ'rraðo, θɛ'rraða] adj ■ No la podemos atender, está **cerrado** ya.	fechado, fechada ■ Não podemos atendê-la, já está **fechado**.
atender [aten'dɛr] v ▶ v irr p. 426 perder ■ En esta tienda le **atienden** muy bien, son muy amables.	atender ■ Nesta loja **atendem** muito bem, são muito amáveis.
elegir [elɛ'xir] v ▶ v irr p. 423 corregir ■ Ana siempre **elige** lo más caro.	escolher ■ Ana sempre **escolhe** o mais caro.
escoger [eskɔ'xɛr] v ▶ v irr p. 422 coger ■ **Escoge** el libro que más te guste.	escolher ■ **Escolha** o livro de que mais gostar.
gustar [gus'tar] v ■ Le **gustó** el regalo a tu hermano?	gostar ■ Seu irmão **gostou** do presente?

➡ O verbo **gustar**, pronominal, equivale ao **gostar** em português: **Me gusta pasear. – Eu gosto de passear.** Além disso, **saber** é usado para expressar que um prato ou alimento apresenta determinado gosto, como em português: **Este pollo sabe a canela. – Este frango tem gosto de canela.**

nuevo, nueva ['nũeβo, 'nũeβa] adj ■ ¡Qué jersey tan bonito! ¿Es **nuevo**?	novo, nova ■ Que pulôver **bonito**! É novo?
usado, usada [u'saðo, u'saða] adj ■ Si lo compras **usado**, te sale más barato. ■ Allí venden coches **usados**.	usado, usada ■ Se você comprar **usado**, sai mais barato. ■ Ali vendem carros **usados**.

completo, completa [kɔmˈpleto, kɔmˈpleta] adj
- Quisiera devolver este juego, no está **completo**.

completo, completa
- Quero devolver este jogo, não está **completo**.

agotado, agotada [aɣoˈtaðo, aɣoˈtaða] adj
- Este modelo está **agotado**, lo siento.

esgotado, esgotada
- Esse modelo está **esgotado**, sinto muito.

el precio [ˈpreθǐo] n
- El **precio** me parece un poco alto.
➡ premio p. 187

o preço
- O **preço** me parece um pouco alto.

caro, cara [ˈkaro, ˈkara] adj
- ¿Has visto qué **caro** está el pescado?

caro, cara
- Você viu como o peixe está **caro**?

➡ Assim como em português, **barato** e **caro** podem ser empregados com os verbos **ser** ou **estar**. **El pescado es caro** significa que o peixe geralmente é caro, enquanto **el pescado está caro** significa que o preço do peixe naquele dia ou naquele período está caro.

barato, barata [baˈrato, baˈrata] adj
- Voy a buscar un vuelo **barato** para las vacaciones.
➡ caro p. 196

barato, barata
- Vou procurar um voo **barato** para as férias.

los costes [ˈkɔstes] n pl
- Si quieres, compartimos los **costes** del viaje.

os custos
- Se você quiser, dividimos os **custos** da viagem.

costar [kɔsˈtar] v
▶ v irr p. 423 contar
- ¿Cuánto **cuestan** estos pendientes?

custar
- Quanto **custam** estes brincos?

¿Qué cuesta ...? [ke ˈkŭesta] loc
- ¿Qué **cuesta** esta crema?

Quanto custa ...?
- **Quanto custa** este creme?

valer [baˈler] v
▶ v irr p. 428 valer
- Estos pendientes **valen** siete euros.

custar
- Esses brincos **custam** sete euros.

¿**Cuánto vale** ...? ['kŭanto 'βale] *loc*
- ¿**Cuánto valen** estos guantes?

Quanto custa ...?
- **Quanto custam** estas luvas?

la **caja** ['kaxa] *n*
- Pase por **caja**, por favor.

a **caixa**
- Vá ao **caixa**, por favor.

cobrar [ko'βrar] *v*
- Por favor, ¿me puede **cobrar** este libro?

cobrar
- Por favor, você poderia me **cobrar** este livro?

justo ['xusto] *adj*
- Son dos cuarenta y cinco. – Bien, lo tengo **justo**.

exato
- São dois e quarenta e cinco. – Bem, tenho o dinheiro **exato**.

gastar(se) [gas'tar(se)] *v*
- ¿**Te has gastado** todo el dinero?

gastar
- Você **gastou** todo o dinheiro?

el **recibo** [rrɛ'θiβo] *n*
- Aquí tiene el **recibo**.

o **recibo**
- Aquí está o **recibo**.

satisfecho, satisfecha
[satis'fetʃo, satis'fetʃa] *adj*
- Si no queda **satisfecho**, le devolvemos su dinero.

satisfeito, satisfeita

- Se não ficar **satisfeito**, devolvemos seu dinheiro.

cambiar [kam'bïar] *v*
- Tiene quince días para **cambiar** la falda.

trocar
- Você tem quinze dias para **trocar** a saia.

ir de tiendas [ir ðe 'tĭendas] *loc*
▶ **v irr** p. 425 ir
- Adiós, me **voy de tiendas**.

ir às compras

- Tchau, **vou às compras**.

adquirir [aðki'rir] *v*
▶ **v irr** p. 428 sentir
- Acabo de **adquirir** un coche.

adquirir

- Acabo de **adquirir** um carro.

permitirse [pɛrmi'tirse] *v*
- No puedo **permitirme** comprar un coche tan caro.

permitir-se
- Não posso **permitir-me** comprar um carro tão caro.

el **lujo** ['luxo] *n*
- Vivir con tanto **lujo** es demasiado para mí.

o **luxo**
- Viver com tanto **luxo** é demais para mim.

el **cliente**, la **clienta** [kli'ente, kli'enta] n	o/a **cliente**
■ Señores **clientes**, aprovechen las ofertas en nuestra sección de perfumería.	■ Senhores **clientes**, aproveitem as ofertas em nossa seção de perfumaria.
tocar [to'kar] v	**ser a vez**
▶ v irr p. 422 comunicar ■ ¿A quién le **toca** ahora?	■ **É a vez** de quem?

➡ Nas lojas ou em balcão de vendas, costuma-se perguntar aos presentes **¿Quién es la última?** ou **¿Quién es el último?** – Quem é o próximo? para que não haja equívocos ou desentendimentos a respeito. **Pedir la vez** significa **perguntar de quem é a vez**. Quando alguém se distancia de seu lugar na fila por um curto período, pode pedir a outra pessoa: **¿Me guarda la vez, por favor?** – Poderia guardar meu lugar, por favor? Nos mercados de peixe e carne, são necessários tickets – **senhas**.

la **cola** ['kola] n	a **fila**
■ Hay uma **cola** enorme en la caja.	■ Tem uma **fila** enorme diante do caixa.
guardar cola [gŭar'ðar 'kola] loc	**ficar na fila**
■ Vámonos, no me apetece **guardar cola**.	■ Vamos, não gosto de **ficar na fila**.
el **modelo** [mo'ðelo] n	o **modelo**
■ Éste no es el **modelo** que había encargado.	■ Não foi esse o **modelo** que eu pedi.
disponible [dispo'niβle] adj	**disponível**
■ Lo sentimos, el modelo que usted ha elegido no está **disponible**.	■ Lamentamos, o **modelo** que escolheu não está disponível.
fabricarse [faβri'karse] v	**fabricar-se**
▶ v irr p. 422 comunicar ■ Esta plancha ya no **se fabrica**.	■ Este ferro de passar não **se fabrica** mais.
la **reclamación** [rrɛklama'θïɔn] n	a **reclamação**
■ Buenos días, vengo por una **reclamación**.	■ Bom dia, vim fazer uma **reclamação**.
reclamar [rrɛkla'mar] v	**reclamar**
■ Si falta una pieza, tienes que **reclamar**.	■ Se faltar uma peça, você tem de **reclamar**.

devolver el dinero [deβolˈβɛr ɛl diˈnero] *loc* ▶ v irr p. 429 volver ■ La tienda va a **devolver**me el dinero.	**devolver o dinheiro** ■ A loja vai me **devolver o dinheiro**.
le dinero suelto [diˈnero ˈsu̯ɛlto] *n* ■ Lo siento, no tengo **dinero suelto**, le tengo que dar un billete de veinte.	o **(dinheiro) trocado** ■ Sinto muito, não tenho **dinheiro trocado**, vou ter de lhe dar uma nota de vinte.
la **vuelta** [ˈbu̯ɛlta] *n* ■ Aquí tiene la **vuelta**.	o **troco** ■ Aqui está seu **troco**.
la **rebajas** [rrɛˈβaxas] *n pl* ■ Después de Reyes empiezan las **rebajas**.	a **liquidação**, a **promoção** ■ Depois do Dia de Reis começam as **liquidações**.
rebajado, rebajada [rrɛβaˈxado, rrɛβaˈxada] *adj* ■ El vestido está **rebajado** un sesenta por ciento.	**com desconto** ■ O vestido está **com desconto** de 60%.
la **ganga** [ˈgaŋga] *n* ■ Mira, ¡qué bolso más bonito! ¡Y qué barato! Una auténtica **ganga**.	**pechincha** ■ Olhe, que bolsa bonita! E tão barata! Uma verdadeira **pechincha**.
el **descuento** [desˈku̯ento] *n* ■ Me han hecho diez euros de **descuento**.	o **desconto** ■ Deram-me dez euros de **desconto**.
bien de precio [bi̯en de ˈpreθi̯o] *loc* ■ Le voy a enseñar un panty que está muy **bien de precio**.	**em conta** ■ Vou lhe mostrar uma meia-calça que está bem **em conta**.
gratuito, gratuita [graˈtu̯ito] *adj* ■ Este software es **gratuito**.	**gratuito** ■ Este *software* é **gratuito**.
el **escaparate** [eskapaˈrate] *n* ■ En el **escaparate** de esta librería exponen todas las novedades.	a **vitrine** ■ Na **vitrine** desta livraria estão expostas todas as novidades.
la **bolsa de la compra** [ˈbɔlsa ðe la ˈkɔmpra] *n* ■ Si vas a la carnicería, llévate la **bolsa de la compra**.	a **sacola de compras** ■ Se for ao açougue, leve a **sacola de compras**.

la **lista de la compra** [ˈlista ðe la ˈkɔmpra] *n* ■ Yo siempre voy al supermercado con la **lista de la compra**.	a **lista de compras** ■ Sempre vou ao supermercado com a **lista de compras**.
el **carro (de la compra)** [ˈkarro (ðe la ˈkɔmpra)] *n* ■ Los sábados, vamos al supermercado y cargamos el **carro**.	o **carrinho (de compras)** ■ Aos sábados, vamos ao supermercado e enchemos um **carrinho**.
la **escalera (mecánica)** [eskaˈlera (meˈkanika)] *n* ■ El niño tiene miedo a subir por la **escalera mecánica**.	a **escada rolante** ■ A criança tem medo de subir a **escada rolante**.

Lojas

la **tienda** [ˈtǐenda] *n*	a **loja**
el **comercio** [koˈmɛrθǐo] *n*	o **comércio**
los **grandes almacenes** [ˈgrandes almaˈθenes] *n pl*	a **loja de departamentos**
el **supermercado** [supɛrmɛrˈkaðo] *n*	o **supermercado**
el **hipermercado** [ipɛrmɛrˈkaðo] *n*	o **hipermercado**
el **centro comercial** [ˈθentro komɛrˈθǐal] *n*	o **centro comercial**
la **tienda de alimentos** [ˈtǐenda ðe aliˈmentɔs] *n*	o **armazém**, a **mercearia**
el **mercado** [mɛrˈkaðo] *n*	o **mercado**
la **panadería** [panaðeˈria] *n*	a **padaria**
la **carnicería** [karniθeˈri a] *n*	o **açougue**
la **frutería** [fruteˈria] *n*	a **frutaria**
la **verdulería** [berðuleˈria] *n*	a **verduraria**

el **estanco** ES, la **tabaquería** AL [es'taŋko, taβake'ria] *n*	a **tabacaria**

> ➡ Na Espanha, a venda de derivados do tabaco é regulada pelo Estado. Cigarros e assemelhados são comercializados em estabelecimentos com uma licença especial, os **estancos**.

la **zapatería** [θapate'ria] *n*	a **sapataria**, a **loja de sapatos**
la **librería** [liβre'ria] *n*	a **livraria**

> ➡ Na maioria das vezes pequenas livrarias comercializam também artigos de papelaria, e nesse caso se chamam **librería y papelería**.

la **tienda de ropa** ['tĩenda ðe 'rrɔpa] *n*	a **loja de roupas**
la **pastelería** [pastele'ria] *n*	a **pastelaria**
la **charcutería** [tʃarkute'ria] *n*	a **charcutaria**
la **pescadería** [peskaðe'ria] *n*	a **peixaria**
la **floristería** [floriste'ria] *n*	a **floricultura**
la **joyería** [xoje'ria] *n*	a **joalheria**
la **boutique** [bu'tik] *n*	a **butique**
la **droguería** [droɣe'ria] *n*	a **drogaria**, a **farmácia**
la **tienda de deportes** ['tĩenda ðe ðe'pɔrtes] *n*	a **loja de artigos esportivos**
la **tintorería** [tintore'ria] *n*	a **tinturaria**
la **tienda de electricidad** ['tĩenda ðe elektri θi'ða(ð)] *n*	a **loja de materiais elétricos**
la **tienda de fotos** ['tĩenda ðe 'fotos] *n*	a **loja de material fotográfico**
la **óptica** ['optika] *n*	a **ótica**
la **papelería** [papele'ria] *n* ➡ **librería** p. 201	a **papelaria**
la **mercería** [mɛrθe'ria] *n*	a **mercearia**

➡ Nas **mercerías** são comercializados também produtos não alimentícios, como utensílios de costura, além de roupas íntimas e meias.

la **juguetería** [xuʝeteˈria] *n*	a **loja de brinquedos**
la **tienda de souvenirs** [ˈtjenda ðe suβeˈnirs] *n*	a **loja de suvenires**
el **quiosco** [ˈkjɔsko] *n*	o **quiosque**

➡ O termo pode também ser grafado como **kiosko**.

Alimentação

Conceitos gerais

el **alimento** [ali'mento] *n* ■ La leche es un **alimento** muy nutritivo.	o **alimento** ■ O leite é um **alimento** muito nutritivo.
los **alimentos** [ali'mentɔs] *n pl* ■ El hombre necesita una cantidad suficiente de **alimentos** cada día.	os **alimentos** ■ O homem precisa de uma quantidade suficiente de **alimentos** a cada dia.
la **alimentación** [alimenta'θĭon] *n* ■ Una buena **alimentación** es fundamental.	a **alimentação** ■ Uma boa **alimentação** é fundamental.

➡ **nutrición** é um termo mais técnico para se referir a **alimentación**.

la **comida** [ko'miða] *n* ■ La **comida** varía mucho según las regiones. ■ Lo normal es hacer cinco **comidas** al día.	a **comida**, a **refeição** ■ A **comida** varia muito segundo as regiões. ■ O normal é fazer cinco **refeições** ao dia.

➡ As cinco refeições na Espanha são **el desayuno** – o café da manhã, **el almuerzo** – o segundo café da manhã, **la comida** – o almoço, **la merienda** – a merenda e **la cena** – o jantar.

comer [ko'mɛr] *n* ■ Tengo que **comer** algo ahora mismo.	**comer** ■ Tenho de **comer** algo agora mesmo.

➡ **comer** significa, em princípio, **comer**. Mas o termo tem um significado especial para almoçar. Nesse sentido, ele concorre com **almorzar**, também empregado para almoçar ou para o comer durante a pausa para o café da manhã ou para o "segundo" café da manhã. O importante, contudo, é o uso de **cenar** e **cena** para o jantar, caso em que não se usa **comer** ou **comida**.

el **hambre** ['ambre] *n* ■ ¡Qué **hambre** tengo!	a **fome** ■ Que **fome**!

➡ **aula** p. 132

tener hambre [teˈnɛr ˈambre] *loc*
▶ v irr p. 428 tener
■ **Tengo** mucha **hambre**, ¿tú no?
➡ **aula** p. 132

estar com fome, ter fome

■ **Estou com** muita **fome**. Você não?

---

la sed [ˈsed] *n*
■ Esta **sed** me está matando.

a sede

■ Esta **sede** está me matando.

---

tener sed [teˈnɛr ˈsed] *loc*
▶ v irr p. 428 tener
■ Con este calor los niños **tienen** mucha **sed**.

estar com sede, ter/sentir sede

■ Com este calor, as crianças **sentem** muita **sede**.

---

beber [beˈβɛr] *v*
■ Hay que **beber** mucho durante el día.

beber

■ É preciso **beber** muito durante o dia.

➡ A regência intransitiva do verbo intransitivo **beber** indica o ato de tomar bebida alcoólica: **¿Quieres una cerveza? No, gracias. No bebo. – Você gostaria de uma cerveja? Não, obrigado, não bebo.**

---

el apetito [apeˈtito] *n*
■ Gracias, no quiero, no tengo mucho **apetito**.

o apetite

■ Obrigado, não quero, não estou com muito **apetite**.

¡Qué aproveche! [ke aproˈβetʃe] *loc*

Bom apetite!

¡Buen provecho! [ˈbŭen proˈβetʃo] *loc*

Bom apetite!

---

el sabor [saˈβor] *n*
■ Este vino tiene un **sabor** excelente.

o sabor

■ Este vinho tem um **sabor** excelente.

---

saber [saˈβɛr] *v*
▶ v irr p. 427 saber
■ La comida no **sabe** a nada.
➡ **gustar** p. 195

ter sabor, ter gosto

■ A comida não **tem gosto** de nada.

---

gustar [gusˈtar] *v*
■ ¿Te **gustan** las lentejas que he preparado?
➡ **gustar** p. 195

gostar

■ **Está gostando** das lentilhas que preparei?

rico, rica ['rriko, 'rrika] *adj*
- ¡Qué **rico** está este pastel!

gostoso, gostosa
- Que **gostoso** está este bolo!

➡ Adjetivos empregados para determinar substantivos que indicam alimentos (por exemplo, **dulce, salado, amargo**) formam predicativos do verbo **estar**, quando se trata da comida que se tem diante de si: **Esta paella está deliciosa. – Esta paella está deliciosa.** Mas quando se fala de comida de modo abstrato, usa-se **ser**, por exemplo, **En mi opinión, la sopa de almendras es deliciosa.** ou **Para mí, la sopa de almendras es un plato delicioso. – Acho sopa de amêndoas uma delícia.**

delicioso, deliciosa [deli'θĭoso, deli'θĭosa] *adj*
- Este flan está **delicioso**.
➡ **rico** p. 205

delicioso, deliciosa
- Este pudim de leite está **delicioso**.

fresco, fresca ['fresko, 'freska] *adj*
- El buen pescado tiene que estar **fresco**.

fresco, fresca
- Peixe bom tem de estar **fresco**.

dulce ['dulθe] *adj*
- Esta tarta la encuentro muy **dulce**.
➡ **rico** p. 205

doce
- Estou achando esta torta muito **doce**.

ácido, ácida ['aθiðo, 'aθiða] *adj*
- ¡Caramba! ¡Qué **ácidos** son estos caramelos!
➡ **rico** p. 205

azedo, azeda, ácido, ácida
- Caramba! Estes bombons estão **azedos**!

salado, salada [sa'laðo, sa'laða] *adj*
- La carne está muy **salada**.
➡ **rico** p. 205

salgado, salgada
- A carne está muito **salgada**.

picante [pi'kante] *adj*
- Algunos platos mexicanos son muy **picantes**.
➡ **rico** p. 205

picante
- Alguns pratos mexicanos são muito **picantes**.

la **botella** [bo'teʎa] *n*
- No se te olvide comprar dos **botellas** de vino tinto.

a **garrafa**
- Não se esqueça de comprar duas **garrafas** de vinho tinto.

la **jarra** ['xarra] *n*
- ¡Nos trae una **jarra** de vino de la casa, por favor!

a **jarra**
- Traga-nos uma **jarra** de vinho da casa, por favor!

preparar [prepa'rar] v
- Antonio **prepara** la ensalada.

preparar
- Antonio **prepara** a salada.

cocinar [koθi'nar] v
- A mi marido le encanta **cocinar**.

cozinhar
- Meu marido adora **cozinhar**.

hervir [ɛr'βir] v
▶ v irr p. 428 sentir
- El agua debe **hervir**.

ferver
- A água tem de **ferver**.

➡ Assim como no português, em espanhol há diferença entre dois tipos de cozimento. A preparação da comida é **preparar la comida**, por exemplo, **Mi madre está preparando la comida. – Minha mãe está preparando a comida**. A atividade culinária é chamada de **cocinar. Me encanta cocinar. – Gosto muito de cozinhar**. Para líquidos, o processo é referido de outra maneira, por exemplo, **La leche no debe hervir. – O leite não deve ferver**. E, por fim, o espanhol **cocer (en el horno)**, que tanto se assemelha ao português **cozinhar**, além de fazer referência ao processo normal de cozimento (como em **cocer la verdura – cozinhar os vegetais**), também significa **assar**, por exemplo, **No me gusta el pan muy cocido. – Não gosto do pão muito assado**.

cocer [ko'θɛr] v
▶ v irr p. 446 oler
- Tienes que **cocer** todavía las patatas.
- Las pastas se **cuecen** diez minutos al horno.
➡ hervir p. 206

cozinhar, assar
- Você tem de **cozinhar** mais as batatas.
- A massa **cozinha** com dez minutos de forno.

freír [fre'ir] v
▶ v irr p. 427 reír
- Ya **he frito** las patatas.

fritar
- Já **fritei** as batatas.

hecho, hecha ['etʃo, 'etʃa] adj
- La carne ya está **hecha**.

cozido, cozida
- A carne já está **cozida**.

crudo, cruda ['kruðo, 'kruða] adj
- Las zanahorias las como siempre **crudas**.

cru, crua
- Sempre como as cenouras **cruas**.

cortar [kɔr'tar] v
- Al niño le voy a **cortar** la carne.
- ¿Me puedes **cortar** un trozo de este queso?

cortar
- Vou **cortar** a carne para o menino.
- Você pode **cortar** para mim um pedaço desse queijo?

Conceitos gerais

partir [par'tir] *v* ■ Vamos a **partir** el jamón.	**partir (cortar)** ■ Vamos **partir** o presunto.
la **rebanada** [rreβa'naða] *n* ■ Pásame una **rebanada** de pan.	a **fatia** ■ Passe-me uma **fatia** de pão.

➡ Há diversos sinônimos do substantivo **fatia**, mas **rebanada** significa apenas a **fatia de pão**. **Rodaja** é sempre uma fatia redonda, como a de uma linguiça. **Loncha** é o termo para uma fatia grande e tenra, por exemplo, de presunto e de queijo.

la **gota** ['gota] *n* ■ Al final echas unas **gotas** de limón.	a **gota** ■ Ao final, acrescente algumas **gotas** de limão.
calentar [kalen'tar] *v* ▶ *v irr* p. 426 pensar ■ Voy a **calentar** la leche, sabe mejor.	**aquecer, esquentar** ■ Vou **aquecer** o leite, fica com gosto melhor.
poner al fuego [pɔ'ner al 'fueɣo] *loc* ▶ *v irr* p. 427 poner ■ **Pon** la leche al fuego.	**pôr no fogo** ■ **Ponha** o leite **no fogo**.
aliñar [ali'ɲar] *v* ■ No se te olvide **aliñar** la ensalada.	**misturar, preparar** ■ Não se esqueça de **misturar** a salada.
condimentar [kɔndimen'tar] *n* ■ El pimentón se utiliza para **condimentar** la carne de cerdo.	**condimentar, temperar** ■ O pimentão é usado para **condimentar** a carne de porco.
asar [a'sar] *v* ■ Los pimientos me gustan **asados** al horno.	**assar** ■ Gosto dos pimentões **assados** ao forno.
asar a la parrilla [a'sar a la pa'rriʎa] *loc* ■ En este restaurante se puede ver cómo **asan** la carne **a la parrilla**.	**assar na grelha, grelhar** ■ Neste restaurante se pode ver como **assam** a carne **na grelha**.
hacer una barbacoa [a'θer 'una βarβa'koa] *loc* ■ Mañana **hacemos una barbacoa** en el jardín.	**fazer um churrasco** ■ Amanhã **faremos um churrasco** no jardim.

añadir [aɲa'ðir] v ■ Después de freír la cebolla, se **añaden** las verduras.	**acrescentar, adicionar** ■ Depois de fritar a cebola, **acrescentam**-se os vegetais.
la **receta** [rrɛ'θeta] n ■ ¿Me puedes dar la **receta** de este pastel?	a **receita** ■ Você pode me passar a **receita** deste bolo?
el **paquete** [pa'kete] n ■ ¿Me da un **paquete** de galletas?	o **pacote** ■ Você me dá um **pacote** de bolachas?
la **caja** ['kaxa] n ■ Una **caja** de bombones de 200 gramas, por favor. ■ Podemos comprar una **caja** de cerveza entera.	a **caixa** ■ Uma **caixa** de bombons de 200 gramas, por favor. ■ Podemos comprar uma **caixa** inteira de cerveja.
la **lata** ['lata] n ■ Nos llevamos unas **latas** de sardinas.	a **lata** ■ **Estamos levando** algumas latas de sardinha.
la **bolsa** ['bɔlsa] n ■ ¿Qué hay en estas **bolsas**? – La compra del supermercado.	a **sacola**, a **bolsa** ■ O que tem nestas **sacolas**? – A compra do supermercado.
conservarse [kɔnsɛr'βarse] v ■ Las lentejas **se conservan** mucho tiempo.	**conservar-se** ■ As lentilhas **se conservam** por muito tempo.
echarse a perder [e'tʃarse a pɛr'ðɛr] loc ■ ¡Vaya, el queso **se ha echado a perder**!	**estragar** ■ Ah, o queijo **estragou**!
congelado, congelada [kɔnxe'laðo, kɔnxe'laða] adj ■ La pizza **congelada** no sabe mal.	**congelado, congelada** ■ A pizza **congelada** não está com gosto ruim.
maduro, madura [ma'ðuro, ma'ðura] adj ■ ¿Esta piña está **madura**?	**maduro** ■ Este abacaxi está **maduro**?
sin madurar [sin maðu'rar] loc ■ No comas las peras, están todavía **sin madurar**.	**estar verde/não maduro** ■ Não coma as peras, ainda **estão verdes**.

Conceitos gerais

amargo, amarga [aˈmarɣo, aˈmarɣa] *adj* ■ Esta bebida tiene un sabor **amargo**.	**amargo, amarga** ■ Esta bebida está com um sabor **amargo**.
seco, seca [ˈseko, ˈseka] *adj* ■ Prefiero un vino **seco**.	**seco, seca** ■ Prefiro vinho **seco**.
con gas [kɔŋ gas] *loc* ■ ¿Me trae uma botella de agua mineral **con gas**?	**com gás, gaseificado** ■ Traga-me uma garrafa de água mineral **com gás**.

➡ Na Espanha, agua mineral – **água mineral** significa sempre água sem gás. Quando se deseja água com gás, deve-se pedir **água con gas**.

recién exprimido, recién exprimida [rrɛˈθĩen e(k)spriˈmiðo, rrɛˈθĩen e(k)spriˈmiða] *loc* ■ Hay zumo de naranja **recién exprimido**.	**espremido/espremida na hora** ■ Tem suco de laranja **espremida na hora**.
rallado, rallada [rraˈʎaðo, rraˈʎaða] *adj* ■ Por encima se echa queso **rallado**.	**ralado, ralada** ■ Por cima se põe queijo **ralado**.
la piel [pĩel] *n* ■ Como las manzanas con **piel**.	**a casca** ■ Como as maçãs com **casca**.

➡ la piel designa a **casca** da maioria dos frutos, como a das maçãs, mas também de linguiças e salsichas. Para o caso de cascas mais duras, como de ovos e nozes, o termo utilizado é la cáscara.

pelar [peˈlar] *v* ■ Hay que **pelar** las patatas.	**descascar** ■ É preciso **descascar** as batatas.
la dieta [ˈdĩeta] *n* ■ Estoy siguiendo una **dieta** para adelgazar.	**a dieta, o regime** ■ Estou fazendo **dieta** para emagrecer.
los alimentos dietéticos [aliˈmentɔz ðĩeˈtetikɔs] *n pl* ■ En el supermercado hay una sección de **alimentos dietéticos**.	**os alimentos dietéticos** ■ No supermercado há uma seção de **alimentos dietéticos**.

vegetariano, vegetariana [bɛxeta'rĭano, bɛxeta'rĭana] *adj* ■ ¿Tienen un menú **vegetariano**?	**vegetariano, vegetariana** ■ Vocês têm um cardápio **vegetariano**?
vegano, vegana [be'ɣano, be'ɣana] *adj* ■ Me gusta la cocina **vegana**.	**vegano, vegana** ■ Gosto de cozinha **vegana**.
integral [inte'ɣral] *adj* ■ Solo como alimentos **integrales**.	**integral** ■ Só como alimentos **integrais**.
la grasa ['grasa] *n* ■ El buen jamón debe tener algo de **grasa**.	a **gordura** ■ O bom presunto tem de ter alguma **gordura**.
bajo en grasa, baja en grasa ['baxo eŋ 'grasa, 'baxa eŋ 'grasa] *loc* ■ Éste es un queso **bajo en grasa**.	**baixo teor de gordura** ■ Este é um queijo com **baixo teor de gordura**.
la vitamina [bita'mina] *n* ■ Las naranjas tienen mucha **vitamina** C.	a **vitamina** ■ As laranjas têm muita **vitamina** C.
el picnic ['piknik] *n* ■ Se han ido al pinar a hacer un **picnic**.	o **piquenique** ■ Foram ao bosque de pinheiros fazer um **piquenique**.

Pães, doces e cereais

el pan [pan] *n*	o **pão**

➡ **Pão** normalmente se refere, em espanhol, ao **pão branco**, especialmente (mas não exclusivo) **la barra de pan** – **o pão de forma**.

la tostada [tɔs'taða] *n*	a **torrada**
la pasta ['pasta] *n*	a **massa**
los macarrones [maka'rrones] *n pl*	o **macarrão**
el arroz [a'rroθ] *n*; *pl* arroces [a'rroθes] *n*	o **arroz**

el **maíz** [ma'iθ] n; pl **maíces** [ma'iθes] n	a **maisena**
el **pastel** [pas'tɛl] n	o **doce**, o **bolo**
la **tarta** ['tarta] n	a **torta**
la **galleta** [ga'ʎeta] n	a **bolacha**, o **biscoito**
el **bollo** ['boʎo] n	o **confeito**, o **doce**
el **cruasán** [krŭa'san] n; pl **cruasanes** [krŭa'sanes] n	o *croissant*
el **donut** ['donuð] n; pl **donuts** ['donu(ð)s] n	o *donut*
la **madalena** [maða'lena] n	o *muffin*
la **harina** [a'rina] n	a **farinha**
el **panecillo** [pane'θiʎo] n	o **pãozinho**
el **pan (de centeno)** [pan (de θen'teno)] n	o **pão de centeio**
los **cereales** [θere'ales] n pl	os **cereais**
el **muesli** ['mŭezli] n	a **granola**
las **pastas** ['pastas] n pl	os *petits fours*
las **pastas de té** ['pastaz ðe te] n	os **docinhos**, os **confeitos**
la **ensaimada** [ensaĭ'maða] n	o **folhado**
los **churros** ['tʃurrɔs] n pl	os **churros**

Frutas e verduras

la **fruta** ['fruta] n	a **fruta**
la **naranja** [na'raŋxa] n	a **laranja**
el **limón** [li'mɔn] n; pl **limones** [li'mones]	o **limão**

Frutas e verduras

el **plátano** [ˈplatano] *n*	a **banana**

➡ Na Espanha, as bananas da América do Sul também são chamadas **bananas**, enquanto as bananas das Ilhas Canárias, que são menores, têm casca mole e manchas, são chamadas **plátanos**.

la **pera** [ˈpera] *n*	a **pera**
la **fresa** ES, la **frutilla** AL [ˈfresa, fruˈtiλa] *n*	o **morango**
la **cereza** [θeˈreθa] *n*	a **cereja**
la **uva** [ˈuβa] *n*	a **uva**
la **sandía** [sanˈdia] *n*	a **melancia**
el **melón** [meˈlɔn] *n*; *pl* **melones** [meˈlones]	o **melão**
la **verdura** [bɛrˈðura] *n*	a **verdura**
la **patata** ES, la **papa** ES-AL [paˈtata, ˈpapa] *n*	a **batata**

➡ **papa** é um termo usado na América Latina, mas também em algumas regiões da Andaluzia e nas Ilhas Canárias.

el **tomate** [toˈmate] *n*	o **tomate**
la **lechuga** [leˈtʃuɣa] *n*	a **alface**
el **pimiento** [piˈmi̯ento] *n*	o **pimentão**

➡ A páprica chama-se **pimentón**.

la **cebolla** [θeˈβoλa] *n*	a **cebola**
el **ajo** [ˈaxo] *n*	o **alho**
el **melocotón** ES, el **durazno** AL [melokoˈtɔn, duˈrazno] *n*; *pl* **melocotones** [melokoˈtones]	o **pêssego**
la **manzana** [manˈθana] *n*	a **maçã**
el **albaricoque** ES, el **damasco** AL [alβariˈkoke, ðaˈmasko] *n*	o **damasco**

el **pomelo** [po'melo] n	a **toranja**
las **espinacas** [espi'nakas] n pl	o **espinafre**
la **zanahoria** [θana'oɾia] n	a **cenoura**
el **guisante** ES, la **arveja** AL [gi'sante ar'βɛxa] n	a **ervilha**
el **pepino** [pe'pino] n	o **pepino**
la **berenjena** [bereŋ'xena] n	a **berinjela**
el **calabacín** [kalaβa'θin] n; pl **calabacines** [kalaβa'θines] n	a **abobrinha**
la **col** [kɔl] n	o **repolho**
la **lombarda** [lɔm'barða] n	o **repolho roxo**
la **judía verde** [xu'ðia 'βɛrðe] n	a **vagem**
el **frijol** [fri'xɔl] n	o **feijão-preto**
la **habichuela** AL [aβi'tʃũela] n	o **feijão**
las **legumbres** [le'ɣumbres] n pl	as **leguminosas**
la **lenteja** [len'tɛxa] n	o **feijão**
la **alubia** [a'luβĩa] n	a **lentilha**
el **garbanzo** [gar'βanθo] n	o **grão-de-bico**

Carne, peixe e derivados do leite

la **carne** ['karne] n	a **carne**
la **carne de cerdo** ['karne ðe 'θerðo] n	a **carne suína**, a **carne de porco**

➔ As locuções para se referir a tipos de carne iniciam-se todas com **carne de ...**, mas na linguagem cotidiana são frequentemente abreviadas, por exemplo, cerdo – **carne de porco**, ternera – **vitela** ou cordero – **cordeiro/carneiro**. ¿Te gusta el cordero? – Você gosta de (carne de) cordeiro? Na linguagem cotidiana, ternera é usado também para **carne bovina**.

la **carne de vacuno** [ˈkarne ðe βaˈkuno] *n* ➡ carne de cerdo p. 214	a **carne bovina**
la **carne de ternera** [ˈkarne ðe tɛrˈnera] *n* ➡ carne de cerdo p. 214	a **(carne de) vitela**
la **carne de cordero** [ˈkarne ðe kɔrˈðero] *n* ➡ carne de cerdo p. 214	a **(carne de) carneiro**
el **pollo** [ˈpoλo] *n*	o **frango**
el **filete** [fiˈlete] *n*	o **filé**
el **jamón serrano** [xaˈmɔn sɛˈrrano] *n*; *pl* **jamones** [xaˈmones] *n*	o **presunto defumado**
el **jamón cocido** [xaˈmɔn koˈθiðo] *n*; *pl* **jamones** [xaˈmones]	o **presunto cozido**
la **salchicha** [salˈtʃitʃa] *n*	a **salsicha**, a **linguiça**
el **salchichón** [saltʃiˈtʃɔn] *n*; *pl* **salchichones** [saltʃiˈtʃones] *n*	o **salame**
el **chorizo** [tʃoˈriθo] *n*	o **chouriço**
el **pescado** [pesˈkaðo] *n*	o **peixe**, o **pescado**

➡ O termo **pez** designa o peixe vivo na água, enquanto **pescado** indica o peixe "pescado" (particípio de **pescar** – pescar), que será comido.

el **atún** [aˈtun] *n*	o **atum**

➡ **el atún** e **el bonito** são muito semelhantes. Mas o **bonito** é menor e servido também como petisco em latas e copos. Ambos podem ser adquiridos frescos e em peixarias.

el **salmón** [salˈmɔn] *n*; *pl* **salmones** [salˈmones]	o **salmão**
los **mariscos** [maˈriskos] *n pl*	os **frutos do mar**
la **leche** [ˈletʃe] *n*	o **leite**

Carne, peixe e derivados do leite 215

la **mantequilla** [mante'kiʎa] *n*	a **manteiga**
el **yogur** [jo'ɣur] *n*	o **iogurte**
la **nata** ['nata] *n*	a **nata**
el **queso** ['keso] *n*	o **queijo**
el **pavo** ['paβo] *n*	o **peru**
el **muslo** ['muzlo] *n*	o **pernil**
la **chuleta** [tʃu'leta] *n*	a **costeleta**
el **tocino** [to'θino] *n*	o **toucinho**
la **merluza** [mer'luθa] *n*	a **merluza**
la **dorada** [do'raða] *n*	o **dourado**
el **rape** ['rrape] *n*	o **peixe-pescador**
la **trucha** ['trutʃa] *n*	a **truta**
la **espina** [es'pina] *n*	a **espinha (de peixe)**
la **almeja** [al'mɛxa] *n*	o **berbigão**
el **mejillón** [mɛxi'ʎon] *n*; *pl* **mejillones** [mɛxi'ʎones] *n*	o **mexilhão**
la **gamba** ['gamba] *n*	o **camarão**
el **langostino** [laŋgɔs'tino] *n*	o **camarão-tigre**
la **leche entera** ['letʃe en'tera] *n*	o **leite integral**
la **leche desnatada** ['letʃe ðezna'taða] *n*	o **leite desnatado**
el **quesito** [ke'sito] *n*	o **queijo fundido**
el **huevo cocido** ['ũeβo ko'θiðo] *n*	o **ovo cozido**
el **huevo pasado por agua** ['ũeβo pa'saðo pɔr 'aɣũa] *n*	o **ovo cozido mole**

Temperos, ervas e outros ingredientes

la **sal** [sal] *n*	o sal
la **pimienta negra** [pi'mĭenta 'neɣra] *n*	a pimenta-do-reino
la **pimienta cayena** [pi'mĭenta ka'jena] *n*	a pimenta calabresa, a pimenta caiena
el **pimentón** [pimen'tɔn] *n*	a páprica
la **canela** [ka'nela] *n*	a canela
el **aceite** [a'θɛĭte] *n*	o azeite
el **vinagre** [bi'naɣre] *n*	o vinagre
el **ketchup** ['ke(ð)tʃup] *n*	o *ketchup*
el **huevo** ['ŭeβo] *n*	o ovo
las **especias** [es'peθĭas] *n pl*	os temperos, os condimentos
las **hierbas aromáticas** ['jɛrβas aro'matikas] *n pl*	as ervas
el **romero** [rrɔ'mero] *n*	o alecrim
el **tomillo** [to'miλo] *n*	o tomilho
la **albahaca** [alβa'aka] *n*	o manjericão
el **eneldo** [e'nɛldo] *n*	o aneto
el **aceite de oliva** [a'θɛĭte ðe o'liβa] *n*	o azeite de oliva
el **aceite de girasol** [a'θɛĭte ðe xira'sɔl] *n*	o óleo de girassol
la **margarina** [marɣa'rina] *n*	a margarina
la **mostaza** [mɔs'taθa] *n*	a mostarda
la **yema de huevo** ['jema ðe 'ŭeβo] *n*	a gema de ovo

la clara de huevo ['klara ðe 'weβo] n	a clara de ovo

Doces, salgados e guloseimas

la dulces ['dulθes] n	os doces
los frutos secos ['frutos 'sekos] n	as frutas secas
las patatas fritas [pa'tatas 'fritas] n	as batatas fritas
las pipas (de girasol) ['pipas (ðe xira'sɔl] n pl	as sementes de girassol
el cacahuete [kaka'ũete] n	o amendoim
la avellana [aβe'ʎana] n	a avelã
la nuez [nũeθ] n; pl nueces ['nũeθes]	a noz
la almendra [al'mendra] n	a amêndoa
la aceituna [aθɛi'tuna] n	a azeitona
el azúcar [a'θukar] n	o açúcar
la mermelada [mɛrme'laða] n	a marmelada
el chocolate [tʃoko'late] n	o chocolate
el helado [e'laðo] n	o sorvete
el caramelo [kara'melo] n	a bala
los encurtidos [eŋkur'tiðɔs] n pl	os legumes em conserva
el pepinillo [pepi'niλo] n	o picles
la miel ['mïɛl] n	o mel
el bombón [bɔm'bɔn] n; pl bombones [bɔm'bones]	o bombom
el tabaco [ta'βako] n	o tabaco

el **cigarrillo** [θiγa'rriλo] n	o **cigarro**

➡ Em espanhol, a **cigarrilha** corresponde ao substantivo **el purito**, literalmente "charutinho".

el **puro** ['puro] n	o **charuto**
la **pipa** ['pipa] n	o **cachimbo**

Bebidas

la **bebida** [be'βiða] n	a **bebida**
el **café** [ka'fe] n	o **café**
el **café solo** [ka'fe 'solo] n	o **café** *espresso*
el **café con leche** [ka'fe kɔn 'letʃe] n	o **café com leite**
el **té** [te] n	o **chá**

➡ Na Espanha há uma diferenciação linguística entre **té** – chá e **infusión** ou **tisana** – o **chá em infusão**, isto é, o **chá** de ervas.

la **infusión** [imfu'sĭɔn] n ➡ **té** p. 218	o **chá**
el **agua mineral** [' aγwa mine'ral] n ➡ **aula** p. 132 ➡ **con gas** p. 209	a **água mineral**
el **zumo** ES, el **jugo** AL ['θumo 'xuγo] n	o **suco**
el **refresco** [rrɛ'fresko] n	o **refrigerante**
la **limonada** [limo'naða] n	a **limonada**
la **coca-cola** [koka'kola] n	a **Coca-Cola**
la **cerveza** [θɛr'βeθa] n	a **cerveja**
la **caña** ['kaɲa] n	o **copo de cerveja pequeno (do barril)**

el **vino** ['bino] *n*	o vinho
➡ Diferencia-se entre **vino tinto** – **vinho tinto**, **vino rosado** – **vinho rosé** (ou então: **vino clarete** – **vinho rosé**) e **vino blanco** – **vinho branco**.	
la **copa** ['kopa] *n*	o drinque
el **cubito de hielo** [kuˈβito ðe ˈjelo] *n*	o cubo de gelo
el **capuchino** [kapuˈtʃino] *n*	o *cappuccino*
la **sangría** [sanˈgria] *n*	a sangria
el **mosto** [ˈmɔsto] *n*	o suco de uva
la **sidra** [ˈsiðra] *n*	a sidra
el **cava** [ˈkaβa] *n*	o espumante
el **champán** [tʃamˈpan] *n*	o champanhe
el **aperitivo** [aperiˈtiβo] *n*	o aperitivo
el **licor** [liˈkɔr] *n*	o licor
el **aguardiente** [aɣwarˈðiente] *n*	o aguardente, a cachaça
el **cóctel** [ˈkɔktɛl] *n*	o coquetel
el **alcohol** [alˈkɔl] *n*	o álcool
sin alcohol [sin alˈkɔl] *loc*	sem álcool

Restaurantes e cafés

Estabelecimentos

el **restaurante** [rrɛstaŭ'rante] *n* ■ ¿Conoces un buen **restaurante** para ir a comer con mis suegros?	o **restaurante** ■ Você conhece um bom **restaurante** para eu ir com meus sogros?
el **café** [ka'fe] *n* ■ Si quieres quedamos en el **café** que hay en la Plaza Mayor	o **café** ■ Se você quiser, encontramo-nos no **café** que há na Plaza Mayor.
la **cafetería** [kafete'ria] *n* ■ ¿Bajamos a la **cafetería** a tomar un café?	a **cafeteria** ■ Vamos à **cafeteria** tomar um café?
la **chocolatería** [tʃokolate'ria] *n* ■ Mi primo ha abierto una **chocolatería**.	a **chocolateria** ■ Meu primo abriu uma **chocolateria**.
la **heladería** [elaðe'ria] *n* ■ En esta **heladería** sirven el mejor helado de la ciudad.	a **sorveteria** ■ Nesta **sorveteria** servem o melhor sorvete da cidade.
el **bar** [bar] *n* ■ ¿Conoces el **bar** que hay frente a la universidad?	o **bar** ■ Você conhece o **bar** que há em frente à universidade?
la **taberna** [ta'βɛrna] *n* ■ En el puerto hay una **taberna** que está siempre llena de marineros.	a **taberna** ■ No porto há uma **taberna** que está sempre cheia de marinheiros.
la **tasca** ['taska] *n* ■ Fuimos a una **tasca** típica donde te ponen puchero y cosas así.	o **restaurante** ■ Fomos a um **restaurante** típico, onde tem guisado e essas coisas.
la **bodega** [bo'ðeɣa] *n* ■ El ambiente en estas **bodegas** me encanta.	a **adega**, o **bar**, a **taberna** ■ Gosto muito do ambiente nessas **tabernas**.

o **chiringuito** [tʃiriŋˈgito] *n* ■ Nos tomamos unas sardinas en **chiringuito**, con uma cerveza bien fría.	o **bar de praia** ■ Comemos umas sardinhas num **bar de praia**, com uma cerveja bem gelada.
el **autoservicio** [aŭtosɛrˈβiθĭo] *n* ■ Comeré algo en el **autoservicio** del aeropuerto.	o **restaurante** *self-service* ■ Vou comer alguma coisa no **restaurante** *self-service* do aeroporto.

Pratos e aperitivos

la **especialidad** [espeθĭaliˈða(ð)] *n* ■ Ésta es la **especialidad** de la casa.	a **especialidade** ■ Esta é a **especialidade** da casa.
el **tentempié** [tentemˈpĭe] *n* ■ No tengo mucha hambre, pero necesito un **tentempié**.	o **lanche** ■ Não estou com muita fome, mas preciso de um **lanche**.
la **hamburguesa** [amburˈɣesa] *n* ■ Me gustan mucho las **hamburguesas**.	o **hambúrguer** ■ Gosto muito de **hambúrguer**.
el **sándwich** [ˈsaŋɡŭitʃ] *n*; *pl* **sándwiches** [ˈsaŋɡŭitʃes] ■ Los **sándwiches** son la especialidad de la casa.	o **sanduíche** ■ Os **sanduíches** são a especialidade da casa.
el **bocadillo** [bokaˈðiλo] *n* ■ Te he preparado un **bocadillo** de jamón.	o **sanduíche** ■ Fiz **sanduíche** de presunto para você.
la **paella** [paˈeλa] *n* ■ La **paella** es un plato muy famoso con arroz.	a *paella* ■ A *paella* é um prato muito famoso feito com arroz.

➜ **la paella** ("a panela", em catalão) é um prato à base de arroz combinado com carne de frango ou de coelho ou frutos do mar e peixe, além de legumes. A coloração tipicamente amarela é obtida pelo **azafran** – açafrão, cultivado na Espanha. A depender do número de pessoas, as panelas de **paella** chegam a uma dimensão considerável.

la **tortilla** [tɔrˈtiʎa] *n*
- Para la **tortilla** necesito cuatro huevos.

a **tortilha**, a **omelete**
- Para a **tortilha** preciso de quatro ovos.

→ la **tortilla de patatas**, também chamada la **tortilla española**, é feita de ovos, batatas e, eventualmente, cebolas em uma panela. La **tortilla francesa** é um omelete simples. No México, no entanto, as **tortillas** são menos espessas e feitas com farinha de milho.

las **patatas fritas** [paˈtatas ˈfritas] *n pl*
- Las **patatas fritas** las hago en casa.

as **batatas fritas**
- Eu faço as **batatas fritas** em casa.

la **sopa** [ˈsopa] *n*
- De primero comeremos una **sopa**.

a **sopa**
- Como primeiro prato comeremos **sopa**.

→ Jamais se poderia traduzir sopa de batatas por "**sopa de patatas**". São las **patatas** e ponto final. Uma sopa de lentilhas é chamada simplesmente (las) **lentejas**, enquanto (las) **alubias** é o termo para **sopa de feijão**. La **sopa de pescado** ou la **sopa de marisco** já são de uso corrente. El **gazpacho** é uma sopa fria feita de tomates crus, pepinos e molho de pimentão.

la **comida casera** [koˈmiða kaˈsera] *n*
- Es un restaurante donde sirven **comida casera**.

a **comida caseira**
- É um restaurante onde servem **comida caseira**.

el **puchero** [puˈtʃero] *n*
- Antes, la gente del campo comía **puchero** todos los días.
→ sopa p. 222

o **ensopado**, o **guisado**
- Antes a gente do campo comia **ensopado** todos os dias.

la **tapa** [ˈtapa] *n*
- Las **tapas** se conocen ahora en muchos países.

a *tapa*
- As *tapas* são hoje conhecidas em muitos países.

→ Na Espanha, las **tapas** também são chamadas de **pinchos**, pois frequentemente são conservados com palitos.

el **asado** [aˈsaðo] *n*
- Creo que voy a poner un **asado** el domingo.

o **assado**
- Acho que vou fazer um **assado** no domingo.

el **caldo** [ˈkaldo] *n*
- Yo misma he preparado el **caldo**.

o **caldo**
- Eu mesma preparei o **caldo**.

la **salsa** ['salsa] *n* ■ ¿Me puedes dar la **salsa** para la carne?	o **molho** ■ Você pode me dar o **molho** para a carne?
la **guarnición** [gŭarni'θĭon] *n* ■ El filete se sirve con **guarnición**.	o **acompanhamento**, a **guarnição** ■ O filé é servido com **acompanhamentos**.
el **flan** ['flan] *n* ■ Para mi gusto el **flan** está muy dulce.	o **pudim de leite**, o **flã** ■ Para o meu gosto, o **pudim de leite** está muito doce.
el **arroz con leche** [a'rrɔθ kɔn 'letʃe] *n* ■ Me gusta comer el **arroz con leche** con un poco de canela.	o **arroz-doce** ■ Gosto de comer **arroz-doce** com um pouco de canela.
el **crema catalana** ['krema kata'lana] *n* ■ Esta **crema catalana** sabe muy bien.	o **creme catalão** ■ Este **creme catalão** está uma delícia.

Servir-se, fazer um pedido e pagar

la **carta** ['karta] *n* ■ Ahora mismo les traigo la **carta**.	o **cardápio** ■ Vou trazer o **cardápio** agora mesmo.
pedir [pe'ðir] *v* ▶ v irr p. 426 pedir ■ Vamos a **pedir** un buen vino.	**pedir** ■ Vamos **pedir** um bom vinho.
el **menú** [me'nu] *n* ■ Tenemos un **menú** especial para niños.	o **cardápio**, o **menu** ■ Temos um **cardápio** especial para crianças.
el **plato** ['plato] *n* ■ La paella es un **plato** típico de Valencia. ■ ¿Qué vas a tomar de segundo **plato**?	o **prato** ■ A *paella* é um **prato** típico de Valência. ■ O que você vai querer como segundo **prato**?

el **desayuno** [desa'juno] *n* ▪ ¡Menudo **desayuno** te sirven en este hotel! → **comida** p. 203	o **café da manhã** ▪ Neste hotel servem um excelente **café da manhã**!
desayunar [desaju'nar] *v* ▪ Yo **desayuno** todos los días com café y tostadas.	**tomar café da manhã** ▪ **Tomo café da manhã** todos os dias com café e torradas.
el **almuerzo** [al'mwɛrθo] *n* ▪ En el **almuerzo** como solo una ensalada. → **comida** p. 203	o **almoço** ▪ No **almoço** como só uma salada.
almorzar [almor'θar] *v* ▶ *v irr* p. 423 contar ▪ Hoy vamos a **almorzar** en el restaurante nuevo. → **comer** p. 203	**almoçar** ▪ Hoje vamos **almoçar** no restaurante novo.
la **comida** [ko'miða] *n* ▪ Llámame a la hora de la **comida**. → **comida** p. 203	a **comida** ▪ Me chame na hora da **comida**.
comer [ko'mɛr] *v* ▪ ¿Qué pasa? Hoy no **comemos**? → **comer** p. 203	**comer** ▪ O que está acontecendo? Não vamos **comer** hoje?
la **cena** ['θena] *v* ▪ En mi casa la **cena** es a las nueve y media. → **comida** p. 203	o **jantar**, a **ceia** ▪ Em minha casa o **jantar** é às nove e meia.
cenar [θe'nar] *v* ▪ Vamos a **cenar** en casa de María. → **comer** p. 203	**jantar**, **cear** ▪ Vamos **jantar** na casa de María.
el **postre** ['pɔstre] *n* ▪ De niña, si no lo había comido todo, no me daban **postre**.	a **sobremesa** ▪ Quando criança, se não tivesse comido tudo, não me davam **sobremesa**.
pasar [pa'sar] *v* ▪ ¿Me puedes **pasar** la sal, cariño?	**Passar** ▪ Pode me **passar** o sal, querido?

poner la mesa [po'nɛr la 'mesa] *loc*
▶ v irr p. 427 poner
- Está todo, solo falta **poner la mesa**.

pôr a mesa
- Tudo pronto, só falta **pôr a mesa**.

quitar la mesa [ki'tar la 'mesa] *loc*
- ¿A ver quién **quita la mesa**?

tirar a mesa
- Vamos ver, quem **tira a mesa**?

lleno, llena ['ʎeno, 'ʎena] *adj*
- He comido mucho y estoy muy **lleno**.

cheio, cheia
- Comi muito e estou muito **cheio**.

vacío, vacía [ba'θio, ba'θia] *adj*
- La botella de agua está **vacía**. ¿Pedimos otra?

vazio, vazia
- A garrafa de água está **vazia**. Pedimos outra?

la cuenta ['kŭenta] *v*
- ¡Me trae la **cuenta**, por favor!

a conta
- Traga-me a **conta**, por favor!

➡ Pede-se a conta depois de se ter comido em um restaurante. Quando se bebe ou se come apenas algo leve, o mais comum é dizer: **¿Cuánto es?** – **Quanto é?**.

pagar [pa'ɣar] *v*
▶ v irr p. 422 apagar
- Deja, voy a **pagar** yo.

pagar
- Deixe que eu **pago**.

la propina [pro'pina] *n*
- ¿No le dejas **propina** al camarero?

a gorjeta
- Você não deixa **gorjeta** ao garçom?

➡ Na Espanha, deixa-se a gorjeta junto com o dinheiro da conta ou se deixa a gorjeta sobre a mesa, quando se vai embora.

incluido, incluida [iŋklu'iðo, iŋklu'iða] *adj*
- El servicio está **incluido**.

incluso, inclusa, incluído, incluída
- O serviço está **incluso**.

la merienda [me'rĭenda] *n*
- Cuando los niños salen del colegio, les doy la **merienda**.
➡ comida p. 203

o lanche da tarde, a merenda
- Quando as crianças saem do colégio, sirvo-lhes o **lanche da tarde**.

merendar [ver orig.] *v*	**lanchar**
▶ **v irr** p. 426 pensar	
■ Vamos a **merendar** rápido, que ya es tarde.	■ Vamos **lanchar** logo, que já é tarde.
el **entremés** [entre'mes] *n*; *pl* **entremeses** [entre'meses]	a **entrada**
■ Para empezar, nos sirvieron unos **entremeses** variados.	■ Para começar, serviram-nos **entradas** variadas.
la **reserva** [rrɛ'sɛrβa] *n*	a **reserva**
■ Buenas noches, teníamos una **reserva** para diez personas.	■ Boa noite, temos uma **reserva** para dez pessoas.
reservar [rrɛsɛr'βar] *v*	**reservar**
■ Quisiera **reservar** una mesa para las dos, a nombre de Javier Pérez.	■ Gostaria de **reservar** uma mesa para as duas horas em nome de Javier Pérez.
el **menú (del día)** [me'nu (ðɛl 'dia)] *n*	o **prato do dia**
■ Si cogemos el **menú del día**, sale más barato.	■ Se escolhermos o **prato do dia** sai mais barato.
la **carta de vinos** ['karta ðe 'βinɔs] *n*	a **carta de vinhos**
■ ¿Nos hace el favor de traer la **carta de vinos**?	■ Pode nos trazer a **carta de vinhos**, por favor?
la **ración** [rra'θïɔn] *n*	a **porção**
■ Traiga una **ración** de patatas fritas para el niño, por favor.	■ Traga uma **porção** de batatas fritas para o menino, por favor.
el **cubierto** [ku'βïɛrto] *n*	o **couvert**
■ No, no cobran el **cubierto**.	■ Não, não cobram o **couvert**.
el **servicio** [sɛr'βiθïo] *n*	o **serviço**
■ El **servicio** en este restaurante no me gusta nada.	■ O **serviço** neste restaurante não me agrada nem um pouco.
servir [sɛr'βir] *v*	**servir**
▶ **v irr** p. 426 pedir	
■ ¿Le **sirvo** otro filete?	■ Posso lhe **servir** o outro filé?

Servir-se, fazer um pedido e pagar

servirse [sɛr'βirse] *v* ▶ v irr p. 426 pedir ■ **Sírvete** más pollo, si quieres.	**servir-se** ■ Se quiser, pode **se servir** de mais frango.
echar [e'tʃar] *v* ■ ¿Te **echo** un poco de vino?	**servir (bebida)** ■ Posso lhe **servir** um pouco de vinho?
por separado [pɔr sepa'raðo] *loc* ■ ¿Podemos pagar **por separado**?	**separadamente** ■ Podemos pagar **separadamente**?

➡ Na Espanha não é obrigatório pagar separadamente. Em vez disso, divide-se o total da conta e cada qual contribui com a sua parte no montante.

para llevar ['para λe'βar] *loc* ■ Hay comida **para llevar**.	**para viagem, para levar** ■ Há comida **para viagem**.

Moradia

Casas e habitações

la **casa** ['kasa] *n*
- Tengo que limpiar la **casa**.

a casa
- Tenho de limpar a **casa**.

➡ **Apartamento**, em espanhol, se diz **piso**, mas quando se quer falar do conforto de um lar geralmente se fala em **la casa** ou **mi casa**, sem que seja propriamente uma casa, por exemplo, **Mi casa es pequeña.** – Minha casa é pequena. **La vivienda** já é um termo oficial usado pelos órgãos governamentais: **el problema de la vivienda** – o problema da habitação.

en **casa** [eŋ 'kasa] *loc*
- A partir de las ocho estoy **en casa**.

em casa
- A partir das oito estou **em casa**.

a **casa** [a 'kasa] *loc*
- Después del trabajo me voy **a casa**.

para casa
- Depois do trabalho vou **para casa**.

el **piso** ['piso] *n*
- Estamos buscando **piso**.
- ¿A qué **piso** va? – Al tercero.
➡ casa p. 228

o **apartamento**, o andar
- Estamos procurando **apartamento**.
- Para que **andar** você vai? – Ao terceiro.

vivir [bi'βir] *v*
- ¿Dónde **vives**?

morar, viver
- Onde você **mora**?

entrar [en'trar] *v*
- Al **entrar** en casa, vi el paquete.

entrar
- Ao **entrar** em casa, vi o pacote.

pasar [pa'sar] *v*
- ¿No quieres **pasar**?

entrar
- Você não quer **entrar**?

la **planta** ['planta] *n*
- La sección de informática está en la segunda **planta**.

o andar
- O setor de informática fica no segundo **andar**.

la **planta baja** ['planta 'βaxa] *n*
- La vivienda de la **planta baja** tiene jardín.

o térreo
- O apartamento do **térreo** tem um jardim.

Casas e habitações

---

el **primer piso** [pri'mɛr 'piso] *n*
- Suba al **primer piso**.

o **primeiro andar**
- Suba ao **primeiro andar**.

---

el **tejado** [tɛ'xaðo] *n*
- Desde aquí se ven los **tejados** de la ciudad.

o **telhado**
- Daqui se veem os **telhados** da cidade.

---

construir [kɔnstru'ir] *v*
▶ *v irr* p. 423 construir
- Cerca de aquí **están construyendo** un centro comercial.

construir

- Aqui perto **estão construindo** um centro comercial.

---

el **edificio** [eði'fiθĭo] *n*
- En el centro, hay muchos **edificios** altos.

o **edifício**
- No centro, há muitos **edifícios** altos.

---

la **propiedad** [propĭe'ða(ð)] *n*
- El piso en el que vivimos es **propiedad** de la empresa.

a **propriedade**
- O apartamento em que moramos é **propriedade** da empresa.

---

la **propiedad privada**
[propĭe'ða(ð) pri'βaða] *n*
- Esta finca es **propiedad privada**.

a **propriedade privada**
- Este imóvel é **propriedade privada**.

---

el **propietario**, la **propietaria**
[propĭe'tarĭo, propĭe'tarĭa] *n*
- Ella es la **propietaria** de este piso.

o **proprietário**, a **proprietária**, o **dono**, a **dona**
- Ela é a **proprietária** deste apartamento.

---

el **alquiler** [alki'lɛr] *n*
- ¿Cuánto pagas de **alquiller**?

o **aluguel**
- Quanto você paga de **aluguel**?

---

alquilar [alki'lar] *v*
- En verano **alquilamos** una casa en la playa.
- Tengo un piso en la costa que **alquilo** en verano.

alugar
- No verão **alugamos** uma casa na praia.
- Tenho um apartamento no litoral que eu **alugo** no verão.

---

el **chalé** [tʃa'le] *n*
- El **chalé** de al lado es bastante nuevo.

a **casa particular**
- A **casa particular** ao lado é bastante nova.

➡ Pode-se também grafar **chalet** (*pl* **los chalets**).

el **(chalé) adosado** [(tʃa'le) aðo'saðo] *n*
- Hemos comprado un **adosado** en la nueva urbanización.

a **casa geminada**
- Compramos uma **casa geminada** no bairro novo.

la **finca** ['fiŋka] *n*
- En verano nos vamos a la **finca**, porque en la ciudad hace mucho calor.
- La **finca** está situada en los alrededores del pueblo.

a **casa de campo**, o **imóvel**
- No verão vamos à **casa de campo**, porque na cidade faz muito calor.
- O **imóvel** está situado nos arredores do povoado.

la **casa rural** ['kasa rru'ral] *n*
- La casa de mi madre era uma **casa rural** típica del norte.

a **casa rural**, a **propriedade rural**
- A casa de minha mãe é uma **casa rural** típica do norte.

el **bloque de viviendas** ['bloke ðe βi'βi̯endas] *n*
- Allí ves un barrio nuevo con muchos **bloques de viviendas**.

o **bloco de apartamentos**
- Ali você pode ver um bairro novo, com muitos **blocos de apartamentos**.

el **apartamento** [aparta'mento] *n*
- Vamos a alquilar un **apartamento** en la playa.

o **apartamento**
- Vamos alugar um **apartamento** na praia.

el **rascacielos** [rraska'θi̯elos] *n*
- Nueva York es la ciudad de los **rascacielos**.

o **arranha-céu**
- Nova York é a cidade dos **arranha-céus**.

el **sótano** ['sotano] *n*
- La sección de alimentos está en el **sótano**.

o **subsolo**
- A seção de alimentos fica no **subsolo**.

mudarse [mu'ðarse] *v*
- **Nos hemos mudado** a las afueras de la ciudad.

mudar-se
- Estamos **nos mudando** para os arredores da cidade.

afincarse [afiŋ'karse] *v*
- ▶ *v irr* p. 422 comunicar
- El pintor francés **se ha afincado** en España.

estabelecer-se

- O pintor francês **se estabeleceu** na Espanha.

ordenar [orðe'nar] *v*
- Creo que ya es hora de **ordenar** tu mesa de escribir.

arrumar
- Creio que já está na hora de **arrumar** sua escrivaninha.

recoger [rrɛkɔ'xɛr] *v* ▶ **v irr** p. 422 coger ■ Hija mía, ¿cuándo **recoges** tu habitación?	arrumar ■ Minha filha, quando você vai **arrumar** seu quarto?
sacar los muebles [sa'kar lɔz 'mũeβles] *loc* ▶ **v irr** p. 422 comunicar ■ Si queremos pintar el salón, tenemos que **sacar los muebles**.	(re)tirar os móveis ■ Se quisermos pintar a sala, temos de **retirar os móveis**.
las **obras** ['oβras] *n pl* ■ Hay un desvío por **obras**.	a(s) **obra(s)** ■ Há um desvio por causa de **obras**.
la **fachada** [fa'tʃaða] *n* ■ La **fachada** de la universidad es barroca.	a **fachada** ■ A **fachada** da universidade é barroca.
la **parcela** [par'θela] *n* ■ Hemos comprado una **parcela** para construir una casa unifamiliar.	o **terreno** ■ Compramos um **terreno** para construir uma casa.
el **dueño (del piso)**, la **dueña (del piso)** ['dũeɲo (ðɛl 'piso), 'dũeɲa (ðɛl 'piso)] *n* ■ Pregúntale al **dueño del piso** si te arregla los grifos.	o/a **dono/dona (do apartamento)** ■ Pergunte ao **dono do apartamento** se ele vai consertar as torneiras.
las **comodidades** [komoði'ðaðes] *n pl* ■ Mi hijo vive en una casa nueva con todas las **comodidades**.	o **conforto**, a **comodidade** ■ Meu filho mora em uma casa nova com todo o **conforto**.
los **costes adicionales** ['kɔstes aðiθio'nales] *n pl* ■ Pago el alquiler base más unos cincuenta euros de **costes adicionales**.	os **custos adicionais** ■ Pago o aluguel base mais uns cinquenta euros de **custos adicionais**.

Quartos e cômodos

la **habitación** [aβita'θĭon] *n* ■ ¿Cuántas **habitaciones** tiene vuestro piso? – Tres y el salón.	o **quarto** ■ Quantos **quartos** tem o apartamento de vocês? – Três e uma sala de estar.

➡ Em uma moradia, temos **un cuarto** ou **una habitación**, enquanto no espanhol latino-americano se diz também **una pieza**, e na escola ou na universidade temos **un aula**. Pode também ser **una sala**, por exemplo, **num museu**. Por fim, o espaço abstrato pode ser traduzido por **el espacio**. *Aquí tienes mucho espacio para tus aficiones.* – *Aquí você tem bastante espaço para seus hobbies.*

el **cuarto** ['kŭarto] *n* ■ El mío es un **cuarto** pequeño, pero muy iluminado. ➡ habitación p. 232	o **quarto** ■ O meu é um **quarto** pequeno, mas bem iluminado.
la **pieza** AL ['pĭesa] *n* ■ La **pieza** que tenía como estudiante era muy pequeña. ➡ habitación p. 232	o **quarto** ■ O **quarto** que eu tinha quando estudante era muito pequeno.
la **entrada** [en'traða] *n* ■ La **entrada** a la parcela es a la derecha. ■ En la **entrada** he puesto un espejo.	a **entrada** ■ A **entrada** para a propriedade fica à direita. ■ Coloquei um espelho na **entrada**.
la **salida** [sa'liða] *n* ■ La **salida** es al fondo a la derecha. ➡ entrada p. 232	a **saída** ■ A **saída** é ao fundo à direita.
el **portal** [pɔr'tal] *n* ■ Espérame abajo en el **portal**.	o **portão** ■ Espere-me embaixo, no **portão**.
la **puerta** ['pŭεrta] *n* ■ ¿Quién ha dejado la **puerta** abierta?	a **porta** ■ Quem deixou a **porta** aberta?
abrir [a'βrir] *v* ■ ¡**Abre** la ventana!	**abrir** ■ **Abra** a janela!
cerrar [θε'rrar] *v* ▶ v irr p. 426 pensar ■ ¡Por favor, **cierre** la puerta al salir!	**fechar** ■ Por favor, **feche** a porta ao sair!

Quartos e cômodos

la **ventana** [ben'tana] n ■ ¿Puedo abrir la **ventana**?	a **janela** ■ Posso abrir a **janela**?
la **escalera** [eska'lera] n ■ ¡Baja la **escalera** con cuidado!	a **escada** ■ Desça a **escada** com cuidado!
el **ascensor** [asθen'sɔr] n ■ ¿Cogemos el **ascensor** o subimos por la escalera?	o **elevador** ■ Pegamos o **elevador** ou subimos pela escada?
la **cocina** [ko'θina] n ■ Miguel está en la **cocina** preparando la comida.	a **cozinha** ■ Miguel está na **cozinha** preparando a comida.
el **salón** [sa'lɔn] n; pl **salones** [sa'lones] ■ El **salón** de nuestra casa es bastante grande.	a **sala** ■ A **sala** de nossa casa é bastante grande.
el **comedor** [kome'ðɔr] n ■ Lleva estos platos al **comedor**.	a **sala de jantar** ■ Leve estes pratos para a **sala de jantar**.
el **dormitorio** [dɔrmi'torřo] n ■ ¿Quieres ver el **dormitorio**?	o **dormitório**, o **quarto** ■ Você quer ver o **dormitório**?
el **cuarto de baño** ['kŭarto ðe 'baɲo] n ■ El **cuarto de baño** es exterior.	o **banheiro** ■ O **banheiro** é exterior.
la **bañera** [ba'ɲera] n ■ Tengo frio, me voy a meter en la **bañera**.	a **banheira** ■ Estou com frio, vou me enfiar na **banheira**.
la **ducha** ['dutʃa] n ■ Aquí tenemos otra **ducha**.	o **chuveiro**, a **ducha** ■ Aqui temos outro **chuveiro**.
la **lavabo** [la'βaβo] n ■ Vete al **lavabo** a lavarte las manos.	a **pia** ■ Vá até a **pia** e lave as mãos.
el **servicio** [sɛr'βiθřo] n ■ Perdone, ¿dónde están los **servicios**?	o **banheiro** ■ Com licença, onde fica o **banheiro**?
el **jardín** [xar'ðin] n; pl **jardines** [xar'ðines] ■ El **jardín** de tu casa está precioso.	o **jardim** ■ O **jardim** da sua casa está primoroso.

el **garaje** [ga'raxe] *n* ■ Guardamos las bicicletas en el **garaje**.	a **garagem** ■ Guardamos as bicicletas na **garagem**.
el **muro** ['muro] *n* ■ Alrededor de la parcela hay un **muro** muy alto.	o **muro** ■ Em volta do terreno há um **muro** muito alto.
la **pared** [pa're(ð)] *n* ■ Vamos a colgar unos cuadros en la **pared**.	a **parede** ■ Vamos pendurar uns quadros na **parede**.
el **suelo** ['seŭlo] *n* ■ El niño se tira al **suelo**.	o **chão**, o **assoalho** ■ A criança se joga no **chão**.
el **techo** ['tetʃo] *n* ■ Es una casa antigua con los **techos** muy altos.	o **teto** ■ É uma casa antiga, com **teto** bastante alto.
el **hall** [xɔl] *n*; *pl* **halls** [xɔls] *n* ■ ¿Qué lámpara vamos a poner en el **hall**?	o *hall* (de entrada) ■ Que tipo de lustre vamos pôr no *hall*?
el **pasillo** [pa'siλo] *n* ■ El otro día me lo encontré en el **pasillo** de la facultad.	o **corredor** ■ Outro dia eu o encontrei no **corredor** da faculdade.
el **perchero** [pɛr'tʃero] *n* ■ Puedes colgar el abrigo en el **perchero** que está detrás de la puerta.	o **guarda-roupa**, o **armário** ■ Você pode pôr o agasalho no **guarda-roupa** atrás da porta.
el **desván** [dez'βan] *n*; *pl* **desvanes** [dez'βanes] ■ Lo que no necesito todos los días lo guardo en el **desván**.	o **sótão** ■ Aquilo de que não preciso todos os dias guardo no **sótão**.
la **terraza** [tɛ'rraθa] *n* ■ Esta noche podemos cenar en la **terraza**.	o **terraço** ■ Esta noite podemos jantar no **terraço**.
el **balcón** [bal'kɔn] *n* ■ En el **balcón** tengo geranios.	a **varanda** ■ Tenho gerânios na **varanda**.
la **chimenea** [tʃime'nea] *n* ■ La **chimenea** encendida crea un ambiente muy acogedor.	a **chaminé** ■ A **chaminé** acesa cria um ambiente muito acolhedor.

Instalações

Mobiliário

el **mueble** ['mŭeβle] *n* ■ Estos **muebles** antiguos eran de mi abuela.	o **móvel** ■ Estes **móveis** antigos pertenceram à minha avó.
la **silla** ['siʎa] *n* ■ Siéntate en esa **silla**.	a **cadeira** ■ Sente-se na **cadeira**.
sentarse [sen'tarse] *v* ▶ *v irr* p. 426 pensar ■ Pase y **siéntese** donde quiera.	**sentar(-se)** ■ Entre e **sente-se** onde quiser.
la **mesa** ['mesa] *n* ■ ¡Sentaos a la **mesa**!	a **mesa** ■ Sentem-se à **mesa**.
el **armario** [ar'marĭo] *n* ■ Tengo que ordenar los **armarios** urgentemente.	o **armário** ■ Tenho de arrumar os **armários** urgentemente.
la **cama** ['kama] *n* ■ Por la mañana los niños hacen la **cama**.	a **cama** ■ Pela manhã, as crianças fazem a **cama**.
el **despertador** [despɛrta'ðor] *n* ■ ¿A qué hora pongo el **despertador**?	o **despertador** ■ Para que horas ajusto o **despertador**?
acogedor, acogedora [akɔxe'ðor, akɔxe'ðora] *adj* ■ Es una habitación muy **acogedora**.	**aconchegante, acolhedor** ■ É um apartamento muito **aconchegante**.

➡ Em espanhol há diferença entre **cómodo** – **confortável, cômodo** e **acogedor** – **acolhedor, aconchegante**, por exemplo, **un sillón cómodo** – **uma poltrona confortável**, mas **un restaurante acogedor** – **um restaurante acolhedor**.

cómodo, cómoda ['komoðo, 'komoða] *adj* ■ ¡Qué **cómodos** son estos sillones! ➡ acogedor p. 235	**confortável, cômodo** ■ Que **confortáveis** são estas poltronas.

la **mesa de escribir** ['mesa ðe eskri'βir] *n*
- Necesito una **mesa de escribir** más grande.

a **escrivaninha**
- Preciso de uma **escrivaninha** maior.

la **lámpara** ['lampara] *n*
- Esta **lámpara** da uma luz muy suave.

a **lâmpada**
- Esta **lâmpada** dá uma luz muito suave.

encender [enθen'dɛr] *v*
▶ *v irr* p. 426 perder
- ¡**Enciende** la radio, por favor!
- Ahora voy a **encender** las velas.

ligar, acender
- **Ligue** o rádio, por favor!
- Agora vou **acender** as velas!

prender AL [pren'dɛr] *v*
- Hoy no **he prendido** la televisión en todo el día.
- **Prende** el fuego con el fósforo.

ligar, acender
- Hoje não **liguei** a televisão o dia inteiro.
- **Acenda** o fogo com o fósforo.

apagar [apa'ɣar] *v*
▶ *v irr* p. 422 apagar
- ¡**Apaga** el ordenador!

desligar, apagar
- **Desligue** o computador!

la **decoración** [dekora'θion] *n*
- La **decoración** de tu piso es muy original.

a **decoração**
- A **decoração** de seu apartamento é muito original.

decorar [deko'rar] *v*
- Me encanta cómo **está decorado** vuestro salón.

decorar
- Gosto de como **está decorada** a sua sala.

amueblar [amŭe'βlar] *v*
- Ahora que hemos comprado la casa, hay que **amueblar** todas las habitaciones.

mobiliar
- Agora que compramos a casa, é preciso **mobiliar** todos os quartos.

amueblado, amueblada [amŭe'βlaðo, amŭe'βlaða] *adj*
- Buscamos un piso **amueblado** en alquiler.

mobiliado, mobiliada
- Estamos procurando um apartamento **mobiliado** para alugar.

el **sillón** [si'ʎon] *n; pl* **sillones** [si'ʎones]
- En este **sillón** siempre me siento yo.

a **poltrona**
- Eu sempre me sento nesta **poltrona**.

Mobiliário

el **sofá** [soˈfa] *n* ■ Hoy he dormido la siesta en el **sofá**.	o **sofá** ■ Hoje fiz uma sesta no **sofá**.
la **estantería** [estanteˈria] *n* ■ ¡Dios mío, todas estas **estanterías** llenas de libros!	a **estante** ■ Nossa, todas estas **estantes** cheias de livros!
el **aparador** [aparaˈðor] *n* ■ Busco todavía un **aparador** bonito para el comedor.	o **aparador**, o **balcão** ■ Ainda procuro um **aparador** bonito para a sala de jantar.
el **cajón** [kaˈxɔn] *n*; *pl* **cajones** [kaˈxones] ■ ¿En qué **cajón** guardas los cubiertos?	a **gaveta** ■ Em qual **gaveta** você guarda os talheres?
la **alfombra** [alˈfombra] *n* ■ Queremos poner una **alfombra** en la sala de estar.	o **tapete** ■ Queremos pôr um **tapete** na sala de estar.
la **moqueta** [moˈketa] *n* ■ Antes, muchas casas tenían **moqueta**.	o **carpete** ■ Antes muitas casas tinham **carpete**.
el **suelo de baldosas** [ˈsŭelo ðe βalˈdosas] *n* ■ El **suelo de baldosas** se limpia muy bien.	o **piso de ladrilho**, o **chão ladrilhado** ■ O **piso de ladrilho** dá para limpar bem.
el **grifo** [ˈgrifo] *n* ■ ¡Cierra bien el **grifo**!	a **torneira** ■ Feche bem a **torneira**!
la **calefacción** [kalefa(γ)ˈθĭɔn] *n* ■ La nueva **calefacción** funciona fenomenal.	a **calefação** ■ A nova **calefação** funciona muitíssimo bem!
tener puesta la calefacción [teˈnɛr ˈpŭesta la kalefa(γ)ˈθĭɔn] *loc* ▶ v irr p. 428 tener ■ Nosotros ya **tenemos puesta la calefacción** desde el uno de octubre.	**aquecer, estar com a calefação (ligada)** ■ Estamos com a **calefação** já desde 1º de outubro.
la **cortina** [kɔrˈtina] *n* ■ Las **cortinas** hacen juego con la colcha.	a **cortina** ■ As **cortinas** combinam com a colcha.

la **percha** ['pɛrtʃa] *n* ■ El vestido cuelga de una **percha**.	o **cabide** ■ O vestido está pendurado em um **cabide**.
colgar [kɔl'ɣar] *v* ▶ *v irr* p. 422 colgar ■ Te doy una percha para que **cuelgues** el abrigo.	**pendurar** ■ Vou lhe dar um cabide para você **pendurar** seu casaco.
el **colchón** [kɔl'tʃon] *n; pl* **colchones** [kɔl'tʃones] ■ Este **colchón** es un poco caro, pero tu espalda te lo agradecerá.	o **colchão** ■ Este **colchão** é um pouco caro, mas suas costas vão agradecer.
la **almohada** [almo'aða] *n* ■ También he comprado una **almohada** especial para la nuca.	a **almofada** ■ Também comprei uma **almofada** especial para a nuca.

➡ Em espanhol, diferencia-se entre **a almofada** – la almohada (palavra de origem árabe) e **a almofada de um assento ou poltrona** – el cojín.

el **cojín** [ko'xin] *n* ■ El sofá está lleno de **cojines**. ➡ almohada p. 238	a **almofada (de sofá)** ■ O sofá está cheio de **almofadas**.
la **sábana** ['saβana] *n* ■ Hay que cambiar la **sábana**.	o **lençol** ■ É preciso mudar o **lençol**.
las **sábanas** ['saβanas] *n pl* ■ Ahí venden unos juegos de **sábanas** muy bonitos.	a **roupa de cama** ■ Aqui se vendem **roupas de cama** muito bonitas.
la **colcha** ['kɔltʃa] *n* ■ ¿Dónde compraste esta **colcha** tan bonita?	a **colcha** ■ Onde você comprou essa **colcha** tão bonita?
el **edredón** [eðre'ðon] *n; pl* **edredones** [eðre'ðones] ■ En invierno uso **edredón**.	o **edredom** ■ No inverno uso **edredom**.
la **manta** ['manta] *n* ■ ¡Tápate con esta **manta**!	o **cobertor** ■ Cubra-se com este **cobertor**!
tapar [ta'par] *v* ■ ¡No te quedes frío, **tápate**!	**cobrir(-se)** ■ Não fique passando frio, **cubra--se**!

Assuntos do lar

la **casa** ['kasa] *n* ■ En esta **casa** viven cinco personas.	a **casa** ■ Nesta **casa** moram cinco pessoas.
llevar la casa [ʎe'βar la 'kasa] *loc* ■ ¿Quién de los dos **lleva la casa**?	ocupar-se da casa, fazer as tarefas domésticas ■ Qual de vocês dois **se ocupa da casa**?
la **llave** ['ʎaβe] *n* ■ ¿Has viso mis **llaves**?	a **chave** ■ Você viu minhas **chaves**?
el **timbre** ['timbre] *n* ■ ¡Vaya, no he oído el **timbre**!	a **campainha** ■ Gente, não ouvi a **campainha**!
llamar (al timbre) [ʎa'mar (al 'timbre)] *loc* ■ ¿**Han llamado al timbre**?	tocar a campainha ■ **Tocaram a campainha**?
la **cafetera (eléctrica)** [kafe'tera e'lɛktrika] *n* ■ Pon la **cafetera**, por favor.	a **cafeteira (elétrica)** ■ Por favor, ligue a **cafeteira**.
el **frigorífico** ES, la **heladera** AL [friɣo'rifiko, ela'ðera] *n* ■ He guardado la cerveza en el **frigorífico**. ■ Por favor, guarda la ensalada en la **heladera**.	a **geladeira** ■ Guardei a cerveja na **geladeira**. ■ Por favor, ponha a salada na **geladeira**.
el **horno** ['ɔrno] *n* ■ El pescado lo metes media hora al **horno**.	o **forno** ■ Deixe o peixe no **forno** por meia hora.
la **cocina** [ko'θina] *n* ■ Mi **cocina** no gasta mucha energía porque es nueva.	o **fogão** ■ Meu **fogão** não consome muita energia, pois é novo.
la **cazuela** [ka'θŭela] *n* ■ ¿Qué **cazuela** uso para la pasta?	a **panela** ■ Qual **panela** uso para a massa?
la **sartén** [sar'ten] *n*; *pl* **sartenes** [sar'tenes] ■ Esta **sartén** te puede servir para freír las patatas.	a **frigideira** ■ Esta **frigideira** pode servir para fritar as batatas.

> Em alguns países da América Latina se diz **sartón**.

la **tapa** ['tapa] *n*
- ¿Dónde está la **tapa** de la cafetera?

a **tampa**
- Onde está a **tampa** da cafeteira?

➜ **tapa** p. 222

el **plato** ['plato] *n*
- ¿Cuántos **platos** necesitamos?

o **prato**
- De quantos **pratos** precisamos?

el **vaso** ['baso] *n*
- Pon también los **vasos** para el agua.

o **copo**
- Ponha também os **copos** para a água.

> Em espanhol, diferencia-se entre copo com pé e haste, ou seja, **la copa** – **a taça**, e **o copo** normal – **el vaso**, que pousa diretamente numa superfície.

la **cafetera** [kafeˈtera] *n*
- ¡Trae la **cafetera**!

a **cafeteira**
- Traga a **cafeteira**!

la **tetera** [teˈtera] *n*
- Es una **tetera** japonesa.

a **xícara de chá**
- É uma **xícara de chá** japonesa.

la **taza** ['taθa] *n*
- ¿Le apetece una **taza** de café?

a **xícara**
- Você gostaria de uma **xícara** de café?

el **platillo** [plaˈtiʎo] *n*
- Falta un **platillo**.

o **pires**
- Falta um **pires**.

el **cuchillo** [kuˈtʃiʎo] *n*
- ¡Cómo corta este **cuchillo**!

a **faca**
- Como corta esta **faca**!

el **tenedor** [teneˈðɔr] *n*
- Falta un **tenedor**.

o **garfo**
- Falta um **garfo**.

la **cuchara** [kuˈtʃara] *n*
- La sopa se come con **cuchara**.

a **colher**
- Sopa se come com a **colher**.

la **cucharilla** [kutʃaˈrʎia] *n*
- Saca la mosca con una **cucharilla**.

a **colher de chá**
- Tire a mosca com uma **colher de chá**.

la **servilleta** [sɛrβiˈʎeta] *n*
- Límpiate la boca con la **servilleta**, cariño.

o **guardanapo**
- Limpe a boca com o **guardanapo**, querido.

Assuntos do lar

---

el abrelatas [aβreˈlatas] *n; pl inv*
- Que no se te olvide el **abrelatas** cuando vayas de *camping*.

o **abridor de latas**
- Não se esqueça do **abridor de latas** quando for acampar.

---

el abrebotellas [aβreβoˈteʎas] *n; pl inv*
- ¿Tienes un **abrebotellas** para esta cerveza?

o **abridor de garrafas**
- Você tem um **abridor de garrafas** para esta cerveja?

---

la lavadora ES, **el lavarropas** AL [laβaˈðora laβaˈrropas] *n*
- ¡Cuánta ropa sucia! Voy a poner la **lavadora**.
- El **lavarropas** de mi hermana es muy moderno.

a **lavadora (de roupas)**, a **máquina de lavar (roupas)**
- Quanta roupa suja! Vou pôr na **máquina de lavar**.
- A **máquina de lavar** da minha irmã é muito moderna.

---

lavar [laˈβar] *v*
- Por favor, **lava** esta blusa de seda a mano.

lavar
- Por favor, **lave** esta blusa de seda à mão.

---

fregar [freˈɣar] *v*
▶ *v irr* p. 426 negar
- Estoy harta de **fregar** todo el día.

limpar, esfregar
- Estou cansada de **ficar limpando** o dia inteiro.

---

fregar (los platos) [freˈɣar (lɔs ˈplatɔs)] *loc*
▶ *v irr* p. 426 negar
- ¿Quién me ayuda a **fregar los platos**?

lavar (os pratos)
- Quem me ajuda a **lavar os pratos**?

---

limpiar [limˈpi̯ar] *v*
- Nosotros **limpiamos** la casa una vez a la semana.

limpar
- **Limpamos** a casa uma vez por semana.

---

limpio, limpia [ˈlimpi̯o, ˈlimpi̯a] *adj*
- ¡Qué **limpia** has dejado la cocina!

limpo, limpa
- Como você deixou **limpa** a cozinha!

---

sucio, sucia [ˈsuθi̯o, ˈsuθi̯a] *adj*
- Este jersey está **sucio**, lo echo a lavar.

sujo, suja
- Este pulôver está **sujo**, vou pôr para lavar.

---

el espejo [esˈpɛxo] *n*
- Te queda bien este vestido, mírate en el **espejo**.

o **espelho**
- Fica-lhe bem este vestido, olhe-se no **espelho**.

la **toalla** [to'aʎa] *n* ■ No te seques con esta **toalla**, por favor.	a **toalha** ■ Não se enxugue com esta **toalha**, por favor.
el **secador (de pelo)** [sekaˈðor (ðe ˈpelo)] *n* ■ No sé dónde enchufar el **secador de pelo**.	o **secador (de cabelo)** ■ Não sei onde ligar o **secador de cabelo**.
secar [seˈkar] *v* ▶ v irr p. 422 comunicar ■ La ropa la **seco** en el jardín.	**secar, enxugar** ■ Eu **seco** a roupa no jardim.
secarse el pelo [seˈkarse ɛl ˈpelo] *loc* ▶ v irr p. 422 comunicar ■ Espera, todavía tengo que **secarme el pelo**.	**secar o cabelo** ■ Espere, ainda tenho que **secar o cabelo**.
el **aire acondicionado** [ˈaire akɔndiθjoˈnaðo] ■ En el sur, casi todas las casas tienen **aire condicionado**.	o **ar-condicionado** ■ No sul, quase todas as casas têm **ar-condicionado**.
el **cubo de basura** [ˈkuβo ðe βaˈsura] *n* ■ Esto está roto, tíralo al **cubo de basura**.	a **lata de lixo**, a **lixeira**, o **lixo** ■ Está quebrado, jogue no **lixo**.
el **contenedor de basura** [kɔnteneˈðor ðe βaˈsura] *n* ■ ¡Por favor, baja la basura al **contenedor** de basura!	a **caçamba de lixo**, o **contêiner de lixo** ■ Por favor, leve o lixo para a **caçamba de lixo**.
el **cenicero** [θeniˈθero] *n* ■ ¡Usa el **cenicero**, has el favor!	o **cinzeiro** ■ Use o **cinzeiro**, por favor.
el **encendedor** [enθendeˈðor] *n* ■ ¿Alguien ha visto el **encendedor**?	o **isqueiro** ■ Alguém viu o **isqueiro**?
enchufe [enˈtʃufe] *n* ■ Busca un **enchufe** para cargar el móvil.	a **tomada (elétrica)** ■ Procure uma **tomada** para carregar o celular.
la **bombilla** [bɔmˈbiʎa] *n* ■ Se ha fundido la **bombilla**. Pues no ha durado mucho.	a **lâmpada (incandescente)** ■ A **lâmpada** queimou. Não durou muito.

el **orden** [ˈɔrðen] *n*
- ¡Cuánto **orden** hay en esta casa!

a **ordem**
- Quanta **ordem** há nesta casa!

ordenado, ordenada [ɔrðeˈnaðo, ɔrðeˈnaða] *adj*
- Siempre tiene su mesa perfectamente **ordenada**.

ordenado, ordenada, arrumado, arrumada
- Sua mesa está sempre perfeitamente **arrumada**.

la **cerradura** [θɛrraˈðura] *n*
- Tenemos que cambiar la **cerradura**.

a **fechadura**
- Temos de mudar a **fechadura**.

el **electrodoméstico** [elɛktroðoˈmestiko] *n*
- Los **electrodomésticos** están en la planta sótano.

o **eletrodoméstico**

- Os **eletrodomésticos** ficam no subsolo.

la **estufa** [esˈtufa] *n*
- En otoño pongo una pequeña **estufa** eléctrica.

o **aquecedor**
- No outono eu ligo um pequeno **aquecedor** elétrico.

la **cocina de vitrocerámica** [koˈθina ðe βitroθeˈramika]
- Mamá, ¿por qué no compramos una **cocina de vitrocerámica**?

o **fogão de vitrocerâmica**

- Mamãe, por que não compramos um **fogão de vitrocerâmica**?

el **(horno) microondas** [ˈɔrno mikroˈɔndas] *n*
- El **microondas** es comodísimo para calentar un plato.

o **(forno de) micro-ondas**

- O **micro-ondas** é muito prático para esquentar um prato.

el **radiador** [rraðiaˈðor] *n*
- Mira a ver si está caliente el **radiador**.

o **aquecedor**
- Veja se o **aquecedor** está quente.

el **congelador** [kɔŋxelaˈðor] *n*
- ¿Tenemos helado en el **congelador**?

o **congelador**
- Temos picolé no **congelador**?

el **lavaplatos** [laβaˈplatɔs] *n*; *pl inv*
- Ya está cargado el **lavaplatos**, lo voy a poner ahora.

a **máquina de lavar louça**, a **lavadora de louça**, o **lava-louça**
- A **máquina de lavar louça** está cheia, agora vou ligar.

la **secadora** [sekaˈðora] *n*
- Con este clima tan seco no me hace falta ninguna **secadora**.

a **secadora (de roupa)**
- Com este clima tão seco, não me faz falta nenhuma **secadora**.

la **tostadora** [tɔstaˈðora] n ■ ¡Mete un par de rebanadas de pan en la **tostadora**!	a **torradeira** ■ Coloque um par de fatias de pão na **torradeira**!
la **plancha** [ˈplantʃa] n ■ No te vayas a quemar con la **plancha**.	o **ferro** (de passar roupa) ■ Não vá se queimar com o **ferro**.
planchar [planˈtʃar] v ■ **Planchar** camisas no es tan difícil.	**passar** (roupa) ■ **Passar** camisas não é tão difícil.
la **cesta** [ˈθesta] n ■ Coge una **cesta**, las hay al lado de la caja.	a **cesta**, o **cesto** ■ Pegue uma **cesta**, tem ao lado do caixa.
la **fuente** [ˈfüente] n ■ Para tantos espaguetis necesitas una **fuente** enorme.	a **travessa** ■ Para tanto espaguete você vai precisar de uma **travessa** enorme.
la **bandeja** [banˈdɛxa] n ■ Te preparo una **bandeja** con la cena para que puedas ver la tele.	a **bandeja** ■ Eu lhe preparo uma **bandeja** com o jantar, para que você possa assistir à televisão.
el **mantel** [manˈtɛl] n ■ Hoy pongo el **mantel** de flores.	a **toalha** (de mesa) ■ Hoje vou pôr uma **toalha** florida.
la **vajilla** [baˈxiʎa] n ■ Esta **vajilla** la uso a diario.	a **louça** ■ Uso esta **louça** no dia a dia.
el **cubierto** [kuˈβi̯erto] n ■ Mete los **cubiertos** en la lavavajillas.	os **talheres** ■ Ponha os **talheres** na lavadora de louça.
el **sacacorchos** [sakaˈkortʃos] n; pl inv ■ Con este **sacacorchos** apenas tienes que hacer fuerza.	o **saca-rolhas** ■ Com este **saca-rolhas** você tem apenas de fazer força.
el **florero** [floˈrero] n ■ Este **florero** es de porcelana cara.	o **vaso** ■ Este **vaso** é de porcelana cara.
la **vela** [ˈbela] n ■ En este cajón debe haber **velas**.	a **vela** ■ Nesta gaveta deve haver **velas**.

Assuntos do lar

la **cerilla** ES, el **fósforo** AL [θeˈriʎa, ˈfɔsforo] n
- En la cocina hay una caja de **cerillas**.
- Con los **fósforos** no se juega.

o **fósforo**
- Na cozinha tem uma caixa de **fósforos**.
- Com **fósforos** não se brinca.

la **báscula** [ˈbaskula] n
- En la cocina tengo una **báscula** muy exacta.

a **balança**
- Na cozinha tenho uma **balança** bem precisa.

el **saco** [ˈsako] n
- Métolo todo en un gran **saco**.

o **saco**
- Ponha tudo num **saco** grande.

el **aspirador** [aspiraˈðor] n
- Necesito un **aspirador** mejor.

o **aspirador (de pó)**
- Preciso de um **aspirador** melhor.

pasar el aspirador [paˈsar ɛl aspiraˈðor] loc
- Luego **pase el aspirador** por el salón, por favor.

passar o aspirador
- Em seguida, **passe o aspirador** pela sala, por favor.

la **limpieza** [limˈpi̯eθa] n
- En este cuarto huele a **limpieza**.

a **limpeza**
- Este quarto cheira à **limpeza**.

la **suciedad** [suθi̯eˈða(ð)] n
- Si usa este producto, no queda **suciedad** ninguna.

a **sujeira**
- Se usar este produto, não restará nenhuma **sujeira**.

la **mancha** [ˈmantʃa] n
- ¿Sabes cómo podría quitar esta **mancha**?

a **mancha**
- Você sabe como eu poderia remover esta **mancha**?

el **polvo** [ˈpɔlβo] n
- En el salón hay que quitar el **polvo** todos los días.

o **pó**
- Na sala é preciso tirar o **pó** todos os dias.

la **escoba** [esˈkoβa] n
- Dame la **escoba**, voy a barrer la terraza.

a **vassoura**
- Dê-me a vassoura, vou varrer o terraço.

barrer [baˈrrɛr] v
- Espera, **estoy barriendo** la cocina, no entres.

varrer
- Espera, **estou varrendo** a cozinha, não entre.

el **trapo** [ˈtrapo] n
- Para limpiar el baño, utilizo este **trapo**.

o **pano**
- Para limpar o banheiro, uso este **pano**.

pasar la fregona [pa'sar la fre'ɣona] *loc* ■ Cuando termine con esto **pase la fregona**, por favor.	**passar o esfregão** ■ Quando estiver pronto com isso, **passe o esfregão**, por favor.
el **detergente** [detɛr'xente] *n* ■ No es bueno echar demasiado **detergente** a la lavadora.	o **detergente** ■ Não é bom colocar tanto **detergente** na máquina de lavar.
las **instrucciones** [instru(ɣ)'θïones] *n pl* ■ ¿Dónde están las **instrucciones** del televisor?	as **instruções** ■ Onde estão as **instruções** do televisor?

Turismo e transporte

Viagens

el viaje [bi'axe] *n*
- Ha sido un **viaje** maravilloso.

a **viagem**
- Foi uma **viagem** maravilhosa.

→ **el viaje** significa não apenas uma longa viagem, mas também um percurso mais curto, sobretudo de uma cidade para outra. Em percursos dentro do mesmo lugar, usa-se mais **el trayecto**.

viajar [bĭa'xar] *v*
- A mis abuelos les encanta **viajar**.

viajar
- Meus avós adoram **viajar**.

¡Buen viaje! [bŭem bi'axe] *loc*

Boa viagem!

las vacaciones [baka'θĭenes] *n pl*
- En agosto nos vamos de **vacaciones**.
- Las **vacaciones** en verano son muy largas.

as **férias**
- Em agosto vamos sair de **férias**.
- As **férias** de verão são muito longas.

el/la turista [tu'rista] *n m/f*
- En Mallorca, todo está pensado para los **turistas**.

o **turista**, a **turista**
- Em Maiorca, tudo é pensado para os **turistas**.

→ **especialista** p. 143

el turismo [tu'rizmo] *n*
- Muchos países viven del **turismo**.
- Los fines de semana hacemos un poco de **turismo** en la región.

o **turismo**
- Muitos países vivem do **turismo**.
- Nos fins de semana fazemos um pouco de **turismo** na região.

turístico, turística [tu'ristiko, tu'ristika] *adj*
- Mallorca y la Costa Brava son lugares **turísticos**.

turístico, turística
- Maiorca e Costa Brava são lugares **turísticos**.

ir [ir] *v*
▶ **v irr** p. 425 ir
- En Semana Santa **vamos** a Roma.
- ¿Cómo **vais**? – **Vamos** en avión.

ir
- Na Semana Santa **vamos** a Roma.
- Como vocês **vão**? – **Vamos** de avião.

salir [sa'lir] *v*
- ▶ v irr p. 427 salir
- Súbete al coche, vamos a **salir** enseguida.

partir, sair
- Entre no carro, já vamos **partir**.

partir [par'tir] *v*
- Por la tarde **partiremos** en dirección a la montaña.

partir, sair
- À tarde, **partiremos** em direção à montanha.

llegar [ʎe'ɣar] *v*
- ▶ v irr p. 422 apagar
- **Llegaremos** muy tarde por la noche.

chegar
- Vamos **chegar** bem tarde da noite.

volver [bɔl'βɛr] *v*
- ▶ v irr p. 429 volver
- **Volvimos** del viaje el sábado.

voltar, retornar
- **Voltamos** de viagem no sábado.

➡ O verbo **volver** pode significar **voltar**, mas também **dar marcha a ré** ou **retornar** de qualquer tipo de movimento, por exemplo, **Volvemos en avión. – Voltamos de avião**. Se o tipo de movimento de retorno estiver indicado, o verbo que indica o tipo de movimento é empregado no gerúndio: **Vuelvo andando. – Vou a pé**. Além disso, **volver** seguido de infinitivo e a preposição **a** expressa também a repetição de uma ação, por exemplo, **volver a leer un libro – voltar a ler um livro**.

la **agencia de viajes** [a'xenθia ðe βi'axes]
- En esa **agencia de viajes** tienen siempre alguna oferta.

a agência de viagens
- Nessa **agência de viagens** tem sempre alguma oferta.

reservar [rrɛsɛr'βar] *v*
- Queríamos **reservar** un viaje a Estambul.

reservar, fazer (uma) reserva
- Queríamos **fazer uma reserva** de viagem para Istambul.

anular [anu'lar] *v*
- Quisiera **anular** mi reserva.

cancelar
- Queria **cancelar** minha reserva.

el **equipaje** [eki'paxe] *n*
- Nunca se me ha perdido el **equipaje**.

a bagagem
- Nunca perdi a **bagagem**.

la **maleta** ES, la **valija** AL [ma'leta, ba'lixa] *n*
- La **maleta** pesa mucho. Menos mal que tiene ruedas.
- Mis **valijas** ya tienen muchos años.

a **mala**
- A **mala** pesa muito. Ainda bem que tem rodinhas.
- Minhas **malas** já têm muitos anos.

hacer las maletas [a'θɛr laz ma'letas] *loc*
▶ v irr p. 425 hacer
- Tengo que **hacer las maletas**, nos vamos mañana.

fazer as malas

- Tenho de **fazer as malas**, vamos amanhã.

el **extranjero** [e(γ)straŋ'xero] *n*
- En el **extranjero** me gusta comprar algo típico del país.

o **exterior**, o **estrangeiro**
- No **exterior**, gosto de comprar artigos típicos do país.

la **entrada** [en'traða] *n*
- A la **entrada** en el país te hacen algunas preguntas.
➡ entrada p. 232

a **entrada**
- Na **entrada** ao país lhe fazem algumas perguntas.

la **salida** [sa'liða] *n*
- A la **salida** te devuelven el IVA.
➡ entrada p. 232

a **saída**
- Na **saída** lhe devolvem o IVA.

la **aduana** [a'ðŭana] *n*
- No tuvimos que abrir las maletas en la **aduana**.

a **imigração**, a **alfândega**
- Não tivemos de abrir as malas na **imigração**.

la **documentación** [dokumenta'θĭon] *n*
- ¿Qué **documentación** necesito para entrar en el país?

a **documentação**

- De que **documentação** eu preciso para entrar no país?

el **Documento Nacional de Identidad** [doku'mento naθĭo'nal de iðenti'ða(ð)] *n*
- Siempre se debe llevar el **Documento Nacional de Identidad** consigo.

a **carteira (nacional) de identidade**, o **documento de identificação pessoal**
- Sempre se deve levar a **carteira de identidade**.

➡ **D.N.I.** [de 'ene i] é a abreviação para **Documento Nacional de Identidad**. Na América Latina, o documento se chama **la cédula**.

Viagens

el **pasaporte** [pasa'pɔrte] n
- Para entrar en algunos países se necesita el **pasaporte**.

o **passaporte**
- Para entrar em alguns países é preciso **passaporte**.

válido, válida ['baliðo, 'baliða] adj
- Mi carnet de identidad es **válido** hasta diciembre.

válido, válida
- Minha carteira de identidade é **válida** até dezembro.

caducar [kaðu'kar] v
▶ v irr p. 422 comunicar
- He visto que mi carnet **caduca** pronto.

expirar, perder a validade
- Vi que minha carteira de identidade vai **expirar** logo.

la **estancia** [es'tanθïa] n
- Durante mi **estancia** en Gran Bretaña he mejorado mi inglés.

a **estada**
- Durante minha **estada** na Grã-Bretanha, melhorei meu inglês.

la **confirmación** [kɔmfirma'θïon] n
- La compañía te manda la **confirmación** del vuelo por correo electrónico.

a **confirmação**
- A companhia lhe envia a **confirmação** do voo por e-mail.

confirmar [kɔmfir'mar] v
- ¿Puedo **confirmar** mi reserva por teléfono?

confirmar
- Posso **confirmar** minha reserva por telefone?

organizar [ɔryani'θar] v
▶ v irr p. 422 analizar
- Yo me encargo siempre de organizar el viaje.

organizar
- Eu sempre me encarrego de **organizar** a viagem.

el **descanso** [des'kanso] n
- Creo que me merezco un **descanso**.

o **descanso**
- Creio que mereço um **descanso**.

el **turismo rural** [tu'rizmo rru'ral] n
- El **turismo rural** es una forma muy agradable para estar em contacto con la naturaleza.

o **turismo rural**
- O **turismo rural** é uma forma muito agradável de se estar em contato com a natureza.

la **aventura** [aβen'tura] n
- Cruzar el desierto a pie es toda una **aventura**.

a **aventura**
- Cruzar o deserto a pé é uma **aventura** e tanto.

la **mochila** [mo'tʃila] n
- Lo más práctico es llevar **mochila**.

a **mochila**
- O mais prático é levar **mochila**.

la **bolsa (de viaje)** [ˈbɔlsa (ðe biˈaxe)] n ■ No llenes mucho tu **bolsa de viaje**, sino va a pesar mucho.	a **bolsa (de viagem)** ■ Não encha muito sua **bolsa de viagem**, senão vai pesar demais.
estar de paso [esˈtar ðe ˈpaso] loc ▶ v irr p. 425 estar ■ No hemos podido ver mucho de Barcelona, porque solo **estábamos de paso**.	**estar de passagem** ■ Não pudemos ver muito de Barcelona, porque só **estávamos de passagem**.
el **visado** [biˈsaðo] n ■ ¿Se necesita **visado** para entrar en el país?	o **visto** ■ É preciso **visto** para entrar no país?
declarar [deklaˈrar] v ■ ¿Tiene usted algo que **declarar**?	**declarar** ■ O senhor tem algo a **declarar**?

Pernoites

la **noche** [ˈnotʃe] n ■ ¿Cuántas **noches** tenía?	o **pernoite** ■ Quantos **pernoites** o senhor teve?
hacer noche [aˈθɛr ˈnotʃe] loc ▶ v irr p. 425 hacer ■ A la ida **haremos noche** en algún pueblo.	**pernoitar** ■ Na ida **pernoitaremos** em alguma cidade.
el **alojamiento** [alɔxaˈmĩento] n ■ En esta época del año no habrá problema para encontrar **alojamiento**.	a **acomodação**, o **alojamento** ■ Nesta época do ano não haverá problema para encontrar **acomodação**.
el **hotel** [oˈtɛl] n ■ Este **hotel** de tres estrellas está muy bien.	o **hotel** ■ Este **hotel** de três estrelas está muito bom.
la **pensión** [penˈsĩɔn] n ■ Os recomiendo esta **pensión**; es barata y limpia.	a **pensão** ■ Eu lhes recomendo esta **pensão**; é barata e limpa.

➡ Além de uma **pensión**, há na Espanha também um **hostal**, que é um pequeno hotel de administração familiar.

el **albergue (juvenil)** [alˈβɛrɣe xuβeˈnil] *n* ■ Dormir en **albergues** resulta bastante económico. ➜ **pensión** p. 251	o **albergue (da juventude)** ■ Dormir em **albergues** é bastante econômico.
el **camping** [ˈkampiŋ] *n*; *pl* **campings** [ˈkampiŋs] ■ Nos gusta el **camping**. ■ Estuvimos en un **camping** al lado de la playa.	o **acampamento**, o *camping* ■ Gostamos de *camping*. ■ Estivemos num **acampamento** junto da praia.
la **tienda (de campaña)** [ˈtĭenda ðe kamˈpaɲa] *n* ■ A mi marido no le gusta dormir en la **tienda de campaña**.	a **barraca** ■ Meu marido não gosta de dormir em **barraca**.
acampar [akamˈpar] *v* ■ Siempre **acampamos** junto a un lago.	**acampar** ■ Sempre **acampamos** junto ao lago.
el **saco (de dormir)** [ˈsako (ðe ðorˈmir)] *n* ■ Cuando voy de viaje, siempre llevo el **saco de dormir**, por si acaso.	o **saco de dormir** ■ Quando viajo, levo sempre o **saco de dormir**, nunca se sabe.
la **habitación doble** [aβitaˈθĭon ˈdoβle] *n* ■ ¿Tienen una **habitación doble** libre?	o **quarto duplo** ■ Você tem um **quarto duplo** livre?
la **habitación individual** [aβitaˈθĭon indiβiˈðŭal] *n* ■ Quisiera reservar una **habitación individual**.	o **quarto individual** ■ Eu queria reservar um **quarto individual**.
completo, completa [kɔmˈpleto, kɔmˈpleta] *n* ■ Lo siento, para esa fecha está todo **completo**.	**lotado** ■ Sinto muito, mas para essa data está tudo **lotado**.
la **recepción** [rrɛθɛrˈθĭon] *n* ■ Cuando sale usted del hotel, deja la llave en **recepción**.	a **recepção** ■ Quando sair do hotel, deixe a chave na **recepção**.

la **pensión completa** [pen'sion kɔm'pleta] *n*
- La oferta es con **pensión completa**.

a **pensão completa**
- A oferta é com **pensão completa**.

la **media pensión** ['meðia pen'sion] *n*
- El precio es por persona en régimen de **media pensión**.

a **meia pensão**
- O preço é por pessoa em regime de **meia pensão**.

estancia y desayuno [es'tanθia i ðesa'juno] *loc*
- **Estancia y desayuno** cuestan 80 euros.

pernoite e café da manhã
- **Pernoite e café da manhã** custam 80 euros.

registrarse [rrɛxis'trarse] *v*
- Para **registrarse** al llegar al hotel, debe enseñar el pasaporte.

registrar-se
- Para **se registrar** ao chegar no hotel, é preciso mostrar o passaporte.

pagar [pa'ɣar] *v*
▶ v irr p. 422 apagar
- Mañana por la mañana **pagaremos** y luego vamos a desayunar.

pagar
- Amanhã de manhã **pagamos** e vamos logo tomar café da manhã.

la **casa** ['kasa] *n*
- El verano pasado alquilamos una **casa**.

a **casa**
- No verão passado, alugamos uma **casa**.

el **apartamento** [aparta'mento] *n*
- A mí me gustaría alquilar un **apartamento** en la costa.

o **apartamento**
- Eu gostaria de alugar um **apartamento** no litoral.

la **temporada** [tempo'raða] *n*
- En esta **temporada** la habitación es más barata.

a **temporada**
- Nesta **temporada**, o quarto é mais barato.

la **categoría** [kateɣo'ria] *n*
- En la página web se puede buscar hoteles según la **categoría**.

a **categoria**
- No site pode-se buscar hotéis segundo a **categoria**.

el **equipamiento** [ekipa'miento] *n*
- El **equipamiento** del hotel es bueno: tiene Internet en las habitaciones.

as **instalações**
- As **instalações** do hotel são boas: tem internet nos quartos.

Atrações turísticas

la atracción turística [atra(γ)'θïon tu'ristika] *n* ▪ La **atracción turística** más importante es la catedral.	a **atração turística** ▪ A **atração turística** mais importante é a catedral.
la visita [bi'sita] *n* ▪ La **visita** a la catedral es gratuita.	a **visita** ▪ A **visita** à catedral é gratuita.
visitar [bisi'tar] *v* ▪ En mayo me gustaría **visitar** Granada.	**visitar** ▪ Em maio, eu gostaria de **visitar** Granada.
la visita guiada [bi'sita gi'aða] *n* ▪ Hay una **visita guiada** a las cuatro.	a **visita guiada** ▪ Há uma **visita guiada** às quatro.
guiar [gi'ar] *v* ▪ Javier nos **guiará** hasta el museo.	**guiar** ▪ Javier nos **guiará** até o museu.
la visita panorámica (en autobús turístico) [bi'sita pano'ramika (en aŭto'βus tu'ristiko)] *n* ▪ Cuando voy por primera vez a una ciudad, me gusta hacer una de esas **visitas panorámicas** en autobús turístico.	a **visita panorâmica (em ônibus turístico)** ▪ Quando vou pela primeira vez a uma cidade, gosto de fazer uma dessas **visitas panorâmicas em ônibus turístico**.
la excursión [e(γ)skur'θïon] *n* ▪ El sábado haremos una **excursión** a la montaña.	a **excursão**, o **passeio** ▪ No sábado, vamos fazer uma **excursão** à montanha.
la iglesia [i'ɣlesïa] *n* ▪ Me gustaría visitar esta **iglesia** del siglo XII.	a **igreja** ▪ Eu gostaria de visitar esta **igreja** do século XII.

➡ Quando se trata da edificação, **la iglesia** é escrita com inicial minúscula; já como instituição, é escrita com inicial maiúscula.

la catedral [kate'ðral] *n* ▪ Cuando vayas a Salamanca, verás que hay dos **catedrales**.	a **catedral** ▪ Quando você for a Salamanca, verá que há duas **catedrais**.
el monasterio [monas'terïo] *n* ▪ Este **monasterio** se construyó cerca de un río en el siglo XII.	o **mosteiro** ▪ Este **mosteiro** foi construído próximo de um rio no século XII.

Atrações turísticas

> ➜ **un monasterio** é o mosteiro de uma ordem (subordinada diretamente ao papa), enquanto **el convento** é o mosteiro de uma congregação ou irmandade subordinado ao bispo ou arcebispo.

el convento [kɔmˈbento] *n*
- Las monjas de este **convento** hacen unas pastas muy ricas.

➜ **monasterio** p. 254

o **convento**
- As freiras deste **convento** fazem umas massas muito gostosas.

la sinagoga [sinaˈɣoɣa] *n*
- En Toledo quedan varias **sinagogas** muy antiguas.

a **sinagoga**
- Em Toledo, há diversas **sinagogas** muito antigas.

la mezquita [meθˈkita] *n*
- La **mezquita** de Córdoba es una auténtica maravilla.

a **mesquita**
- A **mesquita** de Córdoba é uma verdadeira maravilha.

el museo [muˈseo] *n*
- Cuando llueve siempre vamos a algún **museo**.

o **museu**
- Quando chove, sempre vamos a algum **museu**.

la sala [ˈsala] *n*
- Dentro del museo, hay una **sala** con pinturas de Picasso.

a **sala**
- Dentro do museu, há uma **sala** com pinturas de Picasso.

la torre [ˈtɔrrɛ] *n*
- Es una **torre** medieval, creo.

a **torre**
- É uma **torre** medieval, eu acho.

el palacio [paˈlaθio] *n*
- ¿Quieres ver el **palacio** por dentro?

o **palácio**
- Você quer ver o **palácio** por dentro?

el castillo [kasˈtiʎo] *n*
- El **castillo** se ve desde muy lejos.

o **castelo**
- O **castelo** se vê de muito longe.

la cultura [kulˈtura] *n*
- En España quedan restos de la **cultura** árabe.

a **cultura**
- Na Espanha ainda há resquícios da **cultura** árabe.

la capilla [kaˈpiʎa] *n*
- Dentro de la catedral, hay una **capilla** dedicada a San Martín.

a **capela**
- Dentro da catedral, há uma **capela** dedicada a San Martín.

la torre de la iglesia [ˈtɔrrɛ ðe la iˈɣlesia] *n*
- La **torre de la iglesia** es el símbolo de la ciudad.

a **torre da igreja**
- A **torre da igreja** é o símbolo da cidade.

Atrações turísticas

la campana [kam'pana] *n* ■ La campana de la catedral da las horas.	o sino ■ O sino da catedral dá as horas.
la cúpula ['kupula] *n* ■ La cúpula, vista desde lejos, es impresionante.	a cúpula ■ A cúpula, vista de longe, é impressionante.
el alcázar [al'kaθar] *n* ■ En algunas ciudades de España, el palacio real se llama **alcázar**.	o alcáçar, a fortaleza ■ Em algumas cidades de Espanha, o palácio real se chama **alcáçar**.
las ruinas ['rrŭinas] *n pl* ■ Las ruinas del cementerio romano son muy interesantes.	as ruínas ■ As ruínas do cemitério romano são muito interessantes.
el templo ['templo] *n* ■ En la cultura maya los **templos** juegan un papel importante.	o templo ■ Na cultura maia, os **templos** desempenham um papel importante.
la columna [ko'lumna] *n* ■ Las columnas de la catedral son de mármol.	a coluna ■ As colunas da catedral são de mármore.
la fuente ['fŭente] *n* ■ Por la noche, las fuentes están iluminadas.	a fonte ■ À noite, as fontes ficam iluminadas.
el pozo ['poθo] *n* ■ El pozo que está en medio del claustro es muy profundo. ➡ fuente p. 256	o poço ■ O poço que fica no meio do claustro é muito profundo.
el lugar conmemorativo [lu'ɣar konmemora'tiβo] *n* ■ Este edificio es hoy un **lugar conmemorativo** para los caídos en la guerra.	o memorial ■ Este edifício é hoje um **memorial** para os mortos na guerra.
el monumento [monu'mento] *n* ■ En la plaza hay un monumento a Cervantes.	o monumento ■ Na praça, há um monumento a Cervantes.
el monumento emblemático [monu'mento emble'matiko] *n* ■ La Alhambra es el **monumento emblemático** de Granada.	o marco, o símbolo ■ A Alhambra é o **marco** de Granada.

la **vista** ['bista] n ■ Desde la torre de la catedral la **vista** es espléndida.	a **vista** ■ Da torre da catedral, a **vista** é esplêndida.
el **mirador** [mira'ðor] n ■ Desde este **mirador** se ve toda la costa.	o **mirante** ■ Deste **mirante** se vê toda a costa.
maravilloso, maravillosa [lu'ɣar maraβi'ʎoso, maraβi'ʎosa] adj ■ Tomarse una cerveza en una terraza de la Playa Mayor es **maravilloso**.	**maravilhoso, maravilhosa** ■ Tomar uma cerveja num terraço da Plaza Mayor é **maravilhoso**.
la **descripción de la ruta** [deskrip'θĭɔn de la 'rruta] n ■ En esta guía viene una **descripción de la ruta** muy detallada.	o **itinerário** ■ Neste guia vem um **itinerário** muito detalhado.
el **descuento** [des'kŭento] n ■ Si llevas el carnet de estudiante, te hacen un **descuento** del 50 por ciento.	o **desconto** ■ Se você apresentar a carteira de estudante, eles lhe dão um **desconto** de 50%.

Locais

el **pueblo** ['pŭeβlo] n ■ En esa zona hay muchos **pueblos** bonitos que merecen una visita.	o **povoado** ■ Nesta zona, há muitos **povoados** bonitos que merecem uma visita.
la **ciudad** [θĭu'ða(ð)] n ■ Sevilla es una **ciudad** grande en el sur de España. ➡ **pueblo** p. 257	a **cidade** ■ Sevilha é uma **cidade** grande no sul da Espanha.
el **centro (urbano)** [θentro ur'βano] n ■ Los sábados voy al **centro** de compras.	o **centro (urbano)** ■ Aos sábados vou ao **centro** fazer compras.
el **casco antiguo** ['kasko an'tiɣŭo] n ■ El **casco antiguo** merece una visita.	a **cidade velha** ■ A **cidade velha** merece uma visita.

las **afueras** [aˈfŭeras] *n pl*
- Felipe trabaja en el centro de Barcelona, pero vive en las **afueras**.

os **arredores**, as **cercanias**
- Felipe trabalha no centro de Barcelona, mas vive nos **arredores**.

el **campo** [ˈkampo] *n*
- ¿Qué te gusta más: el **campo** o la ciudad?

o **campo**
- Do que você gosta mais: do **campo** ou da cidade?

el **barrio** [ˈbarřio] *n*
- Vivimos en un **barrio** muy tranquilo.

o **bairro**
- Vivemos num **bairro** muito tranquilo.

el **cruce** [ˈkruθe] *n*
- En el **cruce** hay una señal de stop.

o **cruzamento**
- No **cruzamento**, há um sinal de "pare".

la **plaza** [ˈplaθa] *n*
- En la **plaza** hay un monumento a Cervantes.

a **praça**
- Na **praça**, há um monumento a Cervantes.

la **plaza mayor** [ˈplaθa maˈjɔr] *n*
- Esta noche mi grupo favorito da un concierto en la **Plaza Mayor**.

a **praça principal**
- Hoje à noite minha banda favorita dá um concerto na **praça principal**.

la **calle** [ˈkaʎe] *n*
- Esta **calle** va de la Plaza Mayor a la universidad.

a **rua**
- Esta **rua** vai da praça principal à universidade.

la **carretera** [karrɛˈtera] *n*
- Es una de esas **carreteras** con muchas curvas.

a **estrada vicinal**
- É uma dessas **estradas vicinais** com muitas curvas.

la **autopista** [aŭtoˈpista] *n*
- No me gusta ir por **autopista** porque hay que pagar.

a **autoestrada**
- Não gosto de ir pela **autoestrada**, porque tem de pagar.

el **aparcamiento** [aparkaˈmĭento] *n*
- En el centro no es fácil encontrar **aparcamiento**.

o **estacionamento**, o **lugar para estacionar**
- No centro não é fácil encontrar **lugar para estacionar**.

el **parking** [ˈparkin] *n*; *pl* **parkings** [ˈparkins]

o **estacionamento**

> **el aparcamiento** pode significar simplesmente **vaga** ou **lugar para estacionar**: No encuentran aparcamiento ou No encontro sitio para aparcar. – Não encontro lugar para estacionar. Pode também significar **estacionamento** ou **estacionamento público** – **aparcamiento público**. Na Espanha, estes são frequentemente **aparcamiento subterráneo** – **estacionamento subterrâneo**. Além disso, emprega-se **el parking**, que também pode significar uma indicação de estacionamento com várias vagas, podendo ser subterrâneo ou não.

la **acera** ES, la **vereda** AL [a'θera, be'reða] *n* ■ En este pueblo, las **aceras** son un poco estrechas. ■ ¡Camina por la **vereda**!	a **calçada** ■ Nesta cidade, as **calçadas** são um pouco estreitas. ■ Ande pela **calçada**!
el **puente** ['pŭente] *n* ■ Podemos cruzar el río por el **puente** romano.	a **ponte** ■ Podemos atravessar o rio pela **ponte** romana.
el **parque** ['parke] *n* ■ El Retiro es el **parque** más famoso de Madrid.	o **parque** ■ El Retiro é o **parque** mais famoso de Madri.
los **jardines** [xar'ðines] *n pl* ■ En este barrio hay muchos **jardines**.	os **jardins** ■ Neste bairro há muitos **jardins**.
el **plano de la ciudad** ['plano ðe la θĭu'ða(ð)] *n* ■ Según el **plano de la ciudad**, la catedral debe estar a la derecha.	o **mapa (da cidade)** ■ Segundo o **mapa da cidade**, a catedral deve estar à direita.
el **mapa** ['mapa] *n* ■ Voy a comprar un **mapa** de la zona. ➡ **poeta** p. 161	o **mapa** ■ Vou comprar um **mapa** da região.
la **zona** ['θona] *n* ■ En esta **zona** hay muchas tiendas.	a **região**, a **zona** ■ Nesta **região** há muitas lojas.
la **autovía** [aŭto'βia] *n* ■ Casi todas las capitales de provincia están unidas por **autovías** de doble carril.	a **via expressa**, **rodovia** ■ Quase todas as capitais de província estão unidas por **vias expressas** de pista dupla.

la **oficina de turismo** [ofiˈθina ðe tuˈrizmo] *n*
- En la **oficina de turismo** me han dado este plano.

o **centro de informações turísticas**
- No **centro de informações turísticas** me deram este mapa.

la **urbanización** [urβaniθaˈθĭon] *n*
- A la entrada de la **urbanización** hay un vigilante.

o **conjunto residencial**
- Na entrada do **conjunto residencial** há um vigilante.

urbano, urbana [urˈβano, urˈβana] *adj*
- La vida **urbana** se distingue mucho de la del campo.

urbano
- A vida **urbana** se diferencia muito da do campo.

➡ De modo geral, **urbano** refere-se a cidade; **municipal** refere-se aos órgãos municipais da administração pública da cidade, por exemplo, **piscina municipal** – piscina municipal.

municipal [muniθiˈpal] *adj*
- Visitar el Museo **Municipal** de Arte merece la pena.
➡ **urbano** p. 260

municipal
- Visitar o Museu **Municipal** de Arte vale a pena.

regional [rrɛxĭoˈnal] *adj*
- En el mercado venden productos **regionales**.

regional
- No mercado vendem produtos **regionais**.

local [loˈkal] *adj*
- La prensa **local** ha hablado del caso.

local
- A imprensa **local** falou do caso.

céntrico, céntrica [ˈθentriko, ˈθentrika] *adj*
- Nuestro piso está en una zona **céntrica**.

central
- Nosso aeroporto fica numa região **central**.

los **alrededores** [alrrɛðeˈðores] *n pl*
- Los **alrededores** de la ciudad también merecen la pena.

os **arredores**
- Os **arredores** da cidade também valem a pena.

la **avenida** [aβeˈniða] *n*
- Madrid tiene muchas **avenidas** grandes.

a **avenida**
- Madri tem muitas **avenidas** grandes.

> **la avenida** refere-se à via de transporte principal de uma cidade, comparável aos boulevares franceses. Além de **la calle** – **a rua**, há também **el paseo**, uma rua larga, originalmente pensada como via para pedestres. Para uma viela se diz **un callejón**.

el **parque (infantil)** ['parke (imfan'til)] *n* ■ Por la tarde voy un rato con los niños al **parque**.	o **parque** ■ À tarde vou um pouquinho com as crianças ao **parque**.
el **cementerio** [θemen'teɾjo] *n* ■ En este pueblo, el **cementerio** está al lado de la iglesia.	o **cemitério** ■ Nesta cidade, o **cemitério** fica ao lado da igreja.
la **zona peatonal** ['θona peato'nal] *n* ■ Todo el centro de la ciudad es **zona peatonal**.	a **zona de pedestres**, o **calçadão** ■ Todo o centro da cidade é **calçadão**.
el **pasaje comercial** [pa'saxe komɛr'θjal] *n* ■ Os voy a enseñar un bonito **pasaje comercial** del siglo diecinueve.	a **galeria (comercial)**, o **centro comercial** ■ Eu vou lhes mostrar uma bela **galeria comercial** do século XIX.

Meios de transporte público

Transporte público de curta distância

el **autobús** [aŭto'βus] *n*; *pl* **autobuses** [aŭto'βuses] ■ Todas las mañanas cojo el **autobús** para ir al colegio.	o **ônibus** ■ Toda manhã pego o **ônibus** para ir ao colégio.
el **metro** ['metro] *n* ■ Me gusta viajar en **metro**.	o **metrô** ■ Gosto de andar de **metrô**.
el **tren rápido urbano** [tren 'rrapiðo ur'βano] *n* ■ En Barcelona puedes ir en un **tren rápido urbano** desde el aeropuerto hasta el centro.	o **trem rápido urbano** ■ Em Barcelona, você pode pegar um **trem rápido urbano** do aeroporto até o centro.

Transporte público de curta distância

el tranvía [tram'bia] *n* ■ En Sevilla han puesto un **tranvía** muy moderno. ➡ **poeta** p. 161	o **bonde (elétrico)** ■ Em Sevilha, instalaram um **bonde elétrico** bastante moderno.
la línea ['linea] *n* ■ Para ir al zoo puedes coger la **línea** cinco. ➡ **coger** p. 99	a **linha** ■ Para ir ao zoológico, você pode pegar a **linha** cinco.
el pasajero, la pasajera [pasa'xero, pasa'xera] *n* ■ Los **pasajeros** bajan del autobús.	o **passageiro**, a **passageira** ■ Os **passageiros** descem do ônibus.
la parada [pa'raða] *n* ■ En la próxima **parada** nos bajamos.	o **ponto**, a **parada** ■ Descemos no próximo **ponto**.
el billete ES, **el boleto** AL [bi'ʎete, bo'leto] *n* ■ Hay que sacar los **billetes** de la máquina. ■ Mi **boleto** es válido solo hasta hoy.	o **bilhete**, o **passe** ■ É preciso pegar os **bilhetes** na máquina. ■ Meu **passe** é válido só até hoje.
hacer transbordo [a'θer tranz'βorðo] *loc* ▶ **v irr** p. 425 hacer ■ Para ir a Sevilla, ¿tengo que **hacer transbordo** en Madrid?	**fazer baldeação** ■ Para ir a Sevilha, tenho de **fazer baldeação** em Madri?
el retraso [rrɛ'traso] *n* ■ El tren llega con **retraso**.	o **atraso** ■ O trem chega com **atraso**.
puntualmente [puntŭal'mente] *adv* ■ Tengo que llegar al trabajo **puntualmente** a las nueve.	**em ponto, pontualmente** ■ Tenho de chegar ao trabalho **pontualmente** às nove.
esperar [esperar] *v* ■ Llevamos media hora **esperando** el autobús.	**esperar** ■ Ficamos meia hora **esperando** o ônibus.
el transporte público [tra(n)s'pɔrte 'puβliko] *n* ■ Es más ecológico utilizar el **transporte público**.	o **transporte público** ■ É mais ecológico usar o **transporte público**.

Transporte público de curta distância 263

el **abono** [a'βono] n
- Si viajas en autobús todos los días, es mejor comprar un **abono**.

o **bilhete único**
- Se você viaja de ônibus todos os dias, é melhor comprar um **bilhete único**.

la **hora punta** ['ora 'punta] n
- Si viajas em coche a la capital no vayas a las **horas punta**.

a **hora do *rush***
- Se você for de carro à capital, não vá na **hora do *rush***.

la **estación de autobuses** [esta'θjɔn de aŭto'βuses] n
- La **estación de autobuses** está cerca de la estación de trenes.

a **estação rodoviária**
- A **estação rodoviária** fica perto da estação de trem.

la **máquina expendedora de billetes** ['makina e(y)spende'ðora ðe bi'ʎetes] n
- Utilizar la **máquina expendedora de billetes** es muy fácil.

a **máquina de (venda de) bilhetes**
- Usar a **máquina de bilhetes** é muito fácil.

cancelar [kanθe'lar] v
- Al entrar en el metro, debes **cancelar** tu billete.

invalidar, cancelar
- Ao entrar no metrô, você tem de **invalidar** o bilhete.

➡ Bastante disseminado é também o coloquial **picar el billete** – anular, invalidar.

la **última parada** ['ultima pa'raða] n
- Nos tenemos que bajar todos del autobús. Es la **última parada**.

a **última parada**, o **último ponto**
- Temos todos de descer do ônibus. É o **último ponto**.

Transporte ferroviário

el tren [tren] *n* ■ Ir en **tren** es muy seguro y, además, cómodo.	**o trem** ■ Ir de **trem** é mais seguro e, além do mais, confortável.

➡ Na Espanha, as passagens são sempre vendidas com uma **reserva de assento** – **la reserva**.

la estación (de trenes) [esta'θĭon (de 'trenes)] *n* ■ Disculpe, ¿me puedes decir dónde están la **estación de trenes**?	**a estação (de trem)** ■ Desculpe, você pode me dizer onde fica a **estação de trem**?
ir en tren [ir en tren] *loc* ▶ v irr p. 425 ir ■ ¿Por qué no **vamos en tren** a Berlín? ➡ ir en trineo p. 186	**ir de trem** ■ Por que não **vamos de trem** a Berlim?
el ferrocarril [fɛrroka'rril] *n* ■ El **ferrocarril** se inventó a comienzos del siglo XIX.	**a estrada de ferro** ■ A **estrada de ferro** foi inventada no início do século XIX.
el horario [o'rarĭo] *n* ■ Aquí tiene usted el **horario** de los trenes que van al aeropuerto.	**o horário** ■ Aqui você tem o **horário** dos trens que levam ao aeroporto.
la salida [sa'liða] *n* ■ El tren con destino a Sevilla va a efectuar su **salida**.	**a partida** ■ O trem com destino a Sevilha está de **partida**.
la llegada [ʎe'ɣaða] *n* ■ La **llegada** del tren procedente de Barcelona está previsto para las tres y cuarto.	**a chegada** ■ A **chegada** do trem procedente de Barcelona está prevista para as três e quinze.
el viajero, la viajera [bĭa'xero, bĭa'xera] *n* ■ Los **viajeros** están esperando en el andén.	**o passageiro, a passageira** ■ Os **passageiros** estão esperando na estação.

Transporte ferroviário

perder [pɛrˈðɛr] v
▶ v irr p. 426 perder
- Corre, que no quiero **perder** el tren.

perder
- Corra, não quero **perder** o trem.

la ventanilla [bentaˈniʎa] n
- ¿Puedo comprar un billete de AVE en esta **ventanilla**?
- En el tren me gusta estar sentada en la **ventanilla**.

a **janela**, o **guichê**
- Posso comprar uma passagem para o AVE neste **guichê**?
- No trem, gosto de sentar na **janela**.

➡ A janela dos automóveis é chamada **la ventanilla**, que também designa um guichê numa repartição pública.

la información [imfɔrmaˈθiǒn] n
- Pregunta en **información** en que andén sale el tren de Madrid.

a **informação**
- Peça **informação** sobre em qual plataforma sai o trem para Madri.

la ida [ˈiða] n
- La **ida** es el domingo que viene.

a **ida**
- A **ida** é domingo que vem.

la vuelta [ˈbwɛlta] n
- A la **vuelta** estuvimos todo el tiempo cantando.
➡ ida p. 265

a **volta**, o **retorno**
- Na **volta**, ficamos o tempo inteiro cantando.

el revisor, la revisora [rrɛβiˈsɔr, rrɛβiˈsora] n
- Allí viene el **revisor** para controlar los billetes.

o **revisor**, a **revisora**, o **cobrador**, a **cobradora**
- Ali está vindo o **cobrador** para controlar os bilhetes.

directo, directa [diˈrɛkto, diˈrɛkta] adj
- Entre Madrid y Barcelona hay trenes **directos** que no paran en ningún sitio.

direto, expresso
- Entre Madri e Barcelona há trens **diretos** que não param em lugar nenhum.

el coche [ˈkotʃe] n
- En mi billete ponen que tengo asiento en el **coche** número ocho.

o **vagão**
- Na minha passagem consta que meu lugar fica no **vagão** número oito.

el asiento [aˈsǐento] n
- Tengo el **asiento** número 85.
➡ tren p. 264

o **assento**, o **lugar**
- Meu **lugar** é o número 85.

el **sitio** ['sitĭo] *n* ■ Disculpe, creo que está usted sentado en mi **sitio**.	o **lugar** ■ Desculpe, acho que o senhor está sentado no meu **lugar**.
el **andén** [an'den] *n* ■ Los viajeros están esperando en el **andén**.	a **plataforma** ■ Os passageiros estão esperando na **plataforma**.
el **tren regional** [tren rrɛxĭo'nal] *n* ■ Usted puede tomar el **tren regional** de las cinco y veinticinco.	o **trem regional** ■ Você pode tomar o **trem regional** das cinco e vinte e cinco.
el **tren de alta velocidad**, el AVE [tren de 'alta βeloθi'ða(ð) 'aβe] *n* ■ El AVE es el **tren** español **de alta velocidad**.	o **trem de alta velocidade** ■ O AVE é o **trem** espanhol **de alta velocidade**.
el **tren de cercanías** [tren de θɛrka'nias] *n* ■ Cada diez minutos pasa un **tren de cercanías**.	o **trem de curta distância** ■ A cada dez minutos passa um **trem de curta distância**.
el **vagón restaurante** [ba'ɣon rrɛstaŭ'rante] *n*; *pl* **vagones** [ba'ɣones] *n* ■ El **vagón restaurante** está lejos de mi sitio.	o **vagão-restaurante** ■ O **vagão-restaurante** fica muito longe do meu lugar.
el **restaurante (a bordo)** [rrɛstaŭ'rante a 'βɔrðo] *n* ■ Cuando viajo en tren, siempre voy un rato al **restaurante**.	o **restaurante (a bordo)** ■ Quando viajo de trem, sempre vou um pouco no **restaurante**.
el **coche cama** ['kotʃe 'kama] *n* ■ Mejor viajamos en **coche cama**, así llegaremos descansados.	o **vagão-leito** ■ É melhor viajarmos no **vagão-leito**, assim vamos chegar descansados.
el **compartimento** [kɔmparti'mento] *n* ■ Los trenes de ahora casi ya no tienen **compartimentos**.	o **compartimento** ■ Os trens de hoje quase não têm **compartimentos**.
el **billete de ida** [bi'ʎete ðe 'iða] *n* ■ ¿Un **billete de ida** y vuelta? – No, solo un **billete de ida**.	a **passagem de ida**, o **bilhete de ida** ■ Uma **passagem de ida** e volta? – Não, só uma **passagem de ida**.

el **billete de ida y vuelta** [bi'ʎete ðe 'iða l 'βŭɛlta] *n* ■ Quiero un **billete de ida y vuelta** a Madrid, por favor. ➡ **tren** p. 264 ➡ **ida** p. 265	a **passagem de ida e volta**, o **bilhete de ida e volta** ■ Quero uma **passagem de ida e volta** a Madri, por favor.
la **correspondencia** [kɔrrɛspon'denθĭa] *n* ■ El tren tiene **correspondencia** con el AVE que viene de Barcelona.	a **conexão** ■ O trem tem **conexão** com o AVE que vem de Barcelona.
la **combinación** [kɔmbina'θĭon] *n* ■ ¿Cuál es la mejor **combinación** para estar sobre las cinco en Sevilla?	a **conexão** ■ Qual é a melhor **conexão** para estar às cinco em Sevilha?
la **vía** ['bia] *n* ■ No se puede cruzar las **vías**.	a **via** ■ Não é permitido atravessar as **vias**.
la **consigna** [kɔn'siɣna] *n* ■ Perdone, estoy buscando la **consigna**.	o **comprovante de bagagem**, o **tíquete de bagagem** ■ Desculpe, estou procurando o **tíquete de bagagem**.

Transporte aéreo e navegação

el **avión** [a'βĭon] *n* ■ A Elena le encanta viajar en **avión**.	o **avião** ■ Elena gosta de viajar de **avião**.
el **billete de avión** [bi'ʎete ðe a'βĭon] *n* ■ Ya he comprado los **billetes de avión**.	a **passagem de avião** ■ Já comprei as **passagens de avião**.
el **vuelo** ['bŭelo] *n* ■ El **vuelo** tarda dos horas y media.	o **voo** ■ O **voo** leva duas horas e meia.
el **horario de vuelos** [o'rarĭo ðe 'βŭelɔs] *n* ■ Voy a mirar el **horario de vuelos** para ver cuándo llega tu hermano.	o **horário de voos** ■ Vou olhar o **horário dos voos** para ver quando chega seu irmão.

Transporte aéreo e navegação

volar [bo'lar] *v*
- ▶ **v irr** p. 423 contar
- El avión **vuela** muy alto.

voar
- O avião **voa** muito alto.

el aeropuerto [aero'pŭɛrto] *n*
- Tenemos que estar en el **aeropuerto** dos horas antes de la salida del avión.

o aeroporto
- Precisamos estar no **aeroporto** duas horas antes da decolagem do avião.

la compañía aérea [kɔmpa'ɲia a'erea] *n*
- Siempre vuelo con la misma **compañía aérea**.

a companhia aérea
- Sempre voo com a mesma **companhia aérea**.

el embarque [em'barke] *n*
- El **embarque** es media hora antes de la salida.

o embarque
- O **embarque** é meia hora antes da partida.

embarcar [embar'kar] *v*
- ▶ **v irr** p. 422 comunicar
- Ya es hora de **embarcar**.

embarcar
- Já está na hora de **embarcar**.

la tarjeta de embarque [tar'xeta ðe em'barke] *n*
- ¿Dónde he dejado mi **tarjeta de embarque**?

o cartão de embarque
- Onde deixei meu **cartão de embarque**?

despegar [despe'ɣar] *v*
- ▶ **v irr** p. 422 apagar
- Cuando **despega** el avión, hay que ponerse el cinturón.

decolar
- Quando o avião **decolar**, será preciso pôr o cinto de segurança.

aterrizar [atɛrri'θar] *v*
- ▶ **v irr** p. 422 analizar
- **Aterrizaremos** dentro de unos minutos.

aterrissar
- **Aterrissaremos** dentro de alguns minutos.

cancelar [kanθe'lar] *v*
- Nuestro vuelo **ha sido cancelado**. ¿Qué **hacemos** ahora?

cancelar
- Nosso voo **foi cancelado**. O que faremos agora?

el barco ['barko] *n*
- Los grandes **barcos** impresionan mucho.

o navio
- Os grandes **navios** impressionam muito.

la barca ['barka] *n*
- Podemos alquilar una **barca** para dar un paseo por el lago.

o barco
- Podemos alugar um **barco** para dar um passeio pelo lago.

Transporte aéreo e navegação

la **cabina** [ka'βina] *n* ■ En los cruceros hay incluso **cabinas** con balcón privado.	a **cabine** ■ Nos cruzeiros há **cabines** com varanda privativa.
el **puerto** ['pŭɛrto] *n* ■ ¡Mira cuántos yates hay en el **puerto**!	o **porto** ■ Olhe quantos iates há no **porto**!
salir [sa'lir] *v* ▶ **v irr** p. 427 salir ■ El barco **sale** puntualmente a las ocho de la noche.	**sair** ■ O barco **sai** pontualmente às oito da noite.
el **vuelo directo** ['bŭelo ði'rɛkto] *n* ■ Entre Madrid y Buenos Aires hay **vuelos directos**.	o **voo direto** ■ Entre Madri e Buenos Aires há **voos diretos**.
la **escala** [es'kala] *n* ■ En Londres hay que hacer **escala**.	a **escala** ■ Em Londres é preciso fazer uma **escala**.
la **terminal** [tɛrmi'nal] *n* ■ Esta vez salimos de la nueva **terminal**.	o **terminal** ■ Desta vez saímos do **terminal** novo.
la **puerta (de embarque)** ['pŭɛrta (ðe em'barke)] *n* ■ Señores pasajeros del vuelo con destino a Paris, por favor, embarquen por la **puerta** 24.	o **portão (de embarque)** ■ Senhores passageiros do voo com destino a Paris, por favor, embarquem pelo **portão** 24.
el **helicóptero** [eli'kɔptero] *n* ■ Me gustaría volar en **helicóptero**.	o **helicóptero** ■ Eu gostaria de voar de **helicóptero**.
recoger [rrɛkɔ'xɛr] *v* ▶ **v irr** p. 422 coger ■ A las dos tengo que **recoger** a mi amiga al aeropuerto.	**apanhar, pegar** ■ Às duas tenho de **apanhar** minha amiga no aeroporto.
el **mensaje por megafonía** [men'saxe [pɔr meɣafo'nia] *n* ■ A veces es difícil entender los **mensajes de megafonía**.	o **aviso por megafone** ■ Às vezes é difícil entender os **avisos por megafone**.
el **yate** ['jate] *n* ■ ¡Cómo me gustaría tener un **yate**!	o **iate** ■ Como eu gostaria de ter um **iate**!

el **transbordador** [tra(n)zβorðaˈðor] *n* ■ ¿Cuándo sale el próximo **transbordador** para Mallorca?	a **balsa**, o *ferryboat* ■ Quando sai a próxima **balsa** para Maiorca?
el **crucero** [kruˈθero] *n* ■ El **crucero** no es tan caro como yo pensaba.	o **cruzeiro** ■ O **cruzeiro** não é tão caro quanto eu pensava.
hundirse [unˈdirse] *v* ■ Un barco con gasoil **se está hundiendo** delante de la costa.	**afundar** ■ Um navio a óleo *diesel* **está afundando** ao largo da costa.
la **carga** [ˈkarγa] *n* ■ El barco lleva varias toneladas de **carga**.	a **carga** ■ O navio leva várias toneladas de **carga**.
cargar [karˈγar] *v* ▶ *v irr* p. 422 apagar ■ Mira, **están cargando** el barco.	**carregar** ■ Olhe, **estão carregando** o navio.
el **transporte** [tra(n)sˈporte] *n* ■ El **transporte** de animales se debería controlar más.	o **transporte** ■ Deveria controlar-se mais o **transporte** de animais.
transportar [transporˈtar] *v* ■ Estos barcos **transportan** pasajeros.	**transportar** ■ Estes navios **transportam** passageiros.
el **contenedor** [kɔnteneˈðor] *n* ■ Este otro barco lleva **contenedores**.	o **contêiner** ■ O outro navio transporta **contêineres**.

Transporte individual

el **tráfico** [ˈtrafiko] *n* ■ A las ocho de la mañana siempre hay mucho **tráfico**.	o **trânsito**, o **tráfego** ■ Às oito da manhã sempre tem muito **trânsito**.
el **coche** ES, el **auto** AL, el **carro** AL [ˈkotʃe, ˈaŭto, ˈkarro] *n* ■ Solo uso el **coche** los domingos. ■ Mi **auto** ya tiene doce años. ■ En el **carro** solo cabemos cinco personas.	o **carro** ■ Só uso o **carro** aos domingos. ■ Meu **carro** já tem doze anos. ■ No **carro** cabem apenas cinco pessoas.

Transporte individual

la **moto** ['moto] *n*
- ¡Vaya **moto** que te has comprado!

a **moto**
- Você comprou uma **moto** excelente!

el **taxi** ['ta(ɣ)si] *n*
- ¿Por qué no cogemos un **taxi**?

o **táxi**
- Por que não tomamos um **táxi**?

el **peatón** [pea'tɔn] *n*
- Frena un poco, aquí hay muchos **peatones**.

o **pedestre**
- Freie um pouco, aqui tem muitos **pedestres**.

el **conductor**, la **conductora**
[kɔnduk'tɔr, kɔnduk'tɔra] *n*
- El **conductor** del autobús era muy prudente.

o/a **motorista**
- O **motorista** do ônibus era bastante prudente.

conducir ES, **manejar** AL
[kɔndu'θir, manɛ'xar] *v*
▶ **v irr** p. 423 conducir
- No me gusta **conducir** de noche.
- No me gusta **manejar** en el centro de la ciudad.

dirigir, conduzir
- Não gosto de **dirigir** à noite.
- Não gosto de **dirigir** no centro da cidade.

el **permiso de conducir**
[kɔndu'θir ðe kɔndu'θir] *n*
- A los 18 años se puede sacar el **permiso de conducir**.

a **carteira de motorista**
- Aos 18 anos se pode tirar **carteira de motorista**.

la **bicicleta** [biθi'kleta] *n*
- Es mejor ir en **bicicleta** que en coche.

a **bicicleta**
- É melhor ir de **bicicleta** do que de carro.

➡ Em espanhol, la **bicicleta** – a **bicicleta** é frequentemente abreviada como **bici**.

ir en bicicleta [ir em biθi'kleta] *loc*
▶ **v irr** p. 425 ir
- El niño aprendió muy pronto a ir en **bicicleta**.
➡ ir en trineo p. 186

andar de bicicleta, ir de bicicleta
- A criança aprendeu rapidamente a **andar de bicicleta**.

la **curva** ['kurβa] *n*
- Ahora viene una **curva** cerrada a la derecha.

a **curva**
- Agora tem uma **curva** fechada à direita.

encontrarse [eŋkɔnˈtrarse] *v*
- ▶ **v irr** p. 423 contar
- Ahora **nos encontramos** al norte de la ciudad.

encontrar-se, estar
- Agora **nos encontramos** ao norte da cidade.

ir hacia adelante [ir ˈaθia aðeˈlante] *loc*
- ▶ **v irr** p. 425 ir
- Hacia atrás no, es mejor que **vayas hacia adelante**.

para a frente, ir adiante
- Para trás. Não, é melhor que você **vá para a frente**.

dar marcha atrás [dar ˈmartʃa aˈtras] *loc*
- ▶ **v irr** p. 424 dar
- ¿Por qué no entras en el garaje **dando marcha atrás**?

dar (marcha a) ré, de ré
- Por que você não entra na garagem **de ré**?

dar la vuelta [dar laˈbwɛlta] *loc*
- ▶ **v irr** p. 424 dar
- A ver dónde podemos **dar la vuelta**.

dar a volta, fazer a volta
- Vamos ver onde podemos **fazer a volta**.

parar [paˈrar] *v*
- Durante el viaje **hemos parado** dos veces para descansar.

parar
- Durante a viagem, **paramos** duas vezes para descansar.

aparcar [aparˈkar] *v*
- ▶ **v irr** p. 422 comunicar
- Vamos en autobús. En el centro es imposible **aparcar**.

estacionar
- Vamos de ônibus. No centro é impossível **estacionar**.

cruzar [kruˈθar] *v*
- ▶ **v irr** p. 422 analizar
- No **cruces** la calle si ves que viene un coche.

atravessar
- Não **atravesse** a rua se vir que vem um carro.

el **semáforo** [seˈmaforo] *n*
- El **semáforo** está en rojo.

o **semáforo**, o sinal, o farol, a sinaleira
- O **semáforo** está vermelho.

➡ Quando o semáforo está amarelo, diz-se em espanhol: **El semáforo está en ámbar. Ámbar** é uma cor que varia entre o acastanhado e o amarelado.

el **letrero** [leˈtrero] *n*
- En este **letrero** pone que quedan cinco kilómetros.

a placa
- Nesta **placa** diz que faltam cinco quilômetros.

Transporte individual

la **gasolina** [gaso'lina] n
- La **gasolina** está cada día más cara.

a **gasolina**
- A **gasolina** está cada vez mais cara.

el **gasóleo** [ga'soleo] n
- El **gasóleo** ya no es tan barato.

o **(óleo) diesel**
- O **óleo diesel** já não está tão barato.

el **diésel** ['diesɛl] n
- He comprado un coche que lleva **diésel**.

o **diesel**
- Comprei um carro a **diesel**.

la **gasolinera** ES, la **bomba** AL [gasoli'nera 'bomba] n
- En las **gasolineras** está prohibido fumar.
- La **bomba** está toda la noche abierta.

o **posto de gasolina**, o **posto**
- Nos **postos de gasolina** é proibido fumar.
- O **posto** fica aberto a noite toda.

lleno, llena ['ʎeno, 'ʎena] adj
- ¿Cuánta gasolina quiere echar? – **Lleno**, por favor.

cheio, cheia
- Vai querer abastecer com quanto de gasolina? – O tanque **cheio**, por favor.

consumir [kɔnsu'mir] v
- Este coche **consume** muy poca gasolina.

consumir
- Este carro **consome** bem pouca gasolina.

el **vehículo** [be'ikulo] n
- El policía me pidió que bajara del **vehículo**.

o **veículo**
- A polícia me pediu que saísse do **veículo**.

el **camión** [ka'mjon] n
- Los **camiones** grandes no pueden cruzar el centro de las ciudades.

o **caminhão**
- Os **caminhões** grandes não podem cruzar o centro das cidades.

la **furgoneta** [furɣo'neta] n
- El frutero tiene una **furgoneta**.

a **caminhonete de entregas**, o **furgão de entrega**
- O dono da frutaria tem uma **caminhonete de entrega**.

la **caravana** [kara'βana] n
- A nuestros amigos les encanta viajar por Europa en **caravana**.

a **caravana**
- Nossos amigos adoram viajar pela Europa numa **caravana**.

el **paso de cebra** [ˈpaso ðe ˈθeβra] n
- Los peatones deben usar el **paso de cebra**.

a **faixa de pedestres**
- Os pedestres devem usar a **faixa de pedestres**.

la **dirección única** [dirɛ(ɣ)ˈθïɔn ˈunika] n
- No puedes entrar en esta calle, es **dirección única**.

a **(rua de) mão única**
- Você não pode entrar nesta rua, é de **mão única**.

el **recorrido** [rrɛkoˈrriðo] n
- Prefiero el **recorrido** por el bosque.

o **percurso**
- Prefiro o **percurso** pelo bosque.

la **ruta** [ˈrruta] n
- En Internet puedes buscar la mejor **ruta** para viajar de aquí a París.

a **rota**
- Na internet você pode procurar a melhor **rota** para viajar daqui a Paris.

atajar [ataˈxar] v
- ¿Por qué no **atajamos** por este camino? Llegaremos antes.

cortar caminho
- Por que não **cortamos caminho** por aqui? Chegaremos antes.

el **desvío** [dezˈβio] n
- No podemos seguir adelante, hay un **desvío** por obras.

o **desvio**
- Não podemos continuar, há um **desvio** de obras.

bloquear [blokeˈar] v
- Disculpen, vengo tarde porque la carretera estaba **bloqueada** por un árbol caído.

bloquear
- Desculpem, cheguei atrasado porque a estrada estava **bloqueada** por causa da queda de uma árvore.

el **carril** [kaˈrril] n
- Ahora tienes que meterte en el **carril** de la izquierda.

a **pista**
- Agora você tem de passar para a **pista** da esquerda.

poner el intermitente [poˈnɛr ɛl intɛrmiˈtente] loc
▶ v irr p. 427 poner
- Cuando cambias de carril, debes **poner el intermitente**.

dar a seta
- Quando você muda de pista, tem de **dar a seta**.

girar [xiˈrar] v
- Para ir a la universidad, debes **girar** a la izquierda.

virar, quebrar
- Para ir à universidade, você tem de **virar** à esquerda.

Transporte individual

el **freno** [ˈfreno] *n* ■ Tengo que revisar los **frenos** del coche.	o **freio** ■ Tenho de revistar os **freios** do carro.
frenar [freˈnar] *v* ■ **Frena**, por favor, quiero bajarme aquí.	**frear** ■ **Freie**, por favor, quero descer aqui.
el **intermitente** [intɛrmiˈtente] *n* ■ No te funciona el **intermitente** delantero derecho.	a **lanterna** ■ A **lanterna** dianteira do lado direito não está funcionando.
la **rueda** [ˈrruˌeða] *n* ■ Una bicicleta tiene dos **ruedas**.	a **roda** ■ Uma bicicleta tem duas **rodas**.
el **neumático** [neuˈmatiko] *n* ■ Es muy útil saber cambiar un **neumático**.	o **pneu** ■ É muito útil saber trocar um **pneu**.
tener una avería ES [teˈnɛr ˈuna aβeˈria] *loc* ▶ *v irr* p. 428 tener ■ ¡Qué mala suerte! **Tuvimos una avería** con el coche.	**ter um problema (mecânico)** ■ Que azar! **Tivemos um problema** com o carro.
la **matrícula** [maˈtrikula] *n* ■ Nunca me acuerdo de la **matrícula** de mi coche.	a **placa do carro** ■ Nunca consigo me lembrar da **placa do** meu **carro**.
la **señal de tráfico** [seˈɲal de ˈtrafiko] *n* ■ ¡Fíjate en las **señales de tráfico**, por favor!	o **sinal de trânsito** ■ Atente aos **sinais de trânsito**, por favor!
el **exceso de velocidad** [e(ʎ)sˈθeso ðe beloˈθiˌða(ð)] *n* ■ Las multas por **exceso de velocidad** son bastante altas.	o **excesso de velocidade** ■ As multas por **excesso de velocidade** são bastante altas.
la **multa** [ˈmulta] *n* ■ Si te saltas el semáforo, te van a poner una **multa**.	a **multa** ■ Se você passar o sinal vermelho, recebe uma **multa**.

Transporte individual

el **cinturón (de seguridad)** [θintuˈrɔn (de seʎuriˈðað)] *n*; *pl* **cinturones** [θintuˈrones] *n* ■ Conducir con **cinturón de seguridad** es obligatorio.	o **cinto de segurança** ■ É obrigatório guiar com **cinto de segurança**.
ponerse el **cinturón** [poˈnɛrse ɛl θintuˈrɔn] *loc* ▶ v irr p. 427 poner ■ ¿**Os habéis puesto** todos **el cinturón**?	**pôr o cinto de segurança** ■ Vocês todos já **puseram o cinto de segurança**?
el **casco** [ˈkasko] *n* ■ A mi hija ya no le vale el **casco**.	o **capacete** ■ O **capacete** não serve mais à minha filha.
obligatorio, obligatoria [oβliɣaˈtorʲo, oβliɣaˈtorʲa] *adj* ■ Para ir en moto es **obligatorio** llevar casco.	**obrigatório, obrigatória** ■ Para andar de moto é **obrigatório** usar capacete.
el **sitio para aparcar** [ˈsitʲo ˈpara aparˈkar] *n* ■ Tenemos suerte, allí hay un **sitio para aparcar**.	a **vaga para estacionar**, o **lugar para estacionar** ■ Estamos com sorte, ali tem um **lugar para estacionar**.
la **zona azul** [ˈθona aˈθul] *n* ■ Aquí es **zona azul**, solo se puede aparcar dos horas.	a **zona azul** ■ Aqui é **zona azul**, só se pode estacionar por duas horas.
el **área de servicio** [ˈarea ðe sɛrˈβiθio] *n* ■ Deberíamos parar en la próxima **área de servicio**. ➔ aula p. 132	a **área de serviço**, a **área de estacionamento**, a **área de repouso** ■ Deveríamos parar na próxima **área de serviço**.
el **peaje** [peˈaxe] *n* ■ En casi todas las autopistas españolas hay que pagar **peaje**.	o **pedágio** ■ Em quase todas as autoestradas espanholas é preciso pagar **pedágio**.
el **(puesto de) peaje** [(ˈpu̯esto ðe) peˈaxe] *n* ■ Vete frenando, allí hay un **puesto de peaje**.	a **praça de pedágio** ■ Vá freando, ali é uma **praça de pedágio**.

Transporte individual

hacer autostop [aˈθɛr aŭto(e)sˈtɔp] *loc*
- ▶ v irr p. 425 hacer
- Pienso que **hacer autostop** es un poco peligroso.

pedir carona
- Acho que **pedir carona** é um pouco perigoso.

llevar [ʎeˈβar] *v*
- Yo voy al centro en coche. Si quieres te puedo **llevar**.

levar
- Vou ao centro de carro. Se você quiser, posso **levá-lo**.

Natureza e meio ambiente

Animais e plantas

el **animal** [aniˈmal] *n*	o **animal**
la **vaca** [ˈbaka] *n*	a **vaca**
el **toro** [ˈtoro] *n*	o **touro**
el **ternero**, la **ternera** [tɛrˈnero, tɛrˈnera] *n* ➡ **carne de cerdo** p. 220	o **vitelo**, a **vitela**
el **cerdo**, la **cerda** [ˈθɛrðo, ˈθɛrða] *n* ➡ **carne de cerdo** p. 214	o **porco**, a **porca**

➡ A forma masculina caracteriza o animal de modo geral e o macho em especial.

la **oveja** [oˈβexa] *n*	a **ovelha**
la **cabra** [ˈkaβra] *n*	a **cabra**
el **caballo** [kaˈβaʎo] *n*	o **cavalo**

➡ **el caballo** designa o animal em geral e o garanhão em especial.

la **gallina** [gaˈʎina] *n*	a **galinha**
el **pájaro** [ˈpaxaro] *n*	o **pássaro**
el **ave** [ˈaβe] *n* ➡ **aula** p. 132	a **ave**
el **perro**, la **perra** [ˈpɛrro, ˈpɛrra] *n* ➡ **cerdo** p. 278	o **cão**, a **cadela**, o **cachorro**, a **cachorra**
el **gato**, la **gata** [ˈgato, ˈgata] *n* ➡ **cerdo**, p. 278	o **gato**, a **gata**
el **ratón** [rraˈtɔn] *n*	o **rato**

Animais e plantas

el **pez** [peθ] *n*; *pl* **peces** [ˈpeθes] ➡ cerdo p. 214	o **peixe**
la **planta** [ˈplanta] *n*	a **planta**
el **árbol** [ˈarβol] *n*	a **árvore**
la **flor** [flɔr] *n*	a **flor**
la **hierba** [ˈjɛrβa] *n*	o **gramado**, a **relva**
la **hoja** [ˈɔxa] *n*	a **folha**
la **rama** [ˈrrama] *n*	o **ramo**, o **galho**
el **bosque** [ˈbɔske] *n*	o **bosque**
el **cereal** [θereˈal] *n*	o **cereal**
la **rosa** [ˈrrɔsa] *n*	a **rosa**
la **mascota** [masˈkota] *n*	o **animal de estimação**
el **burro**, la **burra** [ˈburro, ˈburra] *n* ➡ cerdo p. 278	o **burro**, a **burra**, o **asno**, a **asna**
el **conejo**, la **coneja** [koˈnɛxo, koˈnɛxa] *n*	o **coelho**
el **gallo** [ˈgaʎo] *n*	o **galo**
el **pato**, la **pata** [ˈpato, ˈpata] *n* ➡ cerdo p. 278	o **pato**, a **pata**
el **oso**, la **osa** [ˈoso, ˈosa] *n*	o **urso**, a **ursa**
el **zorro**, la **zorra** [ˈθɔrro, ˈθɔrra] *n* ➡ cerdo p. 278	a **raposa**
el **lobo**, la **loba** [ˈloβo, ˈloβa] *n* ➡ cerdo p. 278	o **lobo**, a **loba**
el **león**, la **leona** [leˈɔn, leˈona] *n*; *pl* **leones** [leˈones] *n* ➡ cerdo p. 278	o **leão**, a **leoa**
el **tigre**, la **tigresa** [ˈtiɣre, tiˈɣresa] *n*	o **tigre**, a **tigresa**

el **elefante** [eleˈfante] n	o **elefante**
el **mono**, la **mona** [ˈmono, ˈmona] n ➡ **cerdo** p. 278	o **macaco**, a **macaca**
el **delfín** [dɛlˈfin] n	o **golfinho**
la **ballena** [baˈʎena] n	a **baleia**
el **tiburón** [tiβuˈrɔn] n; pl **tiburones** [tiβuˈrɔn] n	o **tubarão**
la **serpiente** [sɛrˈpi̯ente] n	a **serpente**
el **insecto** [inˈsɛkto] n	o **inseto**
la **mariposa** [mariˈposa] n	a **borboleta**
el **roble** [ˈrrɔβle] n	o **carvalho**
el **abeto** [aˈβeto] n	o **pinheiro**
la **vid** [bið] n	a **vinha**, a **videira**
el **tulipán** [tuliˈpan] n; pl **tulipanes** [tuliˈpanes]	a **tulipa**
el **girasol** [xiraˈsɔl] n	o **girassol**
la **seta** ES, el **hongo** ES-AL [ˈseta, ˈɔŋgo] n	o **cogumelo**, o **fungo**

Paisagens

el **paisaje** [pai̯ˈsaxe] n ■ Me gusta ir al campo y disfrutar del **paisaje**.	a **paisagem** ■ Gosto de ir ao campo e desfrutar da **paisagem**.
la **zona** [ˈθona] n ■ En esta ciudad hay **zonas** muy tranquilas.	a **região**, a **zona** ■ Nesta cidade há **zonas** muito tranquilas.
la **región** [rrɛˈxi̯on] n ■ En esta **región** del país se produce vino.	a **região** ■ **Nesta região** do país se produz vinho.

Paisagens

regional [rrɛxĭoˈnal] adj
- Este gobierno incentiva mucho el desarrollo **regional**.

regional
- Este governo incentiva muito o desenvolvimento **regional**.

el continente [kɔntiˈnente] n
- Australia es una isla y un **continente**.

o continente
- A Austrália é uma ilha e um **continente**.

el campo [ˈkampo] n
- ¿Qué te gusta más: el **campo** o la ciudad?

o campo
- O que você prefere: o **campo** ou a cidade?

el terreno [tɛˈrrɛno] n
- El **terreno** de esta región es irregular.

o terreno
- O **terreno** desta região é irregular.

la tierra [ˈtĭɛrra] n
- La **tierra** en el desierto es muy seca.

a terra
- No deserto, a **terra** é muito seca.

las montañas [mɔnˈtaɲas] n pl
- Los Alpes son las **montañas** más altas en el interior de Europa.

as montanhas, a cordilheira
- Os Alpes são as **montanhas** mais altas do interior da Europa.

la montaña [mɔnˈtaɲa] n
- No he escalado nunca una **montaña**.

a montanha, o monte
- Nunca escalei uma **montanha**.

el pico [ˈpiko] n
- El **pico** del Everest mide 8.848 metros de altura.

o pico, o cume
- O **pico** do Everest tem 8.848 metros de altura.

la colina [koˈlina] n
- Detrás de aquella **colina** hay un prado.

a colina
- Atrás daquela **colina** há um prado.

accidentado, accidentada [a(ɣ)θiðenˈtaðo, a(ɣ)θiðenˈtaða] adj
- El trecho es **accidentado** y por eso inadecuado para montar bicicleta.

acidentado
- O trecho é **acidentado** e, por isso, inadequado para andar de bicicleta.

el agua [ˈaɣŭa] n
- Todos los seres humanos necesitamos **agua** para sobrevivir.
➡ **aula** p. 132

a água
- Todos os seres humanos necessitam de **água** para sobreviver.

Paisagens

el **mar** [mar] n
- El hotel tiene habitaciones con vista al **mar**.

o **mar**
- O hotel tem quartos com vista para o **mar**.

el **océano** [oˈθeano] n
- Colón cruzó el **Océano** Atlántico.

o **oceano**
- Colombo cruzou o **Oceano** Atlântico.

el **Mediterráneo** [meðiteˈrraneo] n
- En el **Mediterráneo** hay islas muy bonitas.

o **Mediterrâneo**
- No **Mediterrâno** há ilhas muito bonitas.

el **Atlántico** [atˈlantiko] n
- Para viajar de Europa a América hay que cruzar el **Atlántico**.

o **Atlântico**
- Para viajar da Europa à América é preciso atravessar o **Atlântico**.

el **Pacífico** [paˈθifiko] n
- El agua del **Pacífico** es muy fría.

o **Pacífico**
- As águas do **Pacífico** são muito frias.

la **ola** [ˈola] n
- A los niños les encanta jugar con las **olas** del mar.

a **onda**
- As crianças adoram brincar com as **ondas** do mar.

la **costa** [ˈkɔsta] n
- La ciudad de Valencia está en la **costa**.

a **costa, o litoral**
- A cidade de Valência fica no **litoral**.

la **playa** [ˈplaja] n
- Carmen está en la **playa** tomando el sol.

a **praia**
- Carmen está na **praia** tomando sol.

el **río** [ˈrrio] n
- El Ebro es el **río** más largo de España.

o **rio**
- O Ebro é o **rio** mais extenso da Espanha.

el **lago** [ˈlaɣo] n
- En verano me gusta ir al **lago**.

o **lago**
- No verão gosto de ir ao **lago**.

la **orilla** [oˈriʎa] n
- ¿Se puedes ir nadando a la otra **orilla** del río?

a **margem**
- Pode-se ir a nado até a outra **margem** do rio?

la **isla** [ˈizla] n
- Voy a ir a las **Islas** Canarias en barco.

a **ilha**
- Vou às **Ilhas** Canárias de barco.

Paisagens 283

el **desierto** [deˈsi̯ɛrto] *n*
- ¿Has estado en el **desierto** de Arizona?

o **deserto**
- Você esteve no **deserto** do Arizona?

el **camino** [kaˈmino] *n*
- ¿Cuál es el **camino** más corto para llegar al pueblo?

o **caminho**
- Qual é o **caminho** mais curto para chegar ao vilarejo?

el **sendero** [senˈdero] *n*
- Este **sendero** nos lleva hasta el siguiente pueblo.

o **caminho**
- Este **caminho** nos leva até a vila seguinte.

la **naturaleza** [naturaˈleθa] *n*
- La **naturaleza** es sabia.

a **natureza**
- A **natureza** é sábia.

el **valle** [ˈbaʎe] *n*
- Por este **valle** pasa un río.

o **vale**
- Por este **vale** passa um rio.

la **pendiente** [penˈdi̯ente] *n*
- Fue difícil subir la **pendiente**.

a **encosta**, o **declive**, a **ladeira**
- Foi difícil subir a **ladeira**.

la **roca** [ˈrroka] *n*
- Las **rocas** en la montaña son inmensas.

a **rocha**, o **rochedo**
- As **rochas** na montanha são enormes.

el **área** [ˈarea] *n*
- El parque tiene un **área** de 2.000 metros cuadrados.
➡ aula p. 132

a **área**, a **superfície**
- O parque tem uma **área** de 2 mil metros quadrados.

el **llano** [ˈʎano] *n*
- Luego de pasar por el **llano** cruzamos el río.

o **campo**
- Logo que passarmos pelo **campo**, vamos cruzar o rio.

la **llanura** [ʎaˈnura] *n*
- Los excursionistas bajaron de la sierra a la **llanura**.

a **planície**
- Os excursionistas desceram a serra até a **planície**.

empinado, empinada [empiˈnaðo, empiˈnaða] *adj*
- Ten cuidado, el camino es muy **empinado**.

íngreme
- Cuidado, o caminho é muito **íngreme**.

el **glaciar** [glaˈθi̯ar] *n*
- Desde el avión vimos un **glaciar**.

o **glaciar**, a **geleira**
- Do avião vimos uma **geleira**.

el canal [ka'nal] n ■ Por ese **canal** pasan muchos barcos.	o canal ■ Por este **canal** passam muitos navios.
la corriente [ko'rriente] n ■ La **corriente** en el río es muy fuerte.	a correnteza ■ A **correnteza** no rio é muito forte.
corriente [ko'rriente] adj ■ Hay personas que viven en casas sin luz ni agua **corriente**.	corrente ■ Há pessoas que moram em casas sem luz nem água **corrente**.
el arroyo [a'rrojo] n ■ Crucemos el arroyo; no es **peligroso**.	o **riacho**, o regato ■ Vamos atravessar o **riacho**; não é perigoso.
la fuente ['füente] n ■ ¿Has visto la **fuente** de Lourdes?	a fonte ■ Você viu a **fonte** de Lourdes?
la península [pe'ninsula] n ■ España y Portugal están en la **Península** Ibérica.	a península ■ Espanha e Portugal ficam na **Península** Ibérica.
la arena [a'rena] n ■ De pequeña yo jugaba con la **arena** en la playa.	a areia ■ Quando criança, eu brincava com **areia** na praia.
la cueva ['küeβa] n ■ En la edad de piedra los hombres vivían en **cuevas**.	a caverna ■ Na Idade da Pedra, os homens viviam em **cavernas**.
el volcán [bol'kan] n; pl volcanes [bol'kanes] ■ El Vesubio es un **volcán** en Italia.	o **vulcão** ■ O Vesúvio é um **vulcão** na Itália.

Pontos cardeais

el norte ['norte] n ■ El **norte** de España es muy bonito.	o norte ■ O **norte** da Espanha é muito bonito.
al norte (de) [al 'norte (ðe)] prep ■ **Al norte de** Alemania está Dinamarca.	a(o) norte de ■ **Ao norte da** Alemanha fica a Dinamarca.

el **sur** [sur] *n*
- La Tierra del Fuego está en el **sur** de Argentina y Chile.

o **sul**
- A Terra do Fogo fica no **sul** da Argentina e do Chile.

al sur (de) [al sur (ðe)] *prep*
- Todos los veranos pasamos las vacaciones **al sur de** Roma.

ao sul (de)
- Todos os verões passamos as férias **ao sul de** Roma.

el **oeste** [o'este] *n*
- El viento viene del **oeste**.

o **oeste**
- O vento vem do **oeste**.

→ Os quatro pontos colaterais são: **el noreste** – o **nordeste**, **el noroeste** – o **noroeste**, **el sureste** – o **sudeste**, **el suroeste** – o **sudoeste**.

al oeste (de) [al o'este (ðe)] *prep*
- El Pacífico está **al oeste de** América del Sur.

a oeste (de)
- O Pacífico está a **oeste** da América do Sul.

occidental [o(γ)θiðen'tal] *adj*
- Mi novio es japonés y vino a Europa para conocer el mundo **occidental**.

ocidental
- Meu namorado é japonês e veio à Europa conhecer o mundo **ocidental**.

el **este** ['este] *n*
- Valencia está en el **este** de España.

o **leste**
- Valência fica no **leste** da Espanha.

al este (de) [al 'este (ðe)] *prep*
- **Al este de** Alemania están Polonia y la República Checa.

a leste (de)
- **A leste da** Alemanha ficam a Polônia e a República Tcheca.

oriental [orien'tal] *adj*
- La medicina **oriental** es muy distinta de la nuestra.

oriental
- A medicina **oriental** é muito diferente da nossa.

Universo

el **mundo** ['mundo] *n*
- Me encantaría viajar por el **mundo** entero y conocer culturas diferentes.

o **mundo**
- Eu adoraria viajar pelo **mundo** inteiro e conhecer culturas diferentes.

la **Tierra** ['tiɛrra] *n*
- La **Tierra** gira alrededor del Sol.

a **Terra**
- A **Terra** gira em torno do Sol.

Universo

> Usa-se inicial maiúscula quando se trata do planeta como um todo, a Terra como corpo celeste.

el **universo** [uniˈβɛrso] *n*
- El **universo** sigue siendo un misterio.

o **universo**
- O **universo** continua a ser um mistério.

el **espacio** [esˈpaθio] *n*
- Vista desde el **espacio** la Tierra es de color azul.

o **espaço**
- Vista do **espaço**, a Terra é azul.

el **cielo** [ˈθielo] *n*
- Hoy no hay ni una sola nube en el **cielo**.

o **céu**
- Hoje não há uma única nuvem no **céu**.

el **aire** [ˈaire] *n*
- En el campo el **aire** es más puro que en la ciudad.

o **ar**
- No campo o **ar** é mais puro do que na cidade.

la **luna** [ˈluna] *n*
- Hoy hay muchas nubes y la **luna** no se ve.

a **lua**, a **Lua**
- Hoje há muitas nuvens, e não se vê a **lua**.

la **estrella** [esˈtreʎa] *n*
- Nunca había visto tantas **estrellas** en el cielo.

a **estrela**
- Nunca tinha visto tantas **estrelas** no céu.

el **sol** [sɔl] *n*
- Los días con **sol** son más alegres.

o **sol**
- Os dias com **sol** são mais alegres.

el **satélite** [saˈtelite] *n*
- Alrededor de la Tierra giran muchos **satélites**.

o **satélite**
- Em volta da Terra circulam muitos **satélites**.

el/la **astronauta** [astroˈnauta] *n m/f*
- Armstrong fue el primer **astronauta** que pisó la Luna.

o/a **astronauta**
- Armstrong foi o primeiro **astronauta** a pisar na Lua.

la **atmósfera** [aðˈmɔsfera] *n*
- La **atmósfera** protege el planeta Tierra.

a **atmosfera**
- A **atmosfera** protege o planeta Terra.

el **universo** [uniˈβɛrso] *n*
- ¿Crees que algún día conoceremos todo el **universo**?

o **universo**
- Você acha que algum dia conheceremos todo o **universo**?

Universo 287

el **planeta** [plaˈneta] n
- Los **planetas** del sistema solar giran alrededor del Sol.

o **planeta**
- Os **planetas** do sistema solar giram em torno do Sol.

brillar [briˈʎar] v
- El sol **ha brillado** todo el día.
- Las estrellas **brillan** muy alto en el cielo.

brilhar, reluzir
- O sol **brilhou** o dia inteiro.
- As estrelas **brilham** muito alto no céu.

la **salida del sol** [saˈliða ðɛl sɔl] n
- Hoy me he levantado muy temprano y he visto la **salida del sol**.

o **nascer do sol**
- Hoje me levantei muito cedo e vi o **nascer do sol**.

la **puesta del sol** [ˈpŭesta ðɛl sɔl] n
- Para ver la **puesta del sol** hay que estar en la playa.

o **pôr do sol**
- Para ver o **pôr do sol** tem de se estar na praia.

salir [saˈlir] v
▶ v irr p. 427 salir
- Hoy el sol **sale** antes de las siete.

nascer

- Hoje o sol **nasce** antes das sete.

ponerse [poˈnɛrse] v
▶ v irr p. 427 poner
- Al **ponerse** el sol llegamos al hotel.

pôr-se

- Ao **se pôr** o sol, chegamos ao hotel.

la **marea** [maˈrea] n
- Con la **marea** sube y baja el nivel del mar.

as **marés**
- Com a **maré**, sobe e baixa o nível do mar.

el **reflujo** [rrɛˈfluxo] n
- Después del **reflujo** quedaron muchas algas en la playa.

a **maré vazante**
- Depois da **maré vazante**, ficaram muitas algas na praia.

la **marea alta** [maˈrea ˈalta] n
- Con **marea alta** no se puede pescar.

a **maré alta**
- Com a **maré alta** não se pode pescar.

el **transbordador** [tra(n)zβorðaˈðor] n
- En el **transbordador** van cinco astronautas.

o **ônibus espacial**
- No **ônibus espacial** vão cinco astronautas.

Meio ambiente, tempo e clima

el tiempo [ˈtiempo] n
- ¿Qué tal el **tiempo** en Roma? – Pues está haciendo mucho calor.

o **tempo**
- Como está o **tempo** em Roma? – Está fazendo bastante calor.

el clima [ˈklima] n
- Algunos prefieren el **clima** tropical.

o **clima**
- Alguns preferem o **clima** tropical.

la temperatura [temperaˈtura] n
- ¿Qué **temperatura** hay ahora en La Palma? – 20 grados.

a **temperatura**
- Que **temperatura** está agora em La Palma? – 20 graus.

el calor [kaˈlɔr] n
- Este **calor** no hay quien lo aguante.

o **calor**
- Este **calor** não há quem aguente.

caliente [kaˈliente] adj
- ¡Cuidado, la sopa está muy **caliente**!

quente
- Cuidado, a sopa está muito **quente**!

caluroso, calurosa [kaluˈroso, kaluˈrosa] adj
- Este verano ha sido bastante **caluroso**.

quente
- Este verão foi realmente **quente**.

cálido, cálida [ˈkaliðo, ˈkaliða] adj
- En Cuba el clima es **cálido**.

cálido, quente
- Em Cuba o clima é **cálido**.

soleado, soleada [soleˈaðo, soleˈaða] adj
- Mañana tendremos un día **soleado** con temperaturas agradables.

ensolarado
- Amanhã teremos um dia **ensolarado** com temperaturas agradáveis.

el frío [ˈfrio] n
- El **frío** no me gusta.

o **frio**
- Não gosto do **frio**.

frío, fría [ˈfrio, ˈfria] adj
- El agua estaba demasiado **fría** para bañarse.

frio
- A água estava **fria** demais para tomar banho.

refrescar [rrɛfresˈkar] v
▶ v irr p. 422 comunicar
- Esta noche va a **refrescar** un poco.

refrescar
- Esta noite vai **refrescar** um pouco.

Meio ambiente, tempo e clima

la **nube** [ˈnuβe] n
- Todas aquellas **nubes** se acercan a nuestra zona.

a **nuvem**
- Todas aquelas **nuvens** se aproximam da nossa região.

nublado, nublada [nuˈβlaðo, nuˈβlaða] adj
- Aunque esté **nublado** iremos a la playa.

nublado, nublada
- Ainda que esteja **nublado**, vamos à praia.

la **lluvia** [ˈʎuβĭa] n
- Odio la **lluvia**. Sobre todo si no llevo paraguas.

a **chuva**
- Odeio **chuva**. Principalmente quando não levo o guarda-chuva.

llover [ʎoˈβɛr] v
▶ v irr p. 426 oler
- Cuando **llueve** mucho me pongo triste.

chover
- Quando **chove** muito, fico triste.

seco, seca [ˈseko, ˈseka] adj
- Los países del Mediterráneo tienen un clima **seco**.

seco, seca
- Os países do Mediterrâneo têm clima **seco**.

mojado, mojada [mɔˈxaðo, mɔˈxaða] adj
- He salido sin paraguas y ahora toda mi ropa está **mojada**.

molhado, molhada
- Saí sem guarda-chuva e agora toda a roupa está **molhada**.

el **viento** [ˈbĭento] n
- Este **viento** helado es muy desagradable.

o **vento**
- Este **vento** gelado é muito desagradável.

ventoso, ventosa [benˈtoso, benˈtosa] adj
- Está muy **ventoso**; mejor no salgamos.

ventando muito, ventoso, ventosa
- Está **ventando muito**; melhor não sairmos.

la **tempestad** [tempesˈta(ð)] n
- No salgáis de casa; hoy habrá **tempestad**.

a **tempestade**, o **temporal**
- Não saia de casa, hoje vai ter **tempestade**.

tempestuoso, tempestuosa [tempesˈtŭoso, tempesˈtŭosa] adj
- La tarde se está poniendo **tempestuosa**.

tempestuoso
- A tarde vai estar **tempestuosa**.

la **tormenta** [tor'menta] *n*
- La **tormenta** destruyó varios pueblos.

o **temporal**
- O **temporal** destruiu vários povoados.

la **niebla** [ˈnieβla] *n*
- Conducir con **niebla** es peligroso, porque no se ve nada.

a **neblina**
- Dirigir com **neblina** é perigoso, porque não se vê nada.

nebuloso, nebulosa [neβuˈloso, neβuˈlosa] *adj*
- La montaña está **nebulosa**, no se ve la cima.

nublado, envolto em/com nuvens
- A montanha está **envolta em nuvens**; não se vê o cume.

el **hielo** [ˈjelo] *n*
- La nieve se ha convertido en **hielo**.

o **gelo**
- A neve se converteu em **gelo**.

la **nieve** [ˈnieβe] *n*
- Si hay **nieve** en la montaña, la semana que viene iremos a esquiar.

a **neve**
- Se tiver **neve** na montanha, vamos esquiar na semana que vem.

nevar [neˈβar] *v*
▶ v irr p. 426 pensar
- En Barcelona no **nieva** casi nunca.

nevar
- Em Barcelona não **neva** quase nunca.

el **fuego** [ˈfu̯eɣo] *n*
- En verano está prohibido hacer **fuego** en el bosque.

o **fogo**
- No verão é proibido fazer **fogo** na floresta.

quemarse [keˈmarse] *v*
- El bosque se **ha quemado**.

incendiar(-se), queimar(-se)
- O bosque **se incendiou**.

la **inundación** [inundaˈθi̯on] *n*
- Las fuertes lluvias causaron varias **inundaciones** en el norte del país.

a **inundação**
- As fortes chuvas causaram várias **inundações** no norte do país.

el **terremoto** [tɛrrɛˈmoto] *n*
- En la costa del Pacífico hay muchos **terremotos**.

o **terremoto**
- Na costa do Pacífico há muitos **terremotos**.

el **medio ambiente** [ˈmeði̯o amˈbi̯ente] *n*
- Si hubiera menos coches contaminaríamos menos el **medio ambiente**.

o **meio ambiente**
- Se houvesse menos carros, contaminaríamos menos o **meio ambiente**.

Meio ambiente, tempo e clima **291**

la sombra [ˈsɔmbra] n ■ Hace tanto calor que voy sentarme a la **sombra**.	a sombra ■ Está fazendo tanto calor que vou me sentar na **sombra**.
lluvioso, lluviosa [ʎuˈβĩoso, ʎuˈβĩosa] adj ■ Estos días han sido muy **lluviosos**.	chuvoso, chuvosa ■ Estes dias têm sido muito **chuvosos**.
le helada [eˈlaða] n ■ La **helada** de los últimos días ha causado muchos accidentes.	a geada ■ A **geada** dos últimos dias tem causado muitos acidentes.
helarse [eˈlarse] v ▶ v irr p. 426 pensar ■ El agua se **ha helado** en el pozo.	congelar-se ■ A água **se congelou** no poço.
congelarse [kɔnxeˈlarse] v ■ Las tuberías se **han congelado** y no sale agua.	congelar-se ■ Os canos **se congelaram**, e não há água.
el granizo [graˈniθo] n ■ El **granizo** dañó muchos coches.	o granizo ■ O **granizo** danificou muitos carros.
el sequía [seˈkia] n ■ En época de **sequía** no hay agua en los ríos.	a seca ■ Em época de **seca**, não há água nos rios.
el parte meteorológico [ˈparte meteoroˈloxiko] n ■ El **parte meteorológico** no estuvo muy acertado ayer.	o boletim meteorológico ■ O **boletim meteorológico** não foi muito certeiro ontem.
predecir [preðeˈθir] v ■ No siempre se puede **predecir** el tiempo correctamente.	prever ■ Nem sempre se pode **prever** o tempo corretamente.
la advertencia [aðβɛrˈtenθĩa] n ■ ¿No has oído la **advertencia** que no se saliera al lago a causa de mal tempo?	o aviso, a advertência ■ Você não viu o **aviso** de não sair para o lago por causa do mau tempo?
advertir [aðβɛrˈtir] v ▶ v irr p. 428 sentir ■ Él nos **advirtió** que hoy iba a hacer mal día.	avisar ■ Ele nos **avisou** que hoje seria um dia ruim.

Meio ambiente, tempo e clima

el **catástrofe** [ka'tastrofe] n ■ Esta **catástrofe** nadie se la esperaba.	a **catástrofe** ■ Ninguém esperava por esta **catástrofe**.
la **destrucción** [destru(γ)'θĭɔn] n ■ El fuego ocasionó la **destrucción** completa de la casa.	a **destruição** ■ O fogo provocou a **destruição** total da casa.
destruir [destru'ir] v ▶ v irr p. 423 construir ■ El fuego **destruyó** la fábrica por completo.	**destruir** ■ O fogo **destruiu** a fábrica por completo.
la **contaminación ambiental** [kɔntamina'θĭɔn ambĭen'tal] n ■ La **contaminación ambiental** es mayor en las ciudades grandes.	a **poluição ambiental** ■ A **poluição ambiental** é maior nas cidades grandes.
ecológico, ecológica [eko'lɔxiko, eko'lɔxika] adj ■ La técnica es cada vez más **ecológica**.	**ecológico** ■ A técnica é cada vez mais **ecológica**.
la **basura** [ba'sura] n ■ Esta ciudad es muy sucia. La **basura** está regada en la calle.	o **lixo** ■ Esta cidade está muito suja. O **lixo** está espalhado na rua.
tirar [ti'rar] n ■ ¿Puedes **tirar** esto a la basura? ➡ tirar de p. 88	**jogar (fora)** ■ Você pode **jogar** isso na lixeira?
➡ Em alguns países da América Latina diz-se botar.	
reciclar [rrεθi'klar] v ■ Me gustaría saber cómo **reciclan** el plástico.	**reciclar** ■ Eu gostaria de saber como se **recicla** o plástico.
envenenar [embene'nar] v ■ Comiendo tanta fruta tratada con pesticidas corres el peligro de **envenenarte**.	**envenenar** ■ Comendo tanta fruta tratada com pesticidas, você corre o risco de se **envenenar**.

Meios de comunicação e mídia

Correio

el correo [koˈrrɛo] *n* • El **correo** nos llega a la oficina a las ocho de la mañana.	o **correio** • O **correio** chega ao escritório às oito da manhã.
(la oficina de) correos [(ofiˈθina ðe) koˈrrɛos] *n* • A las dos cierra la **oficina de correos**.	a **agência dos correios** • A **agência dos correios** fecha às duas.
mandar [manˈdar] *v* • Que tengas buen viaje y **mándame** una postal cuando puedas.	**mandar** • Tenha uma boa viagem e me **mande** um cartão-postal quando puder.
enviar [emˈbĭar] *v* ▶ *v irr* p. 424 enviar • Lo mejor es que **envíes** el paquete por correo.	**enviar** • É melhor que **envie** a encomenda pelo correio.
la carta [ˈkarta] *n* • ¿Sabes si me ha llegado una **carta** de Brasil?	a **carta** • Você sabe se chegou para mim uma **carta** do Brasil?
la (tarjeta) postal [(tarˈxeta) pɔsˈtal] *n* • El otro día llegó una **postal** de Juan. – Está de vacaciones en Santo Domingo, ¿no?	o **cartão-postal** • Outro dia chegou um **cartão-postal** de Juan. – Está de férias em Santo Domingo, não?
el sello [ˈseʎo] *n* • Buenos días, quisiera dos **sellos** de 1,45 euros cada uno.	o **selo** • Bom dia, eu queria dois **selos** de 1,45 euro cada.

➡ Em alguns países da América Latina, diz-se **estampilla**.

el paquete [paˈkete] *n* • Tengo que ir a correos para recoger un **paquete**.	a **encomenda**, o **pacote** • Tenho de ir ao correio pegar uma **encomenda**.

llevar al correo [ʎeˈβar al koˈrrɛo] *loc*
- ¿Puedes **llevar al correo** esta carta?

levar ao correio, despachar no correio
- Você pode **levar ao correio** esta carta?

el **código postal** [ˈkoðiɣo posˈtal] *n*
- No olvides poner el **código postal**.

o código postal
- Não se esqueça de pôr o **código postal**.

la **ventanilla** [bentaniʎa] *n*
- Puede recoger el paquete en esta **ventanilla**.
➡ ventanilla p. 265

o guichê, o caixa
- O senhor pode despachar o pacote neste **guichê**.

el **buzón** [buˈθɔn] *n*; *pl* **buzones** [buˈθones] *n*
- ¿Podrías echar estas cartas al **buzón**?

a caixa de correio
- Você poderia pôr estas cartas na **caixa de correio**?

echar [eˈtʃar] *v*
- ¿Puedes comprar sellos y **echar** esta carta, por favor?

despachar, pôr no correio
- Você poderia comprar selos e **despachar** estas cartas, por favor?

el **franqueo** [franˈkeo] *n*
- Sin **franqueo** no puedes echar las cartas.

a postagem
- Sem a **postagem** você não pode despachar as cartas.

franquear [frankeˈar] *v*
- Para **franquear** las cartas necesito saber el peso.

postar (correspondência)
- Para **postar** as cartas, preciso saber o peso.

el **sobre** [ˈsoβre] *n*
- No te olvides de escribir la dirección en el **sobre**.

o envelope
- Não se esqueça de escrever o endereço no **envelope**.

el/la **remitente** [rremiˈtente] *n m/f*
- ¿De quién será esta carta? En el sobre no figura el **remitente**.

o remetente
- De quem será esta carta? Não tem **remetente** no envelope.

el **destinatario**, la **destinataria** [destinaˈtarjo, destinaˈtarja] *n*
- No abras esa carta, el **destinatario** soy yo.

o destinatário
- Não abra essa carta, o **destinatário** sou eu.

la **entrega** [enˈtreɣa] *n*
- La **entrega** de esta carta me parece ser bastante complicada.

a entrega
- A **entrega** desta carta me parece bastante complicada.

entregar [entreˈɣar] *v* ▶ v irr p. 422 apagar ■ El cartero no **ha entregado** hoy ninguna carta para nosotros.	**entregar** ■ Hoje o carteiro não **entregou** nenhuma carta para nós.
querido, querida [keˈriðo, keˈriða] *adj* ■ **Querido** Guillermo: Por aquí todo sigue igual.	**querido, querida, caro, cara** ■ **Querido** Guillermo, por aqui segue tudo igual.

➡ Forma de tratamento comumente usada em correspondências. Logo após a saudação seguem-se dois-pontos. Na primeira linha subsequente, a escrita se inicia com inicial maiúscula.

estimado, estimada [estiˈmaðo, estiˈmaða] *adj* ■ **Estimado** señor García: Muchas gracias por su carta.	**prezado, prezada** ■ **Prezado** senhor García, muito obrigado por sua carta.

➡ Saudação formal.

Atentamente [atentaˈmente] *adv*	**Atenciosamente, Cordialmente**

➡ Despedida formal.

Un (cordial) saludo [un (korˈðial) saˈluðo] *loc*	**Saudações (cordiais)**

➡ Despedida formal.

Mídia impressa e radiodifusão

la noticia [noˈtiθia] *n* ■ Leí la **noticia** sobre la visita del ministro en el periódico.	**a notícia** ■ Eu li a **notícia** sobre a visita do ministro no periódico.
la información [imformaˈθion] *n* ■ ¡No te fíes de las **informaciones** que encuentras sobre el tema en la prensa local!	**a informação** ■ Não confie nas **informações** que você encontra sobre o assunto na imprensa local!
informar [imforˈmar] *v* ■ Todos los periódicos **han informado** sobre la visita de la cantante peruana.	**informar** ■ Todos os jornais **informaram** sobre a visita da cantora peruana.

Mídia impressa e radiodifusão

el **periódico** [pe'rioðiko] *n*
- Compro el **periódico** todos los días.

o **jornal**
- Compro o **jornal** todos os dias.

el **diario** [di'ario] *n*
- El **diario** El País es muy bueno.

o **jornal (diário)**
- O **jornal** *El País* é muito bom.

la **revista** [rrɛ'βista] *n*
- En España se venden muchas **revistas** del corazón.

a **revista**
- A Espanha tem muitas **revistas** de celebridades.

el **artículo** [ar'tikulo] *n*
- Hoy hay muchos **artículos** interesantes en el periódico.

o **artigo**
- Hoje tem muitos **artigos** interessantes no jornal.

la **edición** [eði'θion] *n*
- Este periódico sale con dos **ediciones** distintas: una para la capital y otra para el resto del país.

a **edição**
- Esse jornal sai com duas **edições** diferentes: uma para a capital e outra para o restante do país.

el **abono** [a'βono] *n*
- El **abono** de esta revista se vence este fin de mes.

a **assinatura**
- A **assinatura** desta revista vence no fim deste mês.

abonar [aβo'nar] *v*
- **He abonado** una revista de cocina internacional.

assinar
- **Assinei** uma revista de cozinha internacional.

la **radio** ['rraðio] *n*
- Mi abuela escuchaba la **radio** todas las noches.

a **rádio**
- Minha avó ouvia **rádio** todas as noites.

la **televisión** [teleβi'sion] *n*
- El cantante actúa esta noche en **televisión**.

a **televisão**
- O cantor vai estar esta noite na **televisão**.

➡ la **tele**, forma abreviada para la **televisión** e el **televisor**, é muito utilizada.

el **televisor** [teleβi'sor] *n*
- Enciende el **televisor**, por favor.
➡ televisión p. 296

o **televisor**
- Ligue o **televisor**, por favor.

ver la televisión [bɛr la teleβi'sion] *loc*
▶ v irr p. 429 ver
- Los niños no deberían **ver la televisión** todo el día.

assistir à televisão

- As crianças não deveriam **assistir à televisão** o dia todo.

Mídia impressa e radiodifusão

emitir [emiˈtir] v
- Este canal **emite** en onda media.

transmitir
- Este canal **transmite** em ondas médias.

el programa [proˈɣrama] n
- Ese **programa** es muy aburrido.

o programa
- Esse **programa** é muito chato.

las noticias [noˈtiθias] n pl
- Date prisa, que ya van a comenzar las **noticias**.

as notícias, o noticiário
- Rápido, o **noticiário** já vai começar.

el anuncio [aˈnunθio] n
- ¡Cuántos **anuncios**! Interrumpen la serie cada cinco minutos.

o comercial
- Quantos **comerciais**! Interrompem a série a cada cinco minutos.

la verdad [bɛrˈða(ð)] n
- Si no hubiera sido por el artículo en el periódico nunca hubiéramos sabido la **verdad**.

a verdade
- Não fosse pelo artigo no jornal, jamais saberíamos da **verdade**.

verdadero, verdadera [berðaˈðero, berðaˈðera] adj
- La **verdadera** historia no fue contada nunca.

verdadeiro
- A **verdadeira** história jamais foi contada.

la prensa [ˈprensa] n
- He leído en la **prensa** que van a subir los impuestos.

a imprensa
- Li na **imprensa** que vão aumentar os impostos.

el reportaje [rreporˈtaxe] n
- Hoy he leído un **reportaje** sobre el cáncer.

a reportagem
- Hoje li uma **reportagem** sobre o câncer.

el informe [imˈforme] n
- El **informe** nos ha aclarado muy bien lo que pasó.

a reportagem
- A **reportagem** informou muito bem o que aconteceu.

la entrevista [entreˈβista] n
- Los actores famosos conceden **entrevista** casi todo el tiempo.

a entrevista
- Os atores famosos dão **entrevista** quase o tempo inteiro.

la portada [porˈtaða] n
- En la **portada** de esa revista solo aparecen artistas famosos.

a primeira página
- Na **primeira página** desta revista só aparecem artistas famosos.

el titular [tituˈlar] n
- Los **titulares** de esta mañana son increíbles.

a manchete
- As **manchetes** desta manhã são inacreditáveis.

la **edición especial** [eðiˈθi̯on espeˈθi̯al] *n* ■ La **edición especial** para fin de año del noticiero fue muy interesante.	a **edição especial** ■ A **edição especial** do noticiário para o fim de ano foi muito interessante.
el **programa concurso** [proˈɣrama kɔŋˈkurso] *n* ■ El **programa concurso** del sábado es mi preferido.	o *quiz show* ■ O *quiz show* do sábado é o meu preferido.
la **emisora** [emiˈsora] *n* ■ En esa **emisora** de radio solo se escucha música clásica.	a **emissora** ■ Nesta **emissora** de rádio só se transmite música clássica.
la **imagen** [iˈmaxen] *n*; *pl* **imágenes** [iˈmaxenes] ■ En la tele salen demasiadas **imágenes** violentas.	a **imagem** ■ Na televisão aparece muitas **imagens** violentas.
en directo [em diˈrɛkto] *adv* ■ El partido de fútbol fue retransmitido **en directo**.	**ao vivo** ■ A partida de futebol foi transmitida **ao vivo**.
la **realidad** [rrɛaliˈða(ð)] *n* ■ El artículo enseñó muy bien la **realidad** de la vida en Colombia.	a **realidade** ■ O artigo retratou bastante bem a **realidade** da vida na Colômbia.
el **hecho** [ˈetʃo] *n* ■ Lo que cuenta el reportero no es ninguna historia inventada; son **hechos** reales.	o **fato** ■ O que o repórter está contando não é nenhuma história inventada; são **fatos** reais.
objetivo, objetiva [ɔβxeˈtiβo, ɔβxeˈtiβa] *adj* ■ Un buen periódico tiene que ser **objetivo**.	**objetivo** ■ Um bom jornal tem de ser **objetivo**.
efectivamente [efɛktiβaˈmente] *adv* ■ El reportaje no aclara lo que pasó **efectivamente**.	**de fato, efetivamente** ■ A reportagem não esclarece o que se passou **de fato**.
increíble [iŋkreˈiβle] *adj* ■ Es **increíble** lo que inventan algunas revistas del corazón.	**incrível** ■ É **incrível** o que inventam alguns jornais sensacionalistas.

Telefone, celular e internet

el **teléfono** [teˈlefono] *n*
- Salgo un momento. Si suena el **teléfono** puedes contestar.

o **telefone**
- Vou sair um instante. Se o **telefone** tocar, você pode atender.

el **(teléfono) móvil** ES, el **celular** AL [(teˈlefono) ˈmoβil θeluˈlar] *n*
- Hoy en día casi todo el mundo tiene un **teléfono móvil**.

o **(telefone) celular**

- Hoje em dia quase todo mundo tem um **telefone celular**.

hablar por teléfono [aˈβlar pɔr teˈlefono] *loc*
- Tu **hablas por teléfono** mucho porque siempre está ocupado.

falar ao telefone
- Você **fala** muito **ao telefone** porque está sempre ocupado.

la **llamada** [ʎaˈmaða] *n*
- Señora Romero, no me pase ninguna **llamada** mientras esté reunido.

a **ligação**, a **chamada**
- Senhora Romero, não me passe nenhuma **chamada** enquanto eu estiver em reunião.

llamar por teléfono [ʎaˈmar pɔr teˈlefono] *loc*
- He **llamado por teléfono** a Paca, pero no estaba en casa.

ligar, **telefonar**
- **Telefonei** a Paca, mas ela não estava.

marcar [marˈkar] *v*
▶ v irr p. 422 comunicar
- Primero introduzca la monedas y luego **marque** el número.

digitar

- Primeiro introduza as moedas e depois **digite** o número.

equivocarse [ekiβoˈkarse] *v*
▶ v irr p. 422 comunicar
- **Me he equivocado** de número, disculpe.

discar errado, **ser engano**

- Desculpe, **foi engano**.

la **conversación telefónica** [kɔmbɛrsaˈθĭon teleˈfonika] *n*
- Hoy he mantenido una **conversación telefónica** muy importante.

a **conversa ao telefone**, o **telefonema**
- Hoje tive um **telefonema** muito importante.

contestar [kɔntɛsˈtar] *v*
- Cuando he llamado esta tarde Ana no **ha contestado**.

atender
- Quando liguei hoje à tarde, Ana não **atendeu**.

¿Sí? [si] *interj*

Alô!

Telefone, celular e internet

➡ Diz-se ao se atender o telefone.

¡Diga(me)! [ˈdiɣa(me)] *interj* Alô!
➡ **¿Sí?** p. 299

¡Aló! [aˈlo] *interj* Alô!

➡ É o que se diz ao atender o telefone em alguns países da América Latina, por exemplo, Argentina e Chile.

¡Bueno! [ˈbŭeno] *interj* Alô!

➡ É o que se diz ao atender o telefone em alguns países da América Latina, por exemplo, México.

---

devolver la llamada [deβolˈβɛr la ʎaˈmaða] *loc*

▶ **v irr** p. 429 volver
■ Por favor, cuando escuches este mensaje, **devuélveme la llamada**.

retornar a ligação, retornar a chamada

■ Por favor, ao ouvir esta mensagem, **retorne a ligação**.

---

comunicar con [komuniˈkar kɔn] *v*

▶ **v irr** p. 422 comunicar
■ No me **comuniques con** nadie, estoy muy ocupado.

transferir ligação

■ Não **transfira a ligação** de ninguém, estou muito ocupado.

---

ocupado, ocupada [okuˈpaðo, okuˈpaða] *adj*

■ El teléfono está **ocupado**; tengo que volver a marcar.

ocupado, ocupada

■ O telefone está **ocupado**; vou ter de voltar a ligar.

---

el prefijo [preˈfixo] *n*

■ ¿Cuál es el **prefijo** de Madrid? – El 91.

o **prefixo**

■ Qual é o **prefixo** de Madri? – 91.

---

el contestador automático [kɔntɛstaˈðor aŭtoˈmatiko] *n*

■ Tienes un par de mensajes en el **contestador automático**.

a **secretária eletrônica**

■ Você tem algumas mensagens na **secretária eletrônica**.

---

el fax [faks] *n*

■ Mandaré el pedido por **fax** para que les llegue antes.

o **fax**

■ Vou mandar o pedido por **fax**, para que chegue antes.

➡ **fax** se refere tanto ao **aparato de fax**, isto é, o aparelho de fax, como também à mensagem transmitida via fax.

Telefone, celular e internet

el Internet [inter'net] *n* ■ Cada noche navego por **Internet**.	**a internet** ■ Toda noite navego na **internet**.

➡ É quase sempre usado sem artigo.

la Web [gŭeβ] *n* ■ La **Web** es un sistema de documentos de hipertexto.	**a web** ■ A **web** é um sistema de documentos de hipertexto.
escribir un correo electrónico [eskri'βir un ko'rrεo elεk'troniko] *loc* ■ Tengo que **escribir un correo electrónico** inmediatamente.	**mandar (um) e-mail** ■ Tenho de **mandar um e-mail** imediatamente.

➡ **el correo electrónico** e **el e-mail** são sinônimos.

la dirección de correo electrónico [dirεɣ'θĭon de ko'rrεo elεk'troniko] *n* ■ Dame tu **dirección de correo electrónico**, por favor.	**o endereço de e-mail** ■ Me passe o seu **endereço de e-mail**, por favor.
el anexo [a'nεɣso] *n* ■ Com este correo electrónico te he mandado dos **anexos**.	**o anexo** ■ Neste e-mail eu lhe enviei dois **anexos**.
la línea ['linea] *n* ■ En casa tenemos dos **líneas**: una para el teléfono y otra para el fax.	**a linha** ■ Em casa temos duas **linhas**: uma para o telefone e outra para o fax.
en línea [en 'linea] *adv* ■ Estoy **en línea**; nos podemos comunicar ahora.	**on-line** ■ Estou **on-line**; podemos nos comunicar agora.
fuera de línea ['fŭera ðe 'linea] *adv* ■ Tenemos problemas con el sistema y estamos **fuera de línea**.	**off-line** ■ Temos problemas com o sistema e estamos **off-line**.
descargar [deskar'ɣar] *v* ▶ **v irr** p. 422 apagar ■ Puedes **descargar** el documento en mi página web.	**baixar** ■ Você pode **baixar** o documento em minha página *web*.
sonar [so'nar] *v* ▶ **v irr** p. 423 contar ■ El teléfono **ha sonado** muchas veces pero no he contestado.	**tocar** ■ O telefone **tocou** muitas vezes, mas não atendi.

Telefone, celular e internet

timbrar AL [tim'brar] v ■ Ayer no escuché cuando el teléfono **timbró**, la radio estaba muy alta.	**tocar** ■ Ontem não ouvi quando o telefone **tocou**, o rádio estava muito alto.
contestar al teléfono [kɔntɛs'tar al te'lefono] *loc* ■ La labor de la telefonista es **contestar al teléfono**.	**atender o telefone** ■ O trabalho da telefonista é **atender o telefone**.
colgar [kɔl'ɣar] v ▶ v irr p. 422 colgar ■ Dani no quiso hablar conmigo; cuando oyó mi voz, **colgó**.	**desligar, bater o telefone** ■ Dani não quis falar comigo; quando ouviu minha voz, **bateu o telefone**.
la **guía telefónica** ['gia tele'fonika] n ■ Voy a buscar en la **guía telefónica** el número de María.	a **lista telefônica** ■ Vou procurar na **lista telefônica** o número de María.
la **llamada de larga distancia** [ʎa'maða de 'larɣa dis'tanθia] n ■ Ayer hice una **llamada larga distancia** a España.	a **chamada de longa distância** ■ Ontem fiz uma **chamada de longa distância** para a Espanha.
la **llamada local** [ʎa'maða lo'kal] n ■ Las **llamadas locales** son más baratas que las llamadas de larga distancia.	a **chamada local** ■ As **chamadas locais** são mais baratas que as de longa distância.
la **extensión** [e(ɣ)sten'sjɔn] n ■ ¿Cuál es tu **extensión**? – 201	o **ramal** ■ Qual é o seu **ramal**? – 201.
la **tarjeta telefónica** [tar'xeta tele'fonika] n ■ ¿Dónde puedo comprar una **tarjeta telefónica**?	o **cartão telefônico** ■ Onde posso comprar um **cartão telefônico**?
el **mensaje de texto** [men'saxe ðe 'te(ɣ)sto] n ■ Te he mandado un **mensaje de texto** hace horas y todavía no me has contestado.	a **mensagem de texto** ■ Mandei-lhe uma **mensagem de texto** há horas, mas você não respondeu.
la **página web** ['paxina (ɣ)ŭeβ] n ■ Tengo que actualizar mi **página web**.	a **página da internet** ■ Tenho de atualizar minha **página da internet**.

la **página de inicio** [ˈpaxina ðe iˈniθio] *n* ■ La **página de inicio** es muy importante; es lo primero que se ve.	a **página inicial** ■ A **página inicial** é muito importante; é a que primeiro se vê.
el **enlace** [enˈlaθe] *n* ■ A través de este **enlace** llegas al formulario de inscripción.	o *link* ■ Através deste *link* você chega ao formulário de inscrição.
navegar [naβeˈɣar] *v* ▶ v irr p. 422 apagar ■ Ayer **navegué** todo el día en Internet y no estudié para el examen.	**navegar** ■ Ontem **naveguei** na internet o dia inteiro e não estudei para a prova.
el **explorador web** [e(ɣ)sploraˈðor (ɣ)ŭeβ] *n* ■ Yo utilizo diferentes **exploradores** web.	o **navegador** ■ Utilizo diferentes **navegadores**.
el **buscador web** [buskaˈðor (ɣ)ŭeβ] *n* ■ ¡Qué raro! El **buscador web** no ha encontrado ni una página que se dedica al tema.	a **ferramenta de busca** ■ Que estranho! A **ferramenta de busca** não encontrou nenhuma página sobre o tema.
el **servidor** [sɛrβiˈðor] *n* ■ El **servidor** en el trabajo se ha estropeado y he perdido algunos documentos.	o **servidor** ■ No meu trabalho o **servidor** teve uma pane e perdi alguns documentos.

Computador e multimídia

el **ordenador** ES, la **computadora** AL [ɔrðenaˈðor, kɔmputaˈðora] *n* ■ Actualmente casi todo se puede arreglar por **ordenador**. ■ Mi **computadora** ya tiene cinco años y cada día está más lenta.	o **computador** ■ Hoje em dia quase tudo se pode consertar por **computador**. ■ Meu **computador** já tem cinco anos e está cada dia mais lento.
el **hardware** [ˈxar(ð)ŭɛr] *n* ■ En el trabajo han comprado un **hardware** muy bueno en oferta.	o *hardware* ■ No meu trabalho compraram um *hardware* muito bom em oferta.

el **software** [ˈsɔf(t)ŭɛr] *n*
- Este **software** me parece demasiado caro.

o **software**
- Acho esse **software** muito caro.

el **programa** [proˈɣrama] *n*
- Este **programa** nuevo es muy fácil de entender.

o **programa**
- Este **programa** novo é muito fácil de entender.

programar [proɣraˈmar] *v*
- Estoy haciendo un curso para aprender a **programar**.

programar
- Estou fazendo um curso para aprender a **programar**.

el **disco duro** [ˈdisko ˈðuro] *n*
- Graba el archivo en el **disco duro**.

o **disco rígido**
- Grave o arquivo no **disco rígido**.

la **pantalla** [panˈtaʎa] *n*
- ¿Seguro que el ordenador está encendido? No se ve nada en la **pantalla**.

a **tela**
- Tem certeza de que o computador ainda está ligado? Não se vê nada na **tela**.

el **teclado** [teˈklaðo] *n*
- Un **teclado** español tiene la letra "ñ".

o **teclado**
- Um **teclado** espanhol tem a letra "ñ".

la **tecla** [ˈtekla] *n*
- Las **teclas** de este teclado son muy pequeñas.

a **tecla**
- As **teclas** deste teclado são muito pequenas.

el **ratón** [rraˈtɔn] *n*; *pl* **ratones** [rraˈtones]
- Con el **ratón** puedo escoger las funciones del programa.

o *mouse*
- Com o *mouse* posso escolher as funções do programa.

➡ Pode-se também usar a palavra inglesa **el mouse**.

el **puntero del ratón** [punˈtero dɛl rraˈtɔn] *n*
- El **puntero del ratón** nos muestra dónde hacer clic.

o **cursor**
- O **cursor** nos mostra onde clicar.

el **cursor** [kurˈsɔr] *n*
- El **cursor** tiene un parpadeo intermitente.

o **cursor**
- O **cursor** está piscando de modo intermitente.

hacer clic [aˈθɛr klik] *loc*
▶ v irr p. 425 hacer
- Voy a **hacer clic** en este enlace y a ver qué información encuentro.

clicar
- Vou **clicar** neste *link* e ver que informação encontro.

Computador e multimídia

---

la **impresora** [impreˈsora] n
- Mi **impresora** imprime doce páginas por minuto.

a **impressora**
- Minha **impressora** imprime doze páginas por minuto.

---

imprimir [impriˈmir] v
- Tengo que **imprimir** este documento para la reunión de esta tarde.

imprimir
- Tenho de **imprimir** este documento para a reunião desta tarde.

---

el **cd-rom** [θeðeˈrrɔm] n
- El **cd-rom** ya está lleno y no podemos seguir grabando documentos.

O CD-ROM
- O CD-ROM está cheio e não podemos continuar gravando documentos.

---

grabar [graˈβar] v
- Tengo que **grabar** estas fotos para la presentación.

gravar
- Tenho de **gravar** essas fotos para a apresentação.

---

digital [dixiˈtal] adj
- Mi cámara es **digital** y hace fotos muy buenas.

digital
- Minha câmera é **digital** e tira fotos muito boas.

---

los **datos** [ˈdato] n pl
- Tengo que introducir nuevos **datos** en este archivo.

os **dados**
- Tenho de introduzir novos **dados** neste arquivo.

---

el **archivo** [arˈtʃiβo] n
- En este **archivo** tengo guardados los datos de mis clientes.

o **arquivo**
- Neste **arquivo** tenho guardados os dados de meus clientes.

---

guardar [ɡŭarˈðar] n
- Voy a **guardar** estos datos en un archivo nuevo.

armazenar
- Vou **armazenar** estes dados num arquivo novo.

---

copiar [koˈpĭar] v
- He **copiado** los datos de este libro y los he guardado en el disco duro.

copiar
- **Copiei** os dados deste livro e os armazenei no disco rígido.

---

insertar [insɛrˈtar] v
- He **insertado** muchas fotos en este documento.
- Voy a **insertar** todos los datos en el ordenador.

inserir
- **Inseri** muitas fotos neste documento.
- Vou **inserir** todos os dados no computador.

---

eliminar [elimiˈnar] v
- Estos documentos importantes **fueron eliminados** por error.

deletar, excluir
- Esses documentos importantes **foram excluídos** por engano.

borrar [boˈrrar] v ■ **Borra** todos los archivos del cd-rom.	**apagar** ■ **Apague** todos os arquivos do CD-ROM.
el **ordenador portátil** ES, la **computadora portátil** AL [orðenaˈðor porˈtatil, komputaˈðora porˈtatil] n ■ Me acabo de comprar un **ordenador portátil**. ■ Mis padres me han regalado una **computadora portátil** por mis cumpleaños.	o *notebook*, o *laptop* ■ Acabo de comprar um *notebook*. ■ Meus pais me deram um *laptop* pelo meu aniversário.
escanear [eskaneˈar] v ■ Tengo que **escanear** todas las fotos de la fiesta.	**escanear** ■ Tenho de **escanear** todas as fotos da festa.
el **sistema operativo** [sisˈtema operaˈtiβo] n ■ Linux es un **sistema operativo**.	o **sistema operacional** ■ O Linux é um **sistema operacional**.
instalar [instaˈlar] v ■ Ya nos **ha instalado** los nuevos programas.	**instalar** ■ Já **instalaram** os novos programas.
la **copia de seguridad** [ˈkopia ðe seɣuriˈða(ð)] n ■ Para estos archivos necesito urgentemente una **copia de seguridad**.	a **cópia de segurança** ■ Preciso urgentemente de uma **cópia de segurança** destes arquivos.
la **carpeta** [karˈpeta] n ■ En esta **carpeta** tengo mis documentos privados.	a **pasta** ■ Nesta **pasta** guardo meus documentos particulares.
el **virus informático** [ˈbirus imforˈmatiko] n; pl **virus** [ˈbirus] ■ Cada día se descubren nuevos **virus** informáticos.	o **vírus (de computador, de informática)** ■ Todo dia são descobertos novos **vírus**.
la **contraseña** [kontraˈseɲa] n ■ Por favor inserte su **contraseña**.	a **senha** ■ Por favor, digite sua **senha**.

multimediático, multimediática [multime'ðiatiko, multime'ðiatika] adj
- El periodismo **multimediático** tiene gran futuro.

multimídia
- O jornalismo **multimídia** tem um grande futuro.

el **juego de ordenador** ES, el **juego de computadora** AL [['xueyo ðe ɔrðena'ðor, 'xueyo ðe kɔmputa'ðora] n
- Hay un **juego de ordenador** que me interesa pero está muy caro.
- Ayer compré un **juego de computadora** para mi hijo.

o **jogo de computador**
- Tem um **jogo de computador** que me interessa, mas está muito caro.
- Ontem comprei um **jogo de computador** para meu filho.

interactivo, interactiva [intɛrak'tiβo, intɛrak'tiβa] adj
- Algunos juegos **interactivos** tienen gran valor educativo.

interativo, interativa
- Alguns jogos **interativos** têm grande valor educativo.

virtual [bir'tŭal] adj
- La comunicación **virtual** está muy de moda.

virtual
- A comunicação **virtual** está muito na moda.

visual [bi'sŭal] adj
- El aspecto **visual** de un programa es muy importante.

visual
- O aspecto **visual** de um programa é muito importante.

Economia, técnica e pesquisa

Indústria, comércio e prestação de serviços

la economía [ekonoˈmia] n ■ Olga estudia **economía** en la universidad.	a **economia** ■ Olga estuda **economia** na universidade.
la industria [inˈdustria] n ■ La **industria** química está en crisis.	a **indústria** ■ A **indústria** química está em crise.
industrial [indusˈtrial] adj ■ En esta región hay muchas ciudades que son centros **industriales**.	**industrial** ■ Nesta região há muitas cidades que são centros **industriais**.
la empresa [emˈpresa] n ■ Trabajamos en una gran **empresa** multinacional.	a **empresa** ■ Trabalhamos numa grande **empresa** multinacional.
la sociedad anónima [soθieˈða(ð) aˈnonima] n ■ La empresa para la que trabaja mi padre es una **sociedad anónima**.	a **sociedade anônima** ■ A empresa em que meu pai trabalha é uma **sociedade anônima**.
la junta directiva [ˈxunta dirɛkˈtiβa] n ■ La **junta directiva** se reunió ayer.	a **diretoria** ■ A **diretoria** se reuniu ontem.
el ramo [ˈrramo] n ■ Quiero invertir en algún **ramo** con futuro pero no sé todavía en cuál.	o **ramo**, o **setor** ■ Eu gostaria de investir em algum **ramo** que tenha futuro, mas ainda não sei qual.
la mercancía [mɛrkanˈθia] n ■ La **mercancía** que llegó ayer está defectuosa.	a **mercadoria** ■ A **mercadoria** que chegou ontem está com defeito.
las mercancías [mɛrkanˈθias] pl ■ Las **mercancías** que llegaron ayer todavía no han pasado la aduana.	as **mercadorias** ■ As **mercadorias** que chegaram ontem ainda não passaram pela alfândega.

Indústria, comércio e prestação de serviços

hacer negocios [a'θɛr ne'ɣoθĩɔs] *loc*
▶ v irr p. 425 hacer
- Estoy planeando **hacer negocios** con mi hermana.

fazer negócios
- Estou planejando **fazer negócios** com a minha irmã.

---

la **cifra de negocios** [θifra ðe ne'ɣoθĩɔs] *n*
- Las **cifras de negocios** de la empresa han sido muy buenas este año.

o **volume de negócios**
- O **volume de negócios** da empresa foi muito bom este ano.

---

la **demanda** [de'manda] *n*
- Si la **demanda** de un producto es grande, el precio sube.

a **demanda**
- Se a **demanda** de um produto é grande, o preço sobe.

---

exportar [e(ɣ)spor'tar] *v*
- España **exporta**, por ejemplo, vino, aceite de oliva y coches.

exportar
- A Espanha **exporta**, por exemplo, vinho, azeite de oliva e carros.

---

importar [impor'tar] *v*
- Alemania **importa** muchos alimentos de España.

importar
- A Alemanha **importa** muitos alimentos da Espanha.

---

el **taller** [ta'ʎɛr] *n*
- Aprendí a reparar coches en el **taller** de mi tío.

a **oficina**
- Aprendi a consertar carros na **oficina** do meu tio.

---

reparar [rrɛpa'rar] *v*
- No te preocupes. Seguro que podremos **reparar** este aparato.

consertar
- Não se preocupe. Com certeza podemos **consertar** este aparelho.

---

arreglar [arrɛ'ɣlar] *v*
- No vale la pena **arreglar** este aparato.

consertar
- Não vale a pena **consertar** este aparelho.

---

el **pedido** [pe'ðiðo] *n*
- ¿Ya ha llegado el **pedido** que hicimos la semana pasada?

o **pedido**, a **encomenda**
- Já chegou a **encomenda** que fizemos semana passada?

---

la **agencia** [a'xenθĩa] *n*
- Esa es la **agencia** donde trabajo.

a **agência**
- Essa é a **agência** em que trabalho.

---

asesorar [aseso'rar] *v*
- El abogado **asesoró** muy bien a su cliente.

assessorar
- O advogado **assessorou** muito bem seu cliente.

la **producción** [proðu(ɣ)'θïɔn] n
- Hemos recibido muchos pedidos. Tenemos que acelerar la **producción**.

a **produção**
- Recebemos muitos pedidos. Temos de acelerar a **produção**.

→ Este substantivo é usado apenas no singular. Para se referir a várias produções, costuma-se dizer: **diferentes tipos de producción** – **diferentes tipos de produção**.

producir [proðu'θir] v
▶ v irr p. 423 conducir
- En La Rioja se **producen** algunos de los mejores vinos españoles.

produzir
- Em La Rioja **são produzidos** alguns dos melhores vinhos da Espanha.

el **producto** [pro'ðukto] n
- Estos **productos** son buenos y baratos.

o **produto**
- Estes **produtos** são bons e baratos.

el **comercio** [ko'mɛrθïo] n
- El **comercio** entre Europa y América Latina se ha vuelto más fuerte.

o **comércio**
- O **comércio** entre Europa e América Latina se fortaleceu.

comercial [komɛr'θïal] adj
- El acuerdo **comercial** se firmó ayer.

comercial
- O acordo **comercial** foi celebrado ontem.

entregar [entre'ɣar] v
▶ v irr p. 422 apagar
- Tenemos que **entregar** la mercancía esta semana.

entregar
- Temos de **entregar** a mercadoria esta semana.

la **prestación de servicios**
[presta'θïɔn ðe sɛr'βiθïos] n
- Nuestra empresa ofrece una **prestación de servicios** variada en la gastronomía.

a **prestação de serviços**
- Nossa empresa oferece variada **prestação de serviços** em gastronomia.

la **mediación** [meðïa'θïɔn] n
- Con la **mediación** del presidente se pudo resolver el conflicto.

a **mediação**
- Com a **mediação** do presidente, foi possível solucionar o conflito.

el **anuncio** [a'nunθïo] n
- Este **anuncio** para comida de gatos es muy original.

o **anúncio**
- Este **anúncio** de comida de gato é muito original.

➡ Na América Latina, também se diz **el aviso**.

anunciar [anunˈθiar] v ■ Este café lo **anuncian** en la tele.	**anunciar** ■ **Anunciam** esse café na televisão.
el consumidor, la consumidora [kɔnsumiˈðor, kɔnsumiˈðora] n ■ Hoy en día los **consumidores** conocen mejor sus derechos.	**o consumidor** ■ Hoje em dia os **consumidores** conhecem melhor seus direitos.
la sociedad de consumo [soθieˈðað ðe kɔnˈsumo] n ■ Vivimos en una **sociedad de consumo**.	**a sociedade de consumo** ■ Vivemos em uma **sociedade de consumo**.
la competencia [kɔmpeˈtenθia] n ■ La **competencia** es muy fuerte, por eso tenemos que bajar nuestros precios.	**a concorrência** ■ A **concorrência** é muito intensa, por isso temos de baixar nossos preços.
la globalización [gloβaliθaˈθion] n ■ La **globalización** es un fenómeno con ventajas y desventajas.	**a globalização** ■ A **globalização** é um fenômeno com vantagens e desvantagens.

Dinheiro, bancos e mercados financeiros

el banco [ˈbaŋko] n ■ Tengo que ir al **banco** a abrir una cuenta.	**o banco** ■ Tenho de ir ao **banco** abrir uma conta.

➡ **El Banco de España** é o correspondente ao **Banco Central** do Brasil.

la caja de ahorros [ˈkaxa ðe aˈɔrrɔs] n ■ La **caja de ahorros** abre a las ocho y media.	**a caixa econômica** ■ A **caixa econômica** abre às oito e meia.
el dinero [diˈnero] n ■ Tengo que llevar mi **dinero** al banco.	**o dinheiro** ■ Tenho de levar meu **dinheiro** ao banco.

➡ Em alguns países da América Latina, para se referir a dinheiro e moedas, diz-se também **plata**.

Dinheiro, bancos e mercados financeiros

el **dinero en efectivo** [di'nero en efɛk'tiβo] *n*
- Necesito **dinero en efectivo** porque me voy de viaje.

o **dinheiro em espécie**
- Preciso de **dinheiro em espécie** porque vou viajar.

el **cajero automático** [ka'xero aŭto'matiko] *n*
- Mira, puedes sacar dinero en aquel **cajero automático**.

o **caixa automático**
- Olhe, você pode sacar dinheiro naquele **caixa automático**.

financiero, financiera [finan'θiero, finan'θiera] *adj*
- Mi situación **financiera** está mejorando.

financeiro, financeira
- Minha situação **financeira** está melhorando.

la **tarjeta de cuenta** [tar'xeta ðe 'kŭenta] *n*
- Mi **tarjeta de cuenta** se ha perdido.

o **cartão (de conta)**
- Perdi meu **cartão** do banco.

la **tarjeta de crédito** [tar'xeta ðe 'kreðito] *n*
- Las **tarjetas de crédito** son muy útiles.

o **cartão de crédito**
- Os **cartões de crédito** são muito úteis.

el **cheque de viaje** ['tʃeke ðe βi'axe] *n*
- En el extranjero los **cheques de viaje** son muy prácticos.

o **cheque de viagem**
- No exterior, os **cheques de viagem** são bastante práticos.

los **ahorros** [a'orros] *n pl*
- Con mis **ahorros** del mes he comprado muchos libros.

as **economias**, a **poupança**
- Com minhas **economias** do mês, comprei muitos livros.

ahorrar [ao'rrar] *v*
- Alberto no **ahorra** nada. En cuanto gana un poco de dinero, se compra algo.

economizar, poupar
- Alberto não **economiza** nada. Tão logo ganha um pouco de dinheiro, ele compra alguma coisa.

las **deudas** ['deŭðas] *n pl*
- El negocio salió mal y ahora tenemos **deudas**.

as **dívidas**
- O negócio deu errado, e agora temos **dívidas**.

deber [de'βɛr] *v*
- Emilio, acuérdate de que me **debes** dinero.

dever
- Emílio, lembre-se de que me **deve** dinheiro.

Dinheiro, bancos e mercados financeiros

---

el **billete** [bi'ʎete] *n*
- En muchos países hay **billetes** falsos.

a **cédula**, a **nota**
- Em muitos países há **notas** falsas.

---

la **moneda** [mo'neða] *n*
- Mi monedero pesa mucho. Está lleno de **monedas**.
➡ **dinero** p. 311

a **moeda**
- Meu porta-moedas pesa muito. Está cheio de **moedas**.

---

el **euro** ['eŭro] *n*
- ¿Cuántos **euros** son cincuenta dólares?

o **euro**
- Quantos **euros** são cinquenta dólares?

---

el **céntimo** [ˈθentimo] *n*
- ¿Qué puedo comprar con 50 **céntimos**?

o **centavo**
- O que posso comprar com 50 **centavos**?

---

la **casa de cambio** [ˈkasa ðe ˈkambĭo] *n*
- En todos los países hay **casas de cambio**.

a **casa de câmbio**
- Em todos os países há **casas de câmbio**.

---

cambiar [kam'bĭar] *v*
- Buenos días. Quisiera **cambiar** euros en dólares.

fazer câmbio, trocar (dinheiro)
- Bom dia. Eu queria **trocar** dólares por euros.

---

el **seguro** [se'ɣuro] *n*
- No necesito tantos **seguros**; voy a cancelar algunos.

o **seguro**
- Não preciso de tantos **seguros**; vou cancelar alguns.

---

asegurar [aseɣu'rar] *v*
- Voy a **asegurar** mi bicicleta contra robos.

fazer seguro, assegurar
- Vou **fazer seguro** contra roubo da minha bicicleta.

---

aumentar [aŭmen'tar] *v*
- La empresa tiene que **aumentar** sus ganancias.

aumentar
- A empresa tem de **aumentar** seus lucros.

---

subir [su'βir] *v*
- Los precios **han subido**.

subir, aumentar
- Os preços **aumentaram**.

---

reducir [rreðu'θir] *v*
▶ **v irr** p. 423 conducir
- Este año **hemos reducido** considerablemente nuestros gastos.

reduzir
- Neste ano **reduzimos** consideravelmente nossos gastos.

Dinheiro, bancos e mercados financeiros

bajar [ba'xar] v
- En algunos países **han bajado** los precios de la gasolina.

baixar
- Em alguns países, **baixaram** os preços da gasolina.

valer la pena [ba'lɛr la 'pena] loc
▶ v irr p. 428 valer
- La inversión **valió la pena**. Ahora la empresa es líder del mercado.

valer a pena
- O investimento **valeu a pena**. Agora a empresa é líder de mercado.

el **impuesto** [im'pu̯esto] n
- Cuando compramos algo, normalmente tenemos que pagar **impuestos**.

o **imposto**
- Quando compramos alguma coisa, normalmente temos de pagar **impostos**.

la **cuenta** ['ku̯enta] n
- Quisiera abrir una **cuenta**.

a **conta**
- Eu queria abrir uma **conta**.

ingresar [iŋgre'sar] v
- Ya **he ingresado** en tu cuenta el dinero que te debía.

depositar
- Já **depositei** em sua conta o dinheiro que lhe devia.

en efectivo [en efɛk'tiβo] adv
- ¿Paga **en efectivo** o con tarjeta?

em espécie, em dinheiro vivo
- Paga **em espécie** ou com cartão?

el **valor** [ba'lor] n
- El **valor** de las joyas que fueron robadas es muy alto.

o **valor**
- O **valor** das joias que foram roubadas é muito alto.

la **ganancia** [ga'nanθi̯a] n
- Las **ganancias** de este año han sido muy buenas.

o **lucro**
- Os **lucros** deste ano foram muito bons.

la **pérdida** ['pɛrðiða] n
- Tuvimos que cerrar el negocio porque solo generaba **pérdidas**.

o **prejuízo**, a **perda**
- Tivemos de fechar o negócio porque só gerava **prejuízo**.

los **ingresos** [iŋ'gresɔs] n pl
- Hemos tenido **ingresos** pequeños pero durante todo el año.

a **receita**
- Tivemos **receitas** pequenas, mas durante todo o ano.

los **gastos** ['gastɔs] n pl
- Este año tenemos que reducir los **gastos**.

os **gastos**
- Este ano temos de reduzir os **gastos**.

la **bolsa (de valores)** ['bolsa (ðe βa'lores)] n
- La bolsa de valores está actualmente muy versátil.

a **bolsa (de valores)**
- A **bolsa de valores** é muito versátil hoje em dia.

la **acción** [ay'θiɔn] n ■ He comprado **acciones** por primera vez.	a **ação** ■ Comprei **ações** pela primeira vez.
invertir [imbεr'tir] v ▶ v irr p. 428 sentir ■ **Hemos invertido** mucho dinero en la compra de coches.	**investir** ■ **Investimos** muito dinheiro na compra de carros.
la **moneda** [mo'neða] n ■ La **moneda** de Estados Unidos es el dólar.	a **moeda** ■ A **moeda** dos Estados Unidos é o dólar.
el **crédito** ['kreðito] n ■ He pedido un **crédito** en el banco.	o **crédito** ■ Pedi um **crédito** no banco.
el **interés** [inte'res] n; pl **intereses** [inte'reses] ■ Durante tres años he estado pagando solo los **intereses**.	o **juro** ■ Durante três anos paguei apenas os **juros**.
prestar [pres'tar] v ■ Por favor, **préstame** cien euros; mañana te los devuelvo.	**emprestar** ■ Por favor, **empreste-me** cem euros; amanhã eu devolvo.
bruto ['bruto] adv ■ ¿Cuánto ganas **bruto**?	**bruto** ■ Quanto você ganha **bruto**?
neto ['neto] adv ■ Yo gano bruto lo mismo que él gana **neto**.	**líquido** ■ Eu ganho bruto o mesmo que ele ganha **líquido**.

Agricultura

la **agricultura** [ayrikul'tura] n ■ La **agricultura** influye en la economía de un país.	a **agricultura** ■ A **agricultura** influencia na economia de um país.
agrícola [a'yrikola] adj ■ Hoy en día en Europa hay poca gente trabajando en el sector **agrícola**.	**agrícola** ■ Hoje em dia na Europa há pouca gente trabalhando no setor **agrícola**.
al **granja** ['granxa] n ■ La **granja** de mi abuelo era muy grande.	a **granja** ■ A **granja** de meu avô era muito grande.

Agricultura

el **campo** [ˈkampo] n
- Este **campo** es muy fértil.

o **campo**
- Este **campo** é bastante fértil.

plantar [planˈtar] v
- Antonio quiere **plantar** tomates en su huerto.

plantar
- Antonio quer **plantar** tomates em sua horta.

cultivar [kultiˈβar] v
- En nuestro huerto **cultivamos** tomates, zanahorias y lechuga.

cultivar
- Em nossa horta **cultivamos** tomates, cenouras e alface.

regar [rrɛˈɣar] v
▶ v irr p. 426 negar
- Espero que mañana **riegues** tú las plantas.

regar, aguar
- Espero que amanhã você **regue** as plantas.

fértil [ˈfɛrtil] adj
- La tierra de esta región es muy **fértil**.

fértil
- A terra desta região é bastante **fértil**.

la **cosecha** [koˈseʃa] n
- Este año la **cosecha** no ha sido buena.

a colheita
- Este ano a **colheita** não foi boa.

cosechar [koseˈʃar] v
- Es la primera vez que **cosechamos** tantos tomates.

colher
- É a primeira vez que **colhemos** tantos tomates.

el **abono** [aˈβono] n
- Estos **abonos** son ricos en minerales.

o adubo, o **fertilizante**
- Esses **fertilizantes** são ricos em minerais.

abonar [aβoˈnar] v
- Tienes que **abonar** la tierra dos veces al año.

adubar
- Você tem de **adubar** a terra duas vezes por ano.

el **prado** [ˈpraðo] n
- Vamos a coger flores en aquel **prado**.

o campo, o **prado**
- Vamos colher flores naquele **campo**.

coger [koˈxɛr] v
▶ v irr p. 422 coger
- Hemos ido a **coger** flores.
➡ coger p. 99

colher
- Fomos **colher** flores.

el **heno** [ˈeno] n
- El **heno** sirve para dar de comer al ganado.

o feno
- O **feno** serve para dar de comer ao gado.

Agricultura

la paja [ˈpaxa] *n* ■ Necesitamos más **paja** en el coral de las gallinas.	**a palha** ■ Precisamos de mais **palha** no poleiro das galinhas.
el ganado [gaˈnaðo] *n* ■ Nuestro **ganado** no se ha visto afectado por la epidemia.	**o gado** ■ Nosso **gado** não foi afetado pela epidemia.
la cría [ˈkria] *n* ■ La **cría** de animales es un trabajo fuerte.	**a criação** ■ A **criação** de animais é um trabalho árduo.
criar [kriˈar] *v* ■ El próximo año vamos a **criar** ovejas.	**criar** ■ Ano que vem vamos **criar** ovelhas.
la raza [ˈrraθa] *n* ■ ¿De qué **raza** es tu perro?	**raça** ■ De que **raça** é o seu cachorro?
manso, mansa [ˈmanso, ˈmansa] *adj* ■ Estos caballos son muy **mansos**.	**manso, mansa** ■ Estes cavalos são muito **mansos**.
salvaje [salˈβaxe] *adj* ■ Los animales **salvajes** son difíciles de domar.	**selvagem** ■ Os animais **selvagens** são difíceis de domar.
dar de comer [dar ðe koˈmɛr] *loc* ▶ *v irr* p. 424 dar ■ Tengo que **dar de comer** a todos los animales muy temprano.	**dar de comer** ■ Tenho de **dar de comer** a todos os animais o quanto antes.
la pesca [ˈpeska] *n* ■ En las costas de Galicia hay todavía muchas familias que viven de la **pesca**.	**a pesca** ■ No litoral da Galícia ainda há muitas famílias que vivem da **pesca**.
la ecología [ekoloˈxia] *n* ■ La **ecología** estudia la relación entre los seres humanos y el medio ambiente.	**a ecologia** ■ A **ecologia** estuda a relação entre os seres humanos e o meio ambiente.
biológico, biológica [bioˈloxiko, bioˈloxika] *adj* ■ Los productos de cultivo **biológico**-dinámico son más caros pero mejores.	**biológico, biológica** ■ Os produtos de cultivo **biológico**-dinâmico são mais caros, porém melhores.

> **alternativo, alternativa**
> [altɛrnaˈtiβo, altɛrnaˈtiβa] *adj*
> ▪ La energía solar es una energía **alternativa** que no contamina.
>
> **alternativo, alternativa**
> ▪ A energia solar é uma energia **alternativa** que não polui.

Técnica, energia e pesquisa

la **técnica** [ˈtɛɣnika] *n*
▪ Nuestro jefe tiene muchos conocimientos de **técnica**.

a **técnica**
▪ Nosso chefe tem muito conhecimento de **técnica**.

la **tecnología** [tɛɣnoloˈxia] *n*
▪ La revista sobre ciencia y **tecnología** es muy interesante.

a **tecnologia**
▪ A revista de ciência e **tecnologia** é muito interessante.

técnico, técnica [ˈtɛɣniko, ˈtɛɣnika] *adj*
▪ El avión no puede despegar por problemas **técnicos**.

técnico, técnica
▪ O avião não pode decolar por problemas **técnicos**.

la **máquina** [ˈmakina] *n*
▪ Las **máquinas** facilitan el trabajo al hombre.

a **máquina**
▪ As **máquinas** facilitam o trabalho do homem.

el **motor** [moˈtɔr] *n*
▪ Todos los coches necesitan un **motor**.

o **motor**
▪ Todos os carros precisam de um **motor**.

la **función** [funˈθiɔn] *n*
▪ No sé que **función** tiene este interruptor.

a **função**
▪ Não sei qual a **função** desse interruptor.

funcionar [funθioˈnar] *v*
▪ El aparato no **funciona**. – ¿Seguro que lo has enchufado?

funcionar
▪ O aparelho não **funciona**. – Tem certeza de que está ligado?

servir [sɛrˈβir] *v*
▶ v irr p. 426 pedir
▪ Este aparato ya no te **sirve** para nada.

servir

▪ Este aparelho não lhe **serve** mais para nada.

útil [ˈutil] *adj*
▪ La motosierra le fue muy **útil** a Juan para cortar la leña.

útil
▪ A motosserra foi muito **útil** a Juan para cortar lenha.

Técnica, energia e pesquisa

inútil [iˈnutil] *adj*
- Todos estos aparatos son totalmente **inútiles**; hay que desmontarlos.

inútil
- Todos esses aparelhos são totalmente **inúteis**; é preciso desmontá-los.

inservible [insɛrˈβiβle] *adj*
- El televisor está **inservible**; no se ve nada.

imprestável, péssimo
- A TV está **imprestável**; não se vê nada.

la corriente [koˈrri̯ente] *n*
- Creo que el cable está roto y no pasa **corriente**.

a corrente
- Acho que o fio está quebrado, e a **corrente** não passa.

la electricidad [elɛktriθiˈða(ð)] *n*
- ¿Tú podrías vivir sin **electricidad**?

a eletricidade
- Você conseguiria viver sem **eletricidade**?

eléctrico, eléctrica [eˈlɛktriko, eˈlɛktrika] *adj*
- Ayer compré una cocina **eléctrica** nueva. La que tenía era muy vieja.

elétrico, elétrica
- Ontem comprei um fogão **elétrico** novo. O que eu tinha estava muito velho.

la fuerza [ˈfu̯ɛrθa] *n*
- La **fuerza** del motor se transmite a las ruedas delanteras.

a força
- A **força** do motor é transmitida para as rodas dianteiras.

fuerte [ˈfu̯ɛrte] *n*
- El motor de este coche no es muy **fuerte**.

forte, potente
- O motor deste carro não é muito **potente**.

el descubrimiento [deskuβriˈmi̯ento] *n*
- El **descubrimiento** del átomo fue un avance para la ciencia.

o descobrimento
- O **descobrimento** do átomo foi um avanço para a ciência.

descubrir [deskuˈβrir] *v*
▶ v irr p. 424 descubrir
- Los astrónomos **han descubierto** una nueva estrella en el Sistema Solar.

descobrir
- Os astrônomos **descobriram** uma nova estrela no Sistema Solar.

el invento [imˈbento] *n*
- El reloj es un **invento** fantástico.

a invenção
- O relógio é uma **invenção** fantástica.

inventar [imben'tar] *v*
- Philipp Reis y Alexander Graham Bell **inventaron** el teléfono.

inventar
- Philipp Reis e Alexander Graham Bell **inventaram** o telefone.

el sistema [sis'tema] *n*
- ¿Me puedes **explicar** como funciona este sistema?

o sistema
- Você pode me explicar como funciona este **sistema**?

sistemático, sistemática [siste'matiko, siste'matika] *adj*
- Ellos realizaron una investigación **sistemática**.

sistemático
- Eles realizaram uma investigação **sistemática**.

exacto, exacta [ε(γ)'sakto, ε(γ)'sakta] *adj*
- El reloj solo funciona por el trabajo **exacto** del relojero.

exato, exata, preciso, precisa
- O relógio só funciona em razão do trabalho **preciso** do relojoeiro.

preciso, precisa [pre'θiso, pre'θisa] *adj*
- Con los nuevos aparatos podemos hacer mediciones muy **precisas** de la temperatura.

preciso, precisa
- Com novos aparelhos podemos fazer medições bastante **precisas** da temperatura.

el aparato [apa'rato] *n*
- En todas las casas hay muchos **aparatos** eléctricos.

o aparelho
- Em todas as casas há muitos **aparelhos** elétricos.

la bomba ['bɔmba] *n*
- Mediante esa **bomba** el agua llega a todos los pisos.

a bomba
- Com o auxílio dessa **bomba**, a água chega a todos os andares.

la presión [pre'sĭon] *n*
- La máquina explotó por la alta **presión** del vapor.

a pressão
- A máquina explodiu em razão da elevada **pressão** do vapor.

el cable ['kaβle] *n*
- El **cable** es muy corto, no podemos conectar la radio.

o fio, o cabo
- O **fio** é curto demais, não podemos ligar o rádio.

el tubo ['tuβo] *n*
- Por este **tubo** sale el vapor de la máquina.

o cano
- Por este **cano** sai o vapor da máquina.

la pila ['pila] *n*
- Hay que cambiar las **pilas** del reloj.

a pilha, a bateria
- É preciso trocar as **pilhas** do relógio.

➡ **la pila** indica a bateria responsável pelo funcionamento de aparelhos eletrônicos. Quando se tem em mente **baterias de carro**, usa-se **la batería**.

el interruptor [intɛrrupˈtɔr] *n* ■ Con este **interruptor** se enciende y se apaga la lámpara.	o **interruptor** ■ Com este **interruptor** se acende e se apaga a lâmpada.
regular [rrɛɣuˈlar] *v* ■ Puedes **regular** la temperatura de la calefacción con este termostato.	**regular** ■ Você pode **regular** a temperatura da calefação com este termostato.
automático, automática [aŭtoˈmatiko, aŭtoˈmatika] *adj* ■ Esta máquina tiene un dispositivo de control **automático**.	**automático, automática** ■ Esta máquina tem um dispositivo de controle **automático**.
mecánico, mecánica [meˈkaniko, meˈkanika] *adj* ■ Este sistema es **mecánico**. No necesita electricidad.	**mecânico, mecânica** ■ Este sistema é **mecânico**. Não precisa de eletricidade.
electrónico, electrónica [elɛkˈtroniko, elɛkˈtronika]] *adj* ■ Los coches modernos llevan sistemas **electrónicos** de seguridad.	**eletrônico, eletrônica** ■ Os carros modernos têm sistemas **eletrônicos** de segurança.
la escala [esˈkala] *n* ■ Necesitamos toda una **escala** de colores para imprimir el folleto. ■ La **escala** de este mapa es 1:500.000	a **escala** ■ Precisamos de toda uma **escala** de cores para imprimir o folheto. ■ A **escala** deste mapa é 1:500.000.
la energía [enɛrˈxia] *n* ■ Hoy en día ahorramos más **energía** que antes.	a **energia** ■ Hoje em dia poupamos mais **energia** do que antes.
la central eléctrica [θenˈtral eˈlɛktrika] *n* ■ La nueva **central eléctrica** ya está funcionando.	a **central elétrica** ■ A nova **central elétrica** já está funcionando.
la central nuclear [θenˈtral nukleˈar] *n* ■ Van a cerrar la **central nuclear** por motivos de seguridad.	a **central nuclear** ■ Vão fechar a **central nuclear** por motivos de segurança.

Técnica, energia e pesquisa

radioactivo, radioactiva [rraðĭoakˈtiβo, rraðĭoakˈtiβa] *adj* ■ ¿Dónde van a dejar os residuos **radioactivos** de los hospitales?	**radioativo, radioativa** ■ Onde vão colocar os resíduos **radioativos** dos hospitais?
solar [soˈlar] *adj* ■ Una alternativa a favor del medio ambiente es la energía **solar**.	**solar** ■ Uma alternativa em favor do meio ambiente é a energia **solar**.
la ciencia [ˈθĭenθĭa] *n* ■ La antropología es una **ciencia** interesante pero muy compleja.	**a ciência** ■ A antropologia é uma **ciência** interessante, mas muito complexa.
científico, científica [θĭenˈtifiko, θĭenˈtifika] *adj* ■ Esta revista trata temas **científicos**.	**científico, científica** ■ Esta revista trata de temas **científicos**.
la práctica [ˈpraktika] *n* ■ Los Estudios de Medicina constan de teoría y **práctica**.	**a prática** ■ O curso de medicina é composto de teoria e **prática**.
la teoría [teoˈria] *n* ■ En la universidad aprendemos mucha **teoría** pero no tenemos nada de práctica.	**a teoria** ■ Na universidade aprendemos muita **teoria**, mas não temos nenhuma prática.
teórico, teórica [teˈoriko, teˈorika] *adj* ■ El examen **teórico** fue más difícil que el práctico.	**teórico, teórica** ■ O exame **teórico** foi mais difícil que o prático.
la investigación [imbestiɣaˈθĭɔn] *n* ■ Esta **investigación** ha dado muy buenos resultados.	**a investigação** ■ Esta **investigação** deu resultados muito bons.
el experimento [e(ɣ)speriˈmento] *n* ■ En el curso de química hacemos siempre **experimentos**.	**a experiência, o experimento** ■ No curso de química sempre fazemos **experiências**.
el método [metoðo] *n* ■ He descubierto un **método** para analizar las pruebas.	**o método** ■ Descobri um **método** para analisar as provas.

eficiente [efiˈθiente] *adj* ■ Con la noria los árabes aprovecharon una de las fuerzas de la naturaleza de una manera muy **eficiente**.	**eficiente** ■ Com a roda d'água, os árabes usaram uma das forças da natureza de maneira bastante **eficiente**.
el desarrollo [desaˈrroʎo] *n* ■ El **desarrollo** de este nuevo motor ha sido muy importante para la empresa.	**o desenvolvimento** ■ O **desenvolvimento** deste novo motor foi muito importante para a empresa.
desarrollar [desarroˈʎar] *v* ■ El proyecto no se **desarrolló** como lo esperábamos.	**desenvolver** ■ O projeto não se **desenvolveu** como esperávamos.
analizar [analiˈθar] *v* ▶ v irr p. 422 analizar ■ Tenemos que **analizar** los resultados.	**analisar** ■ Temos de **analisar** os resultados.
el resultado [rresulˈtaðo] *n* ■ Este método da muy buenos **resultados**.	**o resultado** ■ Este método dá **resultados** muito bons.
negativo, negativa [neɣaˈtiβo, neɣaˈtiβa] *adj* ■ El resultado del examen fue **negativo**.	**negativo, negativa** ■ O resultado do exame foi **negativo**.
positivo, positiva [posiˈtiβo, posiˈtiβa] *adj* ■ Nuestra investigación dio resultados **positivos**.	**positivo, positiva** ■ Nossa investigação deu resultados **positivos**.

Recursos naturais e matérias-primas

la materia [maˈteria] *n* ■ Tenemos que analizar todas las **materias** disueltas en el agua.	**a matéria**, **a substância** ■ Temos de analisar todas as **substâncias** dissolvidas na água.
el material [mateˈrial] *n* ■ ¿De qué **material** es esta mesa?	**o material** ■ De que **material** é esta mesa?

Recursos naturais e matérias-primas

la **madera** [maˈðera] n
- Con **madera** se pueden fabricar muebles muy bonitos.

a **madeira**
- Com **madeira** podem-se fabricar móveis muito bonitos.

el **petróleo** [peˈtroleo] n
- La gasolina y el plástico se hacen a partir del **petróleo**.

o **petróleo**
- A gasolina e o plástico são feitos do **petróleo**.

el **gas** [gas] n
- Este mes tenemos que pagar la luz y el **gas**.

o **gás**
- Este mês vamos ter de pagar a luz e o **gás**.

el **hierro** [ˈjɛrro] n
- Algunos alimentos contienen pequeñas cantidades de **hierro**.

o **ferro**
- Alguns alimentos contêm pequenas quantidades de **ferro**.

la **lana** [ˈlana] n
- La **lana** es un material muy abrigador.

a **lã**
- A **lã** é um material muito aconchegante.

el **algodón** [alyoˈðon] n; pl **algodones** [alyoˈðones]
- Estas camisas son cien por ciento de **algodón**.

o **algodão**
- Estas camisas são cem por cento **algodão**.

el **metal** [meˈtal] n
- El oro y la plata son **metales**.

o **metal**
- O ouro e a prata são **metais**.

el **oro** [ˈoro] n
- La gente casada lleva un anillo de **oro**.

o **ouro**
- As pessoas casadas usam uma aliança de **ouro**.

la **plata** [ˈplata] n
- Esta pulsera es de **plata**.

a **prata**
- Esta pulseira é de **prata**.

el **plástico** [ˈplastiko] n
- Las botellas de **plástico** pesan menos que las de vidrio.

o **plástico**
- As garrafas de **plástico** pesam menos que as de vidro.

el **vidrio** [ˈbiðřio] n
- Ayer se rompió la mesa de **vidrio**.

o **vidro**
- Ontem a mesa de **vidro** quebrou.

el **cuero** [ˈkŭero] n
- Esta chaqueta de **cuero** es muy bonita.

o **couro**
- Esta jaqueta de **couro** é muito bonita.

pesado, pesada [pe'saðo, pe'saða] *adj*
- No levantes estas cajas, son muy **pesadas**.

pesado, pesada
- Não levante estas caixas, são muito **pesadas**.

---

ligero, ligera [li'xero, li'xera] *adj*
- Esta chaqueta es **ligera** como una pluma.

leve
- Esta jaqueta é **leve** como uma pluma.

---

gordo, gorda [ˈɡɔrðo, ˈɡɔrða] *adj*
- El tubo **gordo** es de cobre.

grosso, grossa
- O tubo **grosso** é de cobre.

---

grueso, gruesa [ˈɡrŭeso, ˈɡrŭesa] *adj*
- Encima echas una **gruesa** capa de nata.

grosso, grossa, espesso, espessa
- Em cima se espalha uma **espessa** camada de nata.

➡ **gordo** se diz de objetos de forma arredondada, e **grueso** se usa para superfícies.

---

delgado, delgada [dɛlˈɣaðo, dɛlˈɣaða] *adj*
- El agua corre por el tubo **delgado**.

estreito, estreita
- A água corre pelo cano **estreito**.

---

fino, fina [ˈfino, ˈfina] *adj*
- Para eso necesitas un hilo muy, muy **fino**.

fino, fina
- Para isso você necessita de um fio muito, muito **fino**.

---

duro, dura [ˈduro, ˈdura] *adj*
- El hierro es **duro** y resistente.
➡ blando p. 325

duro, dura
- O ferro é **duro** e resistente.

---

blando, blanda [ˈblando, ˈblanda] *adj*
- Las pelotas de goma son **blandas**.

macio, macia, mole
- As bolas de borracha são **macias**.

---

frágil, [ˈfraxil] *adj; pl* **frágiles** [ˈfraxiles]
- El cristal es un material muy **frágil**.
➡ blando p. 325

frágil
- O cristal é um material muito **frágil**.

---

liso, lisa [ˈliso, ˈlisa] *adj*
- La superficie de un espejo es **lisa**.
➡ blando p. 325

liso, lisa
- A superfície de um espelho é **lisa**.

326 Recursos naturais e matérias-primas

áspero, áspera [ˈaspero, ˈaspera] *adj* ■ Con el tacto se nota se una superficie es **áspera** o lisa. ➡ blando p. 325	**áspero, áspera** ■ Com o tato se nota se uma superfície é **áspera** ou lisa.
la **cualidad** [kŭaliˈða(ð)] *n* ■ Una de las **cualidades** del hierro es su dureza.	a **qualidade** ■ Uma das **qualidades** do ferro é sua dureza.
constar de [konsˈtar ðe] *v* ■ Esta plancha metálica **consta de** diversos elementos.	**ser composto/composta de** ■ Esta chapa de metal **é composta de** diferentes elementos.
la **materia prima** [maˈterĭa ˈprima] *n* ■ La **materia prima** del papel es la madera.	a **matéria-prima** ■ A **matéria-prima** do papel é a madeira.
la **mezcla** [ˈmeθkla] *n* ■ Para dar color al plástico hay que añadir una **mezcla** de varios aditivos.	a **mistura**, a **mescla** ■ Para dar cor ao plástico, é preciso acrescentar uma **mistura** de vários ingredientes.
mezclar [meθˈklar] *v* ■ El agua y el aceite no se pueden **mezclar**.	**misturar, mesclar** ■ A água e o azeite não podem se **misturar**.
el **polvo** [ˈpolβo] *n* ■ Hace poco compré magnesio en **polvo**.	o **pó** ■ Não faz muito tempo comprei magnésio em **pó**.
la **piedra** [ˈpĭeðra] *n* ■ En el jardín hemos construido un muro de **piedra**.	a **pedra** ■ No jardim construímos um muro de **pedra**.
el **mármol** [ˈmarmɔl] *n* ■ Este suelo de **mármol** es precioso.	o **mármore** ■ Este piso de **mármore** é maravilhoso.
el **carbón** [karˈβɔn] *n*; *pl* **carbones** [karˈβones] *n* ■ Necesitamos **carbón** para prender la parrilla.	o **carvão** ■ Precisamos de **carvão** para acender a grelha.
el **acero** [aˈθero] *n* ■ Con el hierro se fabrica el **acero**.	o **aço** ■ Com o ferro se fabrica o **aço**.

Recursos naturais e matérias-primas

el aluminio [aluˈminĩo] *n* ■ El **aluminio** no pesa tanto como otros metales.	o **alumínio** ■ O **alumínio** não pesa tanto quanto outros metais.
el cobre [ˈkoβre] *n* ■ El **cobre** se utiliza, por ejemplo, para hacer cables eléctricos.	o **cobre** ■ O **cobre** é usado, por exemplo, para fazer fios elétricos.
el plomo [ˈplomo] *n* ■ La mayoría de las tuberías son de **plomo**.	o **chumbo** ■ A maioria dos canos é feita de **chumbo**.
el hormigón [ɔrmiˈɣɔn] *n* ■ Muchos edificios modernos se construyen con **hormigón**.	o **concreto** ■ Muitos edifícios modernos são feitos de **concreto**.
el cemento [θeˈmento] *n* ■ El **cemento** se mezcla con agua y cuando está seco es tan duro como una piedra.	o **cimento** ■ O **cimento** é misturado com água e quando está seco fica duro como pedra.
la goma [ˈgoma] *n* ■ La **goma** se utiliza para hacer neumáticos.	a **borracha** ■ A **borracha** é usada para fazer pneus.
la tela [ˈtela] *n* ■ Tengo que comprar **tela** para hacerme una falda.	o **tecido** ■ Tenho de comprar **tecido** para fazer uma saia para mim.
la seda [ˈseða] *n* ■ Esa blusa tan cara es de **seda**.	a **seda** ■ Esta blusa tão cara é de **seda**.

Sociedade e Estado

História

el/la **gobernante** [goβerˈnante] *n* m/f ■ El **gobernante** del país es cruel.	o **governante**, a **governante** ■ O **governante** do país é cruel.
gobernar [goβerˈnar] *v* ▶ **v irr** p. 426 pensar ■ ¿Sabes quién **gobernaba** entonces en España?	**governar** ■ Você sabe quem **governava** a Espanha na época?
el **imperio** [imˈperĭo] *n* ■ El documental trata de los **imperios** de la antigüedad.	o **império** ■ O documentário trata dos **impérios** da Antiguidade.
conquistar [kɔŋkisˈtar] *v* ■ Los españoles **conquistaron** parte de América.	**conquistar** ■ Os espanhóis **conquistaram** parte da América.
someter [someˈtɛr] *v* ■ Los conquistadores **sometieron** al pueblo.	**submeter**, **subjugar** ■ Os conquistadores **subjugaram** o povo.
el **reino** [someˈtɛr] *n* ■ No existe **reino** sin rey.	o **reino** ■ Não existe **reino** sem rei.
la **monarquía** [monarˈkia] *n* ■ Europa tiene todavía algunas **monarquías**.	a **monarquia** ■ A Europa ainda tem algumas **monarquias**.
el **emperador** [emperaˈðor] *n* ■ Japón tiene un **emperador**.	o **imperador** ■ O Japão tem um **imperador**.
la **emperatriz** [emperaˈtriθ] *n* ■ La **emperatriz** Sisi fue famosa por su belleza.	a **imperatriz** ■ A **imperatriz** Sisi era famosa por sua beleza.
el **rey** [rrɛĭ] *n* ■ El futuro **rey** de España se llama Felipe de Borbón.	o **rei** ■ O futuro **rei** da Espanha se chama Felipe de Bourbon.

la **reina** [ˈrrɛĩna] *n*
- La **reina** lleva una corona de diamantes.

a **rainha**
- A **rainha** usa uma coroa de diamantes.

la **corona** [koˈrona] *n*
- Él está al servicio de la **corona**.

a **coroa**
- Ele está a serviço da **coroa**.

el **príncipe** [prinθipe] *n*
- El **príncipe** de España se llama Felipe.

o **príncipe**
- O **príncipe** da Espanha se chama Felipe.

la **princesa** [prinˈθesa] *n*
- La **princesa** asume muchas tareas.

a **princesa**
- A **princesa** assume muitas tarefas.

➡ el **infante**, la **infanta** – o **infante**, a **infante** é a designação para um príncipe ou princesa que não são herdeiros do trono.

poblar [poˈβlar] *v*
▶ v irr p. 423 contar
- Los inmigrantes **poblaron** primero las costas.

povoar
- Os imigrantes **povoaram** primeiro as costas.

la **Edad de Piedra** [eˈða(ð) ðe ˈpi̯eðra] *n*
- En la **Edad de Piedra** muchos objetos fueron fabricados de piedra.

a **Idade da Pedra**
- Na **Idade da Pedra** muitos objetos eram fabricados de pedra.

la **Antigüedad** [antiɣŭeˈða(ð)] *n*
- Es una experta en **Antigüedad** clásica.

a **Antiguidade**
- É uma especialista em **Antiguidade** clássica.

la **excavación** [e(ɣ)skaβaˈθi̯on] *n*
- Las **excavaciones** en Roma son un acontecimiento mundial.

a **escavação**
- As **escavações** em Roma são um acontecimento mundial.

la **momia** [momi̯a] *n*
- La **momia** Ötzi fue encontrada en Austria en 1991.

a **múmia**
- A **múmia** Ötzi foi encontrada na Áustria em 1991.

el **esclavo**, la **esclava** [esˈklaβo, esˈklaβa] *n*
- Los **esclavos** no tenían derechos.

o **escravo**, a **escrava**
- Os **escravos** não tinham direitos.

História

la **Edad Media** [eˈðaðð] n ■ Estas iglesias fueron construidas en la **Edad Media**.	a **Idade Média** ■ Estas Igrejas foram construídas na **Idade Média**.
la **nobleza** [noˈβleθa] n ■ Ella pertenece a la **nobleza**.	a **nobreza** ■ Ela pertence à **nobreza**.
la **revolución** [rrɛβoluˈθǐɔn] n ■ La Revolución Francesa fue una de las **revoluciones** más conocidas.	a **revolução** ■ A Revolução Francesa foi uma das **revoluções** mais conhecidas.
el **nacionalismo** [naθǐonaˈlizmo] n ■ Parece que ese partido político defiende el **nacionalismo**.	o **nacionalismo** ■ Parece que esse partido político defende o **nacionalismo**.
el **imperialismo** [imperǐaˈlizmo] n ■ Luísa, ¿sabes lo que es el **imperialismo**?	o **imperialismo** ■ Luísa, você sabe o que é **imperialismo**?
la **colonia** [koˈlonǐa] n ■ Gran Bretaña tuvo muchas **colonias** en África.	a **colônia** ■ A Grã-Bretanha teve muitas **colônias** na África.
la **Primera Guerra Mundial** [priˈmera ˈɣɛrra munˈdǐal]] n ■ La **Primera Guerra Mundial** duró cuatro años.	a **Primeira Guerra Mundial** ■ A **Primeira Guerra Mundial** durou quatro anos.
la **Segunda Guerra Mundial** [seˈɣunda ˈɣɛrra munˈdǐal] n ■ La **Segunda Guerra Mundial** empezó en 1939 y acabó en 1945.	a **Segunda Guerra Mundial** ■ A **Segunda Guerra Mundial** começou em 1939 e terminou em 1945.
la **guerra civil** [ˈɣɛrra θiˈβil] n ■ España vivió una **guerra civil**.	a **guerra civil** ■ A Espanha viveu uma **guerra civil**.
el **fascismo** [fasˈθizmo] n ■ En la Guerra Civil de España muchos lucharon contra el **fascismo**.	o **fascismo** ■ Na Guerra Civil da Espanha, muitos lutaram contra o **fascismo**.
la **época moderna** [ˈepoka moˈðɛrno] n ■ La **época moderna** comienza en el siglo xix.	a **era moderna**, a **modernidade** ■ A **modernidade** se iniciou no século xix.

Sociedade

la sociedad [soθie̯'ða(ð)] n
- Vivimos en **sociedades** muy diferentes.

a **sociedade**
- Vivemos em **sociedades** muito diferentes.

social [so'θial] adj
- Ellos tienen una vida **social** muy activa.

social
- Eles têm uma vida **social** muito ativa.

el público ['puβliko] n
- El **público** tiene el derecho de saber la verdad.

o **público**, a **população**
- A **população** tem o direito de saber a verdade.

público, pública ['puβliko, 'puβlika] adj
- La vida **pública** de esta ciudad es muy interesante.

público, pública
- A vida **pública** desta cidade é muito interessante.

privado, privada [pri'βaðo, pri'βaða] adj
- Esta playa es **privada**.
- Este bosque es propiedad **privada**.

particular, privado, privada
- Esta praia é **particular**.
- Este bosque é propriedade **privada**.

la población [poβla'θi̯on] n
- La **población** de China crece día a día.

a **população**
- A **população** da China cresce dia a dia.

la pobreza [po'βreθa] n
- ¿Tú crees que algún día dejará de haber **pobreza**?

a **pobreza**
- Você acredita que algum dia deixará de existir **pobreza**?

pobre ['poβre] n
- El señor Rodríguez es muy **pobre**.

pobre
- O senhor Rodríguez é muito **pobre**.

la miseria [mi'seri̯a] n
- Es muy triste vivir en la **miseria**.

a **miséria**
- É muito triste viver na **miséria**.

el mendigo, la mendiga [men'diɣo, men'diɣa]] n
- En esta calle siempre hay **mendigos** pidiendo dinero.

o **mendigo**, a **mendiga**
- Nesta rua sempre há **mendigos** pedindo dinheiro.

la **escasez** [eskaˈseθ] *n*; *pl* **escaseces** [eskaˈseθes]
- En verano hay **escasez** de agua.

a **escassez**, a **falta**
- No verão há **escassez** de água.

la **riqueza** [rriˈkeθa] *n*
- Los conquistadores se llevaron muchas **riquezas** de América.

a **riqueza**
- Os conquistadores levaram muitas **riquezas** da América.

rico, rica [ˈrriko, ˈrrika] *adj*
- Yolanda sueña con ser **rica** algún día.

rico, rica
- Yolanda sonha em ser **rica** algum dia.

pudiente [puˈðiente] *adj*
- La familia de mi esposo es **pudiente**.

abastado
- A família de meu marido é **abastada**.

el **país** [paˈis] *n*; *pl* **países** [paˈises] *n*
- Yo he estado en varios **países** de Sudamérica.

o **país**
- Já estive em diversos **países** da América do Sul.

la **nación** [naˈθion] *n*; *pl* **naciones** [naˈθiones] *n*
- El presidente ha dirigido un mensaje a toda la **nación**.

a **nação**
- O presidente dirigiu uma mensagem a toda a **nação**.

nacional [naθioˈnal] *adj*
- En el periódico hay noticias **nacionales** e internacionales.
- La selección **nacional** ganó el partido de fútbol.

nacional
- No jornal há notícias **nacionais** e internacionais.
- A seleção **nacional** ganhou a partida de futebol.

internacional [intɛrnaθioˈnal] *adj*
- La Interpol es una organización **internacional**.

internacional
- A Interpol é uma organização **internacional**.

el **extranjero** [e(ɣ)stranˈxero] *n*
- Me gustaría vivir durante un tiempo en el **extranjero**.

o **exterior**, o **estrangeiro**
- Eu gostaria de morar durante algum tempo no **exterior**.

el **extranjero**, la **extranjera** [e(ɣ)stranˈxero, e(ɣ)stranˈxera] *n*
- Durante las vacaciones muchos **extranjeros** visitan España.

o **estrangeiro**, a **estrangeira**
- Durante as férias muitos **estrangeiros** visitam a Espanha.

extranjero, extranjera [e(ɣ)stranˈxero, e(ʎ)stranˈxera] *adj*
- En la costa hay muchos turistas **extranjeros**.

estrangeiro
- No litoral, há muitos turistas **estrangeiros**.

Sociedade

civil [θi'βil] *adj* ■ Las leyes garantizan los derechos **civiles**.	**civil** ■ As leis garantem o direito **civil**.
la **clase** ['klase] *n* ■ En la sociedad hay diferentes **clases**.	a **classe** ■ Na sociedade há diferentes **classes**.
el **estatus** [es'tatus] *n* ■ Ellos tienen un **estatus** social y económico muy alto.	a **posição**, o *status* ■ Eles têm uma **posição** social e econômica muito alta.
el/la **emigrante** [emi'ɣrante] *n m/f* ■ Muchos **emigrantes** quieren regresar a su país.	o/a **emigrante** ■ Muitos **emigrantes** querem voltar aos seus países.
emigrar [emi'ɣrar] *v* ■ Muchas personas **emigran** a otros países para buscar trabajo.	**emigrar** ■ Muitas pessoas **emigram** a outros países em busca de trabalho.
el/la **inmigrante** [inmi'ɣrante] *n m/f* ■ En España hay muchos **inmigrantes** latinoamericanos.	o **imigrante**, a **imigrante** ■ Na Espanha há muitos **imigrantes** latino-americanos.
inmigrar [inmi'ɣrar] *v* ■ Él **inmigró** a Canadá porque allí tenía familia.	**imigrar** ■ Ele **imigrou** para o Canadá porque lá tinha família.
el **asilo político** [a'silo po'litiko] *n* ■ En la historia, muchos presidentes buscaron **asilo político** en otro país.	o **asilo político** ■ Na história, muitos presidentes buscaram **asilo político** em outro país.
abandonar [aβando'nar] *v* ■ Fue muy triste para todos nosotros **abandonar** nuestro pueblo.	**abandonar** ■ Foi muito triste para todos nós **abandonar** nosso povoado.
el **permiso de residencia** [pɛr'miso ðe rresi'ðenθïa] *n* ■ Me han dado el **permiso de residencia**.	a **permissão de residência** ■ Deram-me a **permissão de residência**.

el **ciudadano de la UE, la ciudadana de la UE** [θĩuðaˈðano ðe la uˈe, θĩuðaˈðana ðe la uˈe] n	o **cidadão da UE**, a **cidadã da UE**
■ Los latinoamericanos no son **ciudadanos de la Unión Europea**.	■ Os latino-americanos não são **cidadãos da União Europeia**.
el **extranjero que no pertenence a la UE, la extranjera que no pertenece a la UE** [e(y)stranˈxero ke no pɛrteˈneθe a la uˈe, e(y)stranˈxera ke no pɛrteˈneθe a la uˈe] n	o **estrangeiro não pertencente à UE**, a **estrangeira não pertencente à UE**
■ Los suizos son **extranjeros que no pertenencen** a la UE.	■ Os suíços são **estrangeiros não pertencentes à** UE.
el **racismo** [rraˈθizmo] n	o **racismo**
■ El **racismo** es un mal que se extiende por todo el mundo.	■ O **racismo** é um mal que se alastra por todo o mundo.
la **discriminación** [diskriminaˈθĩon] n	a **discriminação**
■ Para vivir en un mundo mejor tenemos que acabar con la **discriminación** de los unos por los otros.	■ Para viver num mundo melhor temos de acabar com a **discriminação** de uns pelos outros.
discriminar [diskrimiˈnar] v	**discriminar**
■ Muchas personas son **discriminadas** por su color de piel.	■ Muitas pessoas são **discriminadas** por sua cor de pele.

Religião e moral

la **religión** [rrɛliˈxĩon] n	a **religião**
■ La **religión** católica llegó a América con los españoles.	■ A **religião** católica chegou à América com os espanhóis.
religioso, religiosa [rrɛliˈxĩoso, rrɛliˈxĩosa] adj	**religioso, religiosa**
■ ¿Verdad que tu abuela era una persona muy **religiosa**?	■ É verdade que sua avó era uma pessoa muito **religiosa**?
■ En esta parte del país hay muchas comunidades **religiosas** diferentes.	■ Nesta região do país há muitas comunidades **religiosas** diferentes.

Religião e moral

la **fe** [fe] *n*
- La **fe** mueve montañas.

a **fé**
- A **fé** move montanhas.

creyente [kreˈjente] *adj*
- En mi familia todos son **creyentes**.

crente
- Na minha família todos são **crentes**.

creer [kreˈɛr] *v*
- ▶ v irr p. 424 creer
- Si no lo veo, no lo **creo**.

crer, acreditar
- Se não o vejo, não **acredito**.

el **Dios** [dĩos] *n*
- ¿Crees en **Dios**?

Deus
- Você **crê** em Deus?

➡ Em espanhol, o deus cristão é escrito com inicial maiúscula, enquanto deuses pagãos, por exemplo, los dioses griegos, são grafados com inicial minúscula. A forma feminina é la diosa.

el **espíritu** [esˈpiritu] *n*
- El **Espíritu** Santo es la tercera persona de la Santísima Trinidad.

o **espírito**
- O **Espírito** Santo é a terceira pessoa da Santíssima Trindade.

rezar [rrɛˈθar] *v*
- ▶ v irr p. 422 analizar
- Miguelito **reza** todas las noches antes de irse a dormir.

rezar, orar
- Miguelito **reza** todas as noites antes de dormir.

moral [moˈral] *adj*
- Creo que tu conducta no es **moral**.

moral
- Acho que sua conduta não é **moral**.

inmoral [inmoˈral] *adj*
- La tortura a los prisioneros de guerra es **inmoral**.

imoral
- A tortura de prisioneiros de guerra é **imoral**.

el **ateo**, la **atea** [aˈteo, aˈtea] *n*
- Mi esposo es **ateo**.

o **ateu**, a **ateia**
- Meu marido é **ateu**.

la **existencia** [ɛ(ɣ)sisˈtenθia] *n*
- Dio nos manifiesta su **existencia** a través de sus obras.

a **existência**
- Deus manifesta sua **existência** a nós por meio de suas obras.

existir [ɛ(ɣ)sisˈtir] *v*
- ¿Crees que los fantasmas **existen**?

existir
- Você acredita que fantasmas **existem**?

Religião e moral

la **conciencia** [konˈθi̯enθi̯a] n ■ La voz de la **conciencia** me dice que no debería haber mentido.	a **consciência** ■ A voz da **consciência** me diz que eu não deveria ter mentido.
cristiano, cristiana [krisˈti̯ano, krisˈti̯ana] adj ■ La religión **cristiana** se extiende por todo el mundo.	**cristão, cristã** ■ A religião **cristã** se estende para todo o mundo.
católico, católica [kaˈtoliko, kaˈtolika] adj ■ Antes en España todas las escuelas eran **católicas**.	**católico** ■ Antigamente na Espanha todas as escolas eram **católicas**.
protestante [protesˈtante] adj ■ El pastor **protestante** habló sobre la caridad.	**protestante** ■ O pastor **protestante** falou sobre a caridade.
evangélico, evangélica [eβaŋˈxeliko, eβaŋˈxelika] adj ■ Nuestros vecinos son **evangélicos**.	**evangélico** ■ Nossos vizinhos são **evangélicos**.
judío, judía [xuˈðio, xuˈðia] adj ■ Uno de los libros más importantes de la religión **judía** es el Talmud.	**judeu, judia, judaico, judaica** ■ Um dos livros mais importantes da religião **judaica** é o Talmud.
islámico, islámica [izˈlamiko, izˈlamiko] adj ■ El calendario **islámico** se guía por la luna.	**islâmico** ■ O calendário **islâmico** se orienta pela lua.
musulmán, musulmana [musulˈman, musulˈmana] adj; pl **musulmanes** [musulˈmanes] ■ El Corán es la obra más influyente en la literatura **musulmana**.	**muçulmano, muçulmana** ■ O *Corão* é a obra mais influente da literatura **muçulmana**.
budista [buˈðista] adj ■ El monje **budista** subió al Tibet.	**budista** ■ O monge **budista** subiu ao Tibete.
hindú [inˈdu] adj; pl **hindúes** [inˈdues] ■ La religión **hindú** tiene sus orígenes en la India.	**hindu, hinduísta** ■ A religião **hindu** tem suas origens na Índia.
el **Papa** [ˈpapa] n ■ El **Papa** vive en Vaticano.	o **papa** ■ O **papa** vive no Vaticano.

Religião e moral

el **sacerdote** [saθerˈðote] n
- Un cura es un **sacerdote** católico.

o **sacerdote**
- Um padre é um **sacerdote** católico.

➡ el sacerdote é usado também para o sacerdote pagão, e sua forma feminina é la sacerdotisa.

la **monja** [ˈmoŋxa] n
- Mi tía se hizo **monja** y vive en un convento.

a **freira**
- Minha tia virou **freira** e vive em um convento.

el **monje** [ˈmoŋxe] n
- Los **monjes** viven solos en el monasterio.

o **monge**
- Os **monges** vivem somente sozinhos no mosteiro.

santo, santa [ˈsanto, ˈsanta] adj
- Esse lugar es considerado **santo** por los nativos.

santo, santa
- Este lugar é considerado **santo** pelos nativos.

➡ Antes de quase todos os nomes próprios masculinos usa-se San em vez de Santo, por exemplo, San José. Exceção: Santo Tomás. A forma feminina é santa, como em Santa Maria. Para esses casos, as abreviações são Sto. e Sta.

eterno, eterna [eˈtɛrno, eˈtɛrna] adj
- No creo en el amor **eterno**.

eterno, eterna
- Não acredito no amor **eterno**.

la **Biblia** [ˈbiβlia] n
- Dicen que la **Biblia** y "El Quijote" son los dos libros más vendidos en la historia.

a **Bíblia**
- Dizem que a **Bíblia** e *Dom Quixote* são os dois livros mais vendidos na história.

el **pecado** [peˈkaðo] n
- Matar es **pecado** en muchas religiones.

o **pecado**
- Matar é **pecado** em muitas religiões.

el **paraíso** [paraˈiso] n
- Hay muchas historias sobre el **paraíso**.

o **paraíso**
- Há muitas histórias sobre o **paraíso**.

el **infierno** [imˈfiɛrno] n
- El diablo vive en el **infierno**.

o **inferno**
- O diabo vive no **inferno**.

el **ángel** [aŋxɛl] n
- Estos niños cantan como los **ángeles**.

o **anjo**
- Essas crianças cantam como os **anjos**.

el **diablo** [ˈdiaβlo] n ■ Fausto quiso vender su alma al **diablo**.	o **diabo** ■ Fausto quis vender sua alma ao **diabo**.
el **alma** [ˈalma] n ■ ¿Irá mi **alma** al cielo cuando me muera? ➡ aula p. 132	a **alma** ■ Minha **alma** vai para o céu quando eu morrer?
la **confesión** [kɔmfeˈsi̯on] n ■ Soy de **confesión** protestante. ■ Sin **confesión** no se puede comulgar.	a **confissão** ■ Sou de **confissão** protestante. ■ Sem **confissão** não se pode comungar.
confesarse [kɔmfeˈsarse] v ▶ v irr p. 426 pensar ■ Mi abuela **se confiesa** todos los sábados.	**confessar-se** ■ Minha avó **se confessa** todo sábado.

Política

la **nacionalidad** [naˈθi̯onaliˈða(ð)] n ■ Mi amiga Carmen tiene **nacionalidad** argentina.	a **nacionalidade** ■ Minha amiga Carmen tem **nacionalidade** argentina.
la **política** [poˈlitika] n ■ A mí no me interesa la **política**.	a **política** ■ **Política** não me interessa.
político, política [poˈlitiko, poˈlitika] adj ■ El rey de España tiene poco poder **político**.	**político, política** ■ O rei da Espanha tem pouco poder **político**.
el **partido** [parˈtiðo] n ■ Existen diversos **partidos** políticos.	o **partido** ■ Há diversos partidos **políticos**.
el **poder** [poˈðɛr] n ■ El presidente tiene mucho **poder** político.	o **poder** ■ O presidente tem muito **poder** político.
poderoso, poderosa [poðeˈroso, poðeˈrosa] adj ■ El presidente del Banco Central es una de las personas más **poderosas** del país.	**poderoso, poderosa** ■ O presidente do Banco Central é uma das pessoas mais **poderosas** do país.

Política

influir [imfluˈir] v
▶ v irr p. 423 construir
- La opinión pública no **influye** para nada en la decisión del ministro.

influenciar, influir
- A opinião pública não **influencia** em nada na decisão do ministro.

el gobierno [goˈβi̯erno] n
- El nuevo **gobierno** va a subir los impuestos.

o **governo**
- O novo **governo** vai aumentar os impostos.

gobernar [goβerˈnar] v
▶ v irr p. 426 pensar
- El presidente **gobernó** durante dos períodos.

governar
- O presidente **governou** durante dois mandatos.

la oposición [opposiˈθi̯on] n
- La **oposición** votó contra el plan del gobierno.

a **oposição**
- A **oposição** votou contra o plano do governo.

el presidente, la presidenta [presiˈðente, presiˈðenta] n
- El **presidente** dio un discurso brillante.

o/a **presidente**
- O **presidente** fez um discurso brilhante.

el ministro, la ministra [miˈnistro, miˈnistra] n
- El **ministro** hizo una visita oficial a Estados Unidos.

o **ministro**, a **ministra**
- O **ministro** fez uma visita oficial aos Estados Unidos.

➡ Até há pouco tempo, para ministra se dizia ainda **la (mujer) ministro**. Com o passar do tempo, a forma feminina **la ministra** acabou por se impor.

el primer ministro, la primera ministra [priˈmɛr miˈnistro, priˈmɛra miˈnistra] n
- El **primer ministro** fue nombrado por el presidente.

o **primeiro-ministro**, a **primeira-ministra**
- O **primeiro-ministro** foi nomeado pelo presidente.

el parlamento [parlaˈmento] n
- En el **parlamento** se discuten las leyes.

o **parlamento**
- No **parlamento** se discutem as leis.

el diputado, la diputada [dipuˈtaðo, dipuˈtaða] n
- El **diputado** presidió la asamblea.

o **deputado**, a **deputada**
- O **deputado** presidiu a assembleia.

Política

la **democracia** [demoˈkraθia] n
- En una **democracia** el pueblo elige a los diputados que deberán representar sus intereses.

a **democracia**
- Em uma **democracia** o povo elege os deputados que deverão representar seus interesses.

democrático, democrática [demoˈkratiko, demoˈkratika] adj
- Muchos países tienen gobiernos **democráticos**.

democrático, democrática
- Muitos países têm governos **democráticos**.

la **dictadura** [diktaˈðura] n
- Una **dictadura** no permite la libertad de expresión.

a **ditadura**
- Uma **ditadura** não permite a liberdade de expressão.

oprimir [opriˈmir] v
- Los gobernantes no deben **oprimir** nunca al pueblo.

oprimir
- Os governantes nunca devem **oprimir** o povo.

la **embajada** [embaˈxaða] n
- La **embajada** alemana está en Madrid.

a **embaixada**
- A **embaixada** alemã fica em Madri.

el **consulado** [konsuˈlaðo] n
- Si tiene problemas en el extranjero, puede dirigirse al **consulado** de su país.

o **consulado**
- Se tiver problemas no exterior, pode se dirigir ao **consulado** de seu país.

exterior [e(y)steˈrior] adj
- La política **exterior** es un tema muy complejo.

externo, exterior
- A política **externa** é um tema muito complexo.

interior [inteˈrior] adj
- El ministro del **interior** renunció a su cargo.

interior
- O ministro do **interior** renunciou ao cargo.

la **república** [rrɛˈpuβlika] n
- La **república** es una forma de estado.

a **república**
- A **república** é uma forma de Estado.

el **pueblo** [ˈpŭeβlo] n
- El **pueblo** decidirá quién va a ser el nuevo presidente.

o **povo**
- O **povo** vai decidir quem será o novo presidente.

la **mayoría** [majoˈria] n
- La **mayoría** de los trabajadores ha votado a los socialistas.

a **maioria**
- A **maioria** dos trabalhadores votou nos socialistas.

Política

la **minoría** [mino'ria] *n*
- Los ciudadanos que están en contra de la democracia son una **minoría**.

a **minoria**
- Os cidadãos que estão contra a democracia são uma **minoria**.

la **elección** [elɛ(γ)'θïɔn] *n*
- No nos convenció ninguno de los tres candidatos para la **elección** del presidente.

a **eleição**
- Nenhum dos três candidatos à **eleição** para presidente nos convenceu.

el **voto** ['boto] *n*
- En las próximas elecciones daré mi **voto** a los Verdes.

o **voto**
- Nas próximas eleições darei meu **voto** aos Verdes.

votar [bo'tar] *v*
- En España se puede **votar** a partir de los dieciocho años.

votar
- Na Espanha se pode **votar** a partir dos dezoito anos.

manifestarse [manifes'tarse] *v*
▶ *v irr* p. 426 pensar
- Hoy vamos a **manifestarnos** en contra del gobierno.

manifestar-se

- Hoje vamos **nos manifestar** contra o governo.

el **capitalismo** [kapita'lizmo] *n*
- Ayer leí un artículo sobre la historia del **capitalismo**.

o **capitalismo**
- Ontem li um artigo sobre a história do **capitalismo**.

el **comunismo** [komu'nizmo] *n*
- El **comunismo** propugna la abolición de la propiedad privada.

o **comunismo**
- O **comunismo** defende a abolição da propriedade privada.

el **socialismo** [soθïa'lizmo] *n*
- Uno de los objetivos del **socialismo** es la justicia social.

o **socialismo**
- Um dos objetivos do **socialismo** é a justiça social.

la **ideología** [iðeolo'xia] *n*
- La **ideología** socialista es muy interesante.

a **ideologia**
- A **ideologia** socialista é muito interessante.

la **independencia** [indepen'denθïa] *n*
- Muchos países todavía no tienen su **independencia** política.

a **independência**
- Muitos países ainda não têm **independência** política.

independiente [indepen'dïente] *adj*
- El poder judicial es **independiente**.

independente
- O poder judicial é **independente**.

la **unión** [uˈnjon] *n* ■ En estos días se ha hablado mucho sobre una **unión** de los dos estados.	a **união** ■ Estes dias se tem falado muito sobre uma **união** dos dois Estados.
unir [uˈnir] *v* ■ La Unión Europea **une** los intereses políticos y económicos de los estados europeos. ■ Los dos estados **están unidos** por muchos intereses que tienen en común.	**unir** ■ A União Europeia **une** os interesses políticos e econômicos dos Estados europeus. ■ Os dois Estados **estão unidos** por muitos interesses em comum.
la **negociación** [neɣoθiaˈθjon] *n* ■ El contrato se firmó después de duras **negociaciones**.	a **negociação** ■ O contrato foi assinado após duras **negociações**.
diplomático, diplomática [diploˈmatiko, diploˈmatika] *adj* ■ Las negociaciones **diplomáticas** ayudaron a resolver el conflicto.	**diplomático, diplomática** ■ As negociações **diplomáticas** ajudaram a resolver o conflito.
el **acuerdo** [aˈkwɛrðo] *n* ■ La asamblea llegó a un **acuerdo** unánime.	o **acordo** ■ A assembleia chegou a um **acordo** unânime.
la **crisis** [ˈkrisis] *n*; *pl inv* ■ Existen muchos países en **crisis** política y económica.	a **crise** ■ Existem muitos países em **crise** política e econômica.
las **Naciones Unidas** [naˈθjones uˈniðas] *n pl* ■ Las **Naciones Unidas** trabajan por la paz mundial.	as **Nações Unidas** ■ As **Nações Unidas** trabalham pela paz mundial.
la **UE**, la **Unión Europea** [uˈnjon ewroˈpea] *n* ■ **UE** significa **Unión Europea**. ■ La **Unión Europea** es una comunidad de estados europeos.	a **UE**, a **União Europeia** ■ **UE** significa **União Europeia**. ■ A **União Europeia** é uma comunidade de Estados europeus.
el **derecho internacional** [deˈretʃo intɛrnaθjoˈnal] *n* ■ El abogado es especialista en **derecho internacional**.	o **direito internacional** ■ O advogado é especialista em **direito internacional**.

el **país en vías de desarrollo** [pa'is em 'biaθ ðe desa'rroʎo] *n* ■ Perú es un **país en vías de desarrollo**.	o **país em desenvolvimento** ■ O Peru é um **país em desenvolvimento**.

Defesa e segurança

la **seguridad** [seɣuri'ða(ð)] *n* ■ La **seguridad** de un país está garantizada por el ejército.	a **segurança** ■ A **segurança** de um país está garantida pelo exército.
seguro, segura [se'ɣuro, se'ɣura] *adj* ■ La ciudad donde vivo es muy **segura**.	**seguro** ■ A cidade em que vivo é muito **segura**.
la **patria** ['patria] *n* ■ Mi **patria** es España.	a **pátria** ■ Minha **pátria** é a Espanha.
la **bandera** [ban'dera] *n* ■ La **bandera** española es de color rojo y amarillo.	a **bandeira** ■ A **bandeira** espanhola é de cor vermelha e amarela.
la **frontera** [frɔn'tera] *n* ■ Pasaron la **frontera** entre España y Francia sin problemas.	a **fronteira** ■ Passaram pela **fronteira** entre Espanha e França sem problemas.
la **guerra** ['gɛrra] *n* ■ En las **guerras** siempre muere mucha gente inocente.	a **guerra** ■ Nas **guerras** sempre morre muita gente inocente.
estallar [esa'ʎar] *v* ■ La guerra **estalló** en un momento de fuertes tensiones.	**irromper, explodir** ■ A guerra **irrompeu** num momento de fortes tensões.
la **paz** [paθ] *n* ■ La **paz** en el mundo es una meta difícil de alcanzar.	a **paz** ■ A **paz** no mundo é uma meta difícil de alcançar.
pacífico, pacífica [pa'θifiko, pa'θifika] *adj* ■ Ayer hubo una manifestación **pacífica**.	**pacífico, pacífica** ■ Ontem houve uma manifestação **pacífica**.

Defesa e segurança

civil [θiˈβil] *adj* ▪ El bombardeo afectó también a muchos edificios **civiles**.	**civil** ▪ O bombardeio atingiu também muitos edifícios **civis**.
el enemigo, la enemiga [eneˈmiɣo, eneˈmiɣa] *n* ▪ En una guerra los ejércitos por lo menos tendrían que respetar a sus **enemigos**.	**o inimigo, a inimiga** ▪ Em uma guerra, os exércitos deveriam ao menos respeitar seus **inimigos**.
el ejército [ɛˈxɛrθito] *n* ▪ Miguel es oficial del **ejército**.	**o exército** ▪ Miguel é oficial do **exército**.
la Marina [maˈrina] *n* ▪ La **Marina** de este país es muy moderna.	**a Marinha** ▪ A **Marinha** deste país é muito moderna.
las Fuerzas Aéreas [ˈfwɛrθas aˈereas] *n pl* ▪ Tengo dos amigos que están en las **Fuerzas Aéreas**.	**a Força Aérea** ▪ Tenho dois amigos que estão na **Força Aérea**.
la lucha [ˈlutʃa] *n* ▪ Un tema importante en España es la **lucha** contra el terrorismo.	**a luta** ▪ Um tema importante na Espanha é a **luta** contra o terrorismo.
luchar [ˈlutʃar] *v* ▪ Mi abuelo **luchó** en la Guerra Civil.	**lutar** ▪ Meu avô **lutou** na Guerra Civil.
el conflicto [kɔmˈflikto] *n* ▪ El **conflicto** bélico fue resulto por medios diplomáticos.	**o conflito** ▪ O **conflito** bélico foi resolvido por meios diplomáticos.
el terrorismo [tɛrrɔˈrizmo] *n* ▪ El **terrorismo** en el mundo se ha incrementado.	**o terrorismo** ▪ O terrorismo no mundo aumentou.
el arma [ˈarma] *n* ▪ La bomba atómica es un **arma** moderna. ➡ **aula** p. 132	**a arma, o armamento** ▪ A bomba atômica é uma **arma** moderna.
armado, armada [arˈmaðo, arˈmaða] *adj* ▪ Atacaron al país vecino con tropas fuertemente **armadas**.	**armado, armada** ▪ Atacaram o país vizinho com tropas fortemente **armadas**.

Defesa e segurança

disparar [dispaˈrar] v
- Los soldados llevaban armas, pero no **dispararon**.

atirar, disparar
- Os soldados portavam armas, mas não **atiraram**.

la defensa [deˈfensa] n
- Una de las tareas de la policía es la **defensa** de los ciudadanos.

a defesa
- Uma das incumbências da polícia é a **defesa** dos cidadãos.

defender [defenˈdɛr] v
▶ v irr p. 426 perder
- Durante la guerra la ciudad **fue defendida** por los ciudadanos.

defender
- Durante a guerra, a cidade **foi defendida** pelos cidadãos.

la protección [protɛɣˈθĭon] n
- La **protección** de los rehenes fue una tarea muy difícil.

a proteção
- A **proteção** dos reféns foi uma tarefa muito difícil.

proteger [protɛˈxɛr] v
▶ v irr p. 422 coger
- Los guardaespaldas **protegieron** al presidente de la multitud.

proteger
- Os guarda-costas **protegeram** o presidente da multidão.

custodiar [kustoˈðĭar] v
- El ejército se encarga de **custodiar** el territorio.

vigiar
- O exército se encarrega de **vigiar** o território.

la tropa [ˈtropa] n
- Nuestras **tropas** han ocupado el territorio enemigo.

a tropa
- Nossas **tropas** ocuparam o território inimigo.

el ataque [aˈtake] n
- El **ataque** a los soldados fue cruel.

o ataque
- O **ataque** aos soldados foi cruel.

la resistencia [rrɛsisˈtenθĭa] n
- Pusieron mucha **resistencia** antes de rendirse.

a resistência
- Ofereceram muita **resistência** antes de se renderem.

ocupar [okuˈpar] n
- El ejército **ocupó** en pocos días la capital.

ocupar
- O exército **ocupou** em poucos dias a capital.

liberar [liβeˈrar] v
- La policía **ha liberado** a los rehenes.

liberar
- A polícia **liberou** os reféns.

el **refugiado**, la **refugiada** [rrɛfuˈxĭaðo, rrɛfuˈxĭaða] *n* ▪ Durante la guerra en el país vecino llegaron muchos **refugiados** a nuestras fronteras.	o **refugiado**, a **refugiada** ▪ Durante a guerra no país vizinho, muitos **refugiados** chegaram às nossas fronteiras.
fugarse [fuˈɣarse] *v* ▶ *v irr* p. 422 apagar ▪ Se **han fugado** cuatro prisioneros.	**fugir** ▪ Quatro prisioneiros **fugiram**.
el **uniforme** [uniˈfɔrme] *n* ▪ Los policías llevan un **uniforme**.	o **uniforme** ▪ Os policiais usam um **uniforme**.
el **héroe**, la **heroína** [ˈeroe, eˈroina] *n* ▪ Ernesto "Che" Guevara es considerado un **héroe**.	o **herói** ▪ Ernesto "Che" Guevara é considerado um **herói**.
el **honor** [oˈnɔr] *n* ▪ Es un gran **honor** para mí hablar con usted, señor presidente.	a **honra** ▪ É uma grande **honra** para mim falar com o senhor, senhor presidente.
traicionar [traiθĭoˈnar] *v* ▪ Los amigos nunca se **traicionan**.	**trair** ▪ Nunca se **trai** os amigos.
la **tortura** [tɔrˈtura] *n* ▪ La **tortura** es un crimen proscrito por el derecho internacional.	a **tortura** ▪ A **tortura** é um crime proibido pelo direito internacional.
el **desarme** [deˈsarme] *n* ▪ El **desarme** mundial es una meta inalcanzable.	o **desarmamento** ▪ O **desarmamento** mundial é um objetivo inalcançável.

Instituições e administração do Estado

el **estado** [esˈtaðo] *n* ▪ Mi esposo trabaja para el **estado**.	o **Estado** ▪ Meu marido trabalha para o **Estado**.
estatal [estaˈtal] *adj* ▪ Este banco es ahora **estatal**.	**estatal** ▪ Este banco agora é **estatal**.
el **estado federal** [esˈtaðo feðeˈral] *n* ▪ Alemania es un **estado federal**.	o **Estado federal** ▪ A Alemanha é um **Estado federal**.

Instituições e administração do Estado

el/la **habitante** [aβi'tante] *n m/f*
- México D. F. tiene casi 20 millones de **habitantes**.

o **habitante**, a **habitante**
- A Cidade do México tem quase 20 milhões de **habitantes**.

➡ D. F. significa Distrito Federal.

la **administración** [aðinistra'θĭɔn] *n*
- Trabajo en la **administración** pública.

a **administração**
- Trabalho na **administração** pública.

el **cargo** ['karɣo] *n*
- Enrique Tierno Galván había asumido el **cargo** de alcalde de Madrid.

o **cargo**
- Enrique Tierno Galván tinha assumido o **cargo** de prefeito de Madri.

oficial [ofi'θĭal] *adj*
- Todavía no es **oficial**, pero le hemos dado el puesto a usted.

oficial
- Ainda não é **oficial**, mas demos o cargo ao senhor.

el **documento** [doku'mento] *n*
- Se me ha perdido un **documento** muy importante.

o **documento**
- Perdi um **documento** muito importante.

el **formulario** [fɔrmu'larĭo] *n*
- Éstos son los **formularios** para solicitar la beca.

o **formulário**
- Estes são os **formulários** para solicitar a bolsa.

rellenar [rrɛʎe'nar] *v*
- Primero tiene que **rellenar** este formulario.

preencher
- Primeiro é preciso **preencher** este formulário.

la **firma** ['firma] *n*
- En este contrato falta la **firma** del propietario do piso.

a **assinatura**
- Neste contrato falta a **assinatura** do proprietário do apartamento.

firmar [fir'mar] *v*
- Todavía no he **firmado** el contrato de alquiler.

assinar
- Ainda não **assinei** o contrato de aluguel.

la **capital** [kapi'tal] *n*
- La **capital** de Uruguay es Montevideo.

a **capital**
- A **capital** do Uruguai é Montevidéu.

la **provincia** [pro'βinθĭa] *n*
- Vivimos en la **provincia** de Málaga.

a **província**
- Vivemos na **província** de Málaga.

el **municipio** [muni'θipĭo] *n* ▪ Los impuestos que tenemos que pagar al **municipio** son relativamente bajos.	o **município** ▪ Os impostos que temos de pagar ao **município** são relativamente baixos.
la **administración municipal** [aðministra'θĭɔn muniθi'pal] *n* ▪ En las ciudades de esta provincia la **administración municipal** funciona bien.	a **administração municipal** ▪ Nas cidades desta província a **administração municipal** funciona bem.
el **consejo municipal** [kɔn'sɛxo muniθi'pal] *n* ▪ El **consejo municipal** se reunirá mañana por la mañana.	o **conselho municipal** ▪ O **conselho municipal** vai se reunir amanhã de manhã.
el **alcalde**, la **alcaldesa** [al'kalde, as'kaldesa] *n* ▪ Al **alcalde** le interesa que vengan turistas.	o **prefeito**, a **prefeita** ▪ Ao **prefeito** interessa que venham turistas.
el **ayuntamiento** [ajunta'mĭento] *n* ▪ El antiguo **ayuntamiento** de Múnich es precioso.	a **prefeitura** ▪ A antiga **prefeitura** de Munique é muito bela.
la **sede** ['seðe] *n* ▪ La **sede** del parlamento alemán está en Berlín.	a **sede** ▪ A **sede** do parlamento alemão fica em Berlim.
el **ciudadano**, la **ciudadana** [θĭuða'ðano, θĭuða'ðana] *n* ▪ El alcalde es elegido por los **ciudadanos**.	o **cidadão**, a **cidadã** ▪ O prefeito é eleito pelos **cidadãos**.

Direito e jurisprudência

el **derecho** [de'retʃo] *n* ▪ Todas las personas deberían tener los mismos **derechos**.	o **direito** ▪ Todas as pessoas deveriam ter os mesmos **direitos**.
la **ley** [lɛĭ] *n* ▪ Lo que usted ha hecho va en contra de la **ley**.	a **lei** ▪ O que o senhor fez é contra a **lei**.

Direito e jurisprudência

---

legal [le'ɣal] *adj*
- El cambio de la disposición fue dentro del marco **legal**.

legal
- A mudança da disposição foi dentro do marco **legal**.

---

ilegal [ile'ɣal] *adj*
- El comercio con drogas es **ilegal**.

ilegal
- O comércio de drogas é **ilegal**.

---

el tribunal [triβu'nal] *n*
- El **tribunal** acaba de dar su sentencia.

o tribunal
- O **tribunal** acaba de dar sua sentença.

---

el proceso [pro'θeso] *n*
- El **proceso** fue seguido en la prensa.

o processo
- O **processo** foi acompanhado pela imprensa.

---

el acusado, la acusada [aku'saðo, aku'saða] *n*
- El **acusado** no quiso declarar sin su abogado.

o acusado, a acusada
- O **acusado** não quis fazer declarações sem seu advogado.

---

acusar [aku'sar] *v*
- A mi jefe lo **han acusado** de estafa.

acusar
- **Acusaram** meu chefe de fraude.

---

el/la testigo [tes'tiɣo] *n m/f*
- La **testigo** no recordaba la cara del asesino.

a testemunha
- A **testemunha** não se lembrava do rosto do assassino.

---

la víctima ['biktima] *n m/f*
- Hemos sido **víctimas** de una estafa.

a vítima
- Fomos **vítimas** de uma fraude.

---

la justicia [xus'tiθi̯a] *n*
- Hace tiempo que dejé de creer en la **justicia**.

a justiça
- Faz tempo que deixei de crer na **justiça**.

---

justo, justa ['xusto, 'xusta] *adj*
- El castigo para al delincuente fue **justo**.

justo, justa
- O castigo para o delinquente foi **justo**.

---

injusto, injusta [iɲ'xusto, iɲ'xusta] *adj*
- Es muy **injusto** que te hayan acusado por calumnias.

injusto, injusta
- É muito **injusto** que lhe tenham acusado por calúnias.

---

la culpa ['kulpa] *n*
- No te preocupes; tú no tienes la **culpa** de lo que ha pasado.

a culpa
- Não se preocupe; você não tem **culpa** pelo que aconteceu.

culpable [kul'paβle] *adj*
- El acusado es **culpable** de asesinato. Lo demuestran las pruebas.

culpado, culpada
- O acusado é **culpado** de assassinato. As provas o demonstram.

inocente [ino'θente] *adj*
- A causa de las nuevas investigaciones el acusado fue declarado **inocente**.

inocente
- Em razão das novas investigações, o acusado foi declarado **inocente**.

la libertad [liβer'ta(ð)] *adj*
- La **libertad** es algo muy valioso.

a liberdade
- A **liberdade** é algo muito valioso.

libre ['liβre] *adj*
- Después de 20 años de cárcel él ahora está **libre**.

livre
- Depois de 20 anos de prisão, ele agora está **livre**.

la pena ['pena] *n*
- Fue condenada a una **pena** de cinco años por tráfico de drogas.

a pena
- Foi condenada a uma **pena** de cinco anos por tráfico de drogas.

el crimen ['krimen] *n*
- Un **crimen** así merece ser castigado.

o crime
- Um **crime** assim merece ser punido.

criminal [krimi'nal] *adj*
- Ése es un hecho **criminal**, sin lugar a dudas.

criminoso
- Esse é um ato **criminoso**, sem sombra de dúvida.

el robo ['rroβo] *n*
- El **robo** a mis vecinos ha alarmado a todo el vecindario.

o furto, o roubo
- O **roubo** de meus vizinhos alarmou a vizinhança inteira.

robar ['rroβar] *v*
- Mucha gente **roba** en los grandes almacenes.

roubar
- Muita gente **rouba** em grandes armazéns.

el asesinato [asesi'nato] *n*
- El **asesinato** de Kennedy fue una noticia mundial.

o assassinato
- O **assassinato** de Kennedy foi uma notícia mundial.

matar [ma'tar] *v*
- **Matar** va contra la ley.

matar
- **Matar** é contra a lei.

asesinar [asesi'nar] *v*
- El delincuente **ha asesinado** a esa mujer a sangre fría.

assassinar
- O delinquente **assassinou** essa mulher a sangue-frio.

Direito e jurisprudência

la constitución [kɔnstitu'θïɔn] n ■ La constitución determina las normas fundamentales de un estado.	a constituição ■ A constituição determina as normas fundamentais de um Estado.
los derechos humanos [de'retʃos u'manos] n pl ■ En las guerras no se respetan los derechos humanos.	os direitos humanos ■ Nas guerras não se respeitam os direitos humanos.
la declaración [deklara'θïɔn] n ■ La declaración del testigo fue decisiva para resolver el caso.	a declaração ■ A declaração da testemunha foi decisiva para resolver o caso.
confesar [kɔmfe'sar] v ▶ v irr p. 426 pensar ■ Al final, el sospechoso confesó haber robado el dinero.	confessar ■ Ao final, o suspeito confessou ter roubado o dinheiro.
jurar [xu'rar] v ■ Te juro que digo la verdad.	jurar ■ Eu lhe juro que digo a verdade.
la prueba ['prüeβa] n ■ Como prueba de la inocencia de mi mandante les presento este documento.	a prova ■ Como prova da inocência de meu cliente, eu lhes apresento este documento.
demonstrar [demɔs'trar] v ▶ v irr p. 423 contar ■ El abogado pudo demonstrar la inocencia de su mandante.	demonstrar ■ O advogado pôde demonstrar a inocência de seu cliente.
la sentencia [sen'tenθïa] n ■ La sentencia del tribunal se sabrá mañana.	a sentença ■ A sentença do tribunal será conhecida amanhã.
condenar [kɔnde'nar] v ■ El tribunal lo condenó a tres años de cárcel.	condenar ■ O tribunal o condenou a três anos de prisão.
juzgar [xuð'ɣar] v ▶ v irr p. 422 apagar ■ No se debe juzgar a nadie por su apariencia.	julgar ■ Não se deve julgar ninguém por sua aparência.

Direito e jurisprudência

exculpar [e(ɣ)skulˈpar] v
- Él **fue exculpado** por falta de pruebas.

inocentar
- Ele **foi inocentado** por falta de provas.

el arresto [aˈrrɛsto] n
- El **arresto** de los ladrones fue como en una película.

a detenção
- A **detenção** dos ladrões foi como em um filme.

arrestar [arrɛsˈtar] v
- Me **arrestaron** por haber pegado a un policía.

deter, prender
- **Fui detido** por ter golpeado um policial.

la cárcel [ˈkarθɛl] n
- El primo de Arturo está en la **cárcel**.

a prisão, o cárcere
- O primo de Arturo está na **prisão**.

la prisión [priˈsʲɔn] n
- Me pregunto cómo será la vida en **prisión**.

a prisão
- Eu me pergunto como será a vida na **prisão**.

controlar [kɔntroˈlar] v
- La policía **está controlando** todas las salidas.

vigiar, controlar
- A polícia está **vigiando** todas as saídas.

la delincuencia [deliŋˈkʷenθʲa] n
- En algunas ciudades grandes la **delincuencia** es un problema muy grave.

a delinquência
- Em algumas cidades grandes a **delinquência** é um problema muito grave.

la violencia [bʲoˈlenθʲa] n
- Me preocupa la **violencia** en las escuelas.

a violência
- Preocupa-me a **violência** nas escolas.

violento, violenta [bʲoˈlento, bʲoˈlenta] adj
- En televisión se ven a menudo escenas **violentas**.

violento

- Na televisão com frequência se veem cenas **violentas**.

amenazar [amenaˈθar] v
▶ v irr p. 422 analizar
- Al hijo del diputado lo **han amenazado** de muerte.
- Los paramilitares **han amenazado** con matar al hijo del diputado.

ameaçar

- **Ameaçaram** de morte o filho do deputado.
- Os paramilitares **ameaçaram** matar o filho do deputado.

Direito e jurisprudência

el robo [ˈrrɔβo] *n*
- Los ladrones planearon el **robo** con todo detalle.

o **roubo**
- Os ladrões planejaram o **roubo** com todos os detalhes.

secuestrar [sekŭesˈtrar] *v*
- El grupo terrorista **ha secuestrado** a un funcionario.

sequestrar
- O grupo terrorista **sequestrou** um funcionário.

engañar [eŋgaˈɲar] *v*
- El estafador **engañó** a mi suegro y desapareció con su dinero.

enganar
- O impostor **enganou** meu sogro e sumiu com seu dinheiro.

violar [bĭoˈlar] *v*
- Ese hombre **ha violado** ya a cinco mujeres.

estuprar, violentar
- Esse homem já **estuprou** cinco mulheres.

Tempo

Transcurso do ano

el **año** [ˈaɲo] n	o ano
la **estación (del año)** [estaˈθjɔn (del ˈaɲo)] n	a estação
la **primavera** [primaˈβera] n	a primavera
el **verano** [beˈrano] n	o verão
el **otoño** [oˈtoɲo] n	o outono
el **invierno** [imˈbjɛrno] n	o inverno
el **mes** [mes] n	o mês
la **semana** [seˈmana] n	a semana
el **día laborable** [ˈdia laβoˈraβle] n	o **dia útil**
el **dia festivo** [ˈdia fesˈtiβo] n	o feriado

➡ Na Espanha celebra-se como feriado nacional o 12 de outubro, **el día de descubrimiento de América** – **o dia do descobrimento da América**. Chama-se oficialmente **el día de la Hispanidad** – **o dia da hispanidade**.

el **fin de semana** [fin de seˈmana] n	o fim de semana
semanal [semaˈnal] adj	semanal
dos semanas [dɔs seˈmanas] loc	duas semanas
quince días [ˈkinðe ˈðias] loc	quinze dias

➡ Nos países de língua espanhola, na linguagem coloquial, o período de duas semanas é frequentemente arredondado para 15 dias.

mensual [menˈsŭal] adj	mensal
anual [aˈnŭal] adj	anual

el **semestre** [se'mestre] n	o **semestre**
el **trimestre** [tri'mestre] n	o **trimestre**

Meses do ano

el **enero** [e'nero] n	janeiro

➡ Em indicações de datas são usados numerais ordinais, exceto ao se indicar o primeiro dia do mês, caso em que se pode usar o numeral cardinal, **el uno**, ou o numeral ordinal, **el primero**.

el **febrero** [fe'βrero] n ➡ **enero** p. 355	fevereiro
el **marzo** ['marθo] n ➡ **enero** p. 355	março
el **abril** [a'βril] n ➡ **enero** p. 355	abril
el **mayo** ['majo] n ➡ **enero** p. 355	maio
el **junio** ['xunĭo] n ➡ **enero** p. 355	junho
el **julio** ['xulĭo] n ➡ **enero** p. 355	julho
el **agosto** [a'ɣɔsto] n ➡ **enero** p. 355	agosto
el **septiembre** [se(p)'tĭembre] n ➡ **enero** p. 355	setembro
el **octubre** [ɔk'tuβre] n ➡ **enero** p. 355	outubro
el **noviembre** [no'βĭembre] n ➡ **enero** p. 355	novembro
el **diciembre** [di'θĭembre] n ➡ **enero** p. 355	dezembro

Dias da semana

el **lunes** ['lunes] *n; pl inv*	a **segunda-feira**

➡ **segunda-feira que vem**, em espanhol, diz-se **el lunes que viene** ou **el próximo lunes**.
➡ **toda segunda-feira**, em espanhol, diz-se **cada lunes** ou **(todos) los lunes**.

el **martes** ['martes] *n; pl inv* ➡ **lunes** p. 356	a **terça-feira**
el **miércoles** ['miɛrkoles] *n* ➡ **lunes** p. 356	a **quarta-feira**
el **jueves** ['xŭeβes] *n; pl inv* ➡ **lunes** p. 356	a **quinta-feira**
el **viernes** ['bĭɛrnes] *n; pl inv* ➡ **lunes** p. 356	a **sexta-feira**
el **sábado** ['saβaðo] *n* ➡ **lunes** p. 356	o **sábado**
el **domingo** [do'miŋgo] *n* ➡ **lunes** p. 356	o **domingo**

Períodos do dia

el **día** ['dia] *n* ■ ¿Qué **día** es hoy? – Lunes 12.	o **dia** ■ Que **dia** é hoje? – Segunda-feira, dia 12.
diario, diaria [di'arĭo, di'arĭa] *adj* ■ No soporto la rutina **diaria**.	**diário** ■ Não suporto a rotina **diária**.

➡ **el diário**, substantivo, significa **jornal** ou **diário**.

de día [de 'ðia] *adv* ■ Este bar solo está abierto **de día**.	**de dia** ■ Este bar só fica aberto **de dia**.

➡ **de dia** ou **durante o dia**, em espanhol, diz-se **durante el día** ou **por el día**.

Períodos do dia

la mañana [maˈɲana] n
- La **mañana** es el mejor momento para estudiar.
- Hoy he trabajado toda la **mañana**.

a manhã
- A **manhã** é o melhor momento para estudar.
- Hoje trabalhei durante toda a **manhã**.

por la mañana [pɔr la maˈɲana] adv
- **Por la mañana** me gusta dar un paso.

pela manhã, de manhã
- **Pela manhã** gosto de dar um passeio.

➡ Na América Latina, diz-se com frequência **en la mañana** ou **a la mañana** em vez de **por la mañana**; da mesma forma, também **en la tarde** e **la noche**.

el mediodía [meðjoˈðia] n
- Llegaron a casa al **mediodía**.

o meio-dia
- Chegaram em casa ao **meio-dia**.

➡ Em princípio, há uma diferença entre **el mediodía** e **a mediodía**: o primeiro relaciona-se na maioria das vezes ao meio-dia de fato, o horário, enquanto o último geralmente se refere ao período da tarde. No dia a dia, ambas as expressões se relacionam de modo intercambiável.

la tarde [ˈtarðe] n
- Para limpiar la cocina se necesita una **tarde** entera.

a tarde
- Para limpar a cozinha é preciso uma **tarde** inteira.

la noche [ˈnotʃe] n
- Aquella **noche** nos lo pasamos muy bien.
- Las dos últimas **noches** he dormido muy poco.

a noite
- Aquela **noite** não passamos muito bem.
- Nas duas últimas **noites** dormi muito mal.

de noche [de ˈnotʃe] adv
- En esta ciudad es peligroso ir por la calle solo de **noche**.

à noite, de noite
- Nesta cidade é perigoso sair na rua sozinho **à noite**.

la medianoche [meðjaˈnotʃe] n
- Un ruido me despertó a **medianoche**.

a meia-noite
- Um ruído me acordou à **meia-noite**.

de madrugada [de maðruˈɣaða] adv
- Volvimos a casa **de madrugada**.

de madrugada
- Voltamos para casa **de madrugada**.

➡ **la madrugada** é o período que vai da meia-noite ao amanhecer. De modo mais informal, isso significa aproximadamente o período que vai das três às seis da manhã.

esta noche ['esta 'notʃe] adv
- ¿Te gustaría ir **esta noche** al teatro?

esta noite
- Você gostaria de ir ao teatro **esta noite**?

Horas do dia

la **hora** ['ora] n
- El tren sale a las quince **horas** y cuarenta minutos.
- Ahora solo trabajo seis **horas** al día.

a hora
- O trem sai às quinze **horas** e quarenta minutos.
- Agora trabalho apenas seis **horas** por dia.

la **media hora** ['meðia 'ora] n
- ¡Dame **media hora** más y estaré listo!

meia hora
- Dê-me mais **meia hora** e estarei pronto.

➡ Em vez de simplesmente **media hora** também se pode dizer **una media hora**, mas isso muda sutilmente o sentido: trata-se então de uma indicação de tempo aproximada: **Dame una media hora. – Dê-me uma meia hora.**

el **cuarto de hora** ['kŭarto de 'ora] n
- Tuve que esperar a Elisa un **cuarto de hora**.

quarto de hora, quinze minutos
- Tive de esperar Elisa por **quinze minutos**.

el **minuto** [mi'nuto] n
- Mis padres llegarán dentro de diez **minutos**.

o minuto
- Meus pais chegarão em dez **minutos**.

el **segundo** [se'ɣundo] n
- Este anuncio dura veinte **segundos**.

o segundo
- Este anúncio dura vinte **segundos**.

¿Qué hora es? [ke 'ora es] loc

Que horas são?

➡ Diz-se também com frequência **¿Tiene hora?** ou **¿Tienes hora? – Você tem horas?**

A qué hora ... [a ke 'ora] loc
- ¿**A qué hora** te levantas normalmente?

A que horas...
- **A que horas** você se levanta normalmente?

a las [a las] loc
- Anoche llegamos **a las** tres de la madrugada.

às
- Ontem à noite chegamos **às** três da madrugada.

→ Diz-se **a eso de las tres** ou **hacia las tres** – **lá pelas três**, quando o horário não for preciso.

en punto [em 'punto] *adv*
- Mañana tienes que estar aquí a las nueve **en punto**.

em ponto, pontualmente
- Amanhã você tem de estar aqui às nove **em ponto**.

Outros conceitos de tempo

Passado, presente e futuro

el tiempo ['tiempo] *n*
- ¡Cómo pasa el **tiempo**!

o tempo
- Como o **tempo** passa!

la fecha ['fetʃa] *n*
- ¿Qué **fecha** tiene esa carta?

a data
- Qual a **data** dessa carta?

cuando ['kŭando] *conj*
- Nadie escucha al jefe **cuando** habla.
- **Cuando** era pequeño, mi abuelo me contaba cuentos.
- **Cuando** llegues a casa, llámame.

quando
- Ninguém escuta o chefe **quando** ele fala.
- **Quando** eu era pequeno, meu avô me contava histórias.
- **Quando** chegar em casa, me ligue.

→ Ao se usar **cuando** no sentido de **tão logo**, **assim que**, o verbo espanhol fica no subjuntivo.

siempre que ['sĭempre ke] *conj*
- ¡**Siempre que** te veo, estás comiendo!

sempre que
- **Sempre que** vejo você, está comendo.

cuándo ['kŭando] *adv*
- ¿**Cuándo** llegan tus primos de Costa Rica?

quando
- **Quando** chegam seus primos da Costa Rica?

mientras ['mĭentras] *conj* (+ ind.)
- **Mientras** yo cocino, tú pones la mesa.

enquanto
- **Enquanto** eu cozinho você põe a mesa.

mientras ['mĭentras] *conj* (+ sub.)
- **Mientras** estés sin trabajo, tendrás que gastar menos dinero.

enquanto
- **Enquanto** você estiver sem trabalho terá de gastar menos dinheiro.

durante [duˈrante] *prep*
- ¡Me has estado engañando **durante** todo este tiempo!

durante
- Você tem me enganado **durante** todo esse tempo!

ahora [aˈora] *adv*
- **Ahora** no puedo hablar contigo. Luego te llamo.

agora
- **Agora** não posso falar com você. Eu já retorno sua ligação.

ahora mismo [aˈora ˈmizmo] *adv*
- Acabo de llegar **ahora mismo**.

agora mesmo
- Cheguei **agora mesmo**.

➡ Em muitos países da América Latina, como o México, diz-se também **ahorita**.

hoy [ɔi] *adv*
- **Hoy** me he levantado tarde.

hoje
- **Hoje** eu me levantei tarde.

ayer [aˈjɛr] *adv*
- Te llamé **ayer**, pero no estabas en casa.

ontem
- Liguei para você **ontem**, mas você não estava em casa.

anoche [aˈnotʃe] *adv*
- **Anoche** me invitaron a cenar.

ontem à noite
- **Ontem à noite** me convidaram para jantar.

mañana [maˈɲana] *adv*
- Si quieres, podemos quedar **mañana**.

amanhã
- Se quiser, podemos nos encontrar **amanhã**.

¡Un momento! [un moˈmento] *loc*
- ¿Me trae un café? – **¡Un momento**, por favor!

Um momento!
- Você me traria um café? – **Um momento**, por favor!

la **época** [ˈepoka] *n*
- Aquellos años fueron una **época** dura.

a época
- Aqueles anos foram uma **época** dura.

el **siglo** [ˈsiɣlo] *n*
- Mi abuelo nació a principios del **siglo** XX.

o século
- Meu avô nasceu no início do **século** XX.

➡ Em espanhol, os séculos são grafados em algarismos romanos, por exemplo, **el siglo XIX** – **o século** XIX.

el **período** [peˈrioðo] *n*
- Me han contratado para el **período** entre marzo y junio.

o período
- Contrataram-me para o **período** entre março e junho.

Passado, presente e futuro

el **momento** [mo'mento] *n* ■ En este **momento**, el jefe está demasiado ocupado.	o **momento** ■ Neste **momento**, o chefe está muito ocupado.
el **presente** [pre'sente] *n* ■ Olvida todo aquello y piensa en el **presente**.	o **presente** ■ Esqueça tudo aquilo e concentre--se no **presente**.
desde entonces ['dezðe en'tonθes] *adv* ■ Cuando lo vi estaba muy enfermo, pero supongo que **desde entonces** está mejor.	**desde então** ■ Quando o vi, ele estava muito doente, mas suponho que **desde então** esteja melhor.
el **pasado** [pasa'ðo] *n* ■ En el **pasado** hice muchas cosas que ahora no haría.	o **passado** ■ No **passado** eu fiz muitas coisas que agora eu não faria.
últimamente [ultima'mente] *adv* ■ **Últimamente** duermo muy poco.	**ultimamente** ■ **Ultimamente** tenho dormido muito pouco.
hace poco ['aθe 'poko] *adv* ■ Me encontré a Juan **hace poco** por la calle.	**ainda há pouco** ■ Encontrei Juan na rua **ainda há pouco**.
el **otro día** [εl 'otro 'ðia] *adv* ■ El **otro día** me pasó una cosa graciosa.	**(no) outro dia** ■ **Outro dia** me aconteceu uma coisa engraçada.
(por) entonces [(pɔr) en'tonθes] *adv* ■ **Por entonces** los ordenadores no eran tan importantes como ahora.	**na época, à época, então** ■ **Na época** os computadores não eram tão importantes como agora.
anteayer [antea'jɛr] *adv* ■ Si hoy es miércoles, **anteayer** fue lunes.	**anteontem** ■ Se hoje é quarta-feira, **anteontem** foi segunda.

➡ Pode-se também dizer *antes de ayer*.

el **futuro** [fu'turo] *n* ■ En el **futuro**, nos gustaría vivir en el campo.	o **futuro** ■ No **futuro**, gostaríamos de viver no campo.
pasado mañana [pa'saðo ma'nana] *adv* ■ Mañana no puedo, pero **pasado mañana** te llamo.	**depois de amanhã** ■ Amanhã eu não posso, mas **depois de amanhã** ligarei para você.

Duração e frequência

hasta ['asta] *prep* ■ Hoy no puedo ayudarte; tendrás que esperar **hasta** el lunes.	**até** ■ Hoje não posso ajudá-lo. Você vai ter de esperar **até** segunda-feira.
hasta que ['asta ke] *conj* ■ Esperaré **hasta que** llegue alguien.	**até (que)** ■ Vou esperar **até que** chegue alguém.

➡ Após advérbios de tempo e conjunções como **hasta que, antes de que, después de que, cuando**, os verbos devem estar no subjuntivo, quando não estiver claro se ou quando a ação futura vai acontecer.

por [pɔr] *prep* ■ Nos quedaremos en la ciudad **por** unos días.	**por** ■ Vamos ficar na cidade **por** alguns dias.
durante [du'rante] *prep* ■ Estuve sentado en el parque **durante** unas horas.	**durante** ■ Fiquei sentado no parque **durante** algumas horas.
desde ['dezðe] *prep* ■ Trabajo aquí **desde** 1985.	**desde** ■ Trabalho aqui **desde** 1985.

➡ **desde** indica um determinado instante no tempo.

desde hace ['dezðe 'aθe] *prep* ■ Vivo en esta ciudad **desde hace** doce años.	**há, faz** ■ Moro nesta cidade **há** doze anos.

➡ **desde hace** indica sempre um período de tempo.

desde que ['dezðe ke] *conj* ■ **Desde que** tomo estas pastillas, estoy mejor.	**desde que** ■ **Desde que** tomo estes comprimidos, estou melhor.
ya [ja] *adv* ■ De eso **ya** hemos hablado.	**já** ■ Disso **já** falamos.
todavía [toða'βia] *adv* ■ ¿**Todavía** estás en casa? ¡Date prisa!	**ainda** ■ Você **ainda** está em casa? Apresse-se!
aún [a'un] *adv* ■ **Aún** hay mucha comida, ¿no quieres un poco más?	**ainda** ■ **Ainda** tem muita comida, você não quer um pouco mais?

Duração e frequência

todavía no [toðaˈβia no] *adv*
- **Todavía no** he leído esa novela.

ainda não
- **Ainda não** li esse romance.

→ Em vez de **todavía no** pode-se também dizer **aún no**: **Aún no he leído esa novela.** – **Ainda não li esse romance.**

ya no [ja no] *adv*
- El televisor **ya no** funciona. Hay que comprar uno nuevo.

não mais, já não
- A TV **não** funciona **mais**. Tem de comprar uma nova.

(por) poco tiempo [(pɔr) ˈpoko ˈtjempo] *adv*
- Solo me voy a quedar **poco tiempo** aquí.

(por) pouco tempo
- Vou ficar aqui apenas **por pouco tempo**.

(por) mucho tiempo [(pɔr) ˈmutʃo ˈtjempo] *adv*
- ¿Os quedasteis **mucho tiempo** en aquel bar?

(por) muito tempo
- Vocês ficaram **muito tempo** naquele bar?

la vez [beθ] *n*; *pl* **veces** [ˈbeθes]
- ¿Es la primera **vez** que vienes a este bar?

a vez
- É a primeira **vez** que você vem a este bar?

una vez [ˈuna βeθ] *adv*
- **Una vez** me confundieron con una actriz.

uma vez
- **Uma vez** me confundiram com uma atriz.

dos veces [dɔz ˈbeθes] *adv* (ou **tres veces, cuatro veces** etc.)
- Ya he visto esta película **dos veces**.

duas vezes
- Já vi este filme **duas vezes**.

muchas veces [ˈmutʃaz ˈbeθes] *adv*
- **Muchas veces** escucho música mientras cocino.

muitas vezes
- **Muitas vezes** eu ouço música enquanto cozinho.

pocas veces [ˈpokaz ˈbeθes] *adv*
- **Pocas veces** he conducido un coche.

poucas vezes
- **Poucas vezes** dirigi um automóvel.

a veces [a ˈbeθes] *adv*
- **A veces** es un poco maleducada.

às vezes
- **Às vezes** ela é um pouco mal-educada.

→ Também se diz com frequência **algunas veces**: **Algunas veces es un poco maleducada.** – **Às vezes é um pouco mal-educada.**

siempre [ˈsi̯empre] *adv*
- Casi **siempre** compro en este supermercado.

sempre
- Quase **sempre** compro neste supermercado.

nunca [ˈnuŋka] *adv*
- ¿Por qué no vamos **nunca** al teatro?

nunca
- Por que **nunca** vamos ao teatro?

➡ Se nunca aparecer no início da frase, a negação **"no"** desaparece. O mesmo vale para jamás, por exemplo, **Jamás he visto um texto con tantas faltas. – Nunca vi um texto com tantos erros.**

a menudo [a meˈnuðo] *adv*
- ¿Vienes **a menudo** por aquí?

frequentemente
- Você vem **frequentemente** aqui?

➡ Um sinônimo para a menudo é frecuentemente. Este último é considerado um termo mais vernáculo.

mientras tanto [ˈmi̯entras ˈtanto] *adv*
- Voy a preparar la comida. Tú puedes poner la mesa **mientras tanto**.

enquanto isso
- Vou preparar a comida. Você pode pôr a mesa **enquanto isso**.

tardar [tarˈðar] *v*
- Esto va a **tardar** un poco todavía. ¿Quiere sentarse?

demorar
- Isso vai **demorar** um pouco ainda. Gostaria de se sentar?

➡ Em muitos países da América Latina costuma-se dizer demorarse em vez de tardar. **Esto va a demorarse un poco todavía. – Isso ainda vai demorar um pouco.**

breve [ˈbreβe] *adj*
- Nuestra conversación fue muy **breve**.

breve, rápido
- Nossa conversa foi muito **breve**.

constante [kɔnsˈtante] *adj*
- ¿Qué es ese ruido **constante**?

constante, contínuo
- O que é esse ruído **contínuo**?

➡ Um sinônimo muito corrente de constante é continuo.

varias veces [ˈbari̯az ˈbeθes] *adv*
- Francisca ha estado ya **varias veces** en Madrid.

várias vezes
- Francisca esteve já **várias vezes** em Madri.

regularmente [rrɛɣularˈmente] *adv*
- Deberías hacer ejercicio **regularmente**.

regularmente
- Você deveria fazer exercício **regularmente**.

de vez en cuando [de βeθ eŋ 'kŭando] adv ■ **De vez en cuando** hacemos una fiesta en casa.	**de vez em quando** ■ **De vez em quando** fazemos uma festa em casa.
frecuente [fre'kŭente] adj ■ Este es un error **frecuente** en el texto, hay que corregirlo.	**frequente** ■ Este é um erro **frequente** no texto, é preciso corrigi-lo.
jamás [xa'mas] adv ■ ¡**Jamás** dejas que te ayuden! ➜ **nunca** p. 364	**jamais, nunca** ■ **Jamais** deixe que o ajudem!

Antes e depois

antes ['antes] adv ■ ¡Esos tendrías que habérmelo dicho **antes**!	**antes** ■ Você deveria ter dito isso **antes**!
antes de ['antes ðe] prep ■ Tengo que terminar esto **antes de** la cena.	**antes de** ■ Tenho de terminar isso **antes do** jantar.
después [des'pŭes] adv ■ ¿No puedes hacer eso **después**? Ahora tenemos que irnos.	**depois** ■ Você não pode fazer isso **depois**? Agora temos de ir.
después de [des'pŭez ðe] prep ■ **Después del** trabajo, voy a casa directamente.	**depois de** ■ **Depois do** trabalho, vou direto para casa.
pronto ['pronto] adv ■ Intentaré estar allí **pronto**. ■ Ya **pronto** tendremos los primeros exámenes.	**logo, cedo** ■ Vou tentar estar lá **cedo**. ■ **Logo** já vamos ter as primeiras provas.

➜ Tanto pronto como também temprano significam cedo, mas nem sempre são intercambiáveis. Temprano é usado com mais frequência para referir--se às primeiras horas do dia, por exemplo, em **Empezó muy temprano.** – Começou muito cedo. Aqui, em contextos específicos, entender-se-ia que algo começou "de manhã cedo". Com pronto, esse sentido não está necessariamente presente.

temprano [tem'prano] *adv*
- No me gusta levantarme **temprano** los sábados.
➡ **pronto** p. 365

cedo
- Não gosto de levantar **cedo** aos sábados.

tarde ['tarðe] *adv*
- ¡Vamos **tarde**, nos tenemos que dar prisa!

atrasado
- Estamos **atrasados**, temos de nos apressar.

luego ['lŭeɣo] *adv*
- Ahora estoy trabajando, pero **luego** podríamos vernos.

mais tarde
- Agora estou trabalhando, porém **mais tarde** podemos nos ver.

a tiempo [a 'tĭempo] *adv*
- Por suerte, llegaste **a tiempo** y no perdiste el tren.

a tempo
- Por sorte você chegou **a tempo** e não perdeu o trem.

último, última ['ultimo, 'ultima] *adj*
- La "z" es la **última** letra del alfabeto.

último, última
- O "z" é a **última** letra do alfabeto.

por último [pɔr 'ultimo] *adv*
- Visitaremos Sevilla, Madrid y, **por último**, Barcelona.

por último, por fim
- Visitaremos Sevilha, Madri e, **por último**, Barcelona.

definitivo, definitiva [defini'tiβo, defini'tiβa] *adj*
- Dame una respuesta **definitiva** tan pronto como puedas.

definitivo
- Dê-me uma resposta **definitiva** assim que puder.

tener prisa [te'nɛr 'prisa] *loc*
▶ **v irr** p. 428 tener
- Lo siento, pero **tengo** mucha **prisa**, no puedo perder el bus.

ter pressa, estar com pressa
- Sinto muito, mas **estou com** muita **pressa**, não posso perder o ônibus.

➡ Na América Latina, quando se tem pressa se diz **estar apurado**.

el retraso [rrɛ'traso] *n*
- El avión llegó con una hora de **retraso**.

o atraso
- O avião chegou com uma hora de **atraso**.

puntual [pun'tŭal] *adj*
- Amparo es siempre **puntual**.

pontual
- Amparo é sempre **pontual**.

en seguida [en se'ɣiða] *adv*
- ¡Qué rápido eres! Lo has terminado **en seguida**.

num instante, já
- Como você é rápido! Você terminou **num instante**.

inmediatamente [inmeðiata'mente] *adv* ■ ¡Pídele perdón a tu hermano **inmediatamente**!	**imediatamente** ■ Peça perdão a seu irmão **imediatamente**!
urgente [ur'xente] *adv* ■ Si es algo **urgente**, puedes llamarle al móvil.	**urgente** ■ Se for algo **urgente**, você pode chamar pelo celular.
por fin [pɔr fin] *adv* ■ ¡**Por fin** lo hemos logrado!	**finalmente, enfim** ■ **Finalmente** conseguimos.

➡ Também se diz **al fin**.

Transcurso do tempo

empezar [empe'θar] *v* ▶ **v irr** p. 424 empezar ■ ¿A qué hora **empieza** la obra de teatro?	**começar** ■ A que horas **começa** a peça de teatro?

➡ **empezar** e **comenzar** são sinônimos: **¿A qué hora comienza la obra de teatro? – A que horas começa a peça de teatro?** **Comenzar** é usado na Espanha e na maioria dos países de língua hispânica, e é mais culto e formal do que **empezar**.

empezar a [empe'θar] *v* ▶ **v irr** p. 424 empezar ■ Mañana **empezamos a** limpiar. ➡ **empezar** p. 267	**começar** ■ Amanhã **começamos a** limpar.
otra vez ['otra βeθ] *adv* ■ Nos hemos mudado **otra vez**.	**outra vez** ■ Nós nos mudamos **outra vez**.
de nuevo [de 'nŭeβo] *adv* ■ El trabajo te ha salido mal, tendrás que hacerlo **de nuevo**.	**de novo** ■ O trabalho ficou ruim, você terá de fazê-lo **de novo**.
volverse [bɔl'βɛrse] *v* ▶ **v irr** p. 429 volver ■ ¿Te **has vuelto** loco?	**ficar, tornar-se, virar** ■ Você **ficou** louco?
quedarse [ke'ðarse] *v* ■ Prefiero que el dibujo **se quede** como está.	**ficar** ■ Prefiro que o desenho **fique** como está.

cambiar [kamˈbiar] *v*
- Tuve que **cambiar** algunas frases.

mudar
- Tive de **mudar** algumas frases.

acabar [akaˈβar] *v*
- El partido **acaba** a las diez de la noche.
➡ terminar p. 90

acabar
- A partida **acaba** às dez da noite.

acabar de [akaˈβar ðe] *v*
- ¿Has **acabado** ya **de** leer el libro?
➡ terminar p. 90

acabar, terminar
- Você já **terminou** de ler o livro?

acabarse [akaˈβarse] *v*
- Se **nos acabó** la gasolina.
➡ terminar p. 90

acabar, terminar
- **Acabou** a gasolina.

el **final** [fiˈnal] *n*
- El **final** de esta novela es muy triste.

o **final**
- O **final** deste romance é muito triste.

el **fin** [fin] *n*
- A Pedro le encanta imaginarse el **fin** del mundo.

o **fim**
- Pedro gosta de imaginar o **fim** do mundo.

el **principio** [prinˈθipio] *n*
- Al **principio** me pareciste antipático, pero ahora sé que no lo eres.

o **princípio**, o **começo**
- No **começo** você me pareceu antipático, mas agora sei que não é.

el **progreso** [proˈɣreso] *n*
- Cualquier **progreso** es bueno, por muy pequeño que sea.

o **progresso**
- Todo **progresso** é bom, por menor que seja.

avanzar [aβanˈθar] *v*
▶ v irr p. 422 analizar
- En estos últimos meses **has avanzado** mucho con el español.

avançar
- Nestes últimos meses você **avançou** bastante com o espanhol.

continuar [kɔntinuˈar] *v*
▶ v irr p. 423 continuar
- Ahora estoy mejor y quisiera **continuar** el trabajo.

continuar
- Agora estou melhor e queria **continuar** o trabalho.

seguir [seˈɣir] *v*
▶ v irr p. 428 seguir
- Espero que **sigamos** siendo amigos.

continuar
- Espero que **continuemos** a ser amigos.

desarrollar [desarroˈʎar] *v*
- El plan ya está totalmente **desarrollado**.

desenvolver, realizar
- O plano já está inteiramente **realizado**.

convertirse en [kombɛrˈtirse en] *v*
▶ v irr p. 428 sentir
- Su hijo **se ha convertido** en un médico importante.

tornar-se
- Seu filho **se tornou** um médico importante.

actual [akˈtŭal] *adj*
- La situación **actual** no es muy buena.

atual
- A situação **atual** não é muito boa.

interrumpir [intɛrrumˈpir] *v*
- Uno de los empleados **interrumpió** el discurso del director con un comentario gracioso.

interromper
- Um dos funcionários **interrompeu** o discurso do diretor com um comentário espirituoso.

a la vez [a la βeθ] *adv*
- Si habláis todos **a la vez** no voy a entender nada.

ao mesmo tempo
- Se vocês falarem todos **ao mesmo tempo** não vou entender nada.

# Espaço

Conceitos espaciais

donde [ˈdɔnde] *adv*
- Este es el lugar **donde** lo atropellaron.

onde
- Este é o lugar **onde** o atropelaram.

adónde [aˈðonde] *adv*
- ¿**Adónde** vamos esta noche? – Podríamos ir al cine.

aonde
- **Aonde** vamos esta noite? – Poderíamos ir ao cinema.

➡ Pode-se também grafar **a dónde** (¿**A dónde** vamos hoy?)

adonde [aˈðonde] *adv*
- Esta noche vamos **adonde** tú quieras.
➡ **adónde** p. 370

aonde
- Esta noite vamos **aonde** você quiser.

aquí [aˈki] *adv*
- **Aquí** no hay muchos restaurantes.

aqui
- **Aqui** não tem muitos restaurantes.

➡ Na América Latina, **acá** é mais frequente do que **aquí**. Na Espanha, ao contrário, **acá** é empregado praticamente apenas em colocações como **para acá**: ¡**Ven para acá**! – Venha para cá!

por aquí [pɔr aˈki] *prep*
- Perdone, ¿hay una cabina de teléfonos **por aquí**?

por aqui
- Desculpe, tem alguma cabine telefônica **por aqui**?

➡ **por aquí** se relaciona ao ambiente em que se encontra o falante, mas a nenhum ponto específico. O mesmo vale para **por acá** (mais usado na América Latina).

allí [aˈʎi] *adv*
- Nunca he estado en Andalucía, pero dicen que **allí** la gente es más simpática.

lá
- Nunca estive na Andaluzia, mas dizem que **lá** as pessoas são mais simpáticas.

➡ Na Espanha, **allí** é mais frequente do que **allá**. Na maioria dos países da América Latina, ocorre exatamente o inverso.

Conceitos espaciais

allá [a'ʎa] adv
- **Allá** en las montañas hay un monasterio, ¿lo ves?
➡ **allí** p. 370

lá
- **Lá** nas montanhas tem um mosteiro. Você o vê?

ahí [a'i] adv
- Mira, **ahí** están las llaves que estabas buscando.

aí
- Veja, **aí** estão as chaves que você estava procurando.

➡ **ahí** indica uma distância "intermediária" entre **aquí – aqui** e **allí – lá**.

en [en] prep
- Tus llaves están **en** mi bolso.
- Tus gafas están **en** la mesa.
- ¿Quedamos **en** la esquina a las cuatro?

em
- Suas chaves estão **no** meu bolso.
- Seus óculos estão **na** mesa.
- Encontramo-nos **na** esquina às quatro?

a [a] prep
- Esta noche vamos **al** teatro.
- ¿Vamos mañana **a** la playa?

a
- Esta noite vamos **ao** teatro.
- Vamos amanhã **à** praia?

➡ **a + el** se converte em **al**, exceto se o artigo fizer parte de um nome próprio, por exemplo, **Vamos a El Escorial. – Vamos a El Escorial.**

de [de] prep
- Sal **de** la habitación, por favor.
- ¿Vienes ahora mismo **del** trabajo?

de
- Saia **do** quarto, por favor.
- Está chegando **do** trabalho?

➡ **de + el** se converte em **del**, exceto se o artigo fizer parte de um nome próprio, por exemplo, **la gente de El Salvador – as pessoas de El Salvador.**

desde ['dezðe] prep
- **Desde** aquí no te oigo muy bien.

de, desde
- **Daqui** não o ouço muito bem.

desde ... hasta ['dezðe ... 'asta] prep
- Fuimos en coche **desde** Andalucía **hasta** Galicia.

de ... até
- Fomos de carro **da** Andaluzia **até** a Galícia.

hasta ['asta] prep
- ¿Quieres caminar **hasta** el parque?

até
- Você quer caminhar **até** o parque?

a [a] prep
- ¿Vamos en verano **a** Cádiz?

a
- Vamos **a** Cádis no verão?

hacia [aˈθia] prep
- Vamos **hacia** el norte.

para o, em direção ao
- Vamos **para o** norte.

para [ˈpara] prep
- ¿A qué hora sale el tren **para** Sevilla?

para
- A que horas sai o trem **para** Sevilha?

> Na linguagem coloquial, **para** frequentemente substitui a preposição **hacia** e a nos indicativos de direção: **vámonos para Barcelona – vamos a Barcelona, vamos para el norte – vamos ao norte** etc. Também em combinação com **aquí** (ou **acá**) e **alli** (ou **allá**) emprega-se frequentemente **para: Ven para acá, por favor. – Venha para cá, por favor, ¿Puedo ir para allá? – Posso ir para lá?**

por [pɔr] prep
- Creo que la salida está **por** allí.
- Será mejor que no vayamos **por** el bosque.
- Fuimos a Galicia **por** León.

por
- Acho que a saída é **por** ali.
- Será melhor não irmos **pelo** bosque.
- Fomos à Galícia **por** Leão.

dentro [ˈdentro] adv
- Mira el castillo. ¿Has estado **dentro** alguna vez?

dentro
- Veja, o castelo. Você já esteve lá **dentro**?

fuera [ˈfŭera] adv
- ¿Prefieres que nos quedemos **fuera**?

fora
- Você prefere que fiquemos **fora**?

fuera de [ˈfŭera ðe] prep
- **Fuera de** la ciudad hay muchos bosques.

fora de
- **Fora da** cidade há muitos bosques.

sobre [ˈsoβre] prep
- He puesto mi abrigo **sobre** la cama.

sobre
- Deixei meu casaco **sobre** a cama.

> Na maioria dos casos nos quais se emprega **sobre**, pode-se em vez disso empregar (sobretudo na linguagem informal) também **en**, por exemplo, **He puesto mi abrigo en la cama. – Coloquei meu agasalho na cama.**

encima de [enˈθima ðe] prep
- He dejado tu correo **encima del** escritorio.

em cima de
- Deixei sua correspondência **em cima da** escrivaninha.

en medio de [en ˈmeðĭo ðe] prep
- El niño estaba jugando **en medio de** la calle.

em meio a, no meio de
- A criança estava brincando **no meio da** rua.

Conceitos espaciais

lejos [ˈlexɔs] *adv*
- Esa calle no está muy **lejos**, podemos ir a pie.

longe
- Esta rua não está muito **longe**, podemos ir a pé.

lejos de [ˈlexɔs ðe] *prep*
- Ramón vive **lejos de** aquí.

longe de
- Ramón vive **longe daqui**.

cerca de [ˈθɛrka ðe] *adv*
- Alberto vive **cerca de** la estación.

perto de
- Alberto mora **perto da** estação.

al lado de [al ˈlaðo ðe] *prep*
- **Al lado de** nuestra casa hay un restaurante.

ao lado de, do lado de
- **Do lado da** nossa casa tem um restaurante.

enfrente de [emˈfrente ðe] *prep*
- **Enfrente del** banco hay un museo.

em frente a, na frente de, diante de
- **Na frente do** banco há um museu.

alrededor de [alrreðeˈðor ðe] *prep*
- El perro está corriendo **alrededor del** árbol.

em volta de, ao redor de
- O cachorro está correndo **em volta da** árvore.

entre [ˈentre] *prep*
- Costa Rica está **entre** Nicaragua y Panamá.
- **Entre** tanta gente, no podía ver a mi hermano.

entre
- A Costa Rica fica **entre** a Nicarágua e o Panamá.
- **Entre** tanta gente, não podia ver meu irmão.

delante de [deˈlante ðe] *prep*
- **Delante de** la iglesia hay una plaza.

em frente a, na frente de, diante de
- **Na frente da** igreja tem uma praça.

atrás [aˈtras] *adv*
- En el coche, los niños deben ir sentados **atrás**.

atrás
- No carro, as crianças devem ir sentadas **atrás**.

adelante [aðeˈlante] *adv*
- Sigue **adelante** y verás de la Plaza Nueva.

adiante
- Siga **adiante** e você verá a Plaza Nueva.

→ Pode-se enfatizar indicações de direção com **hacia**, a fim de se realçar a direção. Na linguagem coloquial, usa-se mais **para**, por exemplo, **para arriba** – **para cima** ou **acima**, **para abajo** – **para baixo** ou **abaixo**, **para fuera** – **para fora**, **para dentro** – **para dentro**, **para atrás** – **para trás**, **para delante** – **para adiante** ou **para a frente**.

→ Quando se quer reforçar **adelante** com **hacia**, é preciso suprimir o **a**: **hacia delante**.

detrás de [deˈtraz ðe] prep
- **Detrás de** mi casa hay un parque.

atrás de, detrás de
- **Atrás da** minha casa tem um parque.

el lado [ˈlaðo] n
- A un **lado** de la calle hay casa, y al otro hay un jardín.

o lado
- De um **lado** da rua tem casas, do outro tem um jardim.

derecho, derecha [deˈretʃo, deˈretʃa] adj
- Yo escribo con la mano **derecha**.

direito
- Eu escrevo com a mão **direita**.

a la derecha [a la ðeˈretʃa] adv
- Después del semáforo hay que girar **a la derecha**.

à direita
- Depois do semáforo, vire à **direita**.

izquierdo, izquierda [iθˈkiɛrðo, iθˈkiɛrða] adv
- El niño se ha roto el brazo **izquierdo**.

esquerdo
- A criança quebrou o braço **esquerdo**.

a la izquierda [a la iθˈkiɛrða] adv
- Mi habitación está **a la izquierda** del baño.

à esquerda
- Meu quarto fica à **esquerda** do banheiro.

arriba [aˈrriβa] adv
- En el ser humano, la cabeza está **arriba** y los pies abajo.

em cima
- No ser humano, a cabeça fica **em cima**, e os pés, embaixo.

abajo [aˈβaxo] adv
- Quédate aquí **abajo**. Yo bajo enseguida.

embaixo
- Fique aqui **embaixo**. Desço já.

(hacia) arriba [(ˈaθia) aˈrriβa] adv
- Mira **hacia arriba**: el cielo está precioso.
➡ adelante p. 373

para cima
- Olhe **para cima**: o céu está maravilhoso.

adentro [aˈðentro] adv
- ¿Vienes **adentro**? Está empezando a llover.
➡ (hacia) arriba p. 374

dentro
- Você vem para **dentro**? Está começando a chover.

debajo de [deˈβaxo ðe] prep
- He encontrado un calcetín **debajo de** la cama.

debaixo de
- Encontrei uma meia **debaixo da** cama.

Conceitos espaciais

bajo, baja [ˈbaxo, ˈbaxa] *adj*
- Este edificio solo tiene dos pisos, así que es **bajo**.

baixo, baixa
- Este edifício tem apenas dois andares, portanto é **baixo**.

alto, alta [ˈalto, ˈalta] *adv*
- En el bosque hay árboles muy **altos**.

alto, alta
- No bosque tem árvores muito **altas**.

la **altura** [alˈtura] *n*
- La torre tiene una **altura** de 80 metros.

a altura
- A torre tem uma **altura** de 80 metros.

ancho, ancha [ˈantʃo, antʃa] *adj*
- Berlín tiene calles muy **anchas**.

largo, larga
- Berlim tem ruas muito **largas**.

estrecho, estrecha [esˈtretʃo, esˈtretʃa] *adj*
- El pasillo es muy **estrecho**, por eso no tiene muebles.

estreito, estreita

- O corredor é muito **estreito**, por isso não tem móveis.

recto [ˈrrɛkto] *adv*
- Tienes que seguir todo **recto** hasta el final de la calle.

reto
- Você tem de ir sempre **reto** até o final da rua.

el **sitio** [ˈsitĩo] *n*
- En este **sitio** estaba la casa donde nació mi abuela.

o **lugar**, o **local**
- Neste **lugar** estava a casa em que nasceu minha avó.

la **dirección** [dire(ɣ)ˈθĩon] *n*
- ¿En qué **dirección** está el aeropuerto?

a direção
- O aeroporto está em qual **direção**?

el **espacio** [esˈpaθĩo] *n*
- Muchos filósofos han escrito sobre el **espacio** y el tiempo.

o **espaço**
- Muitos filósofos escreveram sobre o **espaço** e o tempo.

la **distancia** [disˈtanθĩa] *n*
- La **distancia** entre Barcelona y Valencia es de 350 kilómetros.

a distância
- A **distância** entre Barcelona e Valência é de 350 quilômetros.

amplio, amplia [ˈamplĩo, ˈamplĩa] *adj*
- Mi habitación es muy **amplia**.

amplo, ampla

- Meu quarto é bem **amplo**.

caber [kaˈβɛr] *v*
▶ v irr p. 422 caber
- No va a **caber** tanta ropa en la maleta.

caber

- Não vai **caber** tanta roupa na mala.

superior [supeˈrjɔr] *adv* ■ En la parte **superior** de la casa hay dos habitaciones y un baño.	**superior** ■ Na parte **superior** da casa tem dois quartos e um banheiro.
inferior [imfeˈrjɔr] *adj* ■ En la parte **inferior** de la casa están la entrada, el comedor y la cocina.	**inferior** ■ Na parte **inferior** da casa estão a entrada, a sala de jantar e a cozinha.
interior [inteˈrjɔr] *adj* ■ Metí la carta en el bolsillo **interior** de la chaqueta.	**interno** ■ Botei a carta no bolso **interno** da jaqueta.
exterior [e(k)steˈrjɔr] *adj* ■ El muro **exterior** es muy bajo. Eso es peligroso.	**externo, exterior** ■ O muro **externo** é muito baixo. Isso é perigoso.
acercarse a [aθɛrˈkarse a] *v* ■ Ya **nos** estamos **acercando** al mar.	**aproximar-se de, chegar perto de** ■ Já estamos **nos aproximando do** mar.
alejarse de [alɛˈxarse ðe] *v* ■ La barca se **alejó de** la costa.	**distanciar-se de** ■ O barco **se distanciou da** costa.
contra [ˈkɔntra] *prep* ■ Correr **contra** el viento es más difícil.	**contra** ■ Correr **contra** o vento é mais difícil.
dirigir [diriˈxir] *v* ▶ *v irr* p. 425 exigir ■ Aquel hombre **dirigió** la mirada hacia mí.	**dirigir, lançar** ■ Aquele homem **lançou** o olhar a mim.
dirigirse a [diriˈxirse a] *v* ▶ *v irr* p. 425 exigir ■ La presidenta **se dirigió a** su hotel.	**dirigir-se a** ■ A presidente **se dirigiu** a seu hotel.
cruzar [kruˈθar] *v* ■ Tienes que **cruzar** la plaza y entrar en aquel edificio.	**cruzar** ■ Você tem de **cruzar** a praça e entrar naquele edifício.
atravesar [atraβeˈsar] *v* ■ Una vez **atravesé** el bosque de noche.	**atravessar** ■ Uma vez **atravessei** o bosque à noite.

rodear [rrɔðeˈar] v ■ Tenemos que **rodear** el parque, porque a esta hora está cerrado.	**dar a volta, circundar** ■ Temos de **dar a volta** no parque, porque agora está fechado.
dar(se) la vuelta [dar(se) la ˈβu̯ɛlta] v ■ ¡Nos hemos equivocado! Tenemos que **dar la vuelta**.	**dar a/fazer a volta** ■ Erramos! Temos de **fazer a volta**.

Movimento, velocidade e repouso

moverse [moˈβɛrse] v ▶ v irr p. 426 oler ■ Si **te mueves**, el perro te morderá.	**mover-se, mexer-se** ■ Se você **se mexer**, o cachorro o morderá.
subir [suˈβir] v ■ Como no había ascensor, tuve que **subir** por las escaleras.	**subir** ■ Como não tinha elevador, tive de **subir** pelas escadas.
bajar [baˈxar] v ■ Voy a **bajar** un momento al sótano. ■ Alguien tiene que ayudarme a **bajar** la mesa.	**descer** ■ Vou **descer** um instante ao porão. ■ Alguém tem de me ajudar a **descer** a mesa.
andar [anˈdar] v ▶ v irr p. 422 andar ■ Siempre va en autobús, porque no le gusta **andar**.	**andar** ■ Ela sempre vai de ônibus porque não gosta de **andar**.
caminar [kamiˈnar] v ■ El médico le ha dicho a mi abuelo que debe **caminar** todos los días una hora.	**caminhar** ■ O médico disse a meu avô que ele deve **caminhar** todos os dias por uma hora.
pararse [paˈrarse] v ■ No **te pares** cada vez que veas una tienda.	**parar** ■ Não **pare** sempre que vir uma loja.

➔ Em alguns países da América Latina, **pararse** significa **levantar**.

tumbarse [tumˈbarse] v ■ **Me** voy a **tumbar** en el sofá, porque estoy cansado.	**deitar(-se)** ■ Vou **deitar-me** no sofá porque estou cansado.

Movimento, velocidade e repouso

estar tumbado [esˈtar tumˈbaðo] *v*
- ▶ **v irr** p. 425 estar
- ■ **Estuve tumbado** dos horas en la playa.

ficar deitado
- ■ **Fiquei deitado** duras horas na praia.

sentarse [senˈtarse] *v*
- ▶ **v irr** p. 426 pensar
- ■ **Siéntate** a mi lado.

sentar-se
- ■ **Sente-se** ao meu lado.

estar sentado [esˈtar senˈtaðo] *v*
- ▶ **v irr** p. 425 estar
- ■ **He estado** tantas horas **sentado** que ahora necesito caminar.

estar/ficar sentado
- ■ **Fiquei** tantas horas **sentado** que agora preciso caminhar.

el movimiento [moβiˈmi̯ento] *n*
- ■ Los **movimientos** en el Tai-Chi tienen que ser lentos.

o movimento
- ■ Os **movimentos** no *tai chi* têm de ser lentos.

la velocidad [beloθiˈða(ð)] *n*
- ■ ¿A qué **velocidad** conduces normalmente?

a velocidade
- ■ A que **velocidade** você normalmente dirige?

adelantar [aðelanˈtar] *v*
- ■ En la autopista está prohibido **adelantar** por la derecha.

ultrapassar
- ■ Na autoestrada é proibido **ultrapassar** pela direita.

la prisa [ˈprisa] *n*
- ■ Si no tienes **prisa**, podemos tomar un café.

a pressa
- ■ Se você não estiver com **pressa**, podemos tomar um café.

darse prisa [ˈdarse ˈprisa] *v*
- ▶ **v irr** p. 424 dar
- ■ Tenemos que **darnos prisa** si queremos llegar puntuales.

apressar-se
- ■ Temos de **nos apressar** se quisermos ser pontuais.

➡ Na América Latina diz-se **apurarse** em vez de **darse prisa**. Na Espanha, também se diz **apresurarse**.

caer(se) [kaˈer(se)] *v*
- ▶ **v irr** p. 422 caer
- ■ En otoño **caen** las hojas.

cair
- ■ No outono as folhas **caem**.

saltar(se) [salˈtarse] *v*
- ■ Los ladrones **saltaron** el muro y desaparecieron.

pular
- ■ Os ladrões **pularam** o muro e desapareceram.

el **paso** [ˈpaso] *n*	o **passo**
■ Los niños dan **pasos** pequeños porque tienen las piernas cortas.	■ As crianças dão **passos** pequenos porque têm pernas curtas.

Ir e vir

ir [ir] *v*	**ir**
▶ **v irr** p. 425 ir	
■ ¿**Has ido** ya a casa de tu tía?	■ Você **foi** à casa de sua tia?
■ **Voy** al centro. ¿Necesitas algo?	■ **Vou** ao centro. Precisa de alguma coisa?

irse [ˈirse] *v*	**ir-se, ir embora**
▶ **v irr** p. 425 ir	
■ Me **voy**, pero volveré pronto.	■ Eu **vou embora**, mas volto logo.

venir [beˈnir] *v*	**vir**
▶ **v irr** p. 429 venir	
■ ¿Quieres **venir** esta noche a mi casa?	■ Você quer **vir** esta noite à minha casa?

→ Em espanhol, para a expressão **vou à sua casa**, emprega-se o verbo ir: **Voy a tu casa. – Vou à sua casa.** ou **Voy a donde tú estás. – Vou aonde você está.** O verbo venir – vir só é empregado quando o sujeito vem "para aquele que fala".

venir(se) [beˈnir(se)] *v*	**ir**
▶ **v irr** p. 429 venir	
■ Voy al parque. ¿Te **vienes**?	■ Vou ao parque. Você **vem**?

→ **venirse** é empregado sobretudo na linguagem coloquial. Na linguagem formal ou escrita, prefere-se a forma **venir**.

llegar [ʎeˈɣar] *v*	**chegar**
■ ¿**Ha llegado** ya Manuel?	■ Manuel já **chegou**?

llegar a [ʎeˈɣar a] *v*	**chegar**
■ **Llegamos a** Córdoba a las 10:30.	■ **Chegamos a** Córdoba às 10h30.

entrar [enˈtrar] *v*	**entrar**
■ No quiero que Juan **entre** en mi cuarto.	■ Não quero que Juan **entre** em meu quarto.
■ ¿**Entramos** en la sala?	■ **Entramos** na sala?

Ir e vir

salir [saˈlir] v
▶ v irr p. 427 salir
▪ Tienes que **salir** por esa puerta.

sair
▪ Você tem de **sair** por essa porta.

marcharse [marˈtʃarse] v
▪ Sandra **se marchó** sin despedirse.

ir embora
▪ Sandra **foi embora** sem se despedir.

seguir [seˈɣir] v
▶ v irr p. 428 seguir
▪ Si **sigue** por esta calle, llegará hasta el museo.

seguir, continuar
▪ Se você **seguir** por esta rua, vai chegar ao museu.

volver [bɔlˈβɛr] v
▶ v irr p. 429 volver
▪ Mi hermano **ha vuelto** a España.

voltar
▪ Meu irmão **voltou** à Espanha.

➡ volver e regresar são sinônimos. Este último pode soar um tanto empolado, mas também é empregado na linguagem coloquial: **Mi hermano ha regresado a España.** – Meu irmão voltou para a Espanha.

pasar por [paˈsar pɔr] v
▪ Hoy he **pasado por** tu casa, pero no estabas.

passar em
▪ Hoje **passei em** sua casa, mas você não estava.

pasear [paseˈar] v
▪ Vamos a **pasear** por la playa.

passear
▪ Vamos **passear** pela praia.

aparecer [apareˈθɛr] v
▶ v irr p. 423 conocer
▪ El día de la boda, la novia no **apareció**.

aparecer
▪ No dia do casamento, a noiva não **apareceu**.

presentarse [presenˈtarse] v
▪ **Se presentó** allí de repente, cuando nadie lo esperaba.

aparecer
▪ **Apareceu** ali de repente, quando ninguém o esperava.

desaparecer [despareˈθɛr] v
▶ v irr p. 423 conocer
▪ Mi esposo **ha desaparecido**, creo que lo han secuestrado.

desaparecer
▪ Meu marido **desapareceu**, acho que o sequestraram.

quedarse [keˈðarse] v
▪ ¡**Quédate** aquí, no te vayas!

ficar
▪ **Fique** aqui, não vá embora!

permanecer [pɛrmaneˈθɛr] v

▶ v irr p. 423 conocer
- **Permanecí** mucho tiempo en Francia.

ficar, permanecer

- **Fiquei** muito tempo na França.

➡ Na linguagem coloquial, frequentemente, em vez de **permanecer**, emprega-se o verbo **quedarse**: **Me quedé mucho tiempo en Francia. – Fiquei muito tempo na França.**

perderse [pɛrˈðɛrse] v

▶ v irr p. 426 perder
- ¿Dónde estamos? Creo que **nos hemos perdido**.

perder-se

- Onde estamos? Acho que **nos perdemos**.

Cores e formas

Cores

el **color** [koˈlɔr] *n*	a cor
blanco, blanca [ˈblaŋko, ˈblaŋka] *adj*	branco
negro, negra [ˈneɣro, ˈneɣra] *adj*	preto
amarillo, amarilla [amaˈriʎo, amaˈriʎa] *adj*	amarelo
rojo, roja [ˈrrɔxo, ˈrrɔxa] *adj*	vermelho
colorado, colorada [koloˈraðo, koloˈraða] *adj*	avermelhado, encarnado
azul [aˈθul] *adj*	azul
celeste [θeˈleste] *adj*	azul-celeste
naranja [naˈraŋxa] *adj*	laranja, alaranjado

➡ Os adjetivos de cores derivados de substantivos, como **rosa**, **violeta**, **naranja** etc. são invariáveis no plural e no singular.

verde [ˈbɛrðe] *adj*	verde
violeta [bĭoˈleta] *adj* ➡ naranja p. 382	violeta
marrón [maˈrrɔn] *adj pl* **marrones** [maˈrrɔnes]	marrom
gris [gris] *adj*	cinza
rosa ES, **rosado** AL [ˈrrɔsa, rrɔˈsaðo] *adj* ➡ naranja p. 382	rosa, cor-de-rosa
colorido, colorida [koloˈriðo, koloˈriða] *adj*	colorido, colorida

➡ Em vez de **colorido**, pode-se também dizer **de colores**.	
oscuro, oscura [ɔsˈkuro, ɔsˈkura] *adj*	escuro
la **oscuridad** [ɔsˌkuriˈða(ð)] *n*	a **obscuridade**
la **claridad** [klariˈða(ð)] *n*	a **claridade**
claro, clara [ˈklaro, ˈklara, ˈklaro] *adj*	claro

Formas

la **forma** [ˈfɔrma] *n*	a **forma**
el **círculo** [ˈθirkulo] *n*	o **círculo**
redondo, redonda [rrɛˈðɔndo, rrɛˈðɔnda] *adj*	redondo
la **línea** [ˈlinea] *n*	a **linha**
el **triángulo** [triˈaŋgulo] *n*	o **triângulo**
la **cruz** [kruθ] *n; pl* **cruces** [ˈkruθes] *n*	a **cruz**
la **esquina** [esˈkina] *n*	a **esquina**
➡ **la esquina** designa o lado de fora de uma esquina, enquanto **el rincón** indica o lado de dentro.	
el **rincón** [rriŋˈkɔn] *n; pl* **rincones** [rriŋˈkɔnes] ➡ **esquina** p. 383	o **canto**, o **rincão**
el **borde** [ˈbɔrðe] *n*	a **margem**, a **borda**, a **beirada**, o **canto**
➡ Em alguns casos, emprega-se **el canto** em vez de **el borde** (no sentido de cantos): **el canto de una moneda** – a beirada/o canto de uma moeda, **el canto de un libro** – a lombada de um livro.	
el **cuadrado** [kŭaˈðraðo] *n*	o **quadrado**

cuadrado, cuadrada [kŭaˈðraðo, kŭaˈðraða] *adj*	**quadrado**
el **rectángulo** [rrɛkˈtaŋgulo] *n*	o **retângulo**
recto, recta [ˈrrɛkto, ˈrrɛkta] *adj*	**reto**
plano, plana [ˈplano, ˈplana] *adj*	**plano**
el **punto** [ˈpunto] *n*	o **ponto**
la **punta** [ˈpunta] *n*	a **ponta**
la **esfera** [esˈfera] *n*	a **esfera**
la **flecha** [ˈfletʃa] *n*	a **seta**, a **flecha**

Números e unidades de medidas

Números inteiros

0 cero [ˈθero]	zero

➡ Em espanhol, quando os números inteiros são empregados como substantivos, levam o artigo masculino: **el cero** – o zero, **un uno** – um um, **un dos** – um dois.

1 un, una [un][una]	um

➡ A forma **un** é empregada imediatamente antes dos substantivos: **un hombre, una mujer**. Quando pronominalizado (portanto, quando o substantivo não for expressamente mencionado), emprega-se **uno** para a forma masculina e, da mesma forma, **una** para a feminina: **Allí había solo uno. – Ali havia apenas um** etc.

2 dos [dɔs]	dois
3 tres [tres]	três
4 cuatro [ˈkŭatro]	quatro
5 cinco [ˈθiŋko]	cinco
6 seis [sɛĭs]	seis
7 siete [ˈsĭete]	sete
8 ocho [ˈotʃo]	oito
9 nueve [ˈnŭeβe]	nove
10 diez [dĭeθ]	dez
11 once [ˈɔnθe]	onze
12 doce [ˈdoθe]	doze
13 trece [ˈtreθe]	treze
14 catorce [kaˈtɔrθe]	catorze

15 quince [ˈkinθe]	quinze
16 dieciséis [dĩeθiˈsɛĩs]	dezesseis
17 diecisiete [dĩeθiˈsĩete]	dezessete
18 dieciocho [dĩeθiˈotʃo]	dezoito
19 diecinueve [dĩeθiˈnũeβe]	dezenove
20 veinte [ˈbɛĩnte]	vinte
21 veintiuno, veintiuna [bɛĩntiˈuno, bɛĩntiˈuna]	vinte e um

➡ Diante de substantivos masculinos no plural, diz-se **veintiún**.

22 veintidós [bɛĩntiˈðos]	vinte e dois

➡ Ainda que as palavras **dos**, **tres** e **seis** não sejam acentuadas, por serem monossílabos, pelas regras de acentuação deve-se grafar os compostos **veintidós**, **veintitrés** e **veintiséis** com acento, já que são palavras com mais sílabas, sendo a tônica a última sílaba.

23 veintitrés [bɛĩntiˈtres] ➡ veintidós p. 386	vinte e três
30 treinta [ˈtrɛĩnta]	trinta
31 treinta y uno, treinta y una [ˈtrɛĩnta i ˈuno] [ˈtrɛĩnta i ˈuna]	trinta e um

➡ números a partir de 30 são grafados separadamente, por exemplo, **treinta y dos** – trinta e dois, **treinta y tres** – trinta e três.

40 cuarenta [kŭaˈrenta]	quarenta
50 cincuenta [θiŋˈkŭenta]	cinquenta
60 sesenta [seˈsenta]	sessenta
70 setenta [seˈtenta]	setenta
80 ochenta [oˈtʃenta]	oitenta
90 noventa [noˈβenta]	noventa
100 cien [θĩen]	cem

> ➡ emprega-se **cien** somente para o número 100. Entre 101 e 199 diz-se **ciento**, por exemplo, **ciento uno** – cento e um, **ciento dos** – cento e dois.

115 ciento quince [ˈθiento ˈkinθe] ➡ **100 cien** p. 386	cento e quinze
200 doscientos, doscientas [dɔsˈθientos] [dɔsˈθientas]	duzentos
220 doscientos veinte, doscientas veinte [dɔsˈθientɔs ˈβeĩnte] [dɔsˈθientaz ˈβeĩnte]	duzentos e vinte
300 trescientos, trescientas [tresˈθientɔs] [tresˈθientas]	trezentos
400 cuatrocientos, cuatrocientas [kŭatroˈθientɔs] [kŭatroˈθientas]	quatrocentos
500 quinientos, quinientas [kiˈnientɔs] [kiˈnientas]	quinhentos
600 seiscientos, seiscientas [seĩsˈθientos] [seĩsˈθientas]	seiscentos
700 setecientos, setecientas [seteˈθientɔs] [seteˈθientas]	setecentos
800 ochocientos, ochocientas [otʃoˈθientɔs] [otʃoˈθientas]	oitocentos
900 novecientos, novecientas [noβeˈθientɔs] [noβeˈθientas]	novecentos
1.000 mil [mil]	(um) mil
2.000 dos mil [dɔz mil]	dois mil

> ➡ Ao contrário do que se tem nos compostos com centena, os números inteiros com milhar são escritos um após o outro, e **mil** é invariável, por exemplo, **tres mil** – três mil, **nueve mil** – nove mil.

1.000.000 un millón [un miˈʎɔn]	um milhão

➡️ Ao contrário dos demais números inteiros, **un millón** (assim como **dos millones, tres millones** etc.) exige a preposição **de** antes dos substantivos: **un millón de habitantes** – um milhão de habitantes, **dos millones de personas** – dois milhões de pessoas etc. Mas isso não vale quando após o milhão vierem outros números: **un millón doscientas cincuenta mil personas** – um milhão, duzentas e cinquenta mil pessoas, **dos millones quinientos mil habitantes** – dois milhões e quinhentos mil habitantes.

1.000.000.000 mil millones [Mil mi'ʎɔnes]	um bilhão
el **número** ['numero] *n* ▪ ¿Qué **número** te gusta más? ▪ El **número** de la dirección está mal. ▪ Había allí un gran **número** de niños.	o **número** ▪ De que **número** você mais gosta? ▪ O **número** no endereço está errado. ▪ Havia lá um grande **número** de crianças.

➡️ **número** pode ser abreviado com **nº** ou **núm**.

contar ['kɔn'tar] *v* ▶ v irr p. 423 contar ▪ Mi hijo ya sabe **contar** hasta diez.	contar ▪ Meu filho já sabe **contar** até dez.
la **parte** ['parte] *n* ▪ No vinieron todos, sino tan solo una **parte** de ellos.	a **parte** ▪ Não vieram todos, apenas uma **parte** deles.
la **cifra** ['θifra] *n* ▪ Mi número de teléfono tiene siete **cifras**.	o **algarismo** ▪ Meu número de telefone tem sete **algarismos**.
la **suma** ['suma] *n* ▪ Tenemos que pagar una **suma** de 2.000 euros.	a **soma** ▪ Temos de pagar uma **soma** de 2.000 euros.
el **importe** [im'pɔrte] *n* ▪ El **importe** es demasiado alto: debe haber algún error.	o **valor**, a **importância** ▪ O **valor** é alto demais: deve haver algum erro.
la **diferencia** [dife'renθia] *n* ▪ Si cuesta 20 euros, hoy te pago 15 y mañana te doy la **diferencia**.	a **diferença** ▪ Se custa 20 euros, hoje lhe pago 15 e amanhã lhe dou a **diferença**.
calcular [kalku'lar] *v* ▪ Soy muy lento para **calcular** de cabeza.	calcular ▪ Sou muito lento para **calcular** de cabeça.

sumar [suˈmar] *v* ■ Si **sumas** dos manzanas más tres, tienes cinco manzanas.	**somar** ■ Se **somar** duas maçãs a três, você tem cinco maçãs.

➡ Pode-se também dizer simplesmente: **2 más 3 son 5 – 2 mais 3 são 5**.

restar [rrɛsˈtar] *v* ■ Si a diez le **restamos** tres, el resultado es siete.	**subtrair, diminuir** ■ Se de dez **subtraímos** três, o resultado é sete.

➡ Pode-se também dizer simplesmente: **10 menos 3 es 7 – 10 menos 3 é 7**.

multiplicar [multipliˈkar] *v* ■ tres **multiplicado** por tres es nueve.	**multiplicar** ■ Três **multiplicado** por três é nove.
dividir [diβiˈðir] *v* ■ ¿Sabes **dividir** 153 entre nueve?	**dividir** ■ Você sabe **dividir** 153 por nove?

Números ordinais

primero, primera [priˈmero, priˈmera] *adj*	**primeiro, primeira**

➡ Todos os números ordinais podem ser grafados também em algarismos arábicos. Assim, a forma masculina é grafada com um **o** posposto ao algarismo, enquanto a forma feminina é grafada com um **a** posposto ao algarismo, por exemplo, 1º, 1ª.

➡ Diante de substantivos masculinos no singular, insere-se a forma abreviada, por exemplo, **el primer hijo – o primeiro filho** ou **el tercer libro – o terceiro livro**.

segundo, segunda [seˈɣundo, seˈɣunda] *adj*	**segundo, segunda**
tercero, tercera [tɛrˈθero, tɛrˈθera] *adj* ➡ **primero** p. 389	**terceiro, terceira**
cuarto, cuarta [ˈkŭarto, ˈkŭarta] *adj*	**quarto, quarta**
quinto, quinta [ˈkinto, ˈkinta] *adj*	**quinto, quinta**
sexto, sexta [ˈse(k)sto, ˈse(k)sta] *adj*	**sexto, sexta**

sé(p)timo, sé(p)tima [ˈse(p)timo, ˈse(p)tima] *adj*	sétimo, sétima
octavo, octava [ɔkˈtaβo, ɔkˈtaβa] *adj*	oitavo, oitava
noveno, novena [noˈβeno, noˈβena] *adj*	nono, nona
décimo, décima [ˈdeθimo, ˈdeθima] *adj*	décimo, décima
undécimo, undécima [unˈdeθimo, unˈdeθima] *adj*	décimo primeiro, décima primeira

➡ Em vez de **undécimo** pode-se usar também **décimoprimero**, que tanto pode ser grafado como uma única palavra quanto como duas palavras. Neste caso, ambas as palavras são flexionadas, por exemplo, **la décima primera casa – a décima primeira casa**. Diante de substantivos masculinos pode-se empregar a forma abreviada, como **primer** ou **tercer**. Isso vale também para **duodécimo** ou **décimo segundo**.

duodécimo, duodécima [dŭoˈðeθimo, dŭoˈðeθima] *adj* ➡ undécimo p. 390	décimo segundo, décima segunda
decimotercero, decimotercera [deθimotɛrˈθero, deθimotɛrˈθera] *adj* ➡ undécimo p. 390	décimo terceiro, décima terceira
decimocuarto, decimocuarta [deθimoˈkŭarto, deθimoˈkŭarta] *adj*	décimo quarto, décima quarta
decimoquinto, decimoquinta [deθimoˈkinto, deθimoˈkinta] *adj*	décimo quinto, décima quinta
decimosexto, decimosexta [deθimoˈse(k)sto, deθimoˈse(k)sta] *adj*	décimo sexto, décima sexta
decimoséptimo, decimoséptima [deθimoˈse(p)timo, deθimoˈse(p)tima] *adj*	décimo sétimo, décima sétima
decimoctavo, decimoctava [deθimɔkˈtaβo, deθimɔkˈtaβa] *adj*	décimo oitavo, décima oitava

Números ordinais

decimonoveno, decimonovena [deθimono'βeno, deθimono'βena] *adj*	décimo nono, décima nona
vigésimo, vigésima [bi'xesimo, bi'xesima] *adj*	vigésimo, vigésima
vigésimo primero, vigésima primera [bi'xesimo pri'mero, bi'xesimo pri'mera] *adj*	vigésimo primeiro, vigésima primeira

➡ A partir de **vigésimo primero** – **vigésimo primeiro**, os números ordinais passam a ser grafados em duas palavras.

vigésimo segundo, vigésima segunda [bi'xesimo se'ɣundo, bi'xesimo se'ɣunda] *adj*	vigésimo segundo, vigésima segunda
trigésimo, trigésima [tri'xesimo, tri'xesima] *adj*	trigésimo, trigésima
cuadragésimo, cuadragésima [kŭaðra'xesimo, kŭaðra'xesima] *adj*	quadragésimo, quadragésima
quincuagésimo, quincuagésima [kiŋkŭa'xesimo, kiŋkŭa'xesima] *adj*	quinquagésimo, quinquagésima
sexagésimo, sexagésima [sɛ(ɣ)sa'xesimo, sɛ(ɣ)sa'xesima] *adj*	sexagésimo, sexagésima
septuagésimo, septuagésima [sɛptŭa'xesimo, sɛptŭa'xesima] *adj*	septuagésimo, septuagésima
octogésimo, octogésima [ɔktɔ'xesimo, ɔktɔ'xesima] *adj*	octogésimo, octogésima
nonagésimo, nonagésima [nona'xesimo, nona'xesima] *adj*	nonagésimo, nonagésima
centésimo, centésima [θen'tesimo, θen'tesima] *adj*	centésimo, centésima
milésimo, milésima [mi'lesimo, mi'lesima] *adj*	milésimo, milésima
millonésimo, millonésima [miʎo'nesimo, miʎo'nesima] *adj*	milionésimo, milionésima

Pesos e medidas

el **metro** [ˈmetro] *n*	o **metro**
el **centímetro** [ˈθenˈtimetro] *n*	o **centímetro**
el **milímetro** [miˈlimetro] *n*	o **milímetro**
el **kilómetro** [kiˈlometro] *n*	o **quilômetro**
el **litro** [ˈlitro] *n*	o **litro**
el **gramo** [ˈgramo] *n*	o **grama**
el **kilo** [ˈkilo] *n*	o **quilo**
el **kilogramo** [kiloˈɣramo] *n*	o **quilograma**
la **tonelada** [toneˈlaða] *n*	a **tonelada**
el **grado** [ˈgraðo] *n*	o **grau**
medir [meˈðir] *v* ▶ v irr p. 426 pedir ▪ Esta habitación **mide** casi tres metros de altura.	**medir** ▪ Este quarto **mede** quase três metros de altura.
la **medida** [meˈðida] *n* ▪ Este traje está hecho a la **medida**.	a **medida** ▪ Este traje é feito sob **medida**.
pesar [peˈsar] *v* ▪ La maleta **pesa** demasiado, tengo que sacar algunas cosas.	**pesar** ▪ A mala **pesa** muito, tenho de tirar algumas coisas.
el **peso** [ˈpeso] *n* ▪ En el avión podemos llevar un **peso** de hasta 20 kilos.	o **peso** ▪ No avião podemos levar um **peso** de até 20 quilos.
el **termómetro** [tɛrˈmometro] *n* ▪ Para medir la temperatura, hace falta un **termómetro**.	o **termômetro** ▪ Para medir a temperatura, é preciso um **termômetro**.

Conceitos de quantidade

cuánto, cuánta [ˈkŭanto, ˈkŭanta] *pron*
- ¿**Cuánto** cuesta?
- ¿**Cuántos** hijos tienes?

quanto
- **Quanto** custa?
- **Quantos** filhos você tem?

todo, toda [ˈtoðo, ˈtoða] *adj*
- **Todos** los estudiantes estaban allí.
- Voy al cine **todos** los domingos.
- **Toda** la familia está de acuerdo.

todo, toda
- **Todos** os estudantes estavam lá.
- Vou ao cinema **todo** domingo.
- A família **toda** está de acordo.

➜ Após **todo** emprega-se o artigo.

todo [ˈtoðo] *pron*
- Quiero que me lo cuentes **todo**.

tudo
- Quero que você me conte **tudo**.

entero, entera [enˈtero, enˈtera] *adj*
- He leído el libro **entero** dos veces.

inteiro, inteira
- Li o livro **inteiro** duas vezes.

el trozo [ˈtroθo] *n*
- ¿Quieres un **trozo** de pan?

o pedaço
- Quer um **pedaço** de pão?

mucho, mucha [ˈmutʃo, ˈmutʃa] *adj*
- El día de mi cumpleaños me hicieron **muchos** regalos.

muito, muita
- No dia de meu aniversário ganhei **muitos** presentes.

mucho [ˈmutʃo] *adv*
- Esta ciudad me gusta **mucho**.

muito
- Gosto **muito** desta cidade.

➜ O advérbio **mucho** – **muito** sempre aparece após o verbo. Ao responder uma interrogação, **mucho** é empregado também sozinho quando o adjetivo ou o verbo ficarem implícitos: **¿Te gusta? Sí, mucho. – Agrada-lhe? Sim, muito.**

muy [mŭi] *adv*
- Frank habla **muy** bien español.

muito
- Frank fala espanhol **muito** bem.

➜ **muy** – **muito** determina advérbios e adjetivos.

poco, poca [ˈpoko, ˈpoka] *adj*
- A esta hora hay **pocos** coches en la autopista.

pouco
- A esta hora tem **poucos** carros na via expressa.

poco [ˈpoko] *adv*
- Mi padre siempre come muy **poco**.

pouco
- Meu pai sempre come bem **pouco**.

Conceitos de quantidade

> ➡ Como advérbio, **poco** pode também determinar adjetivos. **Esta novela es poco interesante.** – Este romance não é muito interessante.

nada [ˈnaða] *pron* ■ Llevas toda la mañana aquí y aún no has hecho **nada**.	nada ■ Você está aqui a manhã inteira e ainda não fez **nada**.
algunos, algunas [alˈɣunɔs, alˈɣunas] *pron* ■ En **algunos** países, es peligroso viajar solo. ■ He invitado hoy a **algunos** amigos a cenar.	alguns, algumas ■ Em **alguns** países é perigoso viajar sozinho. ■ Hoje convidei **alguns** amigos para jantar.
unos, unas [ˈunɔs, ˈunas,] *pron* ■ ¿Tienes **unos** minutos?	alguns, algumas, uns, umas ■ Você tem **alguns** minutos?
varios, varias [ˈbaɾios, ˈbaɾias] *adj* ■ Andrés habla **varios** idiomas.	vários, várias ■ Andrés fala vários **idiomas**.
más [mas] *adv* ■ Vosotros dormís **más** que nosotros.	mais ■ Vocês dormem **mais** do que nós.
menos [ˈmenɔs] *adv* ■ Si trabajaras **menos**, tendrías más tiempo para tus hijos.	menos ■ Se você trabalhasse **menos**, teria mais tempo para seus filhos.
ambos, ambas [ˈambɔs] *adj* ■ **Ambos** hermanos están casados.	ambos, ambas ■ **Ambos** os irmãos estão casados.

> ➡ No espanhol atual, **ambos** não é precedido por artigo, pronomes demonstrativos ou possessivos. Em tais casos, em vez de **ambos** usa-se simplesmente **dos: mis dos hijas** – minhas duas filhas, **cada uno de los dos** – cada um dos dois.

bastante [basˈtante] *adv* ■ ¿Todavía no has comido **bastante**? ■ Esta casa es **bastante** vieja.	suficiente, bastante ■ Você ainda não comeu o **suficiente**? ■ Esta casa é **bastante** velha.
suficiente [sufiˈθiente] *adj* ■ Mis conocimientos no son **suficientes** para esta tarea.	suficiente ■ Meus conhecimentos não são **suficientes** para esta tarefa.

Conceitos de quantidade

demasiado, demasiada
[demaˈsĭaðo, demaˈsĭaða] *adj*
- Tengo **demasiadas** camisas, no caben todas en el armario.

demais, demasiado, demasiada
- Tenho camisas **demais**, não cabem todas no armário.

tanto, tanta [ˈtanto, ˈtanta] *adj*
- No creo que hubiera **tanta** gente, seguro que exageras.

tanto
- Não acho que tinha **tanta** gente, você está exagerando.

➡ **tanto** pode ser empregado também como advérbio. Neste caso ele é inserido após o verbo: **No sabía que aquí lloviera tanto.** – **Não sabia que aqui chovia tanto.**

otro, otra [ˈotro, ˈotra] *adj*
- Camarero: **otra** cerveza, por favor.

outro, outra, mais um
- Garçom: **mais uma** cerveja, por favor.

➡ A combinação de **otro/otra** com o artigo indefinido **un/una** não é possível.

poco [ˈpoko] *pron*
- ¿Te sirvo vino? – Sí, pero solo un **poco**.

pouco
- Aceita vinho? – Sim, mas só um **pouco**.

➡ **un poco**, assim como seu equivalente português, pode também ser empregado como locução adverbial: **¿Podrías hablar un poco más alto, por favor?** – **Por favor, você poderia falar um pouco mais alto?**

algo [ˈalɣo] *pron*
- Me gustaría regalarte **algo**.

algo, alguma coisa
- Eu gostaria de lhe dar **alguma coisa**.

aproximadamente
[aprɔ(y)simaðaˈmente] *adv*
- Llegaré **aproximadamente** a las seis.

aproximadamente
- Chegarei **aproximadamente** às seis.

➡ A abreviação mais comum para **aproximadamente** é **aprox.**
➡ Na linguagem coloquial, em vez de **aproximadamente** usa-se com frequência **más o menos**: **Había más o menos 200 personas.** – **Havia mais ou menos 200 pessoas.**

el cuarto [ˈkŭarto] *n*
- Ya habían comido un **cuarto** de jamón.

a quarta parte, o quarto
- Já comeram um **quarto** do presunto.

medio, media [ˈmeðĭo, ˈmeðĭa] *adj*
- Me he comido **medio** pastel.

meio
- Comi **meio** bolo.

Conceitos de quantidade

la **mitad** [mi'ta(ð)] *n*	a **metade**
■ Solo he leído la **mitad** del libro.	■ Li apenas **metade** do livro.

el **contenido** [kɔnte'niðo] *n*
■ ¿Cuál es el **contenido** de esas botellas?

o **conteúdo**
■ Qual é o **conteúdo** dessas garrafas?

contener [kɔnte'ner] *v*
▶ v irr p. 428 tener
■ Esta bebida no **contiene** alcohol.

conter

■ Esta bebida não **contém** álcool.

la **cantidad** [kanti'ða(ð)] *n*
■ Para este pastel necesito una gran **cantidad** de azúcar.

a **quantidade**
■ Para este bolo preciso de uma grande **quantidade** de açúcar.

el **montón** [mɔn'tɔn] *n*
■ ¿Crees que este **montón** de cartas cabe en el cajón?

o **monte**
■ Você acha que este **monte** de cartas cabe na gaveta?

total [to'tal] *adj*
■ En esta lista sale el número **total** de estudiantes.

total, integral
■ Nesta lista sai o número **total** de estudantes.

numeroso, numerosa [nume'roso, nume'rosa] *adj*
■ La policía ha encontrado **numerosas** pruebas.

numerosos, inúmeros

■ A polícia encontrou **numerosas** provas.

el **doble** ['doβle] *n*
■ En mi nuevo trabajo gano el **doble**.

o **dobro**
■ No novo emprego eu ganho o **dobro**.

doble ['doβle] *adj*
■ Póngame una ración **doble** de patatas, por favor.

duplo
■ Por favor, eu gostaria de uma porção **dupla** de batatas.

el **par** [par] *n*
■ Necesito un nuevo **par** de zapatos.

o **par**
■ Preciso de um novo **par** de sapatos.

sobrar [so'βrar] *v*
■ **Ha sobrado** mucha comida, pero no la quiero tirar.

sobrar
■ **Sobrou** muita comida, mas não quero jogar fora.

el **resto** ['rrɛsto] *n*
■ Pepe se marchó pronto, pero el **resto** de invitados se quedó hasta la madrugada.

o **resto**, o **restante**
■ Pepe foi embora cedo, mas o **restante** dos convidados ficou até de madrugada.

Conceitos de quantidade

faltar [fal'tar] *v*
- Nos **faltan** los tomates para hacer la ensalada.

faltar
- **Faltam** tomates para fazer a salada.

ni ... ni [ni ... ni] *conj*
- **Ni** Carmen **ni** Antonio vinieron a la fiesta.

nem ... nem
- **Nem** Carmen **nem** Antonio vieram à festa.

apenas [a'penas] *adv*
- **Apenas** me queda agua.

quase
- **Quase** não tenho mais água.

Classificação – conceitos gerais

Diferença e divisão

solamente [solaˈmente] *adv* ■ De los tres exámenes, he aprobado **solamente** uno.	somente, só, apenas ■ Dos três exames, fui aprovado **apenas** em um.
(tan) solo [(tan) ˈsolo] *adv* ■ De Alemania **solo** conozco Berlín y Hamburgo.	só, apenas ■ Da Alemanha **só** conheço Berlim e Hamburgo.
único, única [ˈuniko, ˈunika] *adj* ■ Es una mujer **única** y de gran generosidad.	único, única, singular ■ É uma mulher **única** e de grande generosidade.
próximo, próxima [ˈpro(γ)simo, ˈpro(γ)sima] *adj* ■ La **próxima** vez vienes tú a mi casa.	próximo, próxima ■ Na **próxima** vez venha à minha casa.
junto, junta [ˈxunto, ˈxunta] *adj* ■ Podemos ir **juntos** a la fiesta.	junto, junta ■ Podemos ir **juntos** à festa.

➡ Esse termo aparece geralmente no plural: **juntos** (ou **juntas** para a forma feminina). A forma singular é empregada em casos como: **Todo el equipo viajaba junto.** O time todo viajava junto ou **Allí estaba toda la gente junta. – Lá todas as pessoas estavam juntas.**

igual [iˈγŭal] *adj* ■ Las dos faldas son **iguales**, pero de color distinto.	igual ■ As duas saias são **iguais**, mas de cores diferentes.
el mismo, la misma [ɛl ˈmizmo, ɛl ˈmizma] *adj* ■ ¡Que causalidad! Él lleva **los mismos** zapatos que tú.	o mesmo, a mesma ■ Que coincidência! Ele está com **os mesmos** sapatos que você.
lo mismo [lo ˈmizmo] *pron* ■ Un barco y una barca no son **lo mismo**.	o mesmo, a mesma coisa ■ Um navio e uma embarcação não são **a mesma coisa**.

Diferença e divisão

otro, otra [ˈotro, ˈotra] *adj*
- Ésa no es la canción que a mí me gusta, ésa es **otra**.

➡ **otro** p. 395

outro, outra
- Essa não é a canção de que eu gosto, essa é **outra**.

diferente [difeˈrente] *adj*
- Mi hermano y yo somos personas muy **diferentes**.
- Mi situación es totalmente **diferente** a la tuya.

diferente
- Eu e meu irmão somos pessoas muito **diferentes**.
- Minha situação é totalmente **diferente** da sua.

➡ Diz-se sempre **diferente a** (no português, a concordância é **diferente de**).

distinto, distinta [disˈtinto, disˈtinta] *adj*
- Tenemos opiniones muy **distintas**.

diferente
- Temos opiniões muito **diferentes**.

la diferencia [difeˈrenθia] *n*
- ¿Cuál es la **diferencia** entre "colegio" y "escuela"?

a diferença
- Qual a **diferença** entre "colégio" e "escola"?

el contrario [kɔnˈtrarĩo] *n*
- El **contrario** de "bueno" es "malo".

o contrário
- O **contrário** de "bom" é "mau".

el tipo [ˈtipo] *n*
- No me gustan las películas de este **tipo**.

o tipo
- Não gosto de filmes desse **tipo**.

la clase [ˈklase] *n*
- En ese país, la sociedad está muy claramente dividida en **clases**.

a classe
- Nesse país, a sociedade está muito claramente dividida em **classes**.

el grupo [ˈgrupo] *n*
- Por la calle caminaba un **grupo** de turistas.

o grupo
- Pela rua caminhava um **grupo** de turistas.

el grado [ˈgraðo] *n*
- Este aparato mide el **grado** de contaminación.

o grau
- Este aparelho mede o **grau** de contaminação.

típico, típica [ˈtipiko, ˈtipika] *adj*
- El gazpacho es un plato **típico** del sur de España.

típico, típica
- O gaspacho é um prato **típico** do sul da Espanha.

normal [nɔrˈmal] *adj*
- No es **normal** que haga tanto calor en abril.

normal
- Não é **normal** que faça tanto calor em abril.

Diferença e divisão

central [θenˈtral] *adj*
- Tomaré un taxi hasta la estación **central**.

central
- Tomarei um táxi até a estação **central**.

principal [prinθiˈpal] *adj*
- El tema **principal** de esta novela es la amistad.

principal
- O tema **principal** deste romance é a amizade.

la comparación [komparaˈθion] *n*
- En **comparación** con otros alumnos, Miguel es muy inteligente.

a comparação
- Em **comparação** com outros alunos, Miguel é muito inteligente.

comparar [kompaˈrar] *v*
- No se puede **comparar** un pueblo con una gran ciudad.

comparar
- Não se pode **comparar** um lugarejo com uma cidade grande.

comparable [kompaˈraβle] *adj*
- Dice que este autor es **comparable** con Kafka.

comparável
- Dizem que este autor é **comparável** a Kafka.

incomparable [iŋkompaˈraβle] *adj*
- Mi abuela fue una mujer **incomparable**.

incomparável
- Minha avó foi uma mulher **incomparável**.

parecido, parecida [pareˈθiðo, pareˈθiða] *adj*
- Tu hermano y tú sois tan **parecidos** que a veces os confundo.

parecido, parecida
- Você e seu irmão são tão **parecidos** que às vezes os confundo.

➡ parecido e similar são sinônimos.

la especie [esˈpeθie] *n*
- En la tienda habla muchas **especies** de flores distintas.

a espécie
- Na loja há muitas **espécies** de flores distintas.

especial [espeˈθial] *adj*
- Este collar solo me lo pongo en ocasiones **especiales**.

especial
- Só uso este colar em ocasiões **especiais**.

especialmente [espeθialˈmente] *adv*
- A mí me encanta el marisco y **especialmente** las gambas.

especialmente
- Gosto de frutos do mar, **especialmente** de camarões.

el **nivel** [ni'βɛl] n ■ En francés estoy todavía en el **nivel** más bajo. ■ A este **nivel**, la política es muy complicada.	o **nível** ■ Em francês ainda estou no **nível** mais iniciante. ■ Nesse **nível**, a política é muito complicada.
la **calidad** [kali'ða(ð)] n ■ La ropa de buena **calidad** es más cara.	a **qualidade** ■ A roupa de boa **qualidade** é mais cara.
la **marca** ['marka] n ■ ¿De qué **marca** son los pantalones que llevas?	a **marca** ■ De que **marca** é a calça que você está usando?
la **serie** ['serie] n ■ El médico me hizo una **serie** de preguntas.	a **série** ■ O médico me fez uma **série** de perguntas.
el **orden** ['ɔrðen] n; pl **órdenes** ['ɔrðenes] ■ ¿En qué **orden** has escrito nuestros nombres?	a **ordem** ■ Em qual **ordem** você escreveu nossos nomes?
la **excepción** [esθeβ'θïɔn] n ■ Esta vez haré una **excepción** y beberé vino.	a **exceção** ■ Desta vez farei uma **exceção** e vou beber vinho.
excepto [es'θɛpto] prep ■ Todos han terminado ya **excepto** tú.	**exceto** ■ Todos já terminaram, **exceto** você.
común [ko'mun] adj; pl **comunes** [ko'munes] ■ Hace unos años no era **común** tener teléfono móvil.	**comum** ■ Há alguns anos não era **comum** ter telefone celular.

➡ **común**, **corriente** e **usual** são sinônimos.

Causa e efeito

por qué [pɔr ke] adv ■ ¿**Por qué** no quieres hablar conmigo?	**por que** ■ **Por que** você não quer falar comigo?

Causa e efeito

porque [pɔrke] *conj*
- No pude ir a trabajar **porque** estaba enferma.

porque
- Não pude ir trabalhar **porque** estava doente.

como [komo] *conj*
- **Como** estaba enferma, no pude ir a trabajar.

como
- **Como** estava doente, não pude ir trabalhar.

ya que [ja ke] *conj*
- No puedo ayudarte, **ya que** no conozco el problema.

já que, uma vez que
- Não posso lhe ajudar, **já que** não conheço o problema.

puesto que [ˈpŭesto ke] *conj*
- Mis padres no saben lo que pasó, **puesto que** no estaban allí.

visto que
- Meus pais não sabem o que aconteceu, **visto que** não estavam lá.

el motivo [moˈtiβo] *n*
- El señor Ramírez deja la empresa por **motivos** personales.

o motivo
- O senhor Ramírez está deixando a empresa por **motivos** pessoais.

la razón [rraˈθɔn] *n*; *pl* **razones** [rraˈθɔnes]
- La **razón** de que no me vaya de viaje es que no tengo dinero.

a razão, o motivo
- A **razão** de eu não viajar é que não tenho dinheiro.

la causa [ˈkaŭsa] *conj*
- La policía está investigando la **causa** del accidente.

a causa
- A polícia está investigando a **causa** do acidente.

el origen [oˈrixen] *n*
- Esta palabra es de **origen** francés.

a origem
- Esta palavra é de **origem** francesa.

causar [kaŭˈsar] *v*
- Un cigarrillo fue lo que **causó** el incendio.

causar
- Um cigarro foi o que **causou** o acidente.

provocar [proβoˈkar] *v*
- La lluvia **ha provocado** muchos atascos.

provocar
- A chuva **provocou** muitos engarrafamentos.

la consecuencia [kɔnseˈkŭenθía] *n*
- La pelea fue tan solo **consecuencia** de un malentendido.

a consequência
- A briga foi tão só a **consequência** de um mal-entendido.

el **efecto** [eˈfɛkto] n
- El **efecto** del alcohol dura varias horas.

o **efeito**
- O **efeito** do álcool dura várias horas.

la **reacción** [rrɛayˈθïon] n
- No esperaba esa **reacción** de ti.

a **reação**
- Não esperava essa **reação** de você.

la **condición** [kɔndiˈθïon] n
- Firma solo si estás de acuerdo con todas las **condiciones**.

a **condição**
- Assine somente se estiver de acordo com todas as **condições**.

a **causa de** [a ˈkaŭsa ðe] prep
- No pudimos continuar a **causa de** la nieve.

por causa de
- Não pudemos continuar **por causa da** neve.

debido a [deˈβiðo] prep
- El avión salió con retraso **debido a** problemas técnicos.

em razão de
- O avião saiu com atraso **em razão de** problemas técnicos.

por eso [pɔr ˈeso] adv
- Tú eres su padre, **por eso** tienes que apoyarle.

por isso
- Você é pai dele, **por isso** tem de apoiá-lo.

por (lo) tanto [pɔr (lo) ˈtanto] adv
- Es nuevo aquí, **por lo tanto** no tiene mucha experiencia.

portanto
- É novo aqui, **portanto** não tem muita experiência.

Modo

el **modo** [ˈmoðo] n
- Ése no es **modo** de tratar a una persona mayor.

o **modo**, a **maneira**, o **jeito**
- Isso não é **jeito** de tratar uma pessoa mais velha.

➡ Geralmente, **la manera**, **el modo** e **la forma** podem ser empregados como sinônimos.

la **forma** [ˈfɔrma] n
- Tu tío tiene una **forma** de hablar muy particular.
➡ **modo** p. 403

a **maneira**, o **modo**, a **forma**
- Seu tio tem um **modo** de falar muito peculiar.

Modo

la manera [ma'nera] *n* ▪ Ésta es la mejor **manera** de aprender vocabulario. ➡ **modo** p. 403	a maneira, o modo, a forma ▪ Esta é a melhor **maneira** de aprender vocabulário.
de esta manera [de 'esta ma'nera] *adv* ▪ Prueba a escribir **de esta manera**. ➡ **modo** p. 403	desta maneira, deste modo, desta forma ▪ Experimente escrever **desta maneira**.
de otra manera [de 'otra ma'nera] *adv* ▪ Para este trabajo tendrás que vestirte **de otra manera**. ➡ **modo** p. 403	de outra maneira, de outro modo, de outra forma ▪ Para este trabalho você vai ter de se vestir **de outra forma**.
de algún modo [de al'ɣun 'modo] *adv* ▪ Tenemos que conseguirlo **de algún modo**. ➡ **modo** p. 403	de alguma maneira, de algum modo, de alguma forma, de algum jeito ▪ Temos de consegui-lo **de algum jeito**.
así [a'si] *adv* ▪ Mira, tienes que hacerlo **así**.	assim ▪ Olhe, é **assim que** você tem de fazer.
de todas formas [de 'toðas 'fɔrmas] *adv* ▪ No tengo ganas de ir al cine, pero **de todas formas** te acompañaré.	mesmo assim, de todo modo ▪ Não tenho vontade de ir ao cinema, **mesmo assim** vou acompanhá-lo.
de ningún modo [de niŋ'gun 'moðo] *adv* ▪ ¡Esto no lo puedes decir **de ningún modo**!	de modo nenhum, de forma alguma, de jeito nenhum ▪ Isso você não pode dizer **de jeito nenhum**!
como ['komo] *adv* ▪ Eres **como** tu padre: igual de gracioso. ▪ No sé **cómo** se llama ese hombre.	como ▪ Você é **como** seu pai: engraçado **como** ele! ▪ Não sei **como** se chama esse homem.
tan [tan] *adv* ▪ ¿Por qué estás **tan** cansado, que has hecho?	tão ▪ Por que você está **tão** cansado, o que você fez?

Modo

tan ... que [tan ... ke] *conj*
- Me siento **tan** mal **que** no puedo levantarme.

tão ... que
- Eu me sinto **tão** mal **que** não posso me levantar.

---

lo ... que [lo ... ke] *adv*
- ¿Ves **lo** bonita **que** es esta ciudad?

como
- Você vê **como** é bonita esta cidade?

---

al menos [al 'menɔs] *adv*
- Ayer trabajé **al menos** doce horas.

no mínimo, pelo menos
- Ontem trabalhei **no mínimo** doze horas.

---

completamente [kɔmpleta'mente] *adv*
- He inventado algo **completamente** nuevo.

completamente, inteiramente
- Inventei algo **completamente** novo.

---

más o menos [mas o 'menɔs] *adv*
- ¿Te ha gustado Madrid? – **Más o menos**.

mais ou menos
- Gostou de Madri? – **Mais ou menos**.

---

por lo menos [pɔr lo 'menɔs] *adv*
- **Por lo menos** podrías disculparte, ¿no?

ao menos, pelo menos
- Você poderia **pelo menos** se desculpar, não?

---

casi ['kasi] *adv*
- Mi abuelo tiene **casi** 90 años.

quase
- Meu avô tem **quase** 90 anos.

---

también [tam'bi̯en] *adv*
- A mí **también** me gustan las películas de Pedro Almodóvar.

também
- **Também** gosto dos filmes de Pedro Almodóvar.

---

normalmente [nɔrmal'mente] *adv*
- **Normalmente** voy en coche al trabajo, pero hoy he ido en bus.

normalmente
- **Normalmente** vou ao trabalho de carro, mas hoje fui de ônibus.

---

el medio ['meði̯o] *n*
- Trabajar es el mejor **medio** para conseguir dinero.

o meio
- Trabalhar é o melhor **meio** de conseguir dinheiro.

---

en general [eŋ xene'ral] *adv*
- Los puertorriqueños son **en general** gente alegre.

em geral
- Os porto-riquenhos são **em geral** pessoas alegres.

---

en realidad [en rrɛaliða(ð)] *adv*
- **En realidad** no sé para qué hemos venido.

na verdade, em realidade
- **Na verdade** não sei por que viemos.

verdaderamente [bɛrðaðeraˈmente] *adv* ■ Tu ayuda ha sido **verdaderamente** muy importante, ¡gracias!	realmente, verdadeiramente ■ Sua ajuda foi **realmente** muito importante, obrigado!
efectivamente [efɛktiβaˈmente] *adv* ■ Dijo que vendría y, **efectivamente**, ha venido.	efetivamente, com efeito, de fato ■ Disse que vinha e **de fato** veio.
poco a poco [ˈpoko a ˈpoko] *adv* ■ Nos iremos conociendo mejor **poco a poco**.	pouco a pouco ■ Vamos nos conhecendo melhor **pouco a pouco**.
incluso [iŋˈkluso] *adv* ■ Luis ha estado en muchos países, **incluso** en Nueva Zelanda.	até mesmo, incluindo, inclusive ■ Luis esteve em muitos países, **incluindo** a Nova Zelândia.
por casualidad [pɔr kaˈsu̯aliˈða(ð)] *adv* ■ Me encontré a Marcos **por casualidad** en una tienda.	por acaso, casualidade ■ Encontrei Marcos **por acaso** numa loja.

➡ Para casualidade pode-se também dizer casualmente ou por azar.

de repente [de rrɛˈpente] *adv* ■ Estaba durmiendo y, **de repente**, sonó el teléfono.	de repente ■ Eu estava dormindo e, **de repente**, tocou o telefone.
en vano [em ˈbano] *adv* ■ Siento que hayas tenido que venir **en vano**.	em vão ■ Sinto que você tenha vindo **em vão**.

Termos estruturais

Artigo

el, la [ɛl, la]	o, a, do, da
lo [lo]	o

➡ Com **lo** podem ser substantivados adjetivos, pronomes possessivos e indefinidos, alguns numerais ordinais (sobretudo **primero**), particípios e mesmo advérbios, quando essas palavras são usadas em sentido geral ou abstrato.

los, las [lɔs, las] (*pl*)	os, as
un, una [un, una]	um, uma

➡ O artigo indefinido é usado com expressões como **hay** para se nomear algo cuja identidade se desconhece.

uno, una ['uno, 'una]	um, uma

➡ Se o artigo masculino for usado de modo substantivado, deve-se optar por **uno**.

unos, unas ['unɔs, 'unas] (*pl*)	uns, umas

➡ A forma plural do artigo indefinido é empregada para indicar uma quantidade aproximada.

Pronomes

Pronomes pessoais

yo [jo] — eu
- Tú sabes español, pero **yo** no.
- Você sabe espanhol, mas **eu** não.

➡ Os pronomes pessoais só são usados na prática quando necessários para se distinguir pessoas diferentes ou para enfatizá-las. Os pronomes pessoais também podem, por vezes, aparecer depois do verbo, por exemplo, **Abre, soy yo. – Abra, sou eu.**

tú [tu]
- **Tú** eres cubano, ¿verdad?
→ **yo** p. 407

tu, você
- **Você** é cubano, não?

→ Em alguns países da América Latina (sobretudo na Argentina e no Uruguai), usa-se **vos** em vez de **tú** nas formas de tratamento familiares.

él [ɛl]
- **Él** nunca miente.
→ **yo** p. 407

ele
- **Ele** nunca mente.

ella [ˈeʎa]
- Mónica habla de un autor que **ella** conoce.
→ **yo** p. 407

ela
- Mônica fala de um autor que **ela** conhece.

nosotros, nosotras [noˈsotrɔs, noˈsotras]
- **Nosotras** no cocinamos en casa; eso lo hacen nuestros maridos.
→ **yo** p. 407

nós
- **Nós** não cozinhamos em casa; isso fica por conta de nossos maridos.

vosotros, vosotras ES [boˈsotrɔs, boˈsotras]
- Yo ya me voy. ¿**Vosotros** os quedáis un rato más?
→ **yo** p. 407

vós, vocês
- Eu já vou. **Vocês** vão ficar um pouco mais?

ellos, ellas [ˈeʎos, ˈeʎas]
- Queremos sorprender a Juana y María, **ellas** aún no saben nada.
→ **yo** p. 407

eles
- Queremos fazer surpresa para Juana e María; **elas** ainda não sabem de nada.

me [me]
- A mi **me** gusta esta película.
- Nadie **me** quiere.

me, a mim
- Este filme **me** agrada.
- Ninguém **me** quer.

→ Em espanhol, é comum empregar dois pronomes para um único objeto, a fim de se evitar equívocos ou se realçar pessoas, por exemplo **a mí** e **me**, **a ti** e **te**, **a ellos** e **les** etc.

te [te]
- ¿A ti **te** gusta esta película?
- ¿Por qué piensas que nadie **te** comprende?
→ **me** p. 408

te, o/a/lhe
- Esse filme **lhe** agrada?
- Por que você acha que ninguém **o** entende?

le [le]
- **Dile** que venga, por favor.
- A ella no **le** gusta esta película.
→ **me** p. 408

lhe, a ele, a ela
- Diga-**lhe** que venha, por favor.
- Esse filme não agrada **a ela**.

→ Se dois pronomes aparecerem juntos, o **le** se converte em **se**, uma vez que não há a combinação **le lo** e **le la**, por exemplo **(el libro) se lo doy a él – vou lhe (o livro)** ou **(la taza) se la doy a él – vou dar (o copo) a ele.**

lo [lo]
- ¿Has visto a Pedro? – No, no **lo** he visto.
- ¡Quiero que me **lo** cuentes!

o
- Você viu Pedro? – Não, não **o** vi.
- Quero que você **(o)** conte para mim!

→ Na Espanha usa-se também, frequentemente, **le** em vez de **lo**, quando se trata de pessoa do sexo masculino, por exemplo, **¿Has visto a Pedro? – No, no le he visto.**

la [la]
- ¿Puedo usar la fuente? – Si, tóma**la**.

a, la
- Posso usar a fonte? – Sim, use-**a**.

se [se]
- A él no **se** lo he contado todavía.
- ¿Has oído eso de Emilia? **Se** lo robaron todo.
→ **le** p. 409

a ele, a ela, lhe, dele, dela
- Ainda não o contei **a ele**.
- Ficou sabendo do caso de Emilia? Roubaram-**lhe** tudo.

→ **le, les** é substituído por **se** quando dois pronomes pessoais aparecerem juntos.

se [se]
- Los niños **se** están aburriendo.

se
- As crianças estão **se** entediando.

nos [nɔs]
- A nosotros nadie **nos** ha visto llegar.
→ **me** p. 408

nos
- Ninguém **nos** viu chegar.

os ES [ɔs]
- ¿Dónde estábais? **Os** he buscado por todas partes.
→ **vosotros** p. 408

vós, vocês
- Onde vocês estavam? Eu **os** procurei por toda parte.

les [es]
- Los niños están en el jardín, **les** llevaré bebidas.
➔ **vosotros** p. 408

lhes, a eles, a elas
- As crianças estão no jardim, vou levar-**lhes** as bebidas.

los, las [lɔs, las]
- ¿Conoces a estos hombres? – No, no **los** conozco.

os, as
- Você conhece esses homens? Não, não **os** conheço.

➔ Na Espanha, frequentemente se emprega o pronome **les** em vez de **los**, por exemplo, **No les conozco. – Não os conheço.** Para coisas se diz apenas **los**.

mí [mi]
- A **mí** me gusta mucho esta novela.
- ¿Por qué siempre hablamos sobre **mí** y no sobre ti?
➔ **me** p. 408

me
- Este romance **me** agrada bastante.
- Por que falamos sempre sobre **mim**, e não sobre você?

➔ As formas **mí, tí, sí, él, ella** etc. são acentuadas, ao contrário de **me, te, le, lo, la** etc., e são preposicionadas: **para mí, hacia ti, a él** etc. Uma exceção são as preposições **entre, menos, excepto, según, salvo**, em seguida às quais o pronome é nominativo.

conmigo [kɔn'miɣo]
- ¿Vienes **conmigo** a la fiesta?

comigo
- Você vai **comigo** à festa?

ti [ti]
- ¿A **ti** te ha pasado eso alguna vez?
- Este regalo es para **ti**.
➔ **mí** p. 410
➔ **me** p. 408

ti, contigo, para/com você
- Isso já aconteceu **com você** alguma vez?
- Este presente é **para você**.

contigo [kɔn'tiɣo]
- Me gusta estar **contigo**.
➔ **mí** p. 410
➔ **me** p. 408

contigo, com você
- Gosto de estar **com você**.

él [ɛl]
- Hoy he hablado con **él**.
- A **él** no lo había visto, pero a ti sí.

ele, o
- Hoje falei com **ele**.
- Não **o** vi, mas você sim.

➔ Para pessoas, tanto o objeto direto como o indireto são precedidos por **a**.

Pronomes pessoais

ella [ˈeʎa] ■ Ayer fui al parque con **ella**. ➡ **mí** p. 410 ➡ **me** p. 408	**ela** ■ Ontem fui ao parque com **ela**.
la [la] ■ ¿Puedo usar **la** taza? – Sí, tómala.	**a** ■ Posso usar o copo? – Sim, pegue-**o**.
sí [si] ■ Juan nunca piensa en **sí** mismo.	**si** ■ Juan nunca pensa em **si** mesmo.
consigo [konˈsiɣo] ■ María no está satisfecha **consigo**.	**consigo** ■ María não está satisfeita **consigo**.
nosotros, nosotras [noˈsotrɔs, noˈsotras] ■ ¿Vienes con **nosotros** al cine? ➡ **mí** p. 410	**nos, conosco** ■ Você vem **conosco** ao cinema?
vosotros, vosotras ES [boˈsotrɔs, boˈsotras] ■ Esto lo he hecho por **vosotros**. ➡ **vosotros** p. 408 ➡ **mí** p. 410	**vós, vocês** ■ Fiz isso para **vocês**.
ellos, ellas [ˈeʎɔs, ˈeʎas] ■ Con **ellos** no se puede hablar en serio.	**eles** ■ Com **eles** não se pode falar a sério.
se [se] ■ Mis padres necesitan mi coche, así que **se** lo he prestado. ➡ **se** p. 409	**para eles, lhes** ■ Meus pais estão precisando de meu carro, por isso emprestei **para eles**.
usted [usˈte(ð)]; *pl* **ustedes** [usˈteðes] ■ ¿Puedo hablar un momento con **usted**? ➡ **mí** p. 410	o **senhor**, a **senhora** ■ Posso falar um momento com o **senhor**?

➡ **usted** e **ustedes** são pronomes da 3ª pessoa do singular e do plural, respectivamente. Na América Latina, de modo geral, também para pessoas com as quais se "tuteia", costuma-se usar **ustedes** em vez de **vosotros, vosotras**. As formas dos objetos direto e indireto correspondem às da 3ª pessoa do singular ou do plural. As abreviações por escrito para **usted, ustedes** são **Ud., Uds.** e **Vd., Vds.**

ustedes [us'teðes] ■ ¿Son **ustedes** españolas? ➜ **usted** p. 411	o **senhor**, a **senhora** ■ As **senhoras** são espanholas?
le [le] ■ ¿**Le** traigo la comida?	**lhe, a você** ■ Posso **lhe** trazer a comida?
se [se] ■ Ha venido mi hermana, **se** la voy a presentar. ➜ **se** p. 424	**lhe(s), ao senhor(es), à senhora(s)** ■ Minha irmã chegou, vou apresentá-la ao **senhor**.
les [les] ■ Espero que **les** guste Galicia.	**lhe(s), ao senhor(es), à senhora(s)** ■ Espero que a Galicia **lhes** agrade.

Pronomes possessivos

mi [mi]; *pl* **mis** [mis]	meu
mío, mía ['mio, 'mia]; *pl* **míos** ['miɔs] *pl f* **mías** ['mias]	minha

➜ Os pronomes possessivos tônicos aparecem sozinhos ou após o substantivo: **Iré con una amiga mía. – Irei com uma amiga minha.** Em ligação com o artigo, são usados os pronomes possessivos tônicos: **el mío – o meu**.

tu [tu]; *pl* **tus** [tus]	teu
tuyo, tuya ['tujo, 'tuja]; *pl* **tuyos, tuyas** ['tujɔs, 'tujas] ➜ **mío** p. 412	teu
su [ver orig.]; *pl* **sus** [ver orig.]	seu, sua, dele, dela

➜ Uma vez que **su** tem outros significados, **su coche** pode se referir ao **seu carro, o carro dele, o carro dela**. Com base no contexto, pode-se depreender de qual pessoa se está falando.

suyo, suya ['sujo, 'suja]; *pl* **suyos, suyas** ['sujɔs, 'sujas] ➜ **mío** p. 412	seu, sua, dele, dela

nuestro, nuestra ['nŭestro, 'nŭestra]; *pl* **nuestros, nuestras** ['nŭestros, 'nŭestras]

nosso, nossa

➡ mío p. 412

vuestro, vuestra ES ['bŭestro, 'bŭestra]; *pl* **vuestros, vuestras** ['bŭestros, 'bŭestras]

vosso, vossa

➡ mío p. 412

➡ Uma vez que o pronome pessoal **vosotros, vosotras** não é empregado na América Latina, e lá também não se usa o pronome possessivo correspondente (**vuestro, vuestra**). Em vez disso, o pronome possessivo empregado para **ustedes** é **su** ou **suyo**.

Pronomes demonstrativos

este, esta ['este, 'esta]; *pl* **estos, estas** ['estɔs, 'estas] *pl f* **estas** ['estas]

este, esta

➡ O pronome possessivo **este, esta** é empregado para indicar aquilo que se encontra nas proximidades imediatas de quem está falando. O advérbio correspondente é **aquí** – aqui.
➡ É possível, mas não obrigatório, que os pronomes demonstrativos **este, ese, aquel**, quando não seguidos por nenhum substantivo, sejam grafados com acento, a título de diferenciação: **¿Cuál de los dos libros prefieres? Me gusta más éste.** – Qual dos livros você prefere? Eu gosto mais deste.

esto ['esto]

isto

➡ **esto, eso** e **aquello** aparecem sempre sozinhos.
➡ As formas "neutras" **esto, eso** e **aquello** nunca são grafadas com acento, já que nunca são sucedidas por um substantivo.

ese, esa ['ese, 'esa]; *pl* **esos, esas** ['esɔs, 'esas]

esse

➡ este p. 413

➡ O pronome demonstrativo **ese, esa** é empregado para indicar aquilo que estiver nas proximidades do falante, mas não é tangível. O advérbio correspondente é **ahí**.

eso [ˈeso] ➡ **esto** p. 413 ➡ **ese** p. 413	isso
aquel, aquella [aˈkɛl, aˈkɛlla]; *pl* **aquellos, aquellas** [aˈkɛʎɔs, aˈkɛʎas] ➡ **este** p. 413	aquele

➡ **aquel, aquella** relaciona-se sempre com algo que nem está nas proximidades do falante nem do que é mencionado. Os advérbios correspondentes são **allí, allá (lá)**.

aquello [aˈkeʎo] ➡ **aquel** p. 414 ➡ **esto** p. 413	aquilo

Pronomes relativos

que [ke]	que
que [ke]; *pl* **los que, las que** [lɔs ke, las ke]	(o) que
lo que [lo ke]	(o) que
quien [ki̯ɛn]; *pl* **quienes** [ˈki̯enes]	quem

➡ como pronome relativo, **quien** refere-se sempre a uma pessoa.

cuyo, cuya [ˈkujo, ˈkuja]; *pl* **cuyos** [ˈkujɔs] *pl f* **cuyas** [ˈkujas]	cujo, cuja
cual [ku̯al]	qual

➡ Na língua falada, **cual** não é muito usado. Usa-se mais **el que, la que**, por exemplo, **Este es el vecino con el que tuve una discusión. – Esse é o vizinho com quem tive uma discussão.**

lo cual [lo ku̯al]; *pl* **los cuales** [lɔs ˈku̯ales] *pl f* **las cuales** [las ˈku̯ales]	o qual

Pronomes interrogativos

qué [ke]	que, o qual

➡ Também em interrogações indiretas, **qué** é grafado sempre com acento.

quién [kĭen]; *pl* **quiénes** [ˈkĭenes]	quem

➡ **quién** e **quiénes** referem-se exclusivamente a pessoas.

cuál [kŭal]; *pl* **cuáles** [ˈkŭales]	qual

➡ **cuál** e **cuáles** se referem a uma escolha entre mais pessoas ou coisas. Ao contrário de **qué**, aparecem sozinhos, e não junto a um substantivo.

Pronomes indefinidos

mismo, misma [ˈmizmo, ˈmizma]	**mesmo**
alguien [ˈalɣĭen]	**alguém**
algún, alguna [alˈɣun, alˈɣuna]; *pl* **algunos, algunas** [alˈɣunɔs, alˈɣunas]	**algum, alguma**

➡ Diante de substantivos masculinos no singular insere-se **algún** ou **ningún**, por exemplo, Si quieres, puedes traer a algún amigo. – Se quiser, pode trazer algum amigo. Ou: ¿No tienes ningún amigo? – Você não tem nenhum amigo? Quando o substantivo não é mencionado explicitamente, emprega-se **alguno** ou **ninguno**, por exemplo, Si quieres, puedes venir com alguno de ellos. – Se você quiser, pode vir com algum deles. E: Ninguno de ellos puede venir conmigo. – Nenhum deles pode vir comigo.

alguno, alguna [alˈɣunɔ, alˈɣuna]	**algum, alguma**
➡ **algún** p. 415	
ningún, ninguna [niŋˈgun, niŋˈguna];	**nenhum, nenhuma**
ninguno, ninguna [niŋˈguno, niŋˈguna]	**nenhum, nenhuma**
➡ **algún** p. 415	
nadie [ˈnaðie]	**ninguém**

cualquiera [kŭalˈkĭera]	**qualquer**

➡ A forma plural é **cualesquiera**, raramente empregada.

cualquier [kŭalˈkĭɛr]	**qualquer**
cada [ˈkaða] ➡ **cualquier** p. 416	**cada**

➡ **cada** é um pronome invariável. Geralmente acompanha um substantivo no singular, mas também substantivos no plural, que são introduzidos ou precedidos por um número inteiro: **Tengo que viajar cada tres meses. – Tenho de viajar a cada três meses.**

cada uno [ˈkaða ˈuno]; *f* **cada una** [ˈkaða ˈuna]	**cada um**
todo el mundo [ˈtoðo ɛl ˈmundo] ➡ **cualquier** p. 416	**todo mundo**
uno [ˈuno]; *f* **una** [ˈuna]	**a gente**
se [se]	**se**

Preposições

a [a] ■ ¿Qué libros le gustan **a** Mariano? ➡ **a** p. 383	**a** ■ Que livros agradam **a** Mariano?

➡ O objeto indireto, em espanhol, normalmente rege a preposição **a**. Além disso, quando se trata de pessoas, o objeto direto também apresenta a preposição **a**.

de [de] ■ ¿Puedo usar el coche **de** Ángela? ■ Alfredo es el **de** la barba, ¿lo ves? ■ Lloro **de** alegría. ➡ **de** p. 383	**de** ■ Posso usar o carro **de** Ángela? ■ Alfredo é o **de** barba, está vendo? ■ Estou chorando **de** alegria.

➡ Tal como em português, em espanhol, a preposição **de** indica pertencimento. Além disso, essa preposição é usada para indicar o material de que algo é feito: **el puente de madera – a ponte de madeira.**

Preposições

con [kɔn]
- Hoy hemos desayunado churros **con** chocolate.

com
- Tivemos churros **com** chocolate no café da manhã.

en [en]
- Vamos a la playa **en** coche.
- ¿Sabes contar **en** alemán?

em, de
- Vamos à praia **de** carro.
- Você sabe contar **em** alemão?

para [ˈpara]
- He reservado un pasaje **para** el 16 de abril.
- Esto lo dejamos **para** mañana; ahora no tengo tiempo.
- Voy a viajar a Chile **para** aprender español.

a, para
- Reservei uma passagem **para** 16 de abril.
- Isto deixaremos **para** amanhã; agora não tenho tempo.
- Vou viajar ao Chile **para** aprender espanhol.

por [pɔr]
- Joaquín haría cualquier cosa **por** dinero.
- He venido **por** Julia.
- La Alhambra de Granada fue construida **por** los árabes.

➡ **para** p. 417

por
- Joaquín faria qualquer coisa **por** dinheiro.
- Vim **por** Júlia.
- A Alhambra de Granada foi construída **pelos** árabes.

sin [sin]
- Yo tomo el café **sin** azúcar.

sem
- Eu tomo café **sem** açúcar.

sobre [ˈsoβre]
- Juana y Ramón siempre hablan **sobre** política.

sobre, de
- Juana e Ramón sempre falam **sobre** política.

según [seˈyun]
- **Según** mi madre, este cuadro es demasiado moderno.
- **Según** las leyes de este país, no se puede vender droga.
- **Según** esté el tiempo, voy a hacer footing o no.

segundo, conforme, de acordo com
- **Segundo** minha mãe, este quadro é moderno demais.
- **De acordo com** as leis deste país, não se pode vender drogas.
- **Conforme** esteja o tempo, vou correr ou não.

a pesar de [a peˈsar ðe]
- **A pesar del** mal tiempo, pudimos llegar hasta el hotel.

apesar de
- **Apesar do** mau tempo, pudemos chegar ao hotel.

en caso de [eŋ ˈkaso ðe]
- Los bomberos nos explicaron lo que tenemos que hacer **en caso de** incendio.

em caso de
- Os bombeiros nos explicaram o que temos de fazer **em caso de** incêndio.

Conjunções

aunque [ˈaŭŋke] conj
- **Aunque** tengo tres hijos, tengo mucho tiempo para mí.
- Voy a salir, **aunque** haga frío.

mesmo que, ainda que
- **Ainda que** eu tenha três filhos, tenho muito tempo para mim.
- Vou sair, **mesmo que** esteja frio.

➡ **Aunque** em orações no modo indicativo significa **ainda que** e em orações no modo subjuntivo, **mesmo que**.

de manera que [de maˈnera ke] conj
- Estaba muy cansado, **de manera que** no se daba cuenta de lo que hacía.
- No quería ir sola al cine, **de manera que** llamé a mi prima.

de maneira/modo/forma que, então, por isso
- Estava muito cansado, **de modo que** não se dava conta do que fazia.
- Não queria ir sozinha ao cinema, **então** chamei minha prima.

como si [ˈkomo si] conj
- Hablas **como si** fueras mi padre.

como se
- Você fala **como se** fosse meu pai.

que [ke] conj
- Ya sé **que** te vas de vacaciones.

que
- Estou sabendo **que** você vai sair de férias.

para que [ˈpara ke] conj
- Viajamos a Chile **para que** mis hijos aprendan español.

para que
- Viajamos ao Chile **para que** meus filhos aprendessem espanhol.

pues [pŭes] conj
- ¿Quién te ha llamado? – **Pues**... un amigo que no conoces.
- Tengo hambre. – **Pues** si quieres comemos algo en este restaurante.
- Ya conoces a mis hijos, ¿no? – **Pues** no.

pois, então, na verdade
- Quem ligou para você? – **Então**... foi um amigo que você não conhece.
- Estou com fome. – **Pois** se você quiser, comemos algo neste restaurante.
- Você já conhece meus filhos, não? – **Na verdade**, não.

➡ **pues** é usado sobretudo na língua falada e muda de sentido dependendo da "entonação" e do conteúdo do que é dito. Com frequência é um expletivo, por exemplo, para expressar hesitação, ou então, em uma proposta de solução, quando se quer expressar o contrário de algo que já foi dito ou quando se quer dar a entender que se passou algo de errado.

pues (entonces) [enˈtonθes] conj
- ¿No quieres venir? **Pues** me enfado.

então, assim (sendo), desse modo
- Você não quer vir? **Assim** eu fico irritado.

si [si] *conj*
- **Si** César viene mañana, le daré sus libros.
- No sabemos **si** Maite viene.

se
- **Se** César vier amanhã, darei a ele seus livros.
- Não sabemos **se** Maite vem.

si no [si no] *conj*
- Come más despacio, **si no**, te dolerá la barriga.
- Creo que podré estar aquí a las cinco, y **si no**, pues te llamo.

senão, ou então, caso contrário
- Coma mais devagar, **senão** vai lhe dar dor de barriga.
- Acho que poderei estar aqui às cinco; **caso contrário**, ligo para você.

sin embargo [sin em'baryo] *adv*
- Salvador no tiene mucho talento y, **sin embargo**, tiene mucho éxito.

no entanto, não obstante
- Salvador não tem muito talento e, **no entanto**, é muito bem-sucedido.

sin que [siŋ ke] *conj*
- Alfonso cogió el dinero **sin que** nadie le viera.

sem que
- Alfonso tirou o dinheiro **sem que** ninguém o tivesse visto.

➡ **sin que** rege verbos no modo subjuntivo.

Anexos

Verbos auxiliares e modais

Vocabulário básico

ser [sɛr] v — ser
▶ **v irr** p. 428 ser

➡ O verbo **ser** é empregado para elucidar nome, origem, profissão, definição, identificação ou material. Também é usado em expressões impessoais para valor e juízo, acontecimentos temporais ou espaciais ou para horas do dia. Em predicativos nominais, alguns adjetivos são ligados ao sujeito sempre pelo verbo **ser**, por exemplo, **inteligente, necesario, probable, lógico, posible** etc. Além disso, **ser** é empregado como verbo auxiliar na formação da voz passiva.

poder [po'dɛr] v — poder
▶ **v irr** p. 426 poder

haber [a'bɛr] v — ter
▶ **v irr** p. 425 haber

➡ **haber** é empregado sobretudo como verbo auxiliar na formação de tempos compostos do perfeito (indicativo e subjuntivo), por exemplo, **he sido, haya sido**; do mais que perfeito (indicativo e subjuntivo), por exemplo, **había dormido, hubiera dormido**; do condicional, por exemplo, **habría cantado**; do futuro (futuro perfeito), por exemplo, **habré puesto**.

hay [aĭ] v — há, existe
▶ **v irr** p. 425 hay

➡ **hay** é uma forma irregular da 3ª pessoa do singular de **haber**. Por isso, as outras formas (passado, infinitivo etc.) são as mesmas desse verbo. É empregado em ligação com o artigo indefinido, adjetivos, substantivos sem artigo e numerais.

hay que [aĭ ke] v — deve-se
▶ **v irr** p. 425 hay

tener que [te'nɛr ke] *v* ▶ **v irr** p. 428 tener	ter de
hacer [a'θɛr] *v*; ▶ **v irr** p. 425 hacer	fazer
ir a [ir a] *v*; ▶ **v irr** p. 425 ir	ir

➡ Com **ir a**, pode-se constituir uma forma futura, frequentemente usada como alternativa ao futuro simples, por exemplo: **Pasado mañana vamos a viajar a Argentina. – Depois de amanhã vamos viajar à Argentina. Vamos empezar en seguida – Vamos começar em seguida.** Na maioria dos casos, são expressas ações a serem realizadas em um futuro próximo ou ações do futuro simples.

pensar [pen'sar] *v* ▶ **v irr** p. 427 querer	pensar, planejar
llevar [ʎe'βar] *v*	levar (tempo)
estar [es'tar] *v*	estar
seguir [se'ɣir] *v* ▶ **v irr** p. 428 seguir	seguir, continuar
volver a [bɔl'bɛr a] *v* ▶ **v irr** p. 429 volver	voltar a fazer algo
empezar a [empe'θar] *v* ▶ **v irr** p. 426 pensar	começar a
acabar de [aka'βar ðɛ] *v*	acabar de
dejar de [dɛ'xar de] *v*	deixar de

Verbos irregulares

acertar
pres.: acierto, aciertas, acierta, acertamos, acertáis, aciertan

subj.: acierte, aciertes, acierte, acertemos, acertéis, acierten

analizar
indef.: analicé

subj.: analice, analices, analice, analicemos, analicéis, analicen

andar
indef.: anduve, anduviste, anduvo, anduvimos, anduvisteis, anduvieron

apagar
indef.: apagué

subj.: apague, apagues, apague, apaguemos, apaguéis, apaguen

averiguar
indef.: averigüé

subj.: averigüe, averigües, averigüe, averigüemos, averigüéis, averigüen

caber
pres.: quepo
indef.: cupe, cupiste, cupo, cupimos, cupisteis, cupieron

subj.: quepa, quepas, quepa, quepamos, quepáis, quepan
fut.: cabré

caer
pres.: caigo
indef.: caí, caíste, cayó, caímos, caísteis, cayeron
part.: caído

subj.: caiga, caigas, caiga, caigamos, caigáis, caigan
ger.: cayendo

coger
pres.: cojo

subj.: coja, cojas, coja, cojamos, cojáis, cojan

colgar
pres.: cuelgo, cuelgas, cuelga, cuelgan
subj.: cuelgue, cuelgues, cuelgue, cuelguen

indef.: colgué

comunicar
indef.: comuniqué

subj.: comunique, comuniques, comunique, comuniquemos, comuniquéis, comuniquen

concernir
pres.: concierne, conciernen   *subj.*: concierna, conciernan

conducir
pres.: conduzco, conduces
indef.: conduje, condujiste, condujo, condujimos, condujisteis, condujeron
subj.: conduzca, conduzcas, conduzca, conduzcamos, conduzcáis, conduzcan

conocer
pres.: conozco
subj.: conozca, conozcas, conozca, conozcamos conozcáis, conozcan

construir
pres.: construyo, construyes, construye
indef.: construyó, construyeron
ger.: construyendo
subj.: construya, construyas, construya, construyamos, construyáis, construyan
imperf.: construyera/construyese, construyeras/construyeses construyera/construyese, construyéramos/construyésemos, construyerais/construyeseis, construyeran/construyesen

contar
pres.: cuento, cuentas, cuenta, cuentan   *subj.*: cuente, cuentes, cuente, cuenten

continuar
pres.: continúo, continúas, continúa, continúan   *subj.*: continúe, continúes, continúe, continúen

corregir
pres.: corrijo, corriges, corrige, corrigen
subj.: corrija, corrijas, corrija, corrijamos, corrijáis, corrijan
ger.: corrigiendo
indef.: corrigió, corrigieron
imperf.: corrigiera/corrigiese, corrigiéramos/corrigiésemos, corrigierais/corrigieseis, corrigieran/corrigiesen
imp.: corrige, corrija, corrijamos, corrijan

creer
indef.: creyó, creyeron
ger.: creyendo
imperf.: creyera/creyese, creyeras/creyeses
subj.: creyera/creyese, creyéramos/creyésemos, creyerais/creyeseis, creyeran/creyesen

dar
pres.: doy, das, da, damos, dais, dan
indef.: di, diste, dio, dimos, disteis, dieron
subj.: dé, des, dé, demos, deis, den
part.: dado

decir
pres.: digo, dices, dice, decimos, decís, dicen
indef.: dije, dijiste, dijo, dijimos, dijisteis, dijeron
cond.: diría, dirías, diría, diríamos, diríais, dirían
subj.: diga, digas, diga, digamos, digáis, digan
fut.: diré, dirás, dirá, diremos, diréis, dirán
imp.: di (tú)
part.: dicho

descubrir
part.: descubierto

dormir
pres.: duermo, duermes, duerme, duermen
indef.: dormí, dormiste, durmió, durmieron
subj.: duerma, duermas, duerma, durmamos, durmáis, duerman
ger.: durmiendo

ejercer
pres.: ejerzo
subj.: ejerza, ejerzas, ejerza, ejerzamos, ejerzáis, ejerzan

empezar
pres.: empiezo, empiezas, empieza, empiezan
subj.: empiece, empieces, empiece, empecemos, empecéis, empiecen
indef.: empecé

enviar
pres.: envío, envías, envía, envían
subj.: envie, envíes, envíe, envíen

escribir
part.: escrito

estar
- *pres.:* estoy, estás, está, estamos, estáis, están
- *indef.:* estuve, estuviste, estuvo, estuvimos, estuvisteis, estuvieron
- *subj.:* esté, estés, esté, estemos, estéis, estén

exigir
- *pres.:* exijo
- *subj.:* exija, exijas, exija, exijamos, exijáis, exijan

extinguir
- *pres.:* extingo
- *subj.:* extinga, extingas, extinga, extingamos, extingáis, extingan

haber
- *pres.:* he, has, ha, hemos, habéis, han
- *indef.:* hube, hubiste, hubo, hubimos, hubisteis, hubieron
- *subj.:* haya, hayas, haya, hayamos, hayáis, hayan
- *fut.:* habré

hacer
- *pres.:* hago
- *indef.:* hice, hiciste, hizo, hicimos, hicisteis, hicieron
- *cond.:* haría, harías, haría, haríamos, haríais, harían
- *part.:* hecho
- *subj.:* haga, hagas, haga, hagamos, hagáis, hagan
- *fut.:* haré, harás, hará, haremos, haréis, harán
- *imp.:* haz (tú)

hay
- *subj.:* haya
- *fut.:* habrá
- *ger.:* habiendo
- *indef.:* hubo
- *part.:* habido

ir
- *pres.:* voy, vas, va, vamos, vais, van
- *indef.:* fui, fuiste, fue, fuimos, fuisteis, fueron
- *imp.:* ve (tú), vamos (nosotros)
- *ger.:* yendo
- *subj.:* vaya, vayas, vaya, vayamos, vayáis, vayan
- *imperf.:* iba, ibas, iba, íbamos, ibais, iban
- *part.:* ido

jugar
- *pres.:* juego, juegas, juega, juegan
- *indef.:* jugué
- *subj.:* juegue, juegues, juegue, juguemos, juguéis, jueguen

negar
pres.: niego, niegas, niega, niegan
subj.: niegue, niegues, niegue, neguemos, neguéis, nieguen
indef.: negué

oír
pres.: oigo, oyes, oye, oímos, oís, oyen
indef.: oí, oíste, oyó, oímos, oísteis, oyeron
perf.: oído
subj.: oiga, oigas, oiga, oigamos, oigáis, oigan
imp.: oye (tú), oíd (vosotros)
perf.: oyendo

oler
pres.: huelo, hueles, huele, olemos, oléis, huelen
subj.: huela, huelas, olamos, oláis, huelan

pedir
pres.: pido, pides, pide, piden
indef.: pidió, pidieron
part.: pedido
subj.: pida, pidas, pida, pidamos, pidáis, pidan
imperf.: pidiera/pidiese, pidieras/pidieses, pidiera/pidiese, pidiéramos/pidiésemos, pidierais/pidieseis, pidieran/pidiesen
ger.: pidiendo

pensar
pres.: pienso, piensas, piensa, piensan
subj.: piense, pienses, piense, piensen

perder
pres.: pierdo, pierdes, pierde, pierden
subj.: pierda, pierdas, pierda, pierdan

poder
pres.: puedo, puedes, puede, pueden
indef.: pude, pudiste, pudo, pudimos, pudisteis, pudieron
cond.: podría, podrías, podría, podríamos, podríais, podrían
subj.: pueda, puedas, pueda, puedan
fut.: podré, podrás, podrá, podremos, podréis, podrán
ger.: pudiendo

poner
- *pres.*: pongo
- *indef.*: puse, pusiste, puso, pusimos, pusisteis, pusieron
- *cond.*: pondría, pondrías, pondría, pondríamos, pondríais, pondrían
- *part.*: puesto
- *subj.*: ponga, pongas, ponga, pongamos, pongáis, pongan
- *fut.*: pondré, pondrás, pondrá pondremos, pondréis, pondrán
- *imp.*: pon (tú)

querer
- *pres.*: quiero, quieres, quiere, quieren
- *indef.*: quise, quisiste, quiso, quisimos, quisisteis, quisieron
- *cond.*: querría, querrías, querría, querríamos, querríais, querrían
- *subj.*: quiera, quieras, quiera, queramos, queráis, quieran
- *fut.*: querré, querrás, querrá, querremos, querréis, querrán
- *imperf. subj.*: quisiera/quisiese, quisieras/quisieses, quisiera/quisieses, quisiéramos/quisiésemos, quisierais/quisieseis, quisieran/quisiesen

reír
- *pres.*: río, ríes, ríe, reímos, reís, ríen
- *indef.*: rió, rieron
- *subj.*: ría, rías, ría, riamos, riáis, rían
- *ger.*: riendo

romper
- *part.*: roto

saber
- *pres.*: sé
- *indef.*: supe, supiste, supo, supimos, supisteis, supieron
- *cond.*: sabría, sabrías, sabría, sabríamos, sabríais, sabrían
- *subj.*: sepa, sepas, sepa, sepamos, sepáis, sepan
- *fut.*: sabré, sabrás, sabrá, sabremos, sabréis, sabrán
- *imperf. subj.*: supiera/supiese, supieras/supieses, supiera/supiese, supiéramos/supiésemos, supierais/supieseis, supieran/supiesen

salir
- *pres.*: salgo
- *subj.*: salga, salgas
- *imp.*: sal (tú)
- *fut.*: saldré, saldrás, saldrá, saldremos, saldréis, saldrán
- *cond.*: saldría, saldrías, saldría, saldríamos, saldríais, saldrían

seguir
- *pres.:* sigo, sigues, sigue, siguen
- *subj.:* siga, sigas, siga, sigamos, sigáis, sigan
- *ger.:* siguiendo
- *indef.:* siguió, siguieron
- *imperf.:* siguiera/siguiese, siguieras/
- *subj.:* siguieses, siguiera/siguiese, siguiéramos/siguiésemos, siguierais/siguieseis, siguieran/siguiesen

sentir
- *pres.:* siento, sientes, siente, sienten
- *indef.:* sintió, sintieron
- *ger.:* sintiendo
- *indef.:* sienta, sientas, sienta, sintamos, sintáis, sientan
- *imperf.:* sintiera/sintiese, sintieras/
- *subj.:* sintiess, sintiera/sintiese, sintéramos/sintiésemos, intierais/sintieseis, sintieran/sintiesen

ser
- *pres.:* soy, eres, es, somos, sois, son
- *indef.:* fui, fuiste, fue, fuimos, fuisteis, fueron
- *imp.:* se (tú), sed (vosotros)
- *part.:* sido
- *subj.:* sea, seas, sea, seamos, seáis, sean
- *imperf.:* era, eras, era, éramos, erais, eran
- *ger.:* siendo

tener
- *pres.:* tengo, tienes, tiene, tenemos, tenéis, tienen
- *indef.:* tuve, tuviste, tuvo, tuvimos, tuvisteis, tuvieron
- *cond.:* tendría, tendrías, tendría, tendríamos, tendríais, tendrían
- *imp.:* ten (tú), tenga (usted), tengamos (nosotros), tengan (ustedes)
- *subj.:* tenga, tengas, tenga, tengamos, tengáis, tengan
- *imperf.:* tuviera/tuviese, tuvieras/
- *subj.:* tuvieses, tuviera/tuviese, tuviéramos/tuviésemos, tuvierais/tuvieseis, tuvieran/tuviesen
- *fut.:* tendré, tendrás, tendrá, tendremos, tendréis, tendrán

traer
- *pres.:* traigo
- *indef.:* traje, trajiste, trajo, trajimos, trajisteis, trajeron
- *part.:* traído
- *subj.:* traiga, traigas, traiga, traigamos, traigáis, traigan
- *ger.:* trayendo

valer
- *pres.:* valgo
- *fut.:* valdré, valdrás, valdrá, valdremos, valdréis, valdrán
- *subj.:* valga, valgas, valga, valgamos, valgáis, valgan
- *cond.:* valdría, valdría, valdríamos, valdríais, valdrían

venir

pres.:	vengo, vienes, viene, vienen	subj.:	venga
indef.:	vini, viniste, vino, vinimos, vinisteis, vinieron	fut.:	vendré, vendrás, vendrá, vendremos, vendréis, vendrán
cond.:	vendría, vendrías, vendría, vendríamos, vendríais, vendrían	imperf. subj.:	viniera/viniese, vinieras/vinieses, viniera/viniese, viniéramos/viniésemos, vinierais/vinieseis, vinieran/viniesen
imp.:	ven (tú)	ger.:	viniendo

ver

pres.:	veo, ves, ve, vemos, veis, ven	subj.:	vea
imperf.:	veía, veías, veía, veíamos, veíais, veían	part.:	visto
ger.:	viendo		

volver

pres.:	vuelvo, vuelves, vuelve, vuelven	subj.:	vuelva, vuelvas, vuelva, vuelvan
part.:	vuelto		

Países, línguas e povos

Vocabulário básico

la **Europa** [eŭ'ropa] n	a **Europa**
europeo, europea [eŭro'peo, eŭro'pea] adj	europeu
la **Noruega** [no'rŭeɣa] n	a **Noruega**
noruego, noruega [no'rŭeɣo, no'rŭeɣa] adj	norueguês, norueguesa

➡ Emprega-se o mesmo termo tanto como adjetivo pátrio quanto como substantivo que se refere à língua norueguesa e ao habitante do país em questão. Os substantivos que se referem aos idiomas são sempre do gênero masculino.

la **Suecia** ['sŭeθia] n	a **Suécia**
sueco, sueca ['sŭeko, 'sŭeka] adj	sueco, sueca

la **Finlandia** [finˈlandĭa] *n*	a **Finlândia**
finlandés, finlandesa [finlanˈdes, finlanˈdesa] *adj*	**finlandês, filandesa**
el **finés**, la **finesa** [fiˈnes, fiˈnesa] *n*	o **finlandês**, a **filandesa**
la **Dinamarca** [dinaˈmarka] *n*	a **Dinamarca**
danés, danesa [daˈnes, daˈnesa] *adj*	**dinamarquês, dinamarquesa**
la **Gran Bretaña** [gram breˈtaɲa] *n*	a **Grã-Bretanha**
británico, británica [briˈtaniko, briˈtanika] *adj*	**britânico, britânica**
la **Inglaterra** [iŋglaˈtɛrra] *n*	a **Inglaterra**
inglés, inglesa [iŋˈgles, iŋˈglesa] *adj*	**inglês, inglesa**
la **Irlanda** [irˈlanda] *n*	a **Irlanda**
irlandés, irlandesa [irlanˈdes, irlanˈdesa] *adj*	**irlandês, irlandesa**
la **Holanda** [oˈlanda] *n*	a **Holanda**
holandés, holandesa [olanˈdes, olanˈdesa] *adj*	**holandês, holandesa**
los **Países Bajos** [paˈisez ˈβaxɔs] *n pl*	os **Países Baixos**
neerlandés, neerlandesa [neɛrlanˈdes, neɛrlanˈdesa] *adj*	**holandês, holandesa**
la **Bélgica** [ˈbɛlxika] *n*	a **Bélgica**
belga [ˈbɛlɣa] *adj*	**belga**
la **Alemania** [aleˈmanĭa] *n*	a **Alemanha**
alemán, alemana [aleˈman, aleˈmana] *adj*	**alemão, alemã**
la **Austria** [ˈaŭstrĭa] *n*	a **Áustria**

Vocabulário básico

austríaco, austríaca [aŭs'triako, aŭs'triaka] *adj*	austríaco, austríaca
la **Suiza** ['sŭiθa] *n*	a Suíça
suizo, suiza ['sŭiθo, 'sŭiθa] *adj*	suíço, suíça
la **Italia** [i'talĩa] *n*	a Itália
italiano, italiana [i'talĩno, i'talĩana] *adj*	italiano, italiana
la **Francia** ['franθĩa] *n*	a França
francés, francesa [fran'θes, fran'θesa] *adj*	francês, francesa
la **España** [es'paɲa] *n*	a Espanha

➡ As regiões autônomas da Espanha chamam-se Andalucía, Aragón, Asturias, Islas Baleares, Islas Canarias, Cantabria, Castilla-León, Castilla-La Mancha, Cataluña, Euskadi ou País Vasco, Extremadura, Galicia, La Rioja, Murcia, Navarra e Valencia.

español, española [espa'ɲɔl, espa'ɲɔla] *adj*	espanhol, espanhola
la **Andalucía** [andalu'θia] *n*	a Andaluzia
andaluz, andaluza [anda'luθ, anda'luθa] *adj*	andaluz, andaluza
el **País Vasco** [pa'iz 'βasko] *n*	o País Basco
vasco, vasca ['basko, 'baska] *adj*	basco, basca
la **Cataluña** [kata'luɲa] *n*	a Catalunha
catalán, catalana [kata'lan, kata'lana] *adj*	catalão, catalã
la **Galicia** [ga'liθĩa] *n*	a Galícia
gallego, gallega [ga'ʎeɣo, ga'ʎeɣa] *adj*	galego, galega
las **Baleares** [bale'ares] *n pl*	as Baleares
la **Malta** ['malta] *n*	Malta

maltés, maltesa [malˈtes, malˈtesa] *adj*	**maltês, maltesa**
la **Portugal** [pɔrtuˈɣal] *n*	**Portugal**
portugués, portuguesa [pɔrtuˈɣes, pɔrtuˈɣesa] *adj*	**português, portuguesa**
la **Grecia** [ˈgreθĭa] *n*	a **Grécia**
griego, griega [ˈgrĭeɣo, ˈgrĭeɣa] *adj*	**grego, grega**
la **Rusia** [ˈrrusĭa] *n*	a **Rússia**
ruso, rusa, [ˈrruso, ˈrrusa] *adj*	**russo, russa**
la **Polonia** [poˈlonĭa] *n*	a **Polônia**
polaco, polaca [poˈlako, poˈlaka] *adj*	**polonês, polonesa**
la **República Checa** [rrɛˈpuβlika ˈtʃeka] *n*	a **República Tcheca**
checo, checa [ˈtʃeko, ˈtʃeka] *adj*	**tcheco, tcheca**
la **América** [aˈmerika] *n*	a **América**
el/la **estadounidense** [estaðouniˈðense] *n m/f*	o **norte-americano**
americano, americana [ameriˈkano, ameriˈkana] *adj*	**americano, americana**
estadounidense [estaðouniˈðense] *adj*	**americano, americana**
la **América del Norte** [aˈmerika ðɛl ˈnɔrte] *n*	a **América do Norte**
la **Norteamérica** [nɔrteaˈmerika] *n*	a **América do Norte**
norteamericano, norteamericana [nɔrteameriˈkano, nɔrteameriˈkana] *adj*	**norte-americano, norte-americana**
la **América del Sur** [aˈmerika ðɛl sur] *n*	a **América do Sul**

la **Sudamérica** [suða'merika] *n*	a **América do Sul**
sudamericano, sudamericana [suðameri'kano, suðameri'kana] *adj*	sul-americano, sul-americana
la **América Central** [a'merika θen'tral] *n*	a **América Central**
la **Centroamérica** [θentroa'merika] *n*	a **América Central**
centroamericano, centroamericana [θentroameri'kano, θentroameri'kana] *adj*	centro-americano, centro-americana
la **América Latina** [a'merika la'tina] *n*	a **América Latina**
la **Latinoamérica** [latinoa'merika] *n*	a **América Latina**
latinoamericano, latinoamericana [latinoameri'kano, latinoameri'kana] *adj*	latino-americano, latino-americana
los **Estados Unidos** [es'taðos u'niðos] *n pl*	os **Estados Unidos**
la **USA** *n*	os **EUA**
el **Canadá** [kana'ða] *n*	o **Canadá**
canadiense [kana'ðiense] *adj*	canadense
el **Brasil** [bra'sil] *n*	o **Brasil**
brasileño, brasileña [brasi'leɲo, brasi'leɲa] *adj*	brasileiro, brasileira
la **Argentina** [arxen'tina] *n*	a **Argentina**
argentino, argentina [arxen'tino, arxen'tina] *adj*	argentino, argentina
el **Asia** ['asĭa] *n*	a **Ásia**

asiático, asiática [aˈsi̯atiko, aˈsi̯atika] *adj*	**asiático, asiática**
la **Arabia** [aˈraβi̯a] *n*	a **Arábia**
árabe [ˈaraβe] *adj*	**árabe**
la **Turquía** [turˈkia] *n*	a **Turquia**
turco, turca [ˈturko, ˈturka] *adj*	**turco, turca**
el **Israel** [i(z)rraˈɛl] *n*	**Israel**
israelí [i(z)rraeˈli] *adj*	**israelense**
hebreo, hebrea [eˈβreo, eˈβrea] *adj*	**hebraico, hebraica**
la **China** [ˈtʃina] *n*	**China**
chino, china [ˈtʃino, ˈtʃina] *adj*	**chinês, chinesa**
el **Japón** [xaˈpɔn] *n*	o **Japão**
japonés, japonesa [xapɔˈnes, xapɔˈnesa] *adj*	**japonês, japonesa**
la **India** [ˈindi̯a] *n*	a **Índia**
indio [ˈindi̯o] *adj*	**indiano, indiana**
la **Australia** [au̯sˈtrali̯a] *n*	a **Austrália**
australiano, australiana [au̯straˈli̯ano, au̯straˈli̯ana] *adj*	**australiano, australiana**
la **Nueva Zelanda** [ˈnu̯eβa θeˈlanda] *n*	a **Nova Zelândia**
neozelandés, neozelandesa [neoθelanˈdes, neoθelanˈdesa] *adj*	**neozelandês, neozelandesa**
el **África** [ˈafrika] *n*	a **África**
africano, africana [ˈafrikano, ˈafrikana] *adj*	**africano, africana**
el **Egipto** [ɛˈxipto] *n*	o **Egito**
egipcio, egipcia [ɛˈxipθi̯o, ɛˈxipθi̯a] *adj*	**egípcio, egípcia**

Vocabulário avançado

las **Bahamas** [baˈamas] *n pl*	as **Bahamas**
la **Bolivia** [boˈliβĭa] *n*	a **Bolívia**
el **Chile** [ˈtʃile] *n*	o **Chile**
la **Colombia** [koˈlɔmbĭa] *n*	a **Colômbia**
la **Cuba** [ˈkuβa] *n*	**Cuba**
el **Ecuador** [ekŭaˈðor] *n*	o **Equador**
el **Salvador** [salβaˈðor] *n*	**El Salvador**
la **Guatemala** [gŭateˈmala] *n*	a **Guatemala**
la **Guinea Ecuatorial** [giˈnea ekŭatoˈrĭal] *n*	a **Guiné Equatorial**
el **Haiti** [aïti] *n*	o **Haiti**
el **Honduras** [ɔnˈduras] *n*	**Honduras**
la **Jamaica** [xaˈmaïka] *n*	**Jamaica**
el **Méjico**, el **México** [ˈmɛxiko] *n*	o **México**

➡ Ambos são pronunciados da mesma forma [ˈmɛxiko].

la **Nicaragua** [nikaˈrayŭa] *n*	a **Nicarágua**
el **Panamá** [panaˈma] *n*	o **Panamá**
el **Paraguay** [paraˈyŭaï] *n*	o **Paraguai**
el **Perú** [peˈru] *n*	o **Peru**
la **República Dominicana** [rrɛˈpuβlika dominiˈkana] *n*	a **República Dominicana**
el **Uruguay** [uruˈyŭaï] *n*	o **Uruguai**
la **Venezuela** [beneˈθŭela]	a **Venezuela**

A

a 371, 416
abajo 374
abandonar 92, 333
abeto 280
abierto 24, 195
abogado 145
abonar 296, 316
abono 263, 296, 316
aborto 109
abrazar 45
abrazo 45
abrebotellas 241
abrelatas 241
abrigo 31
abril 355
abrir 232
abuelo 40
aburrido 62
aburrimiento 62
aburrirse 62
acabar 90, 368
acabar de 368, 421
acabarse 368
academia 136
acampar 252
a causa de 436
accidentado 281
accidente 114
acción 86, 315
aceite 216
aceite de girasol 216
aceite de oliva 216
aceituna 217
acento 130
aceptar 76, 99
acera 259
acercarse a 376
acero 326
acertar 192, 421
ácido 205
acogedor 235
acompañar 48
aconsejar 75
acontecimiento 173
acordar 157
acordarse de 55
acostarse 44, 92
acta 151
actividad 86, 187

actividad de ocio 187
activo 188
acto 87, 170, 174
actor 148
actriz 148
actual 369
actuar 170
acuerdo 78, 157, 342
acusado 349
acusar 349
adecuado 144
adelantar 378
adelante 373
¡Adelante! 83
adelgazar 30
adentro 374
¡Adiós! 82
adivinanza 192
adivinar 192
adjetivo 128
administración 347
administración
  municipal 348
admiración 61
admirar 61
admitir 79
adolescencia 53
adonde 370
adónde 370
adoptar 42
adornar 175
adquirir 197
aduana 249
adulto 52
adverbio 128
adversario 182
advertencia 291
advertir 291
aeropuerto 268
afeitarse 118
afición 187
afincarse 230
afirmar 78
África 434
africano 434
afueras 258
agarrar 88
agencia 309
agencia de viajes 248
agenda 152

agosto 355
agotado 196
agradable 59
agradecer 71
agradecido 62
agresivo 62
agrícola 315
agricultor 146
agricultura 315
agua 281
agua mineral 218
aguardiente 219
agudo 164
aguja 194
ahí 371
ahora 360
ahora mismo 360
ahorrar 312
ahorros 312
aire 286
aire acondicionado
  242
ajedrez 189
ajo 212
al este (de) 285
al granja 315
al lado de 373
al menos 405
al norte (de) 284
¡Aló! 300
al oeste (de) 285
al sur (de) 285
alarma 116
a las 358
albahaca 216
albaricoque 212
albergue (juvenil) 252
alcalde 348
alcázar 256
alcohol 219
alcohólico 110
alegrarse de 59
alegre 22
alegría 59
alejarse de 376
alemán 430
Alemania 430
alergia 109
alfabeto 130
alfombra 237

algo 395
algo en común 50
algodón 324
alguien 415
algún 415
alguno 415
algunos 394
alimentación 203
alimento 203
alimentos 203
alimentos dietéticos
  209
aliñar 207
allá 371
allí 370
alma 338
almeja 215
almendra 217
almohada 238
almorzar 224
almuerzo 224
alojamiento 251
alpinismo 181
alquilar 229
alquiler 229
alrededor de 373
alrededores 260
altavoz 166
alterarse 80
alternativo 318
alto 28, 163, 375
altura 375
alubia 213
aluminio 327
alumno 132
ama de casa 144
amable 22
amar 42
amargo 209
amarillo 382
ambos 394
ambulancia 115
amenazar 352
América 432
América Central 433
América del Norte
  432
América del Sur 432
América Latina 433
americana 35

americano 432
amigo 47
amistad 49
amistoso 49
amor 42
amplio 375
amueblado 236
amueblar 236
añadir 208
analizar 323, 422
ancho 34, 375
¡Anda! 85
Andalucía 431
andaluz 431
andar 377, 422
andén 266
anexo 301
anfitrión 174
ángel 337
anillo 38
animal 278
animar a 98
ánimo 24
aniversario 172
aniversario de bodas 174
año 354
anoche 360
añorar 64
anotar 151
ansioso 62
anteayer 361
antepasado 41
antes 365
antes de 365
Antigüedad 329
antiguo 167
antipático 21
anual 354
anular 248
anunciar 311
anuncio 297, 310
anuncio de empleo 155
apagar 236, 422
aparador 237
aparato 320
aparcamiento 258
aparcar 272
aparecer 380

apariencia 57
apartamento 230, 253
apasionado 27
apellido 18
apenas 397
aperitivo 219
a pesar de 417
apetito 204
aplaudir 171
aplauso 171
aplazar 123, 152
apodo 21
apostar 191
apoyar 96
apoyo 96
aprender 120
aprendiz 136
apretar 88
aprobar un examen 123
a propósito 96
aprovechar 50, 87
aproximadamente 395
apuntar 151
A qué hora ... 358
aquel 414
aquello 414
aquí 370
árabe 434
Arabia 434
árbitro 184
árbol 279
archivo 305
área 283
área de servicio 276
arena 284
Argentina 433
argentino 433
argumento 170
arma 344
armado 344
armario 235
arquitecto 146
Arquitectura 138
arreglar 309
arreglarse 119
arrestar 352
arresto 352
arriba 374

arriesgado 191
arriesgar 191
arroyo 284
arroz 210
arroz con leche 223
arte 166
artículo 296
artista 148
artístico 166
arveja 213
asado 222
asamblea 49
asar 207
asar a la parrilla 207
ascenso 158
ascensor 233
asco 64
asegurar 97, 313
asesinar 350
asesinato 350
asesorar 309
así 404
Asia 433
asiático 434
asiento 265
asignatura 132
asignatura obligatoria 136
asignatura optativa 136
asilo político 333
asistente 145
asistir a 124
asociación 50
asombrar 58
asombroso 63
áspero 326
aspirador 245
astronauta 286
Asunción (de María) 176
asunto 87
asustarse 63
atajar 274
ataque 109, 345
atar 194
atención 124
¡Atención! 116
atender 195
Atentamente 295

atento 24
ateo 335
aterrizar 268
Atlántico 282
atletismo 185
atmósfera 286
atracción turística 254
atrás 373
atravesar 376
atún 214
aula 132
aumentar 313
aumento de sueldo 156
aún 362
aunque 418
ausente 125
Australia 434
australiano 434
Austria 430
austríaco 431
auto 270
autobús 261
automático 321
autónomo 141
autopista 258
autor 147
autorización 74
autorizar 74
autoservicio 221
autovía 259
avanzar 368
ave 278
AVE 266
avellana 217
avenida 260
aventura 250
avergonzarse de 64
averiguar 422
avión 267
avisar 68
aviso 68
ayer 360
ayuda 96
ayudar 96
ayuntamiento 348
azafata 148
azúcar 217
azul 382

B

bachillerato 134
bacteria 108
Bahamas 435
bailar 177
bailarín 148
baile 170, 177
bajar 314, 377
bajo 28, 163, 164, 375
bajo en grasa 210
balcón 234
Baleares 431
ballena 280
ballet 170
balón 180
baloncesto 184
balonmano 185
bañarse 117
banco 311
bandeja 244
bandera 343
bañera 233
bar 220
barato 196
barba 30
barbilla 102
barca 268
barco 268
barra americana 178
barrer 245
barriga 101
barrio 258
báscula 245
bastante 394
basura 292
batería 166
bautizo 174
bebé 18
beber 204
bebida 218
beca 136
belga 430
Bélgica 430
belleza 29
berenjena 213
besar 42
besarse 42
beso 42

Biblia 337
biblioteca 161
bicicleta 271
bien 123
bien de precio 199
¡Bien, gracias! 83
¡Bienvenido! 83
bienvenido 173
billete 262, 313
billete de avión 267
billete de ida 266
billete de ida y vuelta 267
biografía 161
Biología 137
biológico 317
biquini 33
bisutería 38
blanco 382
blando 325
bloc de notas, blocs 152
bloque de viviendas 230
bloquear 274
blusa 33
boca 101
bocadillo 221
boda 43
bodas de oro 174
bodega 220
boleto 262
bolígrafo 151
Bolivia 435
bollo 211
bolsa 208
bolsa (de valores) 314
bolsa (de viaje) 251
bolsa de la compra 199
bolsillo 36
bolso 37
bomba 273, 320
bomberos 115
bombilla 242
bombón 217
bonito 33
borde 383
borracho 110

borrador 153
borrar 306
bosque 279
bota 35
botella 205
botón 36
boutique 201
bragas 33
Brasil 433
brasileño 433
brazo 102
breve 364
bricolaje 192
brillar 287
británico 430
broma 178
bromear 178
bruto 315
buceo 185
budista 336
¡Buenas! 82
¡Buenas noches! 82
¡Buenas tardes! 82
bueno 21
¡Bueno! 86, 300
¡Buenos días! 82
¡Buen provecho! 204
¡Buen viaje! 247
bufanda 38
burlarse 178
burro 279
buscador web 303
buscar 89
buzón 294

C

caballo 278
cabello 103
caber 375, 422
cabeza 101
cabina 269
cable 320
cabra 278
cacahuete 217
cada 416
cada uno 416
cadáver 54
caducar 250
caer bien 22

caer(se) 378, 422
café 218, 220
café con leche 218
café solo 218
cafetera 240
cafetera (eléctrica) 239
cafetería 220
caja 197, 208
caja de ahorros 311
cajero automático 312
cajón 237
calabacín 213
calcetín 33
calculadora 152
calcular 388
caldo 222
calefacción 237
calendario 150
calentar 207
calidad 401
cálido 288
caliente 288
calificar 142
callado 68
callarse 69
calle 19, 258
calor 288
caluroso 288
calva 30
calzoncillos 33
cama 235
cámara (de fotos) 188
cámara de vídeo 190
cámara digital 190
camarero 145
cambiar 91, 197, 313, 368
cambiarse 31
caminar 377
camino 283
camión 273
camisa 33
camiseta 32
camiseta interior 35
camisón 33
campana 256
campeonato mundial 186
campesino 146

Índice remissivo

camping 252
campo 184, 258, 281, 316
caña 218
cana 29
Canadá 433
canadiense 433
canal 284
cancelar 263, 268
cáncer 109
canción 163
canela 216
cansado 90
cantante 148
cantar 163
cantidad 396
capacidad 143
capilla 255
capital 347
capitalismo 341
capitán 148
capítulo 162
capuchino 219
cara 27
carácter 24
caramelo 217
caravana 273
carbón 326
cárcel 352
carga 270
cargar 270
cargo 347
caries 109
cariño 45
cariñoso 22, 45
carnavales 176
carne 213
carne de cerdo 213
carne de cordero 214
carne de ternera 214
carne de vacuno 214
carnicería 200
carnicero 146
caro 196
carpeta 306
carrera 133, 154, 179
carrete 191
carretera 258
carril 274

carro 270
carro (de la compra) 200
carta 223, 293
carta de vinos 226
cartas 189
cartera 37
cartero 146
casa 228, 239, 253
casa de cambio 313
casa rural 230
casado 19
casarse 43
casco 276
casco antiguo 257
casero 27
casi 405
castillo 255
catalán 431
Cataluña 431
catástrofe 292
catedral 254
catedrático 145
categoría 253
católico 336
catorce 385
causa 402
causar 402
cava 219
caza 192
cazadora 35
cazuela 239
CD 165
cd-rom 305
cebolla 212
celebrar 172
celebrar el aniversario 172
celeste 382
celoso 45
celular 299
cementerio 261
cemento 327
cena 224
cenar 224
cenicero 242
censura 163
centésimo 391
centímetro 392
céntimo 313

central 400
central eléctrica 321
central nuclear 321
céntrico 260
centro (urbano) 257
centro comercial 200
centro de formación de adultos 143
centro de ocio 190
Centroamérica 433
centroamericano 433
cepillar 118
cepillo de dientes 118
cepillo de pelo 117
cerca de 373
cerdo 278
cereal 279
cereales 211
cerebro 101
ceremonia 45
cereza 212
cerilla 245
cero 385
cerrado 195
cerradura 243
cerrar 232
certeza 95
certificado médico 114
cerveza 218
cesta 244
chalé 229
chalé adosado 230
champán 219
champú 117
chaqueta 31
chaqueta impermeable 35
charcutería 201
charlar 69
checo 432
cheque de viaje 312
chequeo 111
chica 18
chico 18
Chile 435
chimenea 234
China 434
chino 434
chiringuito 221

chismorreo 69
chiste 179
chocar 115
chocolate 217
chocolatería 220
choque 115
chorizo 214
chuleta 215
churros 211
ciego 107
cielo 286
cien 386
ciencia 322
Ciencias 137
Ciencias Económicas 138
Ciencias Empresariales 138
Ciencias Políticas 138
científico 147, 322
ciento quince 387
cierre zipper 36
cifra 388
cifra de negocios 309
cigarrillo 218
cinco 385
cincuenta 386
cine 169
cinturón 38
cinturón (de seguridad) 276
cinturones 276
circo 175
círculo 383
círculo de amigos 49
cita 151, 162
ciudad 257
ciudadano 21, 348
ciudadano de la UE 334
civil 333, 344
clara de huevo 217
claridad 383
claro 383
clase 131, 333, 399
clásico 165
clavar una punta 193
cliente 198
clima 288

clínica 112
clip 153
club 178
club (nocturno) 178
cobarde 25
cobrar 197
cobre 327
coca-cola 218
cocer 206
coche 265, 270
coche cama 266
cocina 233, 239
cocina de vitrocerámica 243
cocinar 206
cocinero 146
cóctel 219
código postal 20, 294
codo 102
coger 99, 181, 316, 422
cojín 238
col 213
cola 198
colaboración 141
colcha 238
colchón 238
colección 192
coleccionar 192
colega 140
colegio 131
colegio privado 134
colegio público 134
colgar 238, 302, 422
colina 281
collar 38
Colombia 435
colonia 330
color 382
colorado 382
colorido 382
columna 256
coma 130
combinación 267
comedia 170
comedor 233
comer 203, 224
comercial 310
comerciante 149
comercio 200, 310

cometer un error 122
cómic 162
comida 203, 224
comida casera 222
comisaría (de policía) 115
comité de empresa 159
como 28, 402, 404
¿Cómo? 70
¿Cómo dice? 70
como si 418
comodidades 231
cómodo 235
¿Cómo está? 83
¿Cómo estás? 83
¿Cómo está (usted)? 83
compañera (de clase) 133
compañera (sentimental) 46
compañía aérea 268
comparable 400
comparación 400
comparar 400
compartimento 266
compasión 63
competencia 144, 311
competente 144
competición 181
competidor 181
completamente 405
completo 196, 252
compositor 148
compra 194
comprar 194
comprender 120
comprensible 126
comprensión 126
comprobar 122
computadora 303
computadora portátil 306
común 47, 401
comunicación 68
comunicar 68, 422
comunicar con 300
comunidad 50
comunismo 341

con 417
con gas 209
conceder 74
concentración 126
concentrarse 126
concernir 78, 423
concesión 79
conciencia 58, 336
concierto 164
condenar 351
condición 403
condimentar 207
conducir 271, 423
conductor 271
conejo 279
conferencia 142
confesar 351
confesarse 338
confesión 338
confianza 98
confiar 98
confirmación 250
confirmar 250
conflicto 344
congelado 208
congelador 243
congelarse 291
conmigo 410
conmover 64
conocer 423
conocido 183
conocido 47
conocimiento 126
conquistar 328
consecuencia 402
conseguir 95
consejo 75
consejo municipal 348
conservarse 208
considerar (como) 57
considerar 57
consigna 267
consigo 411
constante 364
constar de 326
constitución 351
construir 229, 423
consulado 340
consulta 111

consultar 127
consultor 149
consultorio 111
consumidor 311
consumir 273
contacto 48
contagioso 108
contaminación ambiental 292
contar 67, 388, 423
contar con 57, 97
contemplar 66
contenedor 270
contenedor de basura 242
contener 396
contenido 396
contento 59
contestador automático 300
contestar 70, 299
contestar al teléfono 302
contigo 410
continente 281
continuar 368, 423
contra 376
contra 77
contrario 399
contraseña 306
contratar 154
contrato 157
controlar 352
controlling 142
convencer 76
convenio colectivo 159
convento 255
conversación 67
conversación telefónica 299
convertirse en 369
convivir 41
convocar 50
copa 219
copia 191
copia de seguridad 306
copiar 150
copiar 305
corazón 102

corbata 37
cordial 174
corona 329
corrección 127
correcto 122
corregir 127, 423
correo 293
correr 179
correspondencia 267
corriente 284, 319
cortar 206
cortina 237
corto 34, 161
cosa 87
cosas 87
cosecha 316
cosechar 316
costa 282
costar 94, 196
costes 196
costes adicionales 231
costumbre 175
crear 168
crecer 52
crédito 315
creer 56, 335, 424
crema 117
crema catalana 223
crema de sol 119
cremallera 36
creyente 335
cría 317
criar 41, 317
criarse 53
crimen 350
criminal 350
crisis 342
crisis de los cuarenta 54
cristiano 336
crítica 77
criticar 77
croquis 168
cruasán 211
cruce 258
crucero 270
crudo 206
cruz 383
cruzar 272, 376

cuaderno 121
cuadrado 383, 384
cuadragésimo 391
cuadro 167
cual 414
cuál 415
cualidad 326
cualquier 416
cualquiera 416
cuando 359
cuándo 359
cuánto 393
¿Cuánto vale ...? 197
cuarenta 386
cuarto 232, 389, 395
cuarto de baño 233
cuarto de hora 358
cuatro 385
cuatrocientos 387
Cuba 435
cubierto 226, 244
cubito de hielo 219
cubo de basura 242
cuchara 240
cucharilla 240
cuchichear 69
cuchillo 240
cuello 36, 101
cuenta 225, 314
cuento 160
cuerda 194
cuero 324
cuerpo 101
cueva 284
cuidar de 41
culo 101
culpa 349
culpable 350
cultivar 316
culto 26
cultura 255
cumpleaños 173
cumplidor 97
cuñado 40
cúpula 256
curado 104
curarse 104
currículum vitae 155

curso 121
cursor 304
curva 271
custodiar 345
cuyo 414

D

Da igual 84
dado 189
damasco 212
danés 430
dar 98, 424
dar (con el martillo) 91
dar clases 132
dar de comer 317
dar el pésame 54
dar la bienvenida 174
dar la vuelta 272
dar las gracias 71
dar marcha atrás 272
dar pena 63
dar una vuelta por el centro 189
dar(se) la vuelta 377
darse prisa 378
datos 305
de 371, 416
¡De acuerdo! 77
de algún modo 404
de broma 178
de cuadros 37
de día 356
de esta manera 404
de madrugada 357
de manera que 418
¡De nada! 71
de ningún modo 404
de noche 357
de nuevo 367
de otra manera 404
de piel clara 30
de rayas 37
de repente 406
de todas formas 404
de un solo color 37
de vez en cuando 365
debajo de 374

debate 78
deber 97, 312
deberes 133
debido a 403
débil 104
decepción 62
decepcionar 62
decidir 94
decidirse a 94
décimo 390
decimoctavo 390
decimocuarto 390
decimonoveno 390
decimoquinto 390
decimoséptimo 390
decimosexto 390
decimotercero 390
decir 67, 424
decisión 94
declaración 351
declarar 251
decoración 236
decorar 236
dedicarse 190
dedo anular 103
dedo (de la mano) 102
dedo (del pie) 102
dedo índice 102
dedo medio 103
dedo meñique 103
defender 345
defensa 345
definitivo 366
¡Déjame en paz! 86
dejar 73, 87, 99
dejar caer 92
dejar de 421
delante de 373
deletrear 128
delfín 280
delgado 28, 325
delicioso 205
delincuencia 352
demanda 309
demasiado 395
democracia 340
democrático 340
demonstrar 351
dentífrico 118

dentista 145
dentro 372
departamento 141
departamento de recursos humanos 142
departamento de ventas 142
dependiente 144
deporte 179
deporte de invierno 181
deportista 179
Derecho 138
derecho 348, 374
derecho internacional 342
derechos humanos 351
derrota 182
desagradable 59
desaparecer 380
desarme 346
desarrollar 323, 369
desarrollo 323
desayunar 224
desayuno 224
descansar 90
descanso 159, 250
descargar 301
desconfianza 98
describir 126
descripción 126
descripción de la ruta 257
descubrimiento 319
descubrir 319, 424
descuento 199, 257
descuidar 97
desde ... hasta 371
desde 362, 371
desde entonces 361
desde hace 362
desde que 362
desear 71
desempleado 154
desempleo 154
deseo 71
desesperado 65
desgraciadamente 63
desierto 283

desmayarse 107
desnudarse 31
desnudo 37
despacho 150
despedir cesar 155
despedirse 155
despegar 268
despertador 235
despertar 90
despertarse 90
despido 154
después 365
después de 365
destinatario 294
destino 65
destornillador 193
destrucción 292
destruir 292
desván 234
desvío 274
detalle 168
detergente 246
detrás de 374
deudas 312
devolver 100
devolver el dinero 199
devolver la llamada 300
día 356
Día de Año Nuevo 176
Día de Navidad 176
Día de Reyes 176
Dia de San Esteban 176
dia del santo 173
dia festivo 354
día laborable 354
diabetes 109
diablo 338
diálogo 170
diario 161, 296, 356
diarrea 109
dibujar 168
dibujo 36, 167
diccionario 129
dicho 129
diciembre 355
dictado 131
dictadura 340

diecinueve 386
dieciocho 386
dieciséis 386
diecisiete 386
diente 101
diésel 273
dieta 209
diez 385
diferencia 388
diferencia 399
diferente 399
difícil 124
dificultad 124
¡Diga! 300
¡Diga(me)! 300
digital 305
Dinamarca 430
dinero 311
dinero en efectivo 312
Dios 335
¡Dios mío! 86
diplomático 149, 342
diputado 339
dirección 19, 141, 375
dirección de correo electrónico 301
dirección única 274
directo 265
director 148, 149
director de orquesta 148
dirigir 140, 171, 376
dirigirse a 376
discapacitado 106
disco duro 304
discoteca 177
discrepar de 79
discriminación 334
discriminar 334
disculparse 72
disculpas 72
¡Disculpe! 72
discurso 67
discusión 79
discutir 80
disfrutar 178
disparar 345
disponible 198
dispuesto 90

distancia 375
distinto 399
divertido 177
divertirse 177
dividir 389
divorciado 19
divorciarse 46
divorcio 46
doble 396
doce 385
docente 147
doctor 135, 145
doctorarse 135
documentación 150, 249
documento 347
Documento Nacional de Identidad 249
doler 105
dolor 65
dolor de cabeza 105
domicilio 20
domingo 356
don 17
doña 17
donde 370
donut 211
dorada 215
dormir 89, 424
dormirse 89
dormitorio 233
dos 385
dos mil 387
dos semanas 354
dos veces 363
doscientos 387
doscientos veinte 387
drama 170
droga 110
drogadicto 110
droguería 201
ducha 233
ducharse 117
duda 64
dudar de 64
dueño (del piso) 231
dulce 205
dulces 217
duodécimo 390
durante 360, 362

durazno 212
duro 325
DVD 169

E

echar 227, 294
echar de menos 64
echar un vistazo 66
echarse a perder 208
ecología 317
ecológico 292
economía 308
Ecuador 435
edad 52
Edad de Piedra 329
Edad Media 330
edición 296
edición especial 298
edificio 229
editorial 163
edredón 238
educación 125
educado 22
educador 147
educar 125
efectivamente 298, 406
efecto 403
eficiente 323
egipcio 434
Egipto 434
egresado 135
ejemplo 121
ejercer 140, 424
ejercicio 121
ejército 344
el 407
él 408, 410
elección 341
electricidad 319
electricista 146
eléctrico 319
electrodoméstico 243
electrónico 321
Electrotecnia 137
elefante 280
elegante 29
elegir 195

elegir una profesión 139
eliminar 305
ella 408, 411
ellos 408, 411
embajada 340
embajador 149
embarazo 53
embarcar 268
embarque 268
emigrante 333
emigrar 333
emisora 298
emitir 297
emocionante 187
emocionar 64
empapelar 193
emperador 328
emperatriz 328
empezar 367, 424
empezar a 367, 421
empinado 283
empleado 153
empleador 153
emplear 153
empleo 153
empresa 308
empresa de trabajo temporal 156
empresario 149
empujar 89
en 371, 417
en casa 228
en caso de 417
en directo 298
en efectivo 314
en forma 183
en general 405
en línea 301
en medio de 372
en punto 359
en realidad 405
en seguida 366
en serio 179
en vano 406
enamorado 45
enamorarse de 45
encantado 59
¡Encantado! 83

¡Encantado de conocerle!, 83
encargar 74
encendedor 242
encender 236
enchufe 242
enciclopedia 127
encima de 372
encontrar 89
encontrarse 272
encontrarse con 48
encuentro 49
encurtidos 217
eneldo 216
enemigo 344
energía 321
enero 355
enfadado 80
enfado 80
enfermedad 103
enfermero 145
enfermo 104
enfrentamiento 80
enfrente de 373
engañar 353
engordar 30
¡En hora buena! 172
enlace 303
ensaimada 211
enseñanza 131
enseñar 131
entender 120
entender de 156
entenderse 47
enterarse de 68
entero 393
enterrar 53
entierro 53
entonces 77
entorno 50
entrada 232, 249
entrar 228, 379
entre 373
entrega 294
entregar 100, 295, 310
entremés 226
entrenamiento 183
entrenar 183
entrevista 297

entrevista de trabajo 155
entusiasmado 62
entusiasmo 61
envenenar 292
enviar 293, 424
envidiar 64
envolver 173
época 360
época moderna 330
equipaje 248
equipamiento 253
equipo 184
equipo 141
equipo estéreo 166
equivocarse 122
equivocarse 299
error 122
es decir 77
escala 269
escala 321
escalada 185
escalera 193, 233
escalera (mecánica) 200
escanear 306
escaparate 199
escasez 332
escena 170
escenario 171
esclavo 329
escoba 245
escoger 195
escolar 131
escribir 150, 424
escribir un correo electrónico 301
escrito 127, 155
escritor 147
escritorio 150
escuchar música 163
escuela 131
escuela infantil 133
escuela nocturna 143
escuela primaria 134
escuela secundaria 134
escultor 148
escultura 167

ese   413
esfera   384
esforzarse   94
esfuerzo   94
esmalte (de uñas)   119
esmero   124
eso   414
¡Eso espero!   84
espacio   286, 375
espalda   101
España   431
español   431
especial   400
especialidad   221
especialista   143
especializarse en   143
especialmente   400
especias   216
especie   400
espectáculo   169, 178
espectador   169
espejo   241
esperanza   57
esperar   57, 262
esperar(se)   57
¡Espero que no!   84
¡Espero que sí!   84
espina   215
espinacas   213
espíritu   335
esposo   43
esquiar   181
esquina   383
esta noche   358
estación (de trenes)   264
estación (del año)   354
estación de autobuses   263
estadio   183
estado   91, 346
estado civil   20
estado federal   346
Estados Unidos   433
estadounidense   432
estallar   343
estancia   250

estancia y desayuno   253
estanco   201
estantería   237
estar   421, 425
estar acostumbrado a   25
estar bien   104
estar com gente   49
estar convencido de   76
estar de acuerdo con   78
estar de paso   251
estar en huelga   159
estar equivocado   76
estar listo   91
estar preocupado   61
estar prometido   45
estar sentado   378
estar tumbado   378
estatal   346
estatus   333
este   285, 413
estilo   168
estimado   295
esto   413
estómago   103
Estoy de acuerdo.   76
estrecho   34, 375
estrella   171, 286
estropearse   92
estudiante   132
estudiar   120
estudio   168
estudios   133
estufa   243
estupidez   23
estúpido   23
eterno   337
euro   313
Europa   429
europeo   429
evangélico   336
evidente   77
ex marido   46
exactamente   77
exacto   320
exageración   79
exagerar   79
examen   122

examinar   110
excavación   329
excelente   123
excepción   401
excepto   401
exceso de velocidad   275
excitado   62
excitante   62
exculpar   352
excursión   254
excursión (a pie)   181
excusa   82
exhibir   152
exigencia   157
exigente   27
exigir   74, 157, 425
existencia   335
existir   335
éxito   187
experiencia profesional   155
experimento   322
experto   156
explicación   68
explicar   68
explorador web   303
exportar   309
exposición   167
expresar   69
expresión   130
expresión   69
Expresión Plástica   138
extensión   302
exterior   340, 376
extinguir   425
extranjera que no pertenece a la UE   334
extranjero   249, 332, 332
extranjero que no pertenence a la UE   334
extraño   63

F

fabricarse   198
fachada   231

fácil   124
facilidad   127
factible   72
facultad   134
facultado   74
falda   32
fallar   184
falso   122
faltar   397
¡Faltaría más!   86
familia   38
familia monoparental   46
familia numerosa   41
familiar   40
famoso   183
farmacéutico   145
farmacia   111
fascismo   330
favor   96
favorito   60
fax   300
fe   335
febrero   355
fecha   359
felicidad   59
¡Felicidades!   172
felicitar   172
feliz   59
¡Feliz cumpleaños   173
¡Feliz Navidad y próspero Año Nuevo!   173
femenino   128
feo   28
ferias   174
ferrocarril   264
fértil   316
festival   175
fiarse de   98
ficción   162
fiebre   106
fiel   44
fiesta   177
fiestas   174
fijar   91
fijarse en   57
filete   214
Filología Alemana   137

Filología Hispánica 138
Filología Inglesa 137
Filología Románica 137
Filosofía 138
fin 368
fin de semana 354
final 90, 186, 368
financiero 312
finca 230
finés 430
finlandés 430
Finlandia 430
fino 325
firma 347
firmar 347
Física 137
físico 104
fisioterapeuta 147
flan 223
flash 191
flauta 164
flecha 384
flor 279
florero 244
floristería 201
forma 383, 403
formación 125, 136
formación continua 143
formar 136
formulario 347
fósforo 245
foto panorámica 191
fotocopia 150
fotocopiadora 150
fotografía 188
fotografiar 188
fotógrafo 146
fracasar 95
frágil 325
francés 431
Francia 431
franquear 294
franqueo 294
frase 128
frecuente 365
fregar (los platos) 241
fregar 241

freír 206
frenar 275
freno 275
frente 101
fresa 212
fresco 167, 205
frigorífico 239
frijol 213
frío 288
frontera 343
fruta 211
frutería 200
frutilla 212
frutos secos 217
fuego 290
fuegos artificiales 175
fuente 244, 256, 284
fuera 372
¡Fuera! 86
fuera de 372
fuera de línea 301
fuerte 28, 104, 319
fuerza 104, 319
Fuerzas Aéreas 344
fugarse 346
fumador 110
fumar 107
función 169, 318
funcionar 318
funcionario 149
funeral 53
furgoneta 273
furioso 80
fútbol 180
futuro 361

G

gafas 37
gafas de sol 38
galería (de arte) 167
Galicia 431
gallego 431
galleta 211
gallina 278
gallo 279
gamba 215
ganado 317
ganador 182
ganancia 314

ganar 157, 182
ganarse la vida 157
gancho 193
ganga 199
garaje 234
garantía 97
garantizar 97
garbanzo 213
garganta 101
gas 324
gasóleo 273
gasolina 273
gasolinera 273
gastar(se) 197
gastos 314
gato 278
gay 44
gel (de ducha) 117
gemelo 41
generación 53
general 149
generoso 24
gente 47
Geografía 137
gerente 144
gimnasio 183
girar 89, 274
girasol 280
glaciar 283
globalización 311
gobernante 328
gobernar 328, 339
gobierno 339
golf 185
goma 327
goma de borrar 153
gordo 28, 325
gorra 37
gorro 37
gota 207
grabar 169, 191, 305
¡Gracias! 71
gracias por... 71
gracioso 179
grado 392, 399
gramática 130
gramo 392
Gran Bretaña 430
grandes almacenes 200

granizo 291
grasa 210
gratificación 159
gratuito 199
grave 164
Grecia 432
griego 432
grifo 237
gripe 109
gris 382
gritar 81
grito 81
grueso 325
grupo 399
grupo (de música) 165
guante 37
guapo 28
guardar 305
guardar cola 198
guardería 133
guardia 144
guarnición 223
Guatemala 435
guerra 343
guerra civil 330
guía telefónica 302
guía turístico 148
guiar 254
Guinea Ecuatorial 435
guisante 213
guitarra 164
gustar 60, 195, 204
gusto 102

H

haber 420, 425
habichue 213
hábil 144
habilidad 143
habitación 232
habitación doble 252
habitación individual 252
habitante 347
habituarse a 107
hablar 67
hablar por teléfono 299

hace poco 361
hacer 87, 421, 425
hacer autostop 277
hacer caso 74
hacer clic 304
hacer deporte 179
hacer falta 89
hacer footing 183
hacer las maletas 249
hacer manualidades 190
hacer negocios 309
hacer noche 251
hacer reír 177
hacer transbordo 262
hacer un esfuerzo 94
hacer un favor 96
hacer una barbacoa 207
hacer una radiografía 113
hacia 372
hacia arriba 374
Haiti 435
hall 234
hambre 203
hamburguesa 221
hardware 303
harina 211
hasta 362, 371
¡Hasta luego! 82
¡Hasta mañana! 83
¡Hasta pronto! 82
hasta que 362
hay 420, 425
hay mucha marcha 177
hay que 420
hebreo 434
hecho 206, 298
heladera 239
heladería 220
helado 217
helarse 291
helicóptero 269
heno 316
heredar 54
herida 105
herirse 105

hermano 39
hermanos 39
héroe 346
heroína 346
herramienta 190
hervir 206
hielo 290
hierba 279
hierbas aromáticas 216
hierro 324
higiénico 113
hijo 39
hijo adoptivo 42
hijos 39
hilo 194
hincha 187
hincharse 108
hindú 336
hipermercado 200
Historia 137
historia 160
Historia del Arte 138
hockey sobre hielo 185
hockey sobre hierba 185
hoja 151, 279
¡Hola! 82
Holanda 430
holandés 430
hombre 17, 51
¡Hombre! 85
hombre de negocios 149
hombro 101
homosexual 44
Honduras 435
hongo 280
honor 346
hora 358
hora extra 158
hora punta 263
horario 132, 264
horario (de trabajo) flexible 158
horario de vuelos 267
hormigón 327
horno 239
horno microon-das 243

horrible 61
hospital 112
hotel 251
hoy 360
huelga 159
hueso 102
huevo 216
huevo cocido 215
huevo pasado por agua 215
humano 51
humor 26
hundirse 270

I
ida 265
idea 55
ideología 341
iglesia 254
igual 398
ilegal 349
imagen 298
imaginación 58
imaginarse 58
impedir 74
imperialismo 330
imperio 328
importancia 77
importante 77
importar 309
importe 388
imposible 56
impresión 57
impresora 305
imprimir 305
imprudente 26
impuesto 314
incendio 115
incierto 95
incinerar 54
incluido 225
incluso 406
incomparable 400
incomprensible 126
inconsciente 106
inconveniente 79
increíble 298
inculto 26
incurable 107
independencia 341

independiente 341
India 434
indio 434
industria 308
industrial 308
INEM 156
infancia 51
infarto 109
infección 108
infeliz 59
inferior 376
infiel 44
infierno 337
inflamación 108
inflamado 108
influir 339
información 265, 295
informar 295
Informática 137
informe 297
infusión 218
Ingeniería Mecánica 137
ingeniero 147
Inglaterra 430
inglés 430
ingresar 314
ingresos 314
injusto 349
inmediatamente 367
inmigrante 333
inmigrar 333
inmoral 335
inocente 350
inscribirse 124
inscripción 124
insecto 280
insertar 305
inservible 319
insistir en 74
instalar 306
instituto (de educación secundaria) 134
Instituto de Formación Profesional 134
instrucciones 246
instrucciones 73
instrumento 164
insultar 81
integral 210
inteligencia 125

Índice remissivo

inteligente 125
intención 95
intentar 93
intento 93
interactivo 307
interés 120
interés 315
interesado 121
interesante 121
interesarse por 121
intereses 120
interior 340
interior 376
intermitente 275
internacional 332
Internet 301
intérprete 147
interrumpir 369
interruptor 321
inundación 290
inútil 319
inventar 320
invento 319
invertir 315
investigación 322
invierno 354
invitado 48
invitar 48
inyección 113
ir 247, 379, 425
ir (a) por 100
ir a 421
ir a andar 184
ir a tomar algo 178
ir a trabajar 140
ir a ver 48
ir con 36
ir de compras 194
ir de tiendas 197
ir en bicicleta 271
ir en tren 264
ir en trineo 186
ir hacia adelante 272
Irlanda 430
irlandés 430
irse 379
isla 282
islámico 336
Israel 434
israelí 434

Italia 431
italiano 431
izquierdo 374

J

jabón 117
jaleo 67
Jamaica 435
jamás 365
jamón cocido 214
jamón serrano 214
jamones 214
Japón 434
japonés 434
jardín 233
jardín de infancia 133
jardinero 146
jardines 259
jarra 205
jeans 32
jefe 140
jersey 32
jornada completa 158
jornada laboral 158
jornada reducida 158
jornadas 142
joven 51
joven 52
joya 38
joyería 201
jubilación 157
jubilarse 157
judía verde 213
judío 336
jueces 149
juego 188
juego de computadora 307
juego de ordenador 307
juego limpio 182
Juegos Olímpicos 186
jueves 356
juez 149
jugador 180
jugar 189, 425
jugo 218

juguetería 202
julio 355
junio 355
junta directiva 308
junto 398
juntos 47
jurar 351
justicia 349
justo 197, 349
juvenil 53
juventud 51
juzgar 351

K

ketchup 216
kilo 392
kilogramo 392
kilómetro 392

L

la 407, 409, 411
la ciudadana de la UE 334
la miel 217
la oficina de correos 293
labio 101
lado 374
lago 282
lágrima 65
lamentar 63
lámpara 236
lana 324
langostino 215
lanzar 180
lápiz 151
largo 34
lata 208
Latín 138
Latinoamérica 433
latinoamericano 433
lavabo 233
lavadora 241
lavaplatos 243
lavar 241
lavarropas 241
lavarse 117
lavarse los dientes 118

le 409, 412
le dinero suelto 199
le helada 291
lección 121
leche 214
leche desnatada 215
leche entera 215
lechuga 212
lector 160
lector de DVD 169
leer 160
leer en voz alta 160
legal 349
legumbres 213
lejos 373
lejos de 373
lengua 101
lengua extranjera 130
lengua materna 129
lenguaje técnico 130
lenteja 213
lentes 37
lentilla 38
lento 179
león 279
leona 279
¡Le pido disculpas! 72
leones 279
les 410
les 412
lesbiana 44
lesión 105
letra 128
Letras 137
letrero 272
Levantar 92
levantarse 90
ley 348
ley de protección de la maternidad 159
liberar 345
libertad 350
libre 350
librería 201
libreta de notas 123
libro 160
libro de no ficción 162
licenciado 135

licenciarse 135
liceo 134
licor 219
ligero 325
limón 211
limonada 218
limpiar 241
limpieza 245
limpio 241
lindo 34
línea 262, 301, 383
liso 325
lista 152
lista de la compra 200
listo 23
literario 161
literatura 161
litro 392
llagado 108
llamada 299
llamada de larga distancia 302
llamada local 302
llamar 18, 67
llamar (al timbre) 239
llamar la atención a alg. 58
llamar por teléfono 299
llamarse 18
llano 283
llanura 283
llave 239
llegada 264
llegar 248, 379
llegar a 379
llenar 89
lleno 225, 273
llevar 31, 88, 99, 140, 277, 421
llevar al correo 294
llevar la casa 239
llevar puesto 31
llevarse 100
llorar 65
llover 289
lluvia 289
lluvioso 291
lo 407, 409
lo cual 414

lo mismo 398
lo que 414
lo ... que 405
lobo 279
local 260
loco 23
¡Lo conseguí! 84
lógico 126
lombarda 213
los 407, 410
¡Lo siento! 72
lucha 344
luchar 344
luego 366
lugar conmemorativo 256
lugar de residencia 20
lujo 197
luna 286
lunes 356
Lunes de Carnaval 176
luto 53

M

macarrones 210
madalena 211
madera 324
madre 39
¡Madre mía! 86
madre soltera 46
maduro 208
maestro 145
maíz 211
majo 21
mal 123
mala suerte 189
maleducado 22
maleta 249
Malta 431
maltés 432
mamá 39
mañana 357, 360
mancha 245
mandar 293
manejar 91, 271
manera 404
manga 36
manifestarse 341

mano 102
manso 317
manta 238
mantel 244
mantequilla 215
manzana 212
mapa 259
maquillaje 119
maquillarse 119
máquina (de fotos) 188
máquina 318
máquina expendedora de billetes 263
maquinilla de afeitar 118
mar 282
maravilloso 257
marca 401
marcar 299
marcar un punto 184
marcharse 380
marco 168
marea 287
marea alta 287
mareo 109
margarina 216
marido 43
Marina 344
marinero 148
marino 148
mariposa 280
mariscos 214
mármol 326
marrón 382
martes 356
Martes de Carnaval 176
martillo 193
marzo 355
más 394
más o menos 405
masaje 114
mascota 279
masculino 128
matar 350
Matemáticas 137
materia 323
materia prima 326
material 323
matrícula 124, 275

matrimonio 43
mayo 355
mayor de edad 20
mayoría 340
me 408
¡Me alegro de conocerte! 83
Me da lo mismo. 85
mecánico 146, 321
medalla 186
media 35
media hora 358
media pensión 253
mediación 310
medianoche 357
medias 35
medicamento 112
Medicina 138
médico 111, 145
medida 90, 392
medio 395, 405
medio ambiente 290
mediodía 357
medir 392
meditar 125
Mediterráneo 282
Méjico 435
mejilla 102
mejillón 215
mejorar 123
mellizo 41
melocotón 212
melocotones 212
melodía 166
melón 212
memoria 125
mencionar 68
mendigo 331
menor de edad 20
menos 394
¡Menos mal! 85
mensaje de texto 302
mensaje por megafonía 269
mensual 354
mental 104
mentir 82
mentira 82
mentiroso 25
menú 223

Índice remissivo

menú (del día)   226
menudo   29, 364
mercado   200
mercadotecnía   142
mercancía   308
mercancías   308
mercería   201
merendar   226
merienda   225
merluza   215
mermelada   217
mes   354
mesa   235
mesa de escribir   236
meta   182
metal   324
meter   88
meter gol   184
método   322
método anticonceptivo   113
metro   392
metro   261
México   435
mezcla   326
mezclar   326
mezquita   255
mí   410
mi   412
miedo   60
miembro   50
mientras   359
mientras tanto   364
miércoles   356
mil   387
mil millones   388
¡Mi más sincero pésame!   54
milésimo   391
milímetro   392
millonésimo   391
ministro   339
minoría   341
minuto   358
mío   412
mirada   65
mirador   257
mirar   65
miseria   331
mismo   398, 415

mitad   396
mochila   250
moda   30, 36
modelo   198
moderno   167
modesto   27
modo   403
mojado   289
molestar   80
momento   361
momia   329
monarquía   328
monasterio   254
moneda   313
moneda   315
monedero   37
monja   337
monje   337
mono   280
monólogo   170
montaña   281
montañas   281
montar a caballo   181
montón   396
monumento   256
monumento emblemático   256
moqueta   237
moral   335
moreno   30
morir(se)   52
mortal   54
mostaza   216
mosto   219
mostrar   167
mostrarse dispuesto   96
motivo   188, 402
moto   271
motor   318
moverse   377
movimiento   378
MP3   165
¡Muchas gracias!   71
muchas veces   363
mucho   393
¡Mucho gusto!   83
mudarse   230
mueble   235
muerte   52

muerto   52
muesli   211
mujer   17, 43
mujer de negocios   149
multa   275
multimediático   307
multiplicar   389
mundo   285
muñeca   102
municipal   260
municipio   348
muro   234
músculo   103
museo   255
música   163
música folclórica   166
música pop   165
musical   163, 165
músico   147
muslo   215
musulmán   336
musulmana   336
musulmanes   336
muy   393

N

nacer   51
nacimiento   51
nación   332
nacional   332
nacionalidad   21, 338
nacionalismo   330
Naciones Unidas   342
nada   394
Nada más.   85
nadar   181
nadie   415
nalgas   101
naranja   211, 382
narices   101
nariz   101
narrador   162
nata   215
naturaleza   283
náuseas   107
navaja   190
navegar   303
Navidad   176

Navidades   176
nebuloso   290
necesitar   89
neerlandés   430
negar   72, 426
negarse   81
negativa   81
negativo   323
negociación   342
negro   382
neozelandés   434
nervio   103
nervioso   24
neto   315
neumático   275
neutro   128
nevar   290
ni ... ni   397
Nicaragua   435
niebla   290
nieto   40
nieve   290
niña   18
ningún   415
ninguno   415
niño   18
nivel   401
no   70
no ... en absoluto   70
¡No hay de qué!   71
No importa.   84
no soportar   60
nobleza   330
noche   251, 357
Nochebuena   176
Nochevieja   176
nombrar   158
nombre   18
nombre (de pila   19
nonagésimo   391
normal   399
normalmente   405
norte   284
Norteamérica   432
norteamericano   432
Noruega   429
noruego   429
nos   409
nosotros   408, 411
nostalgia   64

nota 123, 151, 166
notar 56
¡No te lo tomes a pecho! 85
noticia 295
noticias 297
novecientos 387
novela 160
novela policíaca 162
noveno 390
noventa 386
novia 43
noviembre 355
novio 43
nube 289
nublado 289
nueces 217
nuestro 413
Nueva Zelanda 434
nueve 385
nuevo 195
nuez 217
número 388
número (de la calle) 20
número (de pie) 34
número de teléfono 20
numeroso 396
nunca 364

O

obedecer 74
objetivo 95, 191, 298
objeto 87
obligar a 74
obligatorio 276
obra de teatro 168
obras 231
obrero 146
observación 68
observar 66
ocasión 173
occidental 285
océano 282
ochenta 386
ocho 385
ochocientos 387
ocio 187
octavo 390

octogésimo 391
octubre 355
ocupado 300
ocupar 345
odiar 45
odio 44
oeste 285
ofender 81
oferta 194
oficial 149, 347
oficina de turismo 260
ofrecer 195
oído 102
oír 65, 426
¡Ojalá ... ! 84
ojo 101
ola 282
oler 66, 426
oler a 66
oler mal 66
olfato 102
olor 66
olvidar 55
once 385
ópera 165
operación 112
operar 112
opinar 75
opinión 75
opiniones 50
oportunidad 95, 155
oposición 339
oprimir 340
óptica 201
oral 127
orden 73, 243, 401
ordenado 243
ordenador 303
ordenador portátil 306
ordenar 73, 230
oreja 101
organizar 250
orgullo 27
orgulloso 27
oriental 285
origen 402
original 168
orilla 282

oro 324
orquesta 165
ortografía 131
os 409
oscuridad 383
oscuro 383
oso 279
otoño 354
otra vez 367
otro 395, 399
otro día 361
oveja 278

P

pabellón deportivo 183
pabellones deportivos 183
paciencia 26
paciente 26, 112
Pacífico 282
pacífico 343
padre 39
padres 38
paella 221
pagar 225, 253
página 121
página de inicio 303
página web 302
país 332
país en vías de desarrollo 343
País Vasco 431
paisaje 280
Países Bajos 430
paja 317
pájaro 278
palabra 128
palacio 255
pan 210
pan (de centeno) 211
panadería 200
panadero 146
pañal 118
Panamá 435
panecillo 211
pantalla 171, 304
pantalón 31
pantalón corto 32
pantys 35

pañuelo 37, 118
pañuelo de papel 118
papa 212
Papa 336
papá 39
papel 170
papel (pintado) 193
papel 151
papel higiénico 118
papelera 153
papelería 201
paquete 208, 293
par 396
para 372, 417
para llevar 227
para que 418
parada 262
parado 154
paraguas 37
Paraguay 435
paraíso 337
parar 272
pararse 377
parasol 190
parcela 231
parecer 56, 75
parecerse 30
parecido 400
pared 234
pareja 42
pariente 41
parking 258
parlamento 339
paro 154
parque 259
parque (infantil) 261
parte 388
parte meteorológico 291
participar en 50
partida 189
partido 180, 338
partir 207, 248
parto 51
¡Pasado bien! 177
pasado 361
pasado de moda 36
pasado mañana 361
pasador 38

Índice remissivo 451

pasaje comercial 261
pasajero 262
pasaporte 250
pasar 98, 224, 228
pasar a la clase siguiente 123
pasar el aspirador 245
pasar la fregona 246
pasar por 380
pasar(se)lo bien 177
pasarse 48
Pascua 176
Pascua (de Resurrección) 176
pasear 380
paseo 189
pasillo 234
pasión 26
paso 379
paso de cebra 274
pasta 210
pasta de dientes 118
pastas 211
pastas de té 211
pastel 211
pastelería 201
pastilla 112
patata 212
patatas fritas 217
patatas fritas 222
patín 186
patinar (sobre ruedas) 186
pato 279
patria 343
pavo 215
paz 343
peaje 276
peatón 271
pecado 337
peces 279
pecho 101
Pedagogía 138
pedido 309
pedir 70, 223, 426
pedir socorro 116
pedir(se) 72
pegamento 153
peinado 28
peinar 28

peinarse 117
peine 117
pelar 209
pelearse con 80
película 169
peligro 114
peligroso 114
pelirrojo 29
pelo 27, 103
pelota 180
peluquero 144
pena 350
penalti 184
pendiente 38, 283
pene 102
península 284
pensar 421, 426
pensar 55
pensión 157, 251
pensión completa 253
Pentecóstes 176
pepinillo 217
pepino 213
pera 212
percha 238
perchero 234
perdedor 182
perder 182, 265, 426
perderse 381
pérdida 314
¡Perdón! 72
perdonar 72
¡Perdone! 72
perforadora (de papel) 153
perfume 66, 119
periódico 296
periodista 147
período 360
periodo de prueba 158
permanecer 381
permiso 73
permiso de conducir 271
permiso de residencia 333
permiso de trabajo 159
permitir 73

permitirse 197
perro 278
personaje principal 162
personal 47, 140
personalidad 24
Perú 435
pesado 325
pesar 392
pesca 317
pescadería 201
pescado 214
pescador 146
pescar 192
peso 392
petróleo 324
pez 279
piano 164
picante 205
picnic 210
pico 281
pie 102
piedra 326
piel 103, 209
pierna 102
pieza 232
pijama 33
pila 320
píldora 112
piloto 148
pimentón 216
pimienta cayena 216
pimienta negra 216
pimiento 212
pintar 192, 167
pintor 148
pintura 167, 1019
pipa 218
pipas (de girasol) 217
piscina 181
piso 228
pitar 184
pizarra 133
placer 59
plan 93
plancha 244
planear 93
planeta 287
plano 384

plano de la ciudad 259
planta 228, 279
planta baja 228
plantar 316
plástico 324
plata 324
plátano 212
platillo 240
plato 223, 240
playa 282
plaza 258
plaza de aprendiz 136
plaza mayor 258
plaza vacante 155
plomo 327
pluma 151
plural 129
población 331
poblar 329
pobre 331
pobreza 331
pocas veces 363
poco 393, 395
poco a poco 406
poder 73, 338, 420, 426
poderoso 338
poema 161
poesía 161
poeta 161
poetisa 161
polaco 432
policía 115, 144
política 338
político 41, 149, 338
pollera 32
pollo 214
Polonia 432
polvo 245, 326
pomada 113
pomelo 213
ponencia 142
poner 88, 427
poner al fuego 207
poner el intermitente 274
poner en escena 171
poner la mesa 225
ponerse 31, 287

452 Índice remissivo

ponerse cinturón 276
ponerse de acuerdo sobre 78
ponerse em contacto con 49
ponerse enfermo 105
por (lo) tanto 403
por 362, 372, 417
por aquí 370
por casualidad 406
¡Por Dios! 86
por entonces 361
por eso 403
por exemplo 77
por favor 70
Por favor 70
por fin 367
¡Por fin! 84
por hora 157
por la mañana 357
por libre 141
por lo menos 405
por mucho tiempo 363
por poco tiempo 363
por qué 401
por separado 227
por si acaso 85
por último 366
porque 402
portada 297
portal 232
portería 184
portero 146
Portugal 432
portugués 432
poseer 100
posesión 100
posibilidad 95
posible 56
positivo 323
póster 168
postre 224
pozo 256
practicar 121
prácticas 137
prado 316
prática 322
precio 196
preciso 320

predecir 291
preferir 76
prefijo 300
pregunta 69
preguntar 69
preguntarse 56
premio 187
prender 236
prensa 297
preocupaciones 64
preparación 93
preparar 94, 206
preparativos 93
presentación 152
presentar 152
presentarse 380
presentarse a un puesto 154
presente 125, 361
presidente 339
presión 320
prestación adicional 158
prestación de servicios 310
prestar 315
prestar primeros auxilios 116
prevenir 112
preventivo 112
prever 58
primavera 354
primer ministro 339
primer piso 229
Primera Guerra Mundial 330
primero 389
primo 40
princesa 329
principal 400
príncipe 329
principiante 156
principio 368
prisa 378
prisión 352
privado 331
probable 56
probablemente 56
probar 93
probarse 31
problema 124

proceso 349
producción 310
producir 310
producto 310
profesión 139
profesional 139
profesor 145
programa 297, 304
programa concurso 298
programador 147
programar 304
progresar 142
progreso 368
prohibición 73
prohibir 73
promesa 71
prometer 71
promover 97
pronto 365
pronunciación 130
pronunciar 130
propiedad 229
propiedad privada 229
propietario 229
propina 225
propio 100
proponer 75
propósito 95
propuesta 75
prospecto 114
protección 345
proteger 345
protesta 81
protestante 336
protestar 81
provincia 347
provocar 402
próximo 398
proyecto 93
prudente 26
prueba 123, 351
Psicología 138
psíquico 104
pub 178
público 171, 331
puchero 222
pudiente 332
pueblo 257, 340

¿Puedo ayudarle? 85
¿Puedo ayudarle en algo? 85
puente 259
puerta (de embarque) 269
puerta 232
puerto 269
pues 418
pues (entonces) 418
¡(Pues) mejor! 85
puesta del sol 287
puesto de peaje 276
puesto de trabajo 140
puesto que 402
pulgar 102
pulmón 103
pulsera 38
puño 102
punta 193, 384
puntero del ratón 304
punto 130, 384
punto de vista 78
puntual 366
puntualmente 262
puro 218

Q

que 414, 418
qué 415
¡Qué aproveche! 204
¿Qué cuesta ...? 196
quedar bien 36
quedar con 48
quedarse 367, 380
quedarse con 100
quedarse embarazada 53
¿Qué desea? 84
¡Qué disgusto! 81
¡Qué faena! 85
¿Qué hora es? 358
queja 80
quejarse de 80
¡Qué lástima! 86
quemarse 109, 115, 290

Índice remissivo 453

¿Qué pasa? 84
¡Qué pena! 86
¿Qué querías? 84
querer 42, 71, 427
querido 295
Querría ... 83
quesito 215
queso 215
¿Qué tal? 83
¡Qué tenga un buen día! 83
¡Qué vergüenza! 63
quien 414
quién 415
¿Quiere ... ? 84
¿Quieres ... ? 84
Química 137
químico 147
quince 386
quince días 354
quincuagésimo 391
quinientos 387
quinto 389
quiosco 202
Quisiera ... 83
quitar 89, 99
quitar la mesa 225
quitarse 31
quizá(s) 56

R

rabia 80
ración 226
racismo 334
radiador 243
radio 296
radioactivo 322
rallado 209
rama 279
ramo 308
rape 215
rápido 180
raqueta 185
raro 63
rascacielos 230
rastro 175
ratón 278, 304
raza 317
razón 125, 402
razonable 23

reacción 403
realidad 298
realizar 72
rebajado 199
rebajas 199
rebanada 207
recepción 252
receta 208
receta 114
recetar 112
rechazar 81
rechazo 81
recibir 99, 173
recibirse 135
recibo 197
reciclar 292
recién exprimido 209
reclamación 198
reclamar 198
recoger 92, 231, 269
recomendación 75
recomendar 75
reconocer 57
reconocimiento 111
récord 187
recordar 55, 125
recorrido 274
recreo 132
rectángulo 384
recto 375, 384
recuerdo 55
redacción 131
redondo 383
reducir 313
referirse a 78
reflexión 126
reflexionar 55, 126
reflujo 287
refrescar 288
refresco 218
refugiado 346
regalar 173
regalo 173
regar 316
región 280
regional 260, 281
registrarse 253
regla 152
reglas (del juego) 189

regular 321
regularmente 364
reina 329
reino 328
reír(se) 60, 427
relación de pareja 42
relajarse 92
relato 160, 161
religión 334
religioso 334
rellenar 347
reloj (de pulsera) 38
remitente 294
renovar 192
renunciar 155
renunciar a 72
reparar 309
repartir 100
repetir 121
reportaje 297
reportero 147
representante 149
representar 141, 169
reproductor de CD 165
república 340
República Checa 432
República Dominicana 435
reserva 226
reservar 226, 248
resfriado 106
resistencia 183, 345
resolver 122
respetar 97
respeto 97
respiración 111
respirar 111
responder (a) 70
responsabilidad 140
responsable 140
respuesta 69
restar 389
restaurante 220
restaurante (a bordo) 266
resto 396
resultado 323
retirar 100
retraso 262, 366

retrato 191
reunión 49, 151
reunirse 49
revelar 191
revisor 265
revista 296
revolución 330
rey 328
rezar 335
rico 25, 205, 332
riña 79
rincón 383
río 282
riqueza 332
risa 60
ritmo 166
robar 350
roble 280
robo 350, 353
roca 283
rodar una película 171
rodear 377
rodilla 102
rojo 382
romero 216
rompecabezas 192
romper 92, 427
romperse algo 105
ropa 30
ropa de caballero 34
ropa de señora 34
rosa 279, 382
roto 92
rubio 28
rueda 275
ruido 65
ruinas 256
Rusia 432
ruso 432
ruta 274

S

sábado 356
sábana 238
sábanas 238
saber 120, 204, 427
sabor 204
sacacorchos 244
sacar el título v irr 135

sacar los muebles 231
sacar una foto 188
sacerdote 337
saco 35, 245
saco (de dormir) 252
sal 216
sala 255
sala de espera 114
salado 205
salario 156
salchicha 214
salchichón 214
salida 182, 232, 249, 264
salida de emergencia 116
salida del sol 287
salir 177, 287, 248, 269, 380, 427
salir bien 95
salmón 214
salón 233
salsa 223
saltar 184
saltar(se) 378
salud 103
¡Salud! 85
Salvador 435
salvaje 317
salvar 115
sandalia 36
sandía 212
sándwich 221
sangrar 105
sangre 102
sangría 219
sano 103
santo 337
sartén 239
satélite 286
satisfecho 60, 197
se 409, 411, 412, 416
sé(p)timo 390
secador (de pelo) 242
secadora 243
secar 242
secarse 117
secarse el pelo 242

sección 141
seco 209, 289
secretario 144
secreto 82
secuestrar 353
sed 204
seda 327
sede 348
seguir 368, 380, 421, 428
según 417
Segunda Guerra Mundial 330
segundo 389, 358
seguridad 94, 343
seguro 94, 313, 343
seguro de enfermedad 114
seguro médico 114
seis 385
seiscientos 387
selectividad bachillerato 134
sello 153, 293
semáforo 272
semana 354
Semana Santa 176
semanal 354
semestre 136, 355
seminario 136
señal de tráfico 275
sendero 283
señor 17
señora 17
señorita 18
sensación 59
sensible 24
sentarse 235, 378
sentencia 351
sentido 58, 66
sentido común 25
sentido del humor 26
sentir 66, 428
sentirse 103
separación 46
separado 20
separar 89
separarse de 46
septiembre 355
septuagésimo 391
sequía 291

ser 420, 428
ser aficionado 187
ser amigo (de) 47
ser cierto 76
ser de 19
serie 401
serio 22
serpiente 280
servicial 24
servicio 145, 226, 233
servicios de rescate 115
servidor 303
servilleta 240
servir 226, 318
servirse 227
sesenta 386
seta 280
setecientos 387
setenta 386
sexagésimo 391
sexo 19, 44
sexto 389
shock 107
si 419
sí 70, 411
¿Sí? 299
¡Sí, con mucho gusto! 84
si no 419
sida 109
sidra 219
siempre 364
siempre que 359
sierra 193
siete 385
siglo 360
significado 129
significar 129
signo 129
¡Sí, hombre! 86
silencio 67
silla 235
silla de oficina 150
silla de ruedas 113
sillón 236
simpático 21
simple 124
sin 417
sin alcohol 219

sin embargo 419
sin falta 97
sin madurar 208
sin que 419
sin rodeos 79
¡Sírvase! 84
¡Sírvete! 84
sinagoga 255
sinceridad 23
sincero 23
sindicato 159
singular 129
siniestro 65
sistema 320
sistema operativo 306
sistemático 320
sitio 266, 375
sitio para aparcar 276
situación 91
snowboard 186
sobrar 396
sobre 294, 372, 417
sobrevivir 115
sobrino 40
sociable 27
social 331
socialismo 341
sociedad 331
sociedad anónima 308
sociedad de consumo 311
Sociología 138
¡Socorro! 116
sofá 237
software 304
sol 286
solamente 398
solar 322
soldado 149
soleado 288
soler 87
solicitud 154
solo 61
soltero 20
solución 122
sombra 291
sombrero 37
someter 328

Índice remissivo

sonar 165
sonar 301
soñar 93
sonido 165
sonreír 60
sonrisa 60
sopa 222
soportable 108
soportar 108
sordo 107
sorprender 60
sorpresa 60
sostener 88
sótano 230
su 412
subir 313, 377
subordinado 141
subrayar 69
suciedad 245
sucio 241
sudadera 35
Sudamérica 433
sudamericano 433
sudar 106
sudor 106
Suecia 429
sueco 429
suegro 40
sueldo 156
suelo 234
suelo de baldosas 237
sueño 92
suerte 189
suficiente 394
sufrir 105
Suiza 431
suizo 431
sujetador corpiño 35
sujetar 88
suma 388
sumar 389
superdotado 127
superior 376
supermercado 200
suponer 56
sur 285
surf 185
suspender 123

sustantivo 128
susto 63
suyo 412

T

tabaco 217
tabaquería 201
taberna 220
tabla 152
tabla (de madera) 193
tacaño 26
tacto 102
talento 127
talla 34
taller 309
también 405
tambor 164
tampoco 70
tan 404
tan ... que 405
tan solo 398
tanto 395
tapa 222, 240
tapar 238
tardar 364
tarde 357, 366
tarjeta (de memoria) 188
tarjeta de crédito 312
tarjeta de cuenta 312
tarjeta de embarque 268
tarjeta de visita 150
tarjeta postal 293
tarjeta telefónica 302
tarta 211
tasca 220
taxi 271
taza 240
té 218
te 408
teatro 168
techo 234
tecla 304
teclado 304
teclear 152
técnica 318
técnico 147, 318
tecnología 318

tejado 229
tela 327
teléfono 299
teléfono de emergencia 116
teléfono móvil 299
televisión 296
televisor 296
tema 162
temblar 107
temperatura 288
tempestad 289
tempestuoso 289
templo 256
temporada 253
temprano 366
¡Ten cuidado! 116
tenedor 240
tener 98, 428
tener ... años 52
tener aspecto de 29
tener buen aspecto 29
tener cuidado con 98
tener curiosidad por 26
tener dolores 105
tener el pelo canoso 29
tener el pelo castaño 29
tener el pelo negro 28
tener en cuenta 57
tener ganas de vomitar 107
tener hambre 204
tener lugar 174
tener miedo a 61
tener pensado 93
tener prisa 366
tener puesta la calefacción 237
tener que 421
tener razón 76
tener relaciones (sexuales) 44
tener sed 204
tener sueño 92
tener un aspecto descuidado 30

tener una avería 275
tenis 185
tentempié 221
Teología 138
teoría 322
teórico 322
¿Te puedo ayudar? 85
tercera edad 54
tercero 389
terminal 269
terminar 90
termómetro 392
ternero 278
terraza 234
terremoto 290
terreno 281
terrible 61
terrorismo 344
test 122
testamento 54
testigo 349
tetera 240
texto 161
ti 410
tiburón 280
tiempo 288, 359, 366
tienda 200
tienda (de campaña) 252
tienda de alimentos 200
tienda de deportes 201
tienda de electricidad 201
tienda de fotos 201
tienda de ropa 201
tienda de souvenirs 202
tierra 281
Tierra 285
tigre 279
tigresa 279
tijeras 152
timbrar 302
timbre 239
tímido 25
tintorería 201
tío 39, 48
típico 399

Índice remissivo

tipo 29, 399
tirar 180
tirar (dado) 189
tirar 292
tirar de 88
tiritacurita 113
tiro 180
titular 297
título 161
tiza 133
toalla 242
tocar 198
tocar 164
Tocar 66
tocino 215
todavía 362
todavía no 363
todo 393
todo el mundo 416
tolerar 76
tomar 99
tomar a mal 80
tomar drogas 110
tomar el sol 190
tomar la píldora 113
tomar prestado 99
tomate 212
Tome asiento, por favor 83
tomillo 216
tonelada 392
tontería 58
tonto 23
tormenta 290
tornillo 193
toro 278
torpe 144
torre 255
torre de la iglesia 255
tortilla 222
tortura 346
tos 106
toser 106
tostada 210
tostadora 244
total 396
trabajador 25, 139
trabajador especializado 145
trabajador social 147

trabajar 139
trabajo 139
trabajo de fin de estudios 135
trabajo escrito 135
trabajo final 135
tradición 175
tradicional 175
traducción 129
traducir 129
traer 99, 428
tráfico 270
tragar 111
tragedia 170
traicionar 346
traje 32, 171
traje de baño 33
tranquilamente 68
tranquilo 22
transbordador 287, 270
transportar 270
transporte 270
transporte público 262
tranvía 262
trapo 245
tratamiento 111
tratar 78, 90, 111
tratar mal 81
trayectoria profesional 154
trece 385
treinta 386
treinta y uno 386
tren 264
tren de alta velocidad 266
tren de cercanías 266
tren rápido urbano 261
tren regional 266
tres 385
trescientos 387
triángulo 383
tribunal 349
trigésimo 391
trimestre 136, 355
triste 61
tristeza 61

tropa 345
trozo 393
trozo de papel 151
trucha 215
tú 408
tu 412
tubo 320
tulipán 280
tumba 53
tumbarse 377
turco 434
turismo 247
turismo rural 250
turista 247
turístico 247
turno 158
Turquía 434
tuyo 412

U

UE 342
última parada 263
últimamente 361
último 366
un 385
Un (cordial) saludo 295
un 407
un millón 387
una 385
una vez 363
undécimo 390
único 398
uniforme 346
unión 342
Unión Europea 342
unir 91, 342
unirse a 50
universidad 133
universo 286
¡Un momento! 360
uno 47, 407, 416
unos 394
unos 407
urbanización 260
urbano 260
urgencias emergencia 116
urgente 367
Uruguay 435

USA 433
usado 195
usar 87
uso 87
usted 411
ustedes 412
útil 318
utilizar 87
uva 212

V

vaca 278
vacaciones 247
vacío 225
vagina 102
vago 25
vagón restaurante vagones 266
vajilla 244
¡Vale! 73
¡Vale, gracias! 84
valer 31, 196, 428
valer la pena 314
válido 250
valiente 25
valija 249
valle 283
valor 25, 314
vaquero 32
varias veces 364
varios 394
vasco 431
vaso 240
¡Vaya! 85
¡(Vaya) mierda! 85
veces 363
vecino 48
vegano 210
vegetariano 210
vehículo 273
vehículo de salvamento 116
veinte 386
veintidós 386
veintitrés 386
veintiuno 386
vejez 52
vela 185, 244
velada 178
vello 103

velocidad 378
venda 113
vendaje 113
vendedor 144
vender 194
Venezuela 435
¡Venga! 86
venir 379
venir(se) 379
venta 194
ventaja 79
ventana 233
ventanilla 265, 294
ventoso 289
ver 65
ver la televisión 296
verano 354
verbo 128
verdad 297
verdaderamente 406
verdadero 122, 297
verde 382
verdulería 200
verdura 212
vereda 259
vergüenza 63
vestido 32, 37
vestirse 31
veterinario 146
vez 363, 369

vía 267
viajar 247
viaje 247
viajero 264
víctima 349
victoria 182
vid 280
vida 51
vidrio 324
viejo 52
viento 289
viernes 356
Viernes Santo 176
vigésimo 391
vigésimo primero 391
vigésimo segundo 391
vinagre 216
vino 219
violar 353
violencia 352
violento 352
violeta 382
violín 164
virtual 307
virus 108, 306
virus informático 306
visado 251
visita 254

visita guiada 254
visita panorámica (en autobús turístico) 254
visitar 254
vista 102, 257
visual 307
vitamina 210
viudo 19, 53
vivir 51, 228
vivo 24, 51
vocabulario 130
volar 268
volcán 284
voleibol 185
volumen 162
voluntad 71
voluntariado 137
volver 248, 380
volver a 421
volverse 367
vosotros 408, 411
votar 341
voto 341
voz 163
vuelo 267
vuelo directo 269
vuelta 199, 265
vuestro 413

W
Web 301

Y
ya 362
Ya es suficiente, gracias. 85
¡Ya está! 85
¡Ya está bien! 86
ya no 363
ya que 402
¡Ya quisiera yo! 86
yate 269
yayo 40
yema de huevo 216
yo 407
yogur 215

Z
zanahoria 213
zapatería 201
zapatilla de deporte 35
zapato 33
zona 259, 280
zona azul 276
zona peatonal 261
zorro 279
zumo 218

A
a 371, 409, 411, 416, 417
a ele 409
a eles 410
à época 361
a gente 416
a mesma coisa 398
a mim 408
à noite 357
A que horas... 358
à senhora(s) 412
a sério 179
a tempo 366
a vocês 412
a(o) norte de 284
abandonar 92, 333

abastado 332
aberto 24, 195
abobrinha 213
aborrecimento 80
aborto 109
abraçar 45
abraço 45
abridor de garrafas 241
abridor de latas 241
abril 355
abrir 232
abrir mão de 72
absurdo 58
acabar 368
acabar de 368, 421
academia 136, 183
acampamento 252

acampar 252
ação 86, 315
aceitar 76, 99
acender 236
acertar 192
achar 75, 89
acidentado 281
acidente 114
ácido 205
aço 326
acolhedor 235
acomodação 251
acompanhamento 223
acompanhar 48
aconchegante 235
aconselhar 75
acontecimento 173

acordar 90
acordo 78, 157, 342
acordo coletivo 159
acostumar-se a 107
açougue 200
açougueiro 146
acreditar 56, 335
acrescentar 208
açúcar 217
acusado 349
acusar 349
adega 220
adequado 144
Adeus! 48
adiante 373
adiar 152
adicional 158
adicionar 208

adivinhação 192
adivinhar 192
adjetivo 128
administração 347
Administração de Empresas 138
administração municipal 348
admiração 61
admirar 61
admitir 79
adoecer 105
adolescência 53
adormecer 89
adotar 42
adquirir 197
adubar 316
adubo 316
adulto 52
advérbio 128
adversário 182
advertência 291
advogado 145
aeromoça 148
aeroporto 268
afeto 45
afetuoso 22
afirmar 78
afixar 91
afresco 167
África 434
africano 434
afundar 270
agarrar 88
agastado 80
agência 309
agência de trabalho 156
agência de trabalho temporário 156
agência de viagens 248
agência dos correios 293
agenda 152
agora 360
agora mesmo 360
agosto 355
agradável 59
agradecer 71
agradecido 62

agressivo 62
agrícola 315
agricultor 146
agricultura 315
água 281
água mineral 218
aguar 316
aguardente 219
agudo 164
agulha 194
aí 371
Aí está! 85
AIDS 109
ainda 362
Ainda bem! 85
ainda há pouco 361
ainda não 363
ainda que 418
ajuda 96
ajudar 96
ajuntar 92
ajustar-se 31
alaranjado 382
alarme 116
albergue (da juventude) 252
alcáçar 256
álcool 219
alcoólatra 110
alcunha 21
alecrim 216
alegrar-se (com) 59
alegre 22
alegria 59
Alemanha 430
alemão 430
alergia 109
alfabeto 130
alface 212
alfândega 249
algarismo 388
algo 395
algo em comum 50
algodão 324
alguém 415
algum 415
alguma 415
alguma coisa 395
alguns 394
alho 212

alimentação 203
alimento 203
alimentos dietéticos 209
alma 338
almoçar 224
almoço 224
almofada 238
almofada de sofá 238
Alô! 299, 300
alojamento 251
alpinismo 181
alterar-se 80
alternativo 318
alto 28, 163, 375
alto-falante 166
altura 375
alugar 229
aluguel 229
alumínio 327
aluno 132
amanhã 360
amar 42
amarelo 382
amargo 209
amarrar 194
amável 21, 22
ambiente 50
ambos 394
ambulância 115
ameaçar 352
amêndoa 217
amendoim 217
América 432
América Central 433
América do Norte 432
América do Sul 432, 433
América Latina 433
americano 432
amigável 49
amigo 47
amistoso 49
amizade 49
amor 42
amplo 375
analisar 323
ancestral 41
andaluz 431

Andaluzia 431
andar 228, 377
andar de bicicleta 271
andar de trenó 186
anel 38
aneto 216
anexo 301
anfitrião 174
anglicística 137
animado 24, 62
animal 278
animal de estimação 279
animar 98
aniversário 172, 173
aniversário de casamento 174
anjo 337
ano 354
anotação 151
anotar 151
ansioso 62
anteontem 361
antepassado 41
antes 365
antes de 365
antigo 167
Antiguidade 329
antipático 21
anual 354
anunciar 311
anúncio 310
anúncio de emprego 155
ao lado de 373
ao menos 405
ao mesmo tempo 369
ao redor de 373
ao senhor(es) 412
ao sul (de) 285
ao vivo 298
aonde 370
apagar 236, 306
apaixonado 27, 45
apaixonar-se por 45
apanhar 269
aparador 237
aparecer 380
aparelho 320

aparelho de som estéreo 166
aparência 57
apartamento 228, 230, 253
apelido 21
apenas 398
aperitivo 219
apertado 34
apertar 88
apesar de 417
apetite 204
apitar 184
aplaudir 171
aplauso 171
aplicação 124
aplicado 25
apoiar 96
apoio 96
aposentadoria 157
aposentar-se 157
apostar 191
aprender 120
aprendiz 136
apresentação 152, 169
apresentar 152, 169
apressar-se 378
aproveitar 50, 87
aproximadamente 395
aproximar-se de 376
aquecedor 243
aquecer 207, 237
aquele 414
aqui 370
aquilo 414
ar 286
ar-condicionado 242
árabe 434
Arábia 434
árbitro 184
área 283
área de estacionamento 276
área de repouso 276
área de serviço 276
areia 284
Argentina 433
argentino 433
argumento 170

arma 344
armado 344
armamento 344
armário 234, 235
armazém 200
armazenar 305
arquiteto 146
Arquitetura 138
arquivo 151, 305
arranhacéu 230
arredores 258, 260
arriscado 191
arriscar(-se) 191
arroz 210
arroz-doce 223
arrumado 243
arrumar 230, 231
arrumar-se 119
arte 166
Artes Plásticas 138
artigo 296
artista 148
artístico 166
árvore 279
às 358
as 407, 410
às vezes 363
Ascensão de Maria 176
asco 64
Ásia 433
asiático 434
asilo político 333
asno 279
áspero 326
aspirador de pó 245
assado 222
assar 206, 207
assar na grelha 207
assassinar 350
assassinato 350
assegurar 97, 313
assembleia 49
assento 265
assessorar 309
assim 404
assim sendo 418
Assim espero! 84
assinar 296
assinar 347

assinatura 296, 347
assistente 145
assistente social 147
assistir a 124
assistir à televisão 296
assoalho 234
associação 50
assombroso 63
assunto 87
assustar 58
assustar-se 63
astronauta 286
atadura 113
ataque 109, 345
atar 194
até 362, 371
Até amanhã! 83
Até logo! 82
Até logo! Até mais tarde! 82
até mesmo 406
até que 362
ateliê 168
atenção 124
Atenção! 116
Atenciosamente 295
atencioso 24
atender 195
atender 299
atender o telefone 302
aterrissar 268
atestado médico 114
ateu 335
atirar 345
atividade 86, 187
atividade de lazer 187
ativo 188
Atlântico 282
atletismo 185
atmosfera 286
ato 87, 170, 174
ator 148
atração turística 254
atrás 373
atrás de 374
atrasado 366
atraso 262, 366
atravessar 272, 376

atriz 148
atual 369
atuar 170
atum 214
aula 121, 131
aumentar 313
aumento de salário 156
ausente 125
Austrália 434
australiano 434
Áustria 430
austríaco 431
autoestrada 258
automático 321
autônomo 141
autor 147
autorização 74
autorizado 74
autorizar 74
auxiliar 96
auxílio 96
avançar 368
ave 278
avelã 217
avenida 260
aventura 250
avermelhado 382
avião 267
avisar 68, 291
aviso 68, 291
aviso por megafone 269
avô 40
axadrezado 37
azar 189
azedo 205
azeite 216
azeitona 217
azul 382
azul-celeste 382

B
bactéria 108
bagagem 248
Bahamas 435
bailarino 148
baile 177
bairro 258
baixar 301, 314

baixinho 29
baixo 28, 163, 164, 375
baixo teor de gordura 210
bala 217
balança 245
balcão 237
balé 170
Baleares 431
baleia 280
balsa 270
banana 212
banco 311
banda 165
bandagem 113
bandeira 343
bandeja 244
banheira 233
banheiro 233
bar 178, 220
bar de praia 221
baralho 189
barato 196
barba 30
barbeador 118
barbear-se 118
barco 268
barraca 252
barriga 101
barulho 65, 67
basco 431
basquete 184
bastante 394
batata 212
batatas fritas 217, 222
bater o telefone 302
bateria 166, 320
batismo 174
batizado 174
bêbado 110
bebê 18
beber 204
bebida 218
beijar 42
beijar-se 42
beijo 42
beirada 383
beleza 29
belga 430

Bélgica 430
belo 28
bem 123
bem-vindo 173
Bem-vindo! 83
Bem, obrigado. 83
berbigão 215
berinjela 213
besteira 58
Bíblia 337
biblioteca 161
bicicleta 271
bijuteria 38
bilhete 262
bilhete de ida 266
bilhete de ida e volta 267
bilhete único 263
biografia 161
biologia 137
biológico 317
biquíni 33
biscoito 211
bloco de apartamentos 230
bloco de notas 152
bloquear 274
blusa 33
blusão 32
boa 21
Boa noite! 82
Boa viagem! 247
boate 178
boca 101
bochecha 102
bodas de ouro 174
bola 180
bolacha 211
boletim de notas 123
boletim meteorológico 291
Bolívia 435
bolo 211
bolsa 208
bolsa de estudos 136
bolsa de valores 314
bolsa de viagem 251
bolso 36, 37
bom 21
Bom apetite! 204
Bom dia! 82

bom senso 25
Bom seria! 86
Bom! 86
bomba 320
bombeiros 115
bombom 217
bonde elétrico 262
boné 37
bonitinho 25
bonito 28, 33
bônus 159
borboleta 280
borda 383
borracha 153, 327
bosque 279
bota 35
botão 36
botar 88
braço 102
branco 382
Brasil 433
brasileiro 433
breve 364
bricolagem 192
briga 79
brigar com 80
brilhar 287
brincadeira 178
brincar 178
brinco 38
britânico 430
bruto 315
budista 336
bula de remédio 114
bunda 101
burro 279
buscar 89, 100
butique 201

C

cabeça 101
cabeleireiro 144
cabelo 27, 103
cabelo grisalho 29
caber 375
cabide 238
cabine 269
cabo 320
cabra 278

caça 192
caçamba de lixo 242
cachaça 219
cachecol 38
cachimbo 218
cachorro 278
cada 416
cada um 416
cadáver 54
cadeira 235
cadeira de escritório 150
cadeira de rodas 113
cadela 278
caderno 121
café 218, 220
café com leite 218
café da manhã 224
café *espresso* 218
cafeteira 220, 240
cafeteira elétrica 239
cair 378
cair doente 105
caixa 197, 208, 294
caixa automático 312
caixa de correio 294
caixa de som 166
caixa econômica 311
calado 68
calar-se 69
calçada 259
calçadão 261
calças 31
calcinha 33
calculadora 152
calcular 388
caldo 222
calefação 237
calendário 150
cálido 288
calmo 22
calor 288
calvície 30
cama 235
câmara de vídeo 190
camarão 215
camarão-tigre 215
câmera digital 190
câmera fotográfica 188

caminhão 273
caminhar 184, 377
caminho 283
caminhonete de entregas 273
camisa 33
camiseta 32, 35
camisola 33
campainha 239
campeonato mundial 186
camping 252
campo 184, 258, 281, 283, 316
camponês 146
camponesa 146
Canadá 433
canadense 433
canal 284
canção 163
cancelar 248, 263, 268
câncer 109
candidatar-se a uma vaga 154
candidatura 154
canela 216
caneta esferográfica 151
caneta-tinteiro 151
canivete 190
cano 320
cansado 90
cantar 163
canto 383
cantor 148
cão 278
capacete 276
capacidade 143
capela 255
capital 347
capitalismo 341
capitão 148
capítulo 162
cappuccino 219
cara 27, 48
caráter 24
caravana 273
cárcere 352
cardápio 223
careca 30

carga 270
cargo 347
cárie 109
carinho 45
carinhoso 22, 45
Carnaval 176
carne 213
carne bovina 214
carne de carneiro 214
carne de porco 213
carne de vitela 214
carne suína 213
caro 196, 295
carpete 237
carregar 88, 270
carreira 133, 154
carrinho de compras 200
carro 270
carta 293
carta de apresentação 155
carta de vinhos 226
cartão de conta 312
cartão de crédito 312
cartão de embarque 268
cartão de memória 188
cartão de visita 150
cartão telefônico 302
cartão-postal 293
carteira 37
carteira nacional de identidade 249
carteira de motorista 271
carteiro 146
carvalho 280
carvão 326
casa 228, 239, 253
casa de câmbio 313
casa de campo 230
casa geminada 230
casa noturna 178
casa particular 229
casa rural 230
casaco 31
casado 19

casal 42
casamento 43
casar(-se) 43
casca 209
caseiro 27
caso contrário 419
castelo 255
casualidade 406
catalão 431
Catalunha 431
catástrofe 292
catedral 254
categoria 253
católico 336
catorze 385
causa 402
causar 402
cavalo 278
caverna 284
CD 165
CD-player 165
CDROM 305
cear 224
cebola 212
cedo 365, 366
cédula 313
cego 107
ceia 224
celebrar 172
celebrar o aniversário 172
cem 386
cemitério 261
cena 170
cenoura 213
censura 163
centavo 313
centésimo 391
centímetro 392
cento e quinze 387
central 260, 400
central elétrica 321
central nuclear 321
centro comercial 200, 261
centro de formação de adultos 143
centro de informações turísticas 260
centro de lazer 190
centro urbano 257

centro-americano 433
cercanias 258
cereais 211
cereal 279
cérebro 101
cereja 212
cerimônia 45
certeza 94, 95
certo 94, 182
cerveja 218
cesta 244
céu 286
chá 218
chamada 299
chamada de longa distância 302
chamada local 302
chamar 18, 67
Chamar a atenção de alg. 58
chamar-se 18
chaminé 234
champanhe 219
chão 234
chão ladrilhado 237
chapéu 37
charcutaria 201
charuto 218
chateação 62
chato 62
chave 239
chave de fenda 193
chefe 140
chegada 182, 264
chegar 248, 379
chegar a um acordo sobre 78
chegar perto de 376
cheio 225, 273
cheirar a 66
cheirar mal 66
cheiro 66
cheque de viagem 312
Chile 435
China 434
chinês 434
chocar-se 115
chocolate 217
chocolateria 220

Índice remissivo

choque 107, 115
chorar 65
chouriço 214
chover 289
chumbo 327
churros 211
chutar 180
chute 180
chuva 289
chuveiro 233
chuvoso 291
cidadã 348
cidadão 21, 348
cidadão da UE 334
cidade 257
cidade velha 257
ciência 322
ciências econômicas 138
ciências humanas 137
ciências naturais 137
ciências políticas 138
científico 322
cientista 147
cigarro 218
cimento 327
cinco 385
cinema 169
cinquenta 386
cintacinto 38
cinto de segurança 276
cinza 382
cinzeiro 242
circo 175
círculo 383
círculo de amigos 49
circundar 377
citação 162
ciumento 45
civil 333, 344
clara de ovo 217
claridade 383
claro 383
Claro, obrigado. 84
Claro! 86
classe 131, 132, 333, 399
clássico 165

clicar 304
cliente 198
clima 288
clínica 112
clipe 153
clube 178
cobertor 238
cobrador 265
cobrar 197
cobre 327
cobrir(-se) 238
Coca-Cola 218
cochichar 69
código postal 20, 294
coelho 279
cogumelo 280
coisa 87
coisas 87
cola 153
colaboração 141
colar 38
colcha 238
colchão 238
coleção 192
colecionar 192
colega 140
colega de classe 133
colégio 131, 134
colheita 316
colher 240, 316
colher de chá 240
colidir 115
colina 281
colisão 115
colocar 88
colocar papel de parede 193
Colômbia 435
colônia 330
colorido 382
coluna 256
com 417
com desconto 199
com efeito 406
com gás 209
com você 410
combinar 157
combinar com 36
começar 367

começar a 421
começo 368
comédia 170
comer 203, 224
comercial 297, 310
comerciante 149
comércio 200, 310
cometer um erro 122
comida 203, 224
comida caseira 222
comigo 410
comissária de bordo 148
comitê da empresa 159
com nuvens 290
como 28, 402, 404, 405
como se 418
Como vai? 83
Como vai o senhor? 83
Como vai você? 83
comodidade 231
cômodo 235
comover 64
compaixão 63
companheiro 46
companhia aérea 268
comparação 400
comparar 400
comparável 400
compartimento 266
competência 144
competente 144
competição 181
competidor 181
competidora 181
completamente 405
completo 196
compositor 148
compra 194
comprar 194
compreender 120
compreensão 126
compreensível 126
comprido 34
comprimido 112
compromisso 151

comprovante de bagagem 267
comprovar 122
computador 303
comum 401
comunicação 68
comunicado 68
comunicar 68
comunidade 50
comunismo 341
conceder 74
concentração 126
concentrarse 126
concernir 78
concerto 164
concessão 79
concorrência 311
concreto 327
condenar 351
condição 403
condimentar 207
condimentos 216
conduzir 140, 271
conexão 267
confeito 211
confeitos 211
conferência 142
confessar 351
confessar-se 338
confiança 98
confiar 98
confirmação 250
confirmar 250
confissão 338
conflito 344
conflito 79
conforme 417
confortável 235
conforto 231
congelado 208
congelador 243
congelar-se 291
conhecido 47, 183
conhecimento 126
conjunto residencial 260
conosco 411
conquistar 328
consciência 58, 336
Consegui! 84

Índice remissivo

conseguir 95
conselho 75
conselho da empresa 159
conselho municipal 348
consequência 402
consertar 309
conservar-se 208
considerar 57
considerar 57
consigo 411
constante 364
constituição 351
construir 229
consulado 340
consulta 151
consultar 127
consultor 149
consultório 111
consumidor 311
consumir 273
consumir drogas 110
conta 225, 314
contagioso 108
contar 67, 388
contar com 57, 97
contato 48
contêiner 270
contêiner de lixo 242
contemplar 66
contente 59
conter 396
conteúdo 396
contigo 410
continente 281
continuar 368, 380, 421
contínuo 364
conto 160, 161
contra 376
contra 77
contrário 399
contratar 154
contrato 157
controlar 352
convencer 76
convento 255
conversa 67
conversa ao telefone 299

conversação 67
conversar 69
convidado 48
convidar 48
conviver 41
convocar 50
cópia 150, 191
cópia de segurança 306
copiar 150, 305
copo 240
copo de cerveja pequeno do barril 218
coquetel 219
cor 382
cor-de-rosa 382
coração 102
coragem 24
corajoso 25
corda 194
cordial 174
Cordialmente 295
cordilheira 281
coroa 329
corpo 101
correção 127
corredor 234
correio 293
corrente 284, 319
correnteza 284
correr 179, 183
correto 122
corrida 179
corrigir 127
cortar 206
cortar caminho 274
cortina 237
costa 282
costas 101
costeleta 215
costumar 87, 175
cotovelo 102
couro 324
couvert 226
covarde 25
cozido 206
cozinha 233
cozinhar 206
cozinheiro 146
creche 133

crédito 315
cremar 54
creme 117
creme catalão 223
creme dental 118
crente 335
crer 335
crer 56
crescer 52
criação 317
criança 18
criar 41, 168, 317
criar(-se) 53
crime 350
criminoso 350
crise 342
crise de meia-idade 54
cristã 336
cristão 336
crítica 77
criticar 77
croissant 211
croqui 168
cru 206
crua 206
cruz 383
cruzamento 258
cruzar 376
cruzeiro 270
Cuba 435
cubo de gelo 219
cueca 33
Cuidado! 116
cuidadoso 26
cuidar de 41, 98
cujo 414
culpa 349
culpado 350
cultivar 316
culto 26
cultura 255
cume 281
cumpridor 97
cunhado 40
cúpula 256
curado 104
curar-se 104
curativo 113
currículo 155

curriculum vitae 155
curso 121
curso de formação 136
curso de graduação 133
curso superior 134
cursor 304
curto 34
curto e grosso 79
curva 271
custar 94, 196
custos 196
custos adicionais 231
cv 155

D

dado 189
dados 305
damasco 212
dança 170
dançar 177
dar 98
dar a seta 274
dar a volta 272, 377
dar a/fazer a volta 377
dar as boas-vindas 174
dar aulas 132
dar com o martelo 91
dar de comer 317
dar marcha a ré 272
dar os pêsames 54
dar ouvidos 74
dar pena 63
dar um/de presente 173
dar uma olhada 66
dar uma volta pela cidade 189
dar-se 174
dar-se bem 47
data 359
de 371, 416, 417
de ... até 371
de acordo com 417
De acordo! 77

de algum jeito 404
de algum modo 404
de alguma forma 404
de alguma maneira 404
de brincadeira 178
de dia 356
de fato 298, 406
de forma alguma 404
de jeito nenhum 404
de listras 37
de madrugada 357
de maneira/modo/forma que 418
de manhã 357
de modo nenhum 404
de noite 357
de novo 367
de outra forma 404
de outra maneira 404
de outro modo 404
de propósito 96
de ré 272
de repente 406
de todo modo 404
de uma cor só 37
de vez em quando 365
debaixo de 374
debate 78
decepção 62
decepcionar 62
decidir 94
decidir(-se a) 94
décimo 390
décimo nono 391
décimo oitavo 390
décimo primeiro 390
décimo quarto 390
décimo quinto 390
décimo segundo 390
décimo sétimo 390
décimo sexto 390
décimo terceiro 390
decisão 94
declaração 351
declarar 251
declive 283
decolar 268

decoração 236
decorar 236
dedicar-se 190
dedo anular 103
dedo da mão 102
dedo do pé 102
dedo indicador 102
dedo médio 103
dedo mínimo 103
defender 345
defesa 345
deficiente 106
definitivo 366
deitar(-se) 92, 377
deixar 73, 87, 92, 99
deixar cair 92
deixar de 421
Deixe-me em paz! 86
dele 409, 412
delegacia de polícia 115
deletar 305
delicioso 205
delinquência 352
demais 395
demanda 309
demasiado 395
demissão 154
demitir 155
demitir-se 155
democracia 340
democrático 340
demonstrar 351
demorar 364
dente 101
dentista 145
dentro 372
dentro 374
departamento 141
departamento 141
departamento de recursos humanos 142
departamento de vendas 142
departamento financeiro 142
depois 365
depois de 365
depois de amanhã 361

depositar 314
deputado 339
derrota 182
derrotado 182
desagradável 59
desajeitado 144
desaparecer 380
desarmamento 346
descansar 90
descanso 159, 250
descascar 209
descer 377
descobrimento 319
descobrir 319
desconfiança 98
desconto 199
desconto 257
descrever 126
descrição 126
descuidar de 97
desculpa 82
desculpar-se 72
desculpas 72
Desculpe! 72
desde 362, 371
desde então 361
desde que 362
desejar 71, 72
desejo 71
desempregado 154
desemprego 154
desenhar 168
desenho 36, 167
desenvolver 323, 369
desenvolvimento 323
deserto 283
desesperado 65
desfrutar 178
desligar 236, 302
desmaiar 107
despachar 294
despachar no correio 294
despedir 155
despertador 235
despertar 90
despir-se 31
desse modo 418
desta forma 404

desta maneira 404
deste modo 404
destinatário 294
destino 65
destratar 81
destruição 292
destruir 292
desvio 274
detalhe 168
detenção 352
deter 352
detergente 246
detrás de 374
Deus 335
deve-se 420
dever 97, 312
deveres 133
devolver 100
devolver o dinheiro 199
dez 385
dezembro 355
dezenove 386
dezesseis 386
dezessete 386
dezoito 386
dia 356
dia de ano-novo 176
dia de Natal 176
Dia de Reis 176
dia de São Estêvão 26 de dezembro 176
dia do santo 173
dia útil 354
diabetes 109
diabo 338
diálogo 170
diante de 373
diário 161, 356
diarreia 109
dicionário 129
diesel 273
dieta 209
diferença 388, 399
diferente 399
difícil 124
dificuldade 124
digital 305
digitar 299
diminuir 389

Dinamarca 430
dinarmarquês 430
dinheiro 311
dinheiro em espécie 312
dinheiro trocado 199
diplomata 149
diplomático 342
direção 375
Direito 138
direito 348, 374
direito internacional 342
direitos humanos 351
direto 265
diretor 148, 149
diretoria 141, 308
dirigir 140, 171, 271, 376
dirigir-se a 376
discar errado 299
disciplina 132
disciplina obrigatória 136
disciplina optativa 136
disco rígido 304
discordar 79
discoteca 177
discriminação 334
discriminar 334
discurso 67
discussão 78, 79, 80
discutir 80
disparar 345
disponível 198
disposto 90
distância 375
distanciar-se de 376
ditado 129, 131
ditadura 340
dito popular 129
divertido 177
divertir-se 177
dívidas 312
dividir 100, 389
Divirtam-se! Aproveitem! 177
divorciado 19
divorciar-se 46

divórcio 46
dizer 67
dizer respeito 78
do 407
do lado de 373
dobro 396
doce 205, 211
docente 147
doces 217
docinhos 211
documentação 150, 249
documento 347
documento de identificação pessoal 249
documentos 150
doença 103
doente 104
doer 105
dois 385
dois mil 387
dolorido 108
domicílio 20
domingo 356
dona de casa 144
dono 229
dono/dona do apartamento 231
donut 211
dor 65
dor de cabeça 105
dormir 89
dormir com alguém 44
dormitório 233
dourado 215
doutor 135, 145
doutora 135
doutorar-se 135
doze 385
drama 170
drinque 219
droga 110
drogaria 201
duas semanas 354
duas vezes 363
ducha 233
duplo 396
durante 360, 362
duro 325

dúvida 64
duvidar(de) 64
duzentos 387
duzentos e vinte 387
DVD 169
DVD-*player* 169

E

ecologia 317
ecológico 292
Economia 138
economia 308
economias 312
economizar 312
edição 296
edição especial 298
edifício 229
editora 163
edredom 238
educação 125
educado 22
educador 147
educar 125
efeito 403
efetivamente 298, 406
eficiente 323
egípcio 434
Egito 434
El Salvador 435
ela 408, 411
ele 408, 410
elefante 280
elegante 29
eleição 341
eles 408, 411
eletricidade 319
eletricista 146
elétrico 319
eletrodoméstico 243
eletrônico 321
eletrotécnica 137
elevador 233
em 371, 417
em casa 228
em caso de 417
em cima 374
em cima de 372
em comum 47

em conta 199
em dinheiro vivo 314
em direção ao 372
em espécie 314
em forma 183
em frente a 373
em meio a 372
em ponto 262, 359
em razão de 403
em realidade 405
em todo caso 85
em vão 406
em volta de 373
emagrecer 30
embaixada 340
embaixador 149
embaixo 374
embarcar 268
embarque 268
embriagado 110
embrulhar 173
emergência 116
em geral 405
emigrante 333
emigrar 333
emissora 298
emocionante 187
emocionar 64
empenho 124
empolgado(a) 62
empregado 153
empregador 153
empregar 153
emprego 140, 153
empresa 308
empresário 149
emprestar 315
empurrar 89
encantado 59
Encantado! 83
encarnado 382
encarregar 74
encenar 171
encher 89
enciclopédia 127
encomenda 293, 309
encontrar 89
encontrar-se 272
encontrar-se com 48
encontro 49

encontro de amigos 178
encorajar 98
encosta 283
endereço 19
endereço de e-mail 301
energia 321
enfeitar 175
enfermeiro 145
enfermidade 103
enfim 367
enfrentamento 79
enganar 353
engenharia mecânica 137
engenheiro 147
engolir 111
engordar 30
engraçado 179
engravidar 53
enjoo 107
enquanto 359
enquanto isso 364
ensinar 131
ensino 131
ensino médio 134
ensolarado 288
ensopado 222
então 77, 361, 418
entender 120
entender de 156
entender-se bem 47
entendiar-se 62
enterrar 53
enterro 53
entorno 50
entrada 226, 232
entrada 249
entrar 228, 379
entrar em contato com 49
entre 373
entrega 294
entregar 100, 295
entregar 310
entrevista 297
entrevista de emprego 155
entusiasmado 62
entusiasmo 61

envelope 294
envenenar 292
envergonhar-se 64
enviar 293
envolto em 290
enxugar 242
enxugar(-se) 117
epíteto 21
época 360
é possível 56
Equador 435
equipe 141, 184
equivocar-se 122
era moderna 330
erguer 92
erro 122
ervas 216
ervilha 213
esbelto 28
escada 193, 233
escada rolante 200
escala 269, 321
escalada 185
escanear 306
escassez 332
escavação 329
escola 131
escola infantil 133
escola noturna 143
escola particular 134
escola primária 134
escola profissionalizante 134
escola pública 134
escolar 131
escolher 195
escolher uma profissão 139
escova de cabelo 117
escova de dentes 118
escovar 118
escovar os dentes 118
escravo 329
escrever 150
escrito 127
escritor 147
escritório 150
escrivaninha 150, 236

escultor 148
escultura 167
escuro 383
escutar 74
esfera 384
esforçar-se 94
esforço 94
esfregar 241
esgotado 196
esmalte de unhas 119
esmero 124
espaço 286, 375
Espanha 431
espanhol 431
espantoso 63
esparadrapo 113
especial 400
especialidade 221
especialista 143, 156
especializar-se em 143
especialmente 400
espécie 400
espectador 169
espelho 241
esperança 57
esperar 57, 262
Espero que não! 84
Espero que sim! 84
esperto 23
espesso 325
espetáculo 169, 178
espinafre 213
espinha de peixe 215
espírito 335
esporte 179
esporte de inverno 181
esportista 179
esposa 43
esposo 43
espremido na hora 209
espumante 219
esquecer(-se) 55
esquentar 207
esquerdo 374
esquiar 181
esquina 383
esse 413

Está bem! 86
esta noite 358
estabelecer-se 230
estação 354
estação de trem 264
estação rodoviária 263
estacionamento 258
estacionar 272
estada 250
estádio 183
Estado 346
estado 91
estado civil 20
Estado federal 346
Estados Unidos 433
estadunidense 432
estágio 137
estante 237
estar 272, 421
estar acostumado 25
estar brincando 178
estar com 105
estar com a calefação ligada 237
estar com aspecto 29
estar com bom aspecto/boa aparência 29
estar com dores 105
estar com fome 204
estar com pessoas 49
estar com pressa 366
estar com sede 204
estar com um aspecto descuidado 30
estar comprometido 45
estar convencido de 76
estar de acordo 78
estar de passagem 251
estar em greve 159
estar equivocado/enganado/errado 76
estar preocupado 61
estar pronto 91

estar verde/não maduro 208
estar sentado 378
estatal 346
este 413
estilo 168
estômago 103
Estou de acordo. 76
estrada de ferro 264
estrada vicinal 258
estragar 208
estrangeiro 249, 332
estrangeiro não pertencente à UE 334
estranho 63
estreito 325, 375
estrela 171, 286
estudante 132
estudar 120
estúdio 168
estudos 133
estupidez 23
estúpido 23
estuprar 353
eterno 337
eu 407
Eu gostaria de ... 83
Eu lhe peço desculpas 72
EUA 433
euro 313
Europa 429
europeu 429
evangélico 336
evidente 77
ex-marido 46
exagerar 79
exagero 79
exame 122
exame admissional 134
exame clínico 111
examinar 110
exatamente 77
exato 197, 320
exceção 401
excelente 123
excesso de velocidade 275
exceto 401
excitado(a) 62
excitante 62
excluir 305
excursão 254
excursão a pé 181
exemplo 121
exercer 140
exercício 121
exército 344
exibir 152
exigência 157
exigente 27
exigir 74, 94, 157
existe 420
existência 335
existir 335
êxito 187
experiência 322
experiência profissional 155
experimentar 93
expirar 250
explicação 68
explicar 68
explodir 343
exportar 309
exposição 142, 167
expressão 69
expressão idiomática 130
expressar 69
expresso 265
exterior 249, 332, 340, 76
externo 340, 376

F

fabricar-se 198
faca 240
face 102
fachada 231
fácil 124
facilidade 127
factível 72
faculdade 134
faixa de pedestres 274
falar 67, 69
falar ao telefone 299
falhar 184
falso 122
falta 332
faltar 397
família 38
família monoparental 46
família numerosa 41
famoso 183
farinha 211
farmacêutico 145
farmácia 111, 201
farol 272
fascismo 330
fatia 207
fato 298
favor 96
favorito 60
fax 300, 362
fazer 87, 421
fazer a volta 272
fazer as malas 249
fazer as tarefas domésticas 239
fazer baldeação 262
fazer câmbio 313
fazer corrida 183
fazer gol 184
fazer menção 68
fazer rir 177
fazer seguro 313
fazer trabalhos manuais 190
fazer troça 178
fazer um churrasco 207
fazer um esforço 94
fazer um favor 96
fazer uma radiografia 113
fazer uma reserva 248
fazer um ponto 184
fazer negócios 309
fé 335
febre 106
fechado 195
fechadura 243
fechar 232
feder 66
feijão 213
feijão-preto 213
feio 28
feira de antiguidades 175
felicidade 59
Felicidades! 172
felicitar 172
feliz 59
Feliz aniversário! 173
Feliz Natal e próspero ano-novo! 173
feminino 128
feno 316
feriado 354
férias 247
ferimento 105
ferir-se 105
ferramenta 190
ferramenta de busca 303
ferro 324
ferro de passar roupa 244
ferryboat 270
fértil 316
fertilizante 316
ferver 206
festa 174, 177
festa popular 174
Festas de Natal 176
festejo popular 174
festival 175
fevereiro 355
fiar-se em 98
ficar 367, 380, 381
ficar bem 36
ficar bom 95
ficar cansado 92
ficar com 100
ficar deitado 378
ficar doente 105
ficar grávida 53
ficar na fila 198
ficar sabendo 68
ficar sentado 378
ficção 162
fiel 44
fila 198
filé 214
filho 39
filho adotivo 42

filhos 39
filme 169, 191
Filologia Alemã 137
Filologia Espanhola 138
Filologia Românica 137
Filosofia 138
filtro solar 119
fim 368
fim de semana 354
final 90, 186, 368
finalmente 367
Finalmente! 84
financeiro 312
finlandês 430
Finlândia 430
fino 325
fio 194, 320
física 137
físico 104
fisioterapeuta 147
fixar 91
flã 223
flash 191
flauta 164
flecha 384
flor 279
floricultura 201
fofoca 69
fofo, fofa 25
fogão 239
fogão de vitrocerâmica 243
fogo 290
fogos de artifício 175
folha 151, 279
folhado 211
fome 203
fonte 256, 284
fora 372
fora de 372
fora de moda 36
Fora! 86
força 104, 319
Força Aérea 344
forçar 74
forma 29, 383, 403, 404
formação 125, 136

formação continuada 143
formado 135
formar 136
formar(-se) 135
formulário 347
forno 239
forno de micro-ondas 243
fortaleza 256
forte 28, 104, 319
fósforo 245
foto panorâmica 191
fotocopiadora 150
fotografar 188
fotografia 188
fotógrafo 146
fracassar 95
fraco 104
frágil 325
fralda 118
França 431
francês 431
francesa 431
frango 214
frase 128
frear 275
freio 275
freira 337
frequentar 124
frequente 365
frequentemente 364
fresco 205
frigideira 239
frio 288
fritar 206
fronteira 343
fruta 211
frutaria 200
frutas secas 217
frutos do mar 214
fugir 346
fumante 110
fumar 107
função 318
funcionar 318
funcionário 149
funeral 53
fungo 280
furgão de entrega 273

furioso 80
furto 350
futebol 180
futuro 361

G
gado 317
galego 431
galeria comercial 261
galeria de arte 167
galho 279
Galícia 431
galinha 278
galo 279
gancho 193
ganhar 157, 182
ganhar a vida 157
garagem 234
garantia 97
garantir 97
garçom 145
garçonete 145
garfo 240
garganta 101
garota 18
garoto 18
garrafa 205
gás 324
gaseificado 209
gasolina 273
gastar 197
gastos 314
gata 278
gato 278
gaveta 237
gay 44
geada 291
gel para banho 117
geladeira 239
geleira 283
gelo 290
gema de ovo 216
gêmeo 41
general 149
generoso 24
gente 47
Gente! Cara! 85
geografia 137
geração 53

gerente 144
ginásio de esportes 183
girar 89
girassol 280
giz 133
glaciar 283
globalização 311
gol 184
gola 36
golfe 185
golfinho 280
gordo 28
gordura 210
gorjeta 225
gorro 37
gostar 42, 60, 195, 204
gosto 102
gostoso 205
gota 207
governante 328
governar 328, 339
governo 339
Grã-Bretanha 430
graduado 135
grama 392
gramado 279
gramática 130
granizo 291
granja 315
granola 211
grão-de-bico 213
gratificação 159
gratuito 199
grau 392, 399
gravar 169, 191, 305
gravata 37
grave 164
gravidez 53
Grécia 432
grego 432
grelhar 207
greve 159
gripe 109
gritar 81
grito 81
grosso 325
grupo 399
guarda 144

Índice remissivo

guarda-chuva 37
guarda-roupa 234
guardanapo 240
guardasol 190
guarnição 223
Guatemala 435
guerra 343
guerra civil 330
guia turístico 148
guiar 254
guichê 294
Guiné Equatorial 435
guisado 222

H

há 362, 420
hábil 144
habilidade 143
habilidoso 144
habitante 347
habituada a 25
habituar-se a 107
Haiti 435
hall de entrada 234
hambúrguer 221
handebol 185
hardware 303
hebraico 434
helicóptero 269
herdar 54
herói 346
higiênico 113
hindu 336
hinduísta 336
hipermercado 200
história 137, 160
História da Arte 138
hobby 187
hoje 360
Holanda 430
holandês 430
holandesa 430
homem 17, 51
homem de negócios 149
homossexual 44
Honduras 435
honra 346
hóquei no gelo 185

hóquei sobre a grama 185
hora 358
hora do *rush* 263
hora extra 158
horário 132, 264
horário de trabalho flexível 158
horário de voos 267
horário para consulta 111
horas vagas 187
horrível 61
hospital 112
hotel 251
humano 51
humor 26

I

iate 269
ida 265
idade 52
Idade da Pedra 329
Idade Média 330
ideia 55
ideologia 341
igreja 254
igual 398
ilegal 349
ilha 282
imagem 298
imaginação 58
imaginar(-se) 58
imediatamente 367
imigração 249
imigrante 333
imigrar 333
imoral 335
imóvel 230
impedir 74
imperador 328
imperatriz 328
imperialismo 330
império 328
importância 77, 388
importante 77
importar 309
impossível 56
imposto 314
imprensa 297

impressão 57
impressionante 63
impressionar 58
impressora 305
imprestável 319
imprimir 305
imprudente 26
incapacitado 106
incendiar(-se) 290
incêndio 115
incentivar 98
incerto 95
inchar 108
incluído 225
incluindo 406
inclusive 406
incluso 225
incomodar 80
incomparável 400
incompreensível 126
inconsciente 106
inconveniente 79
incrível 298
inculto 26
incurável 107
independência 341
independente 341
Índia 434
indiano 434
indústria 308
infância 51
infarto 109
infecção 108
infeliz 59
infelizmente 63
inferior 376
inferno 337
infiel 44
inflamação 108
inflamado 108
influenciar 339
influir 339
informação 265, 295
informar 295
informática 137
Inglaterra 430
inglês 430
íngreme 283
iniciante 156
inimigo 344

injeção 113
injusto 349
inocentar 352
inocente 350
inscrever-se 124
inscrição 124
insensatez 58
inserir 305
inseto 280
insistir em 74
instalações 253
instalar 306
instruções 73, 246
instrumento 164
insultar 81
integral 210, 396
inteiramente 405
inteirar-se 68
inteiro 393
inteligência 125
inteligente 23, 125
intenção 95
interativo 307
interessado 121
interessante 121
interessar-se por 121
interesse 120
interior 340
internacional 332
internet 301
interno 376
intérprete 147
interromper 369
interruptor 321
intervalo 159
inúmeros 396
inundação 290
inútil 319
invalidar 263
invejar 64
invenção 319
inventar 320
inverno 354
investigação 322
investir 315
iogurte 215
ir 247, 379, 379, 421
ir adiante 272
ir às compras 197
ir beber alguma coisa 178

ir bem 104
ir com 50
ir de bicicleta 271
ir de trem 264
ir embora 379, 380
ir fazer compras 194
ir para cama 92
ir trabalhar 140
ir-se 379
Irlanda 430
irlandês 430
irmão 39
irmãos 39
irritação 80
irritado 80
irritar-se 80
irromper 343
islâmico 336
isqueiro 242
Israel 434
israelense 434
isso 414
isto 413
isto é 77
Itália 431
italiano 431
itinerário 257

J
já 362, 366
Já está bom, obrigado. 85
já não 363
já que 402
Jamaica 435
jamais 365
janeiro 355
janela 233
janela guichê 265
jantar 224
Japão 434
japonês 434
jaqueta 31, 35
jaqueta impermeável 35
jardim 233
jardim de infância 133
jardineiro 146
jardins 259
jarra 205

jeans 32
jeito 403
joalheria 201
joelho 102
jogador 180
jogar 180, 189
jogar fora 292
jogar os dados 189
jogo 180, 188
jogo de computador 307
Jogos Olímpicos 186
joia 38
jornada de trabalho 158
jornal 296
jornal diário 296
jornalista 147
jovem 51, 52
jovial 53
judaico 336
judeu 336
juiz 149
julgar 351
julho 355
junho 355
juntar-se 50
junto 398
juntos 47
jurar 351
juro 315
justiça 349
justo 182, 349
juvenil 53
juventude 51

K
ketchup 216

L
lã 324
lá 370, 371
la 409
lábio 101
ladeira 283
lado 374
lago 282
lágrima 65
lamentar 63

lâmpada 236
lâmpada incandescente 242
lançar 180, 376
lanchar 226
lanche 221
lanche da tarde 225
lanterna 275
lápis 151
laptop 306
laranja 211, 382
largada 182
largo 34, 375
lata 208
lata de lixo 242
Latim 138
latino-americano 433
lava-louça 243
lavadora de louça 243
lavadora de roupas 241
lavar 241
lavar os pratos 241
lavar-se 117
leão 279
legal 21, 349
legumes em conserva 217
leguminosas 213
lei 348
lei de proteção à maternidade 159
leite 214
leite desnatado 215
leite integral 215
leitor 160
leitor de DVD 169
leitora 160
lembrança 55
lembrar 125
lembrar-se 55
lenço 37, 118
lenço de papel 118
lençol 238
lente objetiva 191
lentes de contato 38
lentilha 213
lento 179
ler 160
ler em voz alta 160

lesão 105
lésbica 44
leste 285
leste de 285
letra 128
levantar 92
levantar-se 90
levar 88, 99, 100, 140, 277
levar a mal 80
levar ao correio 294
levar em consideração 57
levar em conta 57
levar tempo 421
leve 325
lhe 409
lhes 410, 411, 412
liberar 345
liberdade 350
lição 121
lição de casa 133
licor 219
lidar com 91
ligação 299
ligar 91, 236, 299
limão 211
limonada 218
limpar 241
limpeza 245
limpo 182, 241
lindo 34
língua 101
língua estrangeira 130
língua materna 129
linguagem técnica 130
linguiça 214
linha 262, 301, 383
link 303
liquidação 199
líquido 315
liso 325
lista 152
lista de compras 200
lista telefônica 302
listrado 37
literário 161
literatura 161
litoral 282

litro   392
livraria   201
livre   350
livro   160
livro de não ficção   162
lixeira   153, 242
lixo   242, 292
lobo   279
local   260, 375
lógico   126
logo   365
loiro   28
loja   200
loja de artigos esportivos   201
loja de brinquedos   202
loja de departamentos   200
loja de materiais elétricos   201
loja de material fotográfico   201
loja de roupas   201
loja de sapatos   201
loja de suvenires   202
longe   373
longe de   373
longo   34
lotado   252
louça   244
louco   23
lousa   133
lua   286
Lua   286
lucro   314
lugar   265, 266, 375
lugar de residência   20
lugar para estacionar   258, 276
luta   344
lutar   344
luto   53
luva   37
luxo   197

M

má sorte   189
maçã   212
macaco   280
macarrão   210
machucar-se   105
macio   325
madeira   324
maduro   208
mãe   39
mãe solteira   46
maestrina   148
maestro   148
magro   28
maio   355
maior de idade   20
maioria   340
mais   394
mais ou menos   405
mais tarde   366
mais um   395
maisena   211
mal   123
mal-educado   22
mala   249
Malta   431
maltês   432
mamãe   39
mancha   245
manchete   297
mandar   73, 293
mandar um e-mail   301
maneira   403, 404
manejar   91
manga   36
manhã   357
manifestar-se   341
manjericão   216
manso   317
manteiga   215
mão   102
mapa   259
mapa da cidade   259
maquiagem   119
maquiar-se   119
máquina   318
máquina fotográfica   188
máquina de lavar louça   243
máquina de lavar roupas   241
máquina de venda de bilhetes   263
mar   282
maravilhoso   257
marca   401
marcar com   48
marcar ponto   184
marco   256
março   355
maré alta   287
maré vazante   287
marés   287
margarina   216
margem   282, 383
marido   43
Marinha   344
marinheiro   148
marketing   142
marmelada   217
mármore   326
marrom   382
martelar   91
martelar pregos   193
martelo   193
Mas claro!   86
masculino   128
massa   210
massagem   114
matar   350
matemática   137
matéria   132, 323
matéria-prima   326
material   323
matrícula   124
matrimônio   43
me   408, 410
mecânico   146, 321
medalha   186
mediação   310
medicamento   112
Medicina   138
médico   111, 145
medida   90, 392
medir   392
meditar   125
Mediterrâneo   282
medo   60
meia   35
meia hora   358
meia noite   357
meia pensão   253
meia-calça   35
meias   33
meio   395, 405
meio ambiente   290
meio período   158
meio-dia   357
mel   217
melancia   212
melão   212
melhorar   123
melodia   166
membro   50
memória   125
memorial   256
memorizar   125
mencionar   68
mendigo   331
menina   18
menino   18
menor de idade   20
menos   394
mensagem de texto   302
mensal   354
mental   104
mentir   82
mentira   82
mentiroso   25
menu   223
mercado   200
mercado de pulgas   175
mercadoria   308
mercadorias   308
mercearia   200, 201
merenda   225
mergulho   185
merluza   215
mês   354
mesa   235
mescla   326
mesclar   326
mesmo   415
mesmo assim   404
mesmo que   418
mesquinho   26
mesquita   255
meta   182

metade 396
metal 324
método 322
método contraceptivo 113
metrô 261, 392
meu 412
Meu Deus! 86
mexer-se 377
México 435
mexilhão 215
milésimo 391
milímetro 392
milionésimo 391
minha 412
Minha nossa! 86
ministro 339
minoria 341
minuto 358
mirante 257
miséria 331
mistura 326
misturar 207, 326
mobiliado 236
mobiliar 236
mochila 250
moda 30
modelo 198
modernidade 330
moderno 167
modesto 27
modificar 91
modo 403, 404
moeda 313, 315
moldura 168
mole 325
moletom 35
molhado 289
molho 223
momento 361
monarquia 328
monge 337
monólogo 170
montanha 281
montanhas 281
montar a cavalo 181
monte 281, 396
monumento 256
moral 335
morango 212

morar 228
moreno 30
morrer 52
mortal 54
morte 52
morto 52
mostarda 216
mosteiro 254
mostrar 167
mostrar(-se) disposto 96
motivo 188, 402
moto 271
motor 318
motorista 271
mouse 304
móvel 235
mover-se 377
movimento 378
MP3 165
muçulmano 336
mudar 91, 368
mudar-se 230
muffin 211
muitas vezes 363
muito 393
Muito obrigado! 71
Muito prazer! 83
mulher 17, 43
mulher de negócios 149
multa 275
multimídia 307
multiplicar 389
múmia 329
mundo 285
municipal 260
município 348
muro 234
músculo 103
museu 255
música 163
música folclórica 166
música *pop* 165
musical 163, 165
músico 147

N

na época 361
na frente de 373

na moda 36
na verdade 405, 418
nação 332
nacional 332
nacionalidade 21, 338
nacionalismo 330
Nações Unidas 342
nada 394
nadar 181
nádegas 101
namorado 43
Não ... de modo algum 70
não 70
Não importa. 84
Não leve a sério! 85
não mais 363
não obstante 419
não suportar 60
nariz 101
narrador 162
narrativa 160
nascer 51, 287
nascer do sol 287
nascimento 51
nata 215
Natal 176
natureza 283
náuseas 107
navegador 303
navegar 303
navio 268
neblina 290
necessitar 89
negar 72
negar-se 81
negativa 81
negativo 323
negligenciar 97
negociação 342
nem 70
nem ... nem 397
nenhum 415
nenhuma 415
neozelandês 434
nervo 103
nervoso 24
neto 40
neutro 128

nevar 290
neve 290
Nicarágua 435
ninguém 415
nível 401
no entanto 419
no meio de 372
no mínimo 405
no outro dia 361
nobreza 330
noite 357
noite de ano-novo 176
noite de *réveillon* 176
noivo 43
nojo 64
nome 18
nome prenome 19
nomear 158
nonagésimo 391
nono 390
normal 399
normalmente 405
norte 284
norte-americano 432
Noruega 429
norueguês 429
nós 408
nos 409, 411
nosso 413
nostalgia 64
nota 123, 166, 313
notar 56, 57
notável 63
notebook 306
notícia 295
noticiário 297
notícias 297
Nova Zelândia 434
nove 385
novecentos 387
novembro 355
noventa 386
novo 195
noz 217
nu 37
nua 37
nublado 289, 290
num instante 366
número 388

número da casa 20
número de calçado 34
número de emergência 116
número de telefone 20
numerosos 396
nunca 364, 365
nuvem 289

O

o 407, 409, 410
o mesmo 398
o qual 414, 415
(o) que 414
O que está acontecendo? 84
O que o senhor deseja? 84
O que você deseja? 84
O senhor gostaria de ... ? 84
O senhor quer ... ? 84
o/a/lhe 408
obedecer 74
obediente 97
objetivo 95, 298
objeto 87
obra(s) 231
obrigado por... 71
Obrigado! 71
obrigar a 74
obrigatório 276
obscuridade 383
observação 68
observar 66
ocasião 173
oceano 282
ocidental 285
octogésimo 391
óculos 37
óculos de sol 38
ocupado 300
ocupar 345
ocupar-se da casa 239
odiar 45

ódio 44
odor 66
oeste 285
oeste de 285
ofender 81
oferecer 195
oferta 194
oferta de emprego 155
oficial 149, 347
oficina 309
oitavo 390
oitenta 386
oito 385
oitocentos 387
Olá! Oi! 82
óleo de girassol 216
óleo *diesel* 273
olfato 102
olhar 65
olho 101
ombro 101
omelete 222
on-line 301
onda 282
onde 370
ônibus 261
ônibus espacial 287
ontem 360
ontem à noite 360
onze 385
ópera 165
operação 112
operar 112
opinar 75
opinião 75
opinião 75
opiniões 50
oportunidade 95, 155
oposição 339
oprimir 340
oral 127
orar 335
ordem 73, 243, 401
ordenado 243
ordenar 73
orelha 101
organizar 250
orgulho 27

orgulhoso 27
oriental 285
origem 402
original 168
orquestra 165
ortografia 131
os 407, 410
osso 102
ótica 201
ou então 419
ou seja 77
ouro 324
outono 354
outra vez 367
outro 395, 399
outubro 355
ouvido 102
ouvir 65, 74
ouvir música 163
ovelha 278
ovo 216
ovo cozido 215
ovo cozido mole 215
Oxalá ... ! 84

P

paciência 26
paciente 26, 112
Pacífico 282
pacífico 343
pacote 208, 293
padaria 200
padecer de 105
padeiro 146
paella 221
pagamento 156
pagar 225, 253
página 121
página da internet 302
página inicial 303
pai 39
pai solteiro 46
país 332
pais 38
País Basco 431
país em desenvolvimento 343
paisagem 280

Países Baixos 430
paixão 26
palácio 255
palavra 128
palco 171
palestra 142
palha 317
Panamá 435
panela 239
pano 245
pão 210
pão de centeio 211
pãozinho 211
papa 336
papai 39
papel 151, 170
papel de parede 193
papel higiênico 118
papelaria 201
páprica 216
par 396
para 372, 417
para a frente 272
para casa 228
para cima 374
para eles 411
para garantir 85
para levar 227
Para mim tanto faz 85
para o 372
para que 418
para viagem 227
para/com você 410
parabenizar 172
Parabéns! 172
parada 262
parafuso 193
Paraguai 435
paraíso 337
parar 272, 377
parceiro 42
parecer 29, 56
parecer-se 30
parecido 400
parede 234
parente 40, 41
parlamento 339
parque 259, 261
parte 388

participar de 50
particular 331
partida 180, 189, 264
partido 338
partir 248
partir, cortar 207
parto 51
Páscoa 176
passado 361
passageiro 262, 264
passagem de avião 267
passagem de ida 266
passagem de ida e volta 267
passaporte 250
Passar 224
passar 48, 98
passar de ano 123
passar o aspirador 245
passar o esfregão 246
passar roupa 244
passarem 380
pássaro 278
passe 262
passear 380
passeio 181, 189, 254
passo 379
pasta 306
pasta de dentes 118
pastelaria 201
patim 186
patinar 186
pato 279
pátria 343
pausa 132, 159
paz 343
pé 102
peça de teatro 168
pecado 337
pechincha 199
pedaço 393
pedaço de papel 151
pedágio 276
Pedagogia 138
pedestre 271

pedido 309
pedir 70, 223
pedir carona 277
pedir demissão 155
pedir socorro 116
pedra 326
pega 181
pegar 99, 269
pegar no sono 89
peito 101
peixaria 201
peixe 214, 279
peixe-pescador 215
pela manhã 357
pele 103
pelo menos 405
pena 350
pênalti 184
pendurar 238
península 284
pênis 102
pensão 157, 251
pensão completa 253
pensar 55, 75, 421
pensar em 57, 93
pente 117
penteado 28
pentear 28
pentear-se 117
Pentecostes 176
pepino 213
pera 212
perceber 57
percurso 274
perda 314
Perdão! 72
perder 182, 265
perder a validade 250
perder-se 381
perdoar 72
Perdoe-me! 72
perfume 66, 119
perfurador de papel 153
pergunta 69
perguntar 69
perguntar-se 56
perigo 114
perigoso 114, 191

período 360
período de experiência 158
período integral 158
permanecer 381
permissão 73
permissão de residência 333
permissão de trabalho 159
permitir 73
permitir-se 197
perna 102
pernil 215
pernoitar 251
pernoite 251
pernoite e café da manhã 253
personagem principal 162
personalidade 24
perto de 373
peru 215
Peru 435
pesado 325
pesar 392
pesca 317
pescado 214
pescador 146
pescar 192
pescoço 101
peso 392
pêssego 212
péssimo 319
pessoal 47, 140
pessoas 47
petits fours 211
petróleo 324
pia 233
piada 179
piano 164
picante 205
picles 217
pico 281
pijama 33
pilha 320
piloto 148
pílula 112
pimenta caiena 216
pimenta calabresa 216

pimenta do reino 216
pimentão 212
pinheiro 280
pintar 167, 192
pintor 148
pintura 167, 192
piquenique 210
pires 240
piscina 181
piso de ladrilho 237
pista 274
placa 272
placa do carro 275
planejar 93, 421
planeta 287
planície 283
plano 93, 384
plano de saúde 114
planta 279
plantar 316
plástico 324
plataforma 266
pleitear uma vaga 154
plural 129
pneu 275
pó 245, 326
pobre 331
pobreza 331
poço 256
poder 73, 338, 420
poderia ... ? 70
poderoso 338
poema 161
poesia 161
poeta 161
poetisa 161
pois 418
polegar 102
polícia 115
policial 144
política 338
político 149, 338
polonês 432
Polônia 432
poltrona 236
poluição ambiental 292
pomada 113
ponderar 55

ponta 384
ponte 259
ponto 130, 262, 384
ponto de vista 78
pontual 366
pontualmente 262, 359
população 331
por 362, 372, 417
pôr 88
pôr a mesa 225
por acaso 406
por afinida de 41
por aqui 370
por causa de 403
Por certo! 86
por conta própria 141
Por Deus! 86
pôr do sol 287
pôr em cena 171
por exemplo 77
por favor 70
Por favor 70
por fim 366
por hora 157
por isso 403, 418
por muito tempo 363
pôr no correio 294
pôr no fogo 207
pôr o cinto de segurança 276
por pouco tempo 363
por precaução 85
por último 366
pôr-se 287
porção 226
porco 278
porque 401, 402
porta 232
porta-moedas 37
portanto 403
portão 232
portão de embarque 269
porteiro 146
porto 269
Portugal 432
português 432
posição 333

positivo 323
posse 100
possibilidade 95
possível 56
Posso ajudá-lo? 85
Posso ajudá-lo em alguma coisa? 85
Posso ajudar o senhor? 85
possuir 100
postagem 294
postar correspondência 294
pôster 168
posto 273
posto de gasolina 273
posto de trabalho 140
potente 319
poucas vezes 363
pouco 393, 395
pouco a pouco 406
poupança 312
poupar 312
povo 340
povoado 257
povoar 329
praça 258
praça de pedágio 276
praça principal 258
prado 316
praia 282
prata 324
prática 322
praticar 121
praticar esporte 179
prato 223, 240
prato do dia 226
prazer 59
Prazer em conhecê-lo! 83
precisar 89
preciso 320
preço 196
preencher 347
prefeito 348
prefeitura 348
preferir 76
prefixo 300

pregar 193
prego 193
preguiçoso 25
prejuízo 314
prêmio 187
prendedor de cabelo 38
prender 91, 352
preocupações 64
preparação 93
preparar 94, 206, 207
preparativos 93
prescrever 112
presente 125, 173, 361
presentear 173
presidente 339
pressa 378
pressão 320
pressionar 88, 89
prestação de serviços 310
prestar atenção a 98
prestar primeiros socorros 116
prestativo 24
presunto cozido 214
presunto defumado 214
pretender 93
preto 382
prevenir 112
preventivo 112
prever 58, 291
prezada 295
prezado 295
primavera 354
Primeira Guerra Mundial 330
primeira página 297
primeiro 389
primeiro andar 229
primeiro-ministro 339
primo 40
princesa 329
principal 400
príncipe 329
princípio 368
prisão 352

privado 331
problema 124
processo 349
procurar 89
produção 310
produto 310
produzir 310
produzir-se 119
professor 145
profissão 139
profissional 139
programa 297, 304
programador 147
programar 304
progredir 142
progresso 368
proibição 73
proibir 73
projeto 93
promessa 71
prometer 71
promoção 158, 199
promover 97
pronúncia 130
pronunciar 130
propor 75
propósito 95
proposta 75
propriedade 229
propriedade privada 229
propriedade rural 230
proprietário 229
próprio 100
protagonista 162
proteção 345
proteger 345
protestante 336
protestar 81
protesto 81
protetor solar 119
prova 122, 123, 351
provar 31
provável 56
provavelmente 56
província 347
provocar 402
próximo 398
prudente 26

Psicologia 138
psíquico 104
pub 178
público 171, 331
pudim de leite 223
pular 378
pulmão 103
pulôver 32
pulseira 38
pulso 102
punho 102
puxar 88

Q

quadrado 383, 384
quadragésimo 391
quadriculado 37
quadro 167
quadro-negro 133
qual 414, 415
qualidade 326, 401
qualificar 142
qualquer 416
quando 359
quantidade 396
quanto 393
Quanto custa 196, 197
quarenta 386
quarta parte 395
quarta-feira 356
quarto 232, 233, 389, 395
quarto de hora 358
quarto duplo 252
quarto individual 252
quase 397, 405, 385
quatrocentos 387
que 414, 415, 418
Que chato! 81
Que desagradável! 81
Que droga! Que saco! 85
Que horas são? 358
Que pena! 86
Que vergonha 63
quebra-cabeças 192
quebrado 92
quebrar 92, 105, 274

queijo 215
queijo fundido 215
queimar-se 109
queimar(-se) 115, 290
Queira entrar! 83
queixa 80
queixar-se de 80
queixo 102
quem 414, 415
Quem dera ... ! 84
Quem dera! 86
quem sabe 56
quente 288
querer 71, 72
querido 295
quilo 392
quilograma 392
quilômetro 392
química 137
químico 147
quinhentos 387
quinquagésimo 391
quinta-feira 356
quinto 389
quinze 386
quinze dias 354
quinze minutos 358
quiosque 202
quiz show 298

R

raça 317
racismo 334
rádio 296
radioativo 322
rainha 329
raiva 80
ralado 209
ramal 302
ramo 279, 308
rápido 180, 364
raposa 279
raquete 185
rasgar 92
rato 278
razão 125, 402
razoável 23
reação 403
realidade 298

realizar 72, 369
realizar-se 174
realmente 406
receber 98, 99, 157, 173
receita 114, 208
receita 314
receitar 112
recepção 252
rechaçar 81
rechaço 81
recibo 197
reciclar 292
reclamação 80, 198
reclamar 198
reclamar de 80
recolher 92
recomendação 75
recomendar 75
reconhecer 57
recordação 55
recordar(-se) 55
recorde 187
recreio 132
recusa 81
recusar 81
recusar-se 81
redação 131
redondo 383
reduzir 313
refeição 203
referir-se a 78
refletir 55, 125, 126
reflexão 126
reformar 192
refrescar 288
refrigerante 218
refugiado 346
regar 316
regato 284
regente 148
região 259, 280
regime 209
regional 260, 281
registrar-se 253
regras do jogo 189
régua 152
regular 321
regularmente 364
rei 328

reino 328
rejeição 81
relação conjugal 42
relaxar 92
religião 334
religioso 334
relógio de pulso 38
reluzir 287
relva 279
remédio 112
remetente 294
remover 89
renda 156
renunciar a 72
repartir 100
repetir 121
repolho 213
repolho roxo 213
reportagem 297
repórter 147
representante 149
representar 141
república 340
República Dominicana 435
República Tcheca 432
reserva 226
reservar 226, 248
resfriado 106
resistência 183, 345
resolver 122
respeitar 97
respeito 97
respiração 111
respirar 111
responder 70
responder a 70
responsabilidade 140
responsável 140
resposta 69, 122
ressaltar 69
restante 396
restaurante 220
restaurante a bordo 266
restaurante *self-service* 221
resto 396
resultado 323

Índice remissivo

retângulo 384
retirar 99, 100
retirar os móveis 231
reto 375, 384
retornar 248
retornar a chamada 300
retornar a ligação 300
retorno 265
retrato 191
reunião 49, 142, 151
reunião de amigos 178
reunir-se 49
revelar 191
revisor 265
revista 296
revista em quadrinhos 162
revolução 330
rezar 335
riacho 284
rico 332
rincão 383
rio 282
riqueza 332
rir(-se) 60
risada 60
riso 60
ritmo 166
rocha 283
rochedo 283
roda 275
rodar um filme 171
rodovia 259
romance 160
romance policial 162
rosa 279, 382
rosto 27
rota 274
roubar 350
roubo 350, 353
roupa 30
roupa de cama 238
roupa feminina 34
roupa masculina 34
rua 19, 258
rua de mão única 274

ruído 65
ruínas 256
ruivo 29
Rússia 432
russo 432

S

sã 103
sábado 356
saber 120
sabonete 117
sabor 204
saca-rolhas 244
sacerdote 337
saco 245
saco de dormir 252
sacola 208
sacola de compras 199
sagaz 23
saia 32
saída 232, 249
saída de emergência 116
sair 177, 269, 380
sair-se bem 95
sal 216
sala 233, 255
sala de espera 114
sala de jantar 233
salame 214
salário 156
salgado 205
salmão 214
salsicha 214
saltar 184
salvar 115
sandália 36
sanduíche 221
sangrar 105
sangria 219
sangue 102
santo 337
são 103
sapataria 201
sapato 33
sarar 104
sarro 178
satélite 286
satisfeito 60, 197

Saudações cordiais 295
saudade 64
saudável 103
saúde 103
Saúde! 85, 204
se 47, 409, 416, 419
seca 291
secador de cabelo 242
secadora de roupa 243
secar 242
secar o cabelo 242
secar(-se) 117
seco 209, 289
secretária eletrônica 300
secretário 144
século 360
seda 327
sede 204, 348
segredo 82
seguir 380, 421
segunda feira de Carnaval 176
Segunda Guerra Mundial 330
segunda-feira 356
segundo 358, 389, 417
segundo grau 134
segurança 94, 343
segurar 88
seguro 94, 313, 343
seis 385
seiscentos 387
selo 153, 293
selvagem 317
sem 417
sem álcool 219
sem falta 97
sem que 419
sem rodeios 79
semáforo 272
semana 354
Semana Santa 176
semanal 354
sementes de girassol 217
semestre 136, 355
seminário 136

sempre 364
sempre que 359
senão 419
senha 306
senhor 17, 412
senhora 17, 412
senhorita 18
sensação 59
sensível 24
senso de humor 26
sentar-se 378
sentar(se) 235
Sente-se, por favor! 83
sentença 351
sentido 58, 66
sentir 66
sentir cheiro 66
sentir dores 105
sentir falta de 64
sentir muito 63
sentir pena 63
sentir sono 92
sentir-se 103
separação 46
separadamente 227
separado 20
separar 89
separar-se de 46
septuagésimo 391
sequestrar 353
ser 420
ser a vez 198
ser aficionado por 187
ser amigo de 47
ser aprovado em um exame 123
ser bem-sucedido 95
ser composto/composta de 326
ser de 19
ser desgastante 94
ser engano 299
ser extenuante 94
ser reprovado 123
ser verdade 76
ser grisalho 29
série 401
sério 22, 179
serpente 280

478 Índice remissivo

serra 193
serviço 145, 226
serviços de resgate 115
servidor 303
servir 31, 226, 318
servir bebida 227
servir-se 227
sessenta 386
seta 384
sete 385
setecentos 387
setembro 355
setenta 386
sétimo 390
setor 308
seu 412
sexagésimo 391
sexo 19, 44
Sexta Feira Santa 176
sexta-feira 356
sexto 389
shorts 32
show 178
si 411
sidra 219
significado 129
significar 129
signo 129
silêncio 67
sim 70
Sim, com prazer! 84
símbolo 129, 256
simpático 21
simples 124
sinagoga 255
sinal 129, 272
sinal de trânsito 275
sinaleira 272
sinceridade 23
sincero 23
sindicato 159
singular 129, 398
sinistro 65
sino 256
Sinto muito! 72
Sirva-se! 84
sistema 320
sistema operacional 306
sistemático 320
situação 91

snowboard 186
só 61, 398
Só isso. É só. 85
soar 165
sobrar 396
sobre 372, 417
sobremesa 224
sobrenome 18
sobreviver 115
sobrinho 40
social 331
socialismo 341
sociável 27
sociedade 331
sociedade anônima 308
sociedade de consumo 311
Sociologia 138
Socorro! 116
sofá 237
software 304
sogro 40
sol 286
solar 322
soldado 149
soletrar 128
solteiro 20
solução 122
som 165
soma 388
somar 389
sombra 291
sombrinha 37
somente 398
sonhar 93
sonho 92
sono 92
sonoridade 165
sopa 222
sorrir 60
sorriso 60
sorte 189
sorvete 217
sorveteria 220
sótão 234
sotaque 130
sovina 26
sozinho 61
status 333
suar 106
subir 313, 377

subjugar 328
submeter 328
subordinado 141
subsolo 230
substância 323
substantivo 128
subtrair 389
sucesso 187
suco 218
suco de uva 219
Suécia 429
sueco 429
suficiente 394
Suíça 431
suíça 431
suíço 431
sujeira 245
sujo 241
sul 285
sul-americano 433
suor 106
superdotado 127
superfície 283
superior 376
supermercado 200
supor 56
suportar 108
suportável 108
surdo 107
surfe 185
surpreender 58, 60
surpresa 60
susto 63
sutiã 35

T

tabacaria 201
tabaco 217
tabela 152
taberna 220
tábua de madeira 193
talento 127
talheres 244
talvez 56
tamanho 34
também 405
também não 70
tambor 164
tampa 240

tampouco 70
tanto 395
Tanto faz. 84
Tanto melhor! 85
tão 404
tão ... que 405
tapa 222
tapete 237
tarde 357
tato 102
táxi 271
tcheco 432
te 408
teatro 168
tecido 327
tecla 304
teclado 304
teclar 152
técnica 318
técnico 147, 318
tecnologia 318
tédio 62
tela 171, 304
telefonar 299
telefone 299
telefone celular 299
telefonema 299
televisão 296
televisor 296
telhado 229
tema 162
temperar 207
temperatura 288
temperos 216
tempestade 289
tempestuoso 289
templo 256
tempo 288, 359
tempo livre 187
temporada 253
temporal 289, 290
Tenha um bom dia! 83
tenho medo de 61
tênis 35, 185
tentar 93
tentativa 93
Teologia 138
teoria 322
teórico 322
ter 98, 105, 420

ter a pele clara 30
ter ... anos de idade 52
ter cabelo castanho 29
ter cabelo grisalho 29
ter cabelo preto 28
ter cuidado com 98
ter curiosidade em 26
ter de 421
ter diploma 135
ter dores 105
ter fome 204
ter gosto 204
ter lugar 174
ter muito movimento 177
ter pressa 366
ter razão 76
ter relações sexuais 44
ter sabor 204
ter saudade de 64
ter simpatia por 22
ter um problema mecânico 275
ter uma aparência desleixada 30
ter/sentir sede 204
ter/sentir vontade de vomitar 107
terça-feira 356
terça feira de Carnaval 176
terceira idade 54
terceiro 389
terminal 269
terminar 90, 368
termômetro 392
terno 32
terra 281
Terra 285
terraço 234
terremoto 290
terreno 231, 281
térreo 228
terrível 61
terrorismo 344
tesoura 152
testa 101

testamento 54
testar 122
teste 122
testemunha 349
teto 234
teu 412
texto 161
ti 410
tigre 279
tigresa 279
tímido 25
tinturaria 201
tio 39
típico 399
tipo 399
tíquete de bagagem 267
tirar 31, 89, 99
tirar a mesa 225
tirar o diploma 135
tirar sarro 178
tirar uma foto 188
título 161
toalha 242
toalha de mesa 244
toca-CDS 165
tocar 66, 140, 164, 301, 302
tocar a campainha 239
todo 393
todo mundo 416
tolerar 76
tomada elétrica 242
tomar 99
tomar banho 117
tomar café da manhã 224
tomar emprestado 99
tomar pílula 113
tomar por 57
tomar sol 190
tomar uma ducha 117
Tomara ... ! 84
tomate 212
tomilho 216
tonelada 392
tonto 23
tontura 109
toranja 213

torcedor 187
tornar-se 367, 369
torneira 237
torrada 210
torradeira 244
torre 255
torre da igreja 255
torta 211
tortilha 222
tortura 346
tosse 106
tossir 106
total 396
touca 37
toucinho 215
touro 278
trabalhador 139, 146
trabalhador qualificado 145
trabalhar 139
trabalho 139
trabalho de conclusão de curso 135
trabalho escrito 135
trabalhos manuais 192
tradição 175
tradicional 175
tradução 129
traduzir 129
tráfego 270
tragédia 170
trair 346
trajar 31
traje 171
traje de banho 33
trajetória profissional 154
tranquilamente 68
tranquilo 22
transferir ligação 300
trânsito 270
transmitir 297
transportar 270
transporte 270
transporte público 262
traseiro 101
tratamento 111
tratar 78, 90, 111
tratar mal 81
travessa 244

trazer 99
treinar 183
treino 183
trem 264
trem de alta velocidade 266
trem de curta distância 266
trem rápido urbano 261
trem regional 266
tremer 107
três 385
treze 385
trezentos 387
triângulo 383
tribunal 349
trigésimo 391
trimestre 136, 355
trinta 386
trinta e um 386
triste 61
tristeza 61
trocar 197
trocar dinheiro 313
trocar-se 31
troco 199
tropa 345
truta 215
tu 408
tubarão 280
tudo 393
Tudo bem! 73
Tudo certo! 73
tulipa 280
túmulo 53
turco 434
turismo 247
turismo rural 250
turista 247
turístico 247
turno 158
Turquia 434

U

UE 342
última 366
última parada 263
ultimamente 361
último 366
último ponto 263

ultrapassar 378
um 385, 407
um bilhão 388
um mil 387
um milhão 387
Um momento! 360
uma 407
uma vez 363
uma vez que 402
umas 407
união 342
União Europeia 342
único 398
uniforme 346
unir 342
unir-se 50
universidade 133
universo 286
uns 394, 407
urbano 260
urgência 116
urgente 367
urso 279
Uruguai 435
usado 195
usar 31, 87
uso 87
útil 318
uva 212

V

Vá à merda! 85
vaca 278
vaga 155
vaga de emprego 140
vaga para estacionar 276
vagão 265
vagão-leito 266
vagão-restaurante 266
vagem 213
vagina 102
vale 283
valente 25
valer a pena 314
válido 250
valor 25, 314
valor 388

vantagem 79
varanda 234
várias vezes 364
vários 394
varrer 245
vaso 244
vassoura 245
vazio 225
vegano 210
vegetariano 210
veículo 273
veículo de salvamento 116
vela 185, 244
velhice 52
velho 52
velocidade 378
vencedor 182
vencer 182
venda 194
vendedor 144
vender 194
Venezuela 435
Venha! 86
ventando muito 289
vento 289
ventoso 289
ver 57, 65
verão 354
verbo 128
verdade 297
Verdade? Está brincando! 85
verdadeiramente 406
verdadeiro 122, 297
verde 382
verdura 212
verduraria 200
vergonha 63
verificar 122
vermelho 382
vertigem 109
vestido 32, 37
vestir 31
vestir-se 31
veterinário 146
vez 363
via 267
via expressa 259
viagem 247
viajar 247

viciado em drogas 110
vida 51
videira 280
vidro 324
vigésimo 391
vigésimo primeiro 391
vigésimo segundo 391
vigiar 345, 352
vinagre 216
vinha 280
vinho 219
vinte 386
vinte e dois 386
vinte e três 386
vinte e um 386
violão 164
violência 352
violentar 353
violento 352
violeta 382
violino 164
vir 48, 379
virar 274, 367
vírgula 130
virtual 307
vírus 108
vírus de computador, de informática 306
visão 75, 102
visita 254
visita guiada 254
visita panorâmica em ônibus turístico 254
visitar 48, 254
vista 257
visto 251
visto que 402
visual 307
vitamina 210
vitelo 278
vítima 349
vitória 182
vitrine 199
viúvo 19, 53
vivaz 24
viver 51, 228
vivo 51
vizinho 48

voar 268
vocabulário 130
você 408, 411
Você gostaria de ...? 84
Você quer ...? 84
vocês 408, 409, 411
voleibol 185
volta 265
voltar 248, 380
voltar a fazer algo 421
volume 162
volume de negócios 309
voluntariado 137
voluntário 137
vontade 71
voo 267
voo direto 269
vós 408, 409, 411
vosso 413
votar 341
voto 341
vovô 40
voz 163
vulcão 284
vulnerável 24

W

web 301

X

xadrez 37, 189
xampu 117
xícara 240
xícara de chá 240
xingar 81

Z

zero 385
zíper 36
zoar 178
zona 259, 280
zona azul 276
zona de pedestres 261